U0647827

献　给

长眠九泉的父亲和年迈体衰的母亲

宜宾学院学术著作出版基金资助出版

天命、正义与伦理

董仲舒政治哲学研究

吴龙灿　著

人民出版社

责任编辑：孔　欢
版式设计：马　龙

图书在版编目（CIP）数据

天命、正义与伦理：董仲舒政治哲学研究／吴龙灿　著．
　－北京：人民出版社，2013.5
ISBN 978－7－01－012549－7

I. ①天…　II. ①吴…　III. ①董仲舒（前 179～前 104）－政治哲学
　－研究　IV. ① B234.55

中国版本图书馆 CIP 数据核字（2013）第 217944 号

天命、正义与伦理
TIANMING ZHENGYI YU LUNLI
——董仲舒政治哲学研究

吴龙灿　著

人 民 出 版 社 出版发行
（100706　北京市东城区隆福寺街 99 号）

涿州市星河印刷有限公司印刷　新华书店经销

2013 年 5 月第 1 版　2013 年 5 月北京第 1 次印刷
开本：710 毫米×1000 毫米 1/16　印张：30.25
字数：398 千字　印数：0,001–3,000 册

ISBN 978－7－01－012549－7　定价：68.00 元

邮购地址 100706　北京市东城区隆福寺街 99 号
人民东方图书销售中心　电话：（010）65250042　65289539

版权所有·侵权必究
凡购买本社图书，如有印制质量问题，我社负责调换。
服务电话：（010）65250042

目　录

序　言

　　吴龙灿博士一向爱好哲学，曾游学于北京大学与复旦大学的哲学院系，旁听专家们有关西方与中国哲学的研究生课程，并参与讨论。2009至2012年，他在敝校武汉大学哲学学院深造，主攻中国哲学史。他下了很大的功夫，刻苦读书，勤研中西哲学经典，积极参与学术讨论。吴君有很强的问题意识，视野开阔，有穷追猛打的问学精神，辨名析理，总能提出新的看法。他的博士学位论文颇获海内外名家的高度肯定。本书是作者在博士论文的基础上修改、完善的产物。

　　汉代大儒董仲舒借阐释《春秋》中孔子的微言大义，提出天命说、灾祥说和三纲五常，来规范政权的正当性和身份的道德性，把自然灾变和人事怪异都与君王道德及政治优劣紧密联系在一起，无时无处不在提醒君王和统治阶层修德任贤，施行德政，造福万民。我读龙灿有关董子政治哲学的宏论，颇受启发。我们过去哲学史教科书对董子的批评，完全失当。

　　我认为，作者确能发人之所未发，见解卓特。通读全书，我觉得本书有这样一些长处：

　　第一，研究视角十分新颖。本书首次真正从政治哲学角度研究汉代大儒董仲舒。作者花了多年时间研读大量中西政治哲学著作，进入实质性写作阶段后，又用半年时间写作辨析政治哲学概念和学科的导论部分，跳出西方政治哲学概念框架，而又不拘泥于中国传统政治哲学固有语言模式，成功地运用一套在思想实质上贯通中西政治哲学思想内涵的中国政治哲学诠释的新话语。

　　董仲舒对儒家政治理想"王道"作了这样的解释："古之造文者，三画而连其中，谓之王；三画者，天地与人也，而连其中者，通其道也，取天地与人之中以为贯，而参通之，非王者庸能当是。是故王者唯天之施，施其时而成之，法其命而循之诸人，法其数而以起事，治其道而以出法，治其志而归之于仁。"（《春秋繁露·王道通三》）

作者通过综合古今中西政治哲学智慧，基于先秦思想传统、秦汉之际历史剧变和董仲舒所处时代的社会危机的深切理解，按照董仲舒政治哲学的内在逻辑和历史性特征，提出由天命（天）、正义（地）和伦理（人）三个维度组成的传统政治哲学诠释新架构，系统考察了先秦以来中国传统政治哲学核心观念的发生和演变，揭示董仲舒政治哲学有综合百家、创造转化的特点和确立传统政治哲学范式的重大价值。

第二，研究方法甚为合理。所谓万法归一，在历史基础上的历史和逻辑统一，史论结合，乃人文学术研究的不二法门，中外名著概莫能外。然而在研究中的具体运用上，确实理一万殊，异彩纷呈。作者借鉴伽达默尔《真理与方法》的篇章结构，历史考察有关重要观念的发生和演变，并进行中西对比。本书旁征博引，涉猎广泛，既有繁复的文辞考据和概念辨析，又有在中西哲学思想融会贯通基础上的创新见解。

本书兼顾"六经注我"和"我注六经"的思想诠释传统，尽可能全面完整地理解古今哲学家的重要论述，又通过巧妙构思表达慧解，全书结构合理，极富思辨性和逻辑性。作者在考镜源流的过程中，汇聚中西政治智慧，展现古代政治哲学传统，创造性地诠释董仲舒政治哲学的思想内涵，也消弭了中西文化中心论的偏颇。

第三，思想阐释颇有创获。区别于晚清以来西化浪潮中的反传统倾向和新中国以来的意识形态化批判，本书对中国古代政治哲学传统采取同情的了解和谦虚的态度，主要从正面研究董仲舒传承创新的政治哲学智慧，而不轻易下独断的结论，并在多方面拨乱反正，如实肯定董仲舒政治哲学的贡献、价值与历史地位。

譬如，第一章揭示"天命"观念从周公"以德配天"的价值建构开始，已经成为中国传统政治正当性不可缺少的道德价值和人文信仰。东周时代以经验知识、计算理性为导向的黄老刑名和战国法家盛行，"天命"

观念中的道德和信仰逐渐跌落，导致彻底排斥天命敬畏和仁义道德的暴虐秦政，因而在汉代秦政反思和黄老政治试验失败之后，董仲舒恢复和转化"天命"道德价值和人文信仰，具有非凡的历史意义和重大的理论贡献。

　　第二章从传统政治社会管理方略的合理性或适宜性出发，分析中国自古以来出现的德治、礼治、法治等三种治理模式的自身义理和现实困境，揭示董仲舒借助《春秋》公羊学义法，以继承孔孟为代表的儒家王道政治理想为职志，综合先秦以来诸子百家智慧，建构以"德福一体"、"德主刑辅"、"以义为利"为内涵的德治正义原则，在政治和文化上确立了儒家正统地位，使"推明孔氏、抑黜百家"和德治社会成为历史政治事实。

　　第三章梳理儒家伦理道德传统的历史建构和现实价值，阐明董仲舒王道政治理想的现实化途径是以"三纲五常"伦理道德体系为基础，以道德教化和文士政府为主要模式，有其时代性、历史性和当代借鉴意义。

　　我一直认为，中国传统的政治资源十分丰厚，几千年来，在政治理论、制度与实践方面，为人类作出了非常了不起的贡献。但是，近百年来，我们把这些安邦治国的珍宝视为粪土，抛却自家无尽藏，而把一些没有经过实践检验的空想，把最愚笨的统治方法当作圭臬、教条，做了很多蠢事。例如，传统历史上的大社会与小政府，现在却变成了大政府与小社会。我认为，传统政治文化、儒家政治哲学中有很多内容，我们可以作创造性转化。儒家在正义观上的"应得"和"配得"观念，以及机会公平、对"最不利者"的关爱及其制度建构方面，可以与西方正义观念相呼应。此即儒家正义论的最有特色的内涵，乃实质的正义。儒家对政治权力的源头、合法性、权力分配与制衡等，有其系统论说、制度与实践。儒家重视社会力量的培植、社会自治、士大夫参政及言路开放。儒家的"道德的政治"就是要坚守政治的应然与正当性。中国传统文化，特别是儒家学说中的政治正当性，即认为政治权力之根源在天、天命、天道，之根据、本位在人民、老百姓、农工商，之基础是广阔的民间社会空间、民间力量及其自治，之指导、参与、监督与言责则在士人。由此可得出人民是政治的主体，士大夫是指导、监督政治的主体。包括道德仁义系统、仁政学说、文官政治及君相制、三省六部等制度在内的儒家政治哲学学说和政治实践，在今天还有极高的价值。

我们还应深入探索儒家的王道理想、天下观念及政治行为的终极依据——天道观、天命论；其政治行为的人性根据——性善论及各种人性主张；政治行为的主体——人民本位，士绅引导；政治秩序的建构——礼制下的民间自治；政治文明的核心——道德仁义的政治，以此鞭笞暴政与各种否定人文价值与信念的政治。我确信，儒家政治与现代自由主义政治可以很好地结合起来。中国传统的政治文明中（包含理念、制度、实践、民俗诸层面）的许多遗产，值得人们认真地去思考与创造性转化。

龙灿博士为人忠厚，有正义感，有热情与奉献精神，热心为师生、为学院服务，既肯干又能干。他有学术钻研的劲头，好学深思，苦读勤写，十分扎实。他努力推广传统文化，不遗余力。我很高兴地看到他的博士论文的出版，同时预祝他在学术上更上一层楼。我一直认为龙灿有"五之"精神，希望他以"博学之，审问之，慎思之，明辨之，笃行之"为准绳，为民族文化的复兴做出更大贡献！

是为序。

郭齐勇

壬辰年小雪节于江城汉皋

导　论

政治哲学明确作为一种哲学研究门类，还是晚近的新事物，而且对其概念和学科性质的界定至今莫衷一是。在中国，情况更加复杂，现代意义上使用的"政治"、"哲学"和"政治哲学"概念都是舶来品，中国历史文化传统的特殊性、近代以来中国变革和中西交流的复杂情形，都给有关"政治哲学"的探讨平添了多重屏障。因此，作为中国传统政治哲学研究的前提之一，有必要考察政治哲学的概念及其源流。西方政治哲学的关注问题和论述范式在历史上几度变迁，尤其是当代西方政治哲学以"正义"作为研究范式的重心，中国传统资源能否在不失其固有特征的情况下与之互动和沟通？由董仲舒奠定的儒家传统政治哲学体系，用怎样的研究模式比较适合？对中西沟通和当代中国政治哲学建构又有什么典型意义？其政治哲学关键理念的渊源和背景又是怎样？这是导论所要探讨的内容。

第一节　何谓政治哲学

自古无政治哲学之名，但有政治哲学之实。"人们已经从事了几千年的政治哲学研究，但什么是政治哲学这个质询却似乎是一个新的问题，并且迄今依然是悬而未决，这样一个看似简单的论断却关涉现代学科划分的深层理论和困难，这个质询所要求的答案是关于一门学科的界定的，这是一个现代的问题。"[①] 韩水法认为今日归入政治哲学名下的那些议题和内

[①]　韩水法：《什么是政治哲学》，《中共中央党校学报》2009年第1期，第28页。

容，几千年前就为古人所关注和探索，无意用政治哲学或其他名称来范围，不仅是因为学科体系是现代知识体系化和学术制度化的结果，而且也是由于政治哲学的内容和对象向来就与相关的政治、道德、经济和法律等问题结合，以至于这样一个综合性的研究即便是晚近，也在英语学术界被视为道德哲学、法律哲学和社会哲学的内容之一，在德国则归类于"法和国家哲学"或"法和国家的哲学伦理学"名下。"无论法、权利、国家还是个人与社会都有某种在政治与政治哲学视野之下的共同的东西。于是，就如法哲学乃是关于法和权利的哲学研究，国家哲学乃是关于国家的哲学一样，政治哲学就是关于政治的（哲学）研究，就是关于那些具有共同的政治性质的东西的（哲学）研究。"[1] 政治哲学"不是一般的研究哲学问题，而是研究作为它们根据的观念，或者说价值"[2]。

一、政治、哲学和中国哲学

在现存中国上古文献中，"政"、"治"及"政治"连用均已出现。"政治"连用早就出现在上古文献中，如"道洽政治，泽润生民"（《尚书·毕命》）[3]、"掌其政治禁令"（《周礼·地官·遂人》)[4]，主要是指政治教化和政务管理。但在更多的情况下是将"政"与"治"分开使用。"政"主要指国家的权力、制度、秩序和法令；"治"则主要指管理人民和教化人民，也指实现安定的状态等。

先看一下"政"的字源和意义变迁。《说文解字》："政，正也，从支正，正亦声。"[5]，"政"有匡正、政事、政治权力、政令等义。从字源上说，"政"由"正"孳乳而来，其文献经典表达为："政者，正也。子帅以正，

---

① 韩水法：《什么是政治哲学》，《中共中央党校学报》2009 年第 1 期，第 29 页。

② 韩水法：《什么是政治哲学》，《中共中央党校学报》2009 年第 1 期，第 29 页。

③ 李学勤主编：《尚书正义》（十三经注疏标点本），北京大学出版社 1999 年版，第525 页。

④ （清）孙诒让撰：《周礼正义》，中华书局 1987 年版，第 1143 页。

⑤ （汉）许慎撰，（清）段玉裁注：《说文解字注》，上海古籍出版社 1988 年第二版，第 123 页。

孰敢不正?"(《论语·颜渊》)"正,是也,从一,一以止。……古文正从二,二古文上字,……古文正,从一足,足亦止也。"① 目前所见古代文物上的"正"字出现时间要比"政"字早得多,大量出现在殷商甲骨卜辞中,一般上为"口",或以为胫骨俯视之状,像足,或以为城郭之外形,像国邑,或以为如甲骨文"丁"字,义"顶",即人首;而下为一个或两个"足"字,闻一多认为其本义如人正立之状,单足为省形。吴其昌认为"正"的本义为征、行,像"足"向作为鹄的方域的"口"行进。其本义不限于军旅征伐,还包括巡省邦国、纵狩郊畿。因殷商每年岁首行巡狩之礼,蔚为盛节,乃以"征月"命名岁首之月即"正月"。郭沫若、陈梦家在释"正""足"为一字以圆"足雨"的卜辞,意为雨量充足,足够域内农田灌溉生产,可致丰衣足食。若雨不足,农田生产凋零,则为凶岁。金恒祥认为"正"有"官长"之义,如"王以臣正"(乙·六四一四),意即商王授之职为百官之长。《尔雅·释诂下》:"正、伯,长也",郭璞注:"正、伯皆官长。"《左传》隐六年,"五正",杜预注为"五官之长"。饶宗颐认为,"正"与"是"、"时"通,"正雨"、"是雨"与"时雨"同,谓顺时降雨。于省吾认为,甲骨文祭名"正"应读作"禜",正禜迭韵,故通用。甲骨文多以正为征伐,而禜则是攘除殃患之义,两者义也相涵。② 关于"政"的边旁"攴",《说文解字》:"攴,小击也,从又,卜声。"段玉裁注:"经典隶变作扑。"③ 徐灏笺:"疑本象手有所持之形。故凡举手作事之义,皆从之,因用为扑击字耳。"(《说文解字笺注》)《甲骨文合集》22536片:"丙辰攴禾。"于省吾认为:"'攴禾'当为谷物之脱粒言之。"④ 故"正"为"政"之前身,本义为走向城邑,引申为军旅征伐、巡省邦国、纵狩郊畿等,还有农业生产风调雨顺和政府官长之义,政字右偏旁"攴"意为举手作事,两者结合则为实践"正"所包含的各种事务之义。

① (汉)许慎撰,(清)段玉裁注:《说文解字注》,上海古籍出版社1988年第二版,第69页。
② 参见于省吾主编:《甲骨文字诂林》,中华书局1999年版,第790—809页。
③ (汉)许慎撰,(清)段玉裁注:《说文解字注》,中华书局1987年版,第122页。
④ 于省吾主编:《甲骨文字诂林》,中华书局1999年版,第936页。

　　"政"字最晚出现在西周早期，大约在周穆王时代的青铜器班簋铸文有"隹乍邵考爽益曰大政"，大意是作者班请执政大臣为英明的先父毛公作谥号，这里的"大政"，指执政大臣。① 略早些的毛公鼎有"专命专政，执小大楚赋"（发布政令，执行各种徭役赋税）、"母顾于政，勿离雖逮庶"（不要荒怠政事，不要壅塞庶民）、"锡女丝弁，用岁用政"（赐你这些丝布器物，以便你用来岁祭和征伐）②，"政"分别意指"政令"、"政事"和"征伐"。《尚书·洪范》中，洪范九畴之第三畴为八政，"一曰食，二曰货，三曰祀，四曰司空，五曰司徒，六曰司寇，七曰宾，八曰师。"列举了农业、商贸、建设、祭祀、教育、司法、外交、军事等八方面的政务，基本涵盖了现代政府部门的各种功能。随着古代政治制度日益完善，"政"的内涵也越来越丰富。

　　现在来看"治"字。《说文解字》："治，水，山东莱曲城阳丘山，南入海。从水，台声。"③《玉篇》："治，修治。"（《水部》）"治，值也，物皆值其所也。"（《释名·释言语》）可见"治"之本义为按水道之地理形状而称呼的水名，逐步引申为有条理、有秩序、恰如其分地安置等义。《孟子·滕文公上》："或劳心，或劳力，劳心者治人，劳力者治于人。治于人者食人，治人者食于人。"《周易·系辞下》："君子安而不忘危，存而不忘亡，治而不忘乱。"这两处引文皆以"治"作统治、管理、使有秩序等动词义。"治"字目前所见古文字形最早见于"泰山刻石"小篆④，《史记·秦始皇本纪》中所载"泰山刻石"文中，"治"字两见，一为"治道运行，诸产得宜，皆有法式。"此"治"即太平、具有正义秩序；二是"皇帝躬圣，既平天下，不懈于治。"此"治"字义为政治事务管理。可见，"治"原为水名，后引申为修治、研究、统治、管理、有秩序、太平（与乱相对）

---

① 刘翔、陈抗、陈初生、董琨编著，李学勤审订：《商周古文字读本》，语文出版社1989年版，第91—97页。

② 毛公鼎图版及释文，载《殷周金文字帖》，四川美术出版社1997年版，第1—12页。

③ （汉）许慎撰，（清）段玉裁注：《说文解字注》，上海古籍出版社1988年第二版，第540页。

④ 参见《秦泰山刻石》，文物出版社2000年版。又见《史记》。

等义。

《礼记·哀公问》中分别提到"政"与"治"，比较完整地说明了中国古代宗法社会的政治应有的内涵：

> 孔子侍坐于哀公，哀公曰："敢问人道谁为大？"孔子愀然作色而对曰："君之及此言也，百姓之德也，固臣敢无辞而对？人道政为大。"公曰："敢问何谓为政？"孔子对曰："政者正也。君为正，则百姓从政矣。君之所为，百姓之所从也。君所不为，百姓何从？"公曰："敢问为政如之何？"孔子对曰："夫妇别，父子亲，君臣严，三者正则庶物从之矣。"公曰："寡人虽无似也，愿闻所以行三言之道。可得闻乎？"孔子对曰："古之为政，爱人为大。所以治爱人，礼为大。所以治礼，敬为大。敬之至矣。大昏为大，大昏至矣。大昏既至，冕而亲迎，亲之也。亲之也者，亲之也。是故君子兴敬为亲。舍敬，是遗亲也。弗爱不亲，弗敬不正，爱与敬，其政之本与？"①

虽然"政"与"治"没有放在一起，但较全面地表达了孔子的德治思想。"人道政为大"，意谓治人之道以为政之道最重要。这里的"政"，指诸侯国的公共事务，如《尚书·洪范》中之"八政"。以"正"训"政"，是强调国君和君子在古代政治教化中的道德模范作用。以礼为"治"的根本，在于从事公共事务有爱与敬。"所以治爱人，礼为大。所以治礼，敬为大。"其中的"治"有实践和教化之义。虽然"政"、"治"两字多与政务管理和礼乐教化有关，但两者各有分工，"政"字多作总称名词，"治"多作实践动词。

综上所述，无论"政"、"治"的单独使用、同时使用或者连用，中国传统"政治"主要是君王（天子、诸侯）、君子（此处不是在德性意义上使用，而是以社会阶层意义上使用，指公、卿、大夫、士等统治阶层社会成员）维护统治和治理国家的活动。

但是，汉语中与当代意义上的西方politics概念互通的"政治"，则为日本人的翻译，而后由梁启超从日本引进。1898年秋，戊戌变法失败后

---

① （清）孙希旦撰：《礼记集解》，中华书局1989年版，第1260页。

的梁启超亡命东瀛，创办了面向国内读者的《清议报》，在创刊号上他发表了《译印政治小说序》，并不通日文的梁启超汉译连载日本政治小说《佳人之奇遇》和《经国美谈》，由于当时大量西方名词、术语已进入日语中，梁启超很轻易地把"政治"和诸如民主、科学、经济、自由、法律、哲学、美学等一类日本"外来语"词汇介绍给了中国读者。日本人的"政治"一词对应翻译英语politics（法语politique、德语Politik）。亚里士多德说："人类自然是趋于城邦生活的动物（人类在本性上，也正是一个政治动物）。"①其中的城邦的古希腊语 πολις 是西方"政治"的字源，这个词可以考证出的最早文字记载是在《荷马史诗》中，最初的含义是城堡或卫城。古希腊的雅典人将修建在山顶的卫城称为"Acropoli"，简称为"poli"，城邦制形成后，"poli"就成为了具有政治意义的城邦的代名词，后来同土地、人民及其政治生活结合在一起而被赋予"邦"或"国"的意义。后来又衍生出政治、政治制度、政治家等词。因此，"政治"一词一开始就是指城邦中的城邦公民参与统治、管理、斗争等各种公共生活行为的总和。孙中山认为应该使用"政治"来对译politics。"就'政治'两个字讲，'政'就是众人之事，'治'就是管理众人之事也。管理众人之事，就是'政治'；换而言之，管理众人的事，就是管理国家的事。"②孙中山把政治定义为众人参与管理国家事务。

西方哲学早在17世纪便已传入中国，"哲学"一词的出现则要晚些。传教士利玛窦在《译〈几何原本〉引》中，用理学中的"格物穷理之学"来对译philosophy。傅泛际（Furtado）、李之操的《名理探》："爱知学者，西云菲录费亚，乃穷理诸学之总名，译名则知之嗜，译义则曰知也。"这种比附的办法，类似于印度佛学初传中土时的"格义"办法。"'格义'是用原本中国的概念对比［外来］佛教的观念、让弟子们以熟习的中国［固有］概念去达到充分理解［外来］印度的学说［的一种方法］"③。艾约

---

① 亚里士多德：《政治学》，吴寿彭译，商务印书馆1965年版，第7页。
② 孙中山：《三民主义》，载《孙中山全集》第九卷，中华书局1981年版，第267页。
③ 汤用彤：《论"格义"——最早一种融合印度佛教和中国思想的方法》，载《汤用形选集》，天津人民出版社1995年版，第411页。

瑟（Edkins）的《西学述略》（1885）有比较全面的说法："理学初创自希腊，分有三类，一曰格致理学，乃明征天地万物形质之理，一曰性理学，乃明征人一身备有伦常之理，一曰论辩学，乃明征人以言别是非之理。"（《西学述略》）"哲学"一词，为日本人西周所造。西周认为："哲学，即欧洲儒学也。东土之儒，西洲谓之 Philosophy，皆明天道而立人极，其实一也。"他还用"性理之学"、"希圣学"、"希哲学"译之，而从《百一新论》（1874）一书起固定用"哲学"翻译西文"philosophy"。[①] 汉字"哲"本义指智，《说文解字》："哲，知也，从口，哲声，悊，哲或从心。嚞，古文哲，从三吉。"[②] 古"知"和"智"通。《尚书·皋陶谟》："知人则哲，能官人。"《礼记·檀弓上》："泰山其颓乎，梁木其坏乎，哲人其萎乎！"其中"哲"皆指智能卓越之人。而哲学在古希腊语中本义为"爱智慧"，亚里士多德界定哲学内涵，认为哲学包括根本原理之学、根本问题之学、统一一切之学三大内涵。这一译法到19世纪末传入中国，王国维1901年在《教育世界》杂志采用"哲学"译法。蔡元培在《哲学解》（1903）中比较了理学（自然科学）与哲学的异同："哲学者，普通义解谓之原理之学，所以究明事物之原理原则者也。……理学为有形之学，哲学为无形之学。……理学为部分之学，哲学为统合之学。"[③] 可见"哲学"作为外来学科，与中国古代思想学术传统既有重合又有错位的地方。

　　既然"哲学"是外来之概念，中国古无"哲学"之称，那么中国自古以来有无哲学呢？"中国哲学"在何种意义上可以成立？这也就是近年来所讨论的"中国哲学"合法性问题。刘笑敢认为："'中国哲学'作为一个'现代学术名词'是20世纪才出现的。而作为'现代学科'的'中国哲学'是仿照西方学科体系而建立的，其直接对应体是西方大学中的哲学

---

　　① 西周：《开题门》，转引自冯天瑜、刘建辉、聂长顺主编：《语义的文化变迁》，武汉大学出版社2007年版，第344页。

　　② （汉）许慎撰，（清）段玉裁注：《说文解字注》，上海古籍出版社1988年第二版，第57页。

　　③ 参见冯天瑜、刘建辉、聂长顺主编：《语义的文化变迁》，武汉大学出版社2007年版，第342—380页。

科，其设置背后的理念，则是西方式的学术标准和学术方法，笼罩在启蒙运动、理性主义、自然科学的影响之下。……中国哲学研究的对象主要是儒释道之经典和思想，其内容与西方学科体系难以对应。在中国哲学研究中，最主要的研究领域是儒学，而儒学以及道家和佛教是中国传统价值观的文化载体和文化认同对象，因此，它又不可能是西方纯学术意义的现代学科。"① 郭齐勇说："现在是到了'中国哲学'学科自觉与主体重建的时候了。"② 郭晓东认为："最关键的问题是文化主导权的问题。"③ 刘笑敢认为，这两种说法分别揭示了中国哲学的"现代学科身份"和"民族文化身份"，此外还有第三种身份，即"生命导师身份"。"在中国古代，与中国哲学相关的是经学、子学，或者说是义理之学，或曰儒释道之思想，这些学问没有现代学术的身份和标准，只有'学'与'道'的区别。以求'学'为主，似乎应该重视'我注六经'与'道问学'，如果以求'道'为主，似乎重视'六经注我'或'尊德性'。但是，古代中国'道'与'学'是紧密结合在一起的，程朱与陆王虽然各有侧重，但本质上没有一方只要'学'而不要'道'，或只要'道'而不要'学'。"④ 而这种传统的思想性学问中，"为学"的倾向比较接近于现代学科中的中国哲学，"为道"的追求比较接近于民族文化和生命导师的功能，两者是一体的。现阶段主要是西方哲学对中国哲学的影响，而反向影响是微弱的。未来的西方哲学和中国哲学则可能会是较深入、较平等的互动和交流。⑤ 这些对西方哲学与中国古代思想学术的独到见地，对自身传统重新认识和中西思想文化沟通交流具有很好的启发意义。

---

① 刘笑敢：《诠释与定向——中国哲学研究方法之探究》，商务印书馆 2009 年版，第 3 页。

② 刘笑敢主编：《中国哲学与文化（第二辑）：注释、诠释，还是创构?》，广西师范大学出版社 2007 年版，第 391 页。

③ 刘笑敢主编：《中国哲学与文化（第二辑）：注释、诠释，还是创构?》，广西师范大学出版社 2007 年版，第 402 页。

④ 刘笑敢：《诠释与定向——中国哲学研究方法之探究》，商务印书馆 2009 年版，第 6—7 页。

⑤ 刘笑敢：《诠释与定向——中国哲学研究方法之探究》，商务印书馆 2009 年版，第 7—9 页。

中国本土之"政治"、"哲学"和"中国哲学"概念，经过最初的格义、历史的风云际会和中西文化的互动等几个阶段的洗礼，学者们逐渐能够清晰辨析和谨慎使用。一百多年的中国苦难和中西碰撞，无论是在智慧和心态，还是在学问建构和研究方法上，都为我们中国本土学者探讨中国固有学问和中西传统沟通带来了一份来之不易的清醒和自觉，中国传统政治哲学研究因而有了浴火重生的契机。

二、政治哲学的概念

"政治哲学"是一个很难给出普适定义的概念，古今中外每个时代，不同人物和不同族群的理解都可能迥异。甘阳在介绍列奥·斯特劳斯的政治哲学时曾经描述过这种状况：

> "政治哲学"是个含混的名词，因为"政治"和"哲学"这些字眼的含义在今天都歧义丛生。今天当然有无数多的政治哲学和政治哲学家，不过大多数情况下这些政治哲学都不事先告诉读者什么是政治哲学，以及为什么要政治哲学。笼统而言大多数所谓政治哲学大概是用某种哲学的方法来谈某些政治的问题，而比较更雄心勃勃的政治哲学则大概企图用某种系统的哲学方法来构造一个政治的系统。但在斯特劳斯看来，这样的政治哲学都没有首先严肃地追问，政治和哲学的关系到底是什么关系？在他看来大多数所谓政治哲学甚至从未追问到底"什么是政治的"（"what is political?"），更从未反思所谓"哲学"到底是一种什么样的活动？事实上这样的政治哲学往往不假思索地以为自己的研究是"价值中立"的，实际却恰恰拒绝把自己的诸多"预设"（assumptions）带进问题。……政治哲学的首要和中心问题就是要检讨哲学与政治社会的关系。……返回西方哲学的源头，以图重新检讨哲学到底是怎样的一种活动，以及政治哲学为什么必要。[1]

---

① 甘阳：《政治哲人斯特劳斯：古典保守主义政治哲学的复兴》，载列奥·斯特劳斯著：《自然权利与哲学》，彭刚译，生活·读书·新知三联书店 2003 年版，第57—58 页。

作为20世纪最具反思批评精神的政治哲学家之一，列奥·斯特劳斯的深刻反思改变了人们以往对政治哲学扑朔迷离的印象。如果说自古以来许多人还可以随意打着"政治哲学"旗号招摇过市尚可蒙混过关，那么在列奥·斯特劳斯之后，不加厘清地借用"政治哲学"名义高谈阔论已经显得不合时宜。

关于政治与哲学的关系，列奥·斯特劳斯有精辟的论述。他认为西方哲学近代以来是一个走火入魔的过程，即现代哲学和现代政治哲学拒绝了"古典政治哲学"关于"哲学只是认识世界而不是改造世界"的自我认识，而狂妄地以为整个世界可以而且必须按照"哲学"来改造。西方近世以来的哲人不但真诚地追求真理，同时更真诚地要最彻底地按照哲学看到的真理来全面改造不符合真理的整个世界，其后果是"哲学"不断批判不符合真理的"政治"，导致"政治"不断革命而日益走火入魔，以及"哲学"本身不断"批判"而日益走火入魔，这导致现代性最突出的两个问题，即一方面是"政治的哲学化"，即现代政治必须从哲学的学说和主义出发才能奠定自己的正当性，而以往的政治都以道德、习俗和宗教为基础，从来没有像现代政治这样地要求理性化、知识化、哲学化；另一方面是"哲学的政治化"，即哲学从以往主要作为一种私人性的纯粹知性追求变成一种公共政治的武器和工具，实现了培根所谓"知识就是力量"的现代理性主张。哲学从而前所未有地公开化、大众化、通俗化，变成了一种意识形态。这意味着政治和哲学的双重扭曲，即政治被哲学所扭曲，而哲学又被政治所扭曲。①

鉴于上述洞见，斯特劳斯希望找到一条出路来克制"哲学"的走火入魔，从而防止"政治"的走火入魔。他认为这条出路就是回归苏格拉底开创的古典政治哲学的起点，这一起点之初衷就是为了克制"哲学"的走火入魔，以维护政治社会的稳定。苏格拉底之所以将"古典哲学"引向"古典政治哲学"的方向，以及苏格拉底本人之所以从"哲人"转变为"政治

---

① 本段落及下几个段落有关论述参见甘阳：《政治哲人斯特劳斯：古典保守主义政治哲学的复兴》，载列奥·斯特劳斯：《自然权利与哲学》，彭刚译，生活·读书·新知三联书店2003年版，第59—60页。

哲人",就是因为意识到,"哲学"就其本性而言就具有"癫狂性",这是因为哲学作为追求智慧的纯粹知性活动,必须要求无法无天的绝对自由,要求不受任何道德习俗的制约和任何法律宗教的控制,因此哲学就其本性而言是与政治社会不兼容的,必然要嘲笑一切道德习俗,怀疑和亵渎一切宗教和神圣,因此哲学作为一种纯粹的知性追求对于任何政治社会都必然是危险的、颠覆性的。因此苏格拉底把他的转向——从哲学转向政治哲学,看成是"从他的前辈们的'狂热'回到了'清明'和'中道'。……回到'常识'或'常识世界'"① 政治哲人在思想上与哲人一样癫狂,但在言论表达尤其是写作上却变得无比的谨慎小心。斯特劳斯为此提出著名的"发现"——被现代人所遗忘的一种写作方式:从柏拉图和色诺芬开始,古典政治哲人都懂得使用一种特别的写作方式(a peculiar manner of writing),同一个文本里面用两种语言说话,传递两种不同的教导,一套是对"社会有用的教导"(the socially useful teaching)——"俗白教导"(the exoteric teaching),任何人都能轻易读懂的"高贵的谎言";另一套则是政治上有忌讳而不宜直言的真正的教导(the true teaching)——"隐讳教导"(the esoteric teaching),只有少数训练有素而且仔细阅读的人反复琢磨文本才能领会的"知性的真诚"。② 古典政治哲人这么写作是因为深刻认识到哲学与政治的冲突。哲学是一种力图以"真理"取代"意见"的知性活动,但任何政治社会的存在却离不开社会的"意见"即该社会的主流道德和宗教信仰,以及以这种主流道德和宗教为基础制定的法律,如果这些"意见"被哲学颠覆,也就可能导致政治社会的瓦解。因此哲学的真正教导即隐讳教导必须只限于少数人知道,以免危害政治社会。

　　哲学旨在以知识取代意见,但意见却是政治社会或城邦的要素,因此哲学具有颠覆性,也因此哲人必须以这样的方式来写作:改善而非颠覆政治社会。换言之,哲人之思想的美德在于某种癫狂,但哲人

---

① 列奥·斯特劳斯:《自然权利与哲学》,彭刚译,生活·读书·新知三联书店2003年版,第124页。

② Leo Strauss, *On a Forgotten Kind of Writing, in his What is Political Philosophy?* Chicago: The University of Chicago Press, 1959, pp.221—232.

11

之公共言说的美德则在于中道。哲学本身是超政治、超宗教、超道德的，但政治社会是而且应该是道德的、宗教的。①

因此，"哲学"与"政治"（道德、宗教）从根本上是存在冲突的。古今之争的全部问题，实际即在于现代哲人拒绝古代政治哲人对哲学与政治关系的这一深刻认识，即现代哲人仍坚定地相信，可以用哲学"知识"取代政治哲学的"意见"，决心通过启蒙（使真理大白于天下）以"知性的真诚"来取代"高贵的谎言"。要走出现代性危机，必须从现代以来建构起来的"哲学的、科学的、理论的政治理解"，返回"前哲学、前科学、前理论的赤裸裸的政治世界"，从而先使"政治去哲学化"，然后才可能使"哲学去政治化"，回到"纯粹哲学、纯粹科学、纯粹理论"的园地。

为此，斯特劳斯提出只有以政治哲学为第一哲学才能克制哲学的走火入魔。他提出"两个苏格拉底"的说法，即"少年苏格拉底"和"成年苏格拉底"。"少年苏格拉底"是"苏格拉底以前的苏格拉底"，即还没有向"政治哲学"转向的"自然哲人"苏格拉底，仍然与其他哲人一样，站在哲学的立场鄙视政治和道德，尚未认识到政治哲学的必要性，是"攻击正义和虔诚的苏格拉底"（the Socrates who assailed justice or piety）。"苏格拉底本人日后的一个深刻转变是从少年时鄙视政治和道德事务、鄙视人事和人，转向成熟地关心政治和道德事务、关心人事和人"。而后者即为"成年苏格拉底"，即柏拉图和色诺芬的苏格拉底，亦即"政治哲人苏格拉底"，是"维护正义和虔诚的苏格拉底"（the Socrates who defended justice or piety）。"少年苏格拉底"代表"不成熟的哲学"，好标榜如何爱哲学，如何鄙视政治和人事，没有主见和头脑。"成年苏格拉底"代表"成熟的哲学"即政治哲学，世事通明，转向成熟地关心政治和道德事务，关心人事和人。而古典政治哲人首先是直接以公民和政治家的角度看待政治，并拥有三种身份：好公民、立法者的导师、献身沉思生活的哲人。政治哲人首先是哲人，清醒地知道政治是一个有限性的活动场域，受到各种必然性的制约，

---

① Leo Strauss, *Jewish Philosophy and the Crisis of Modernity*, Chicago: The University of Chicago Press, 1959, p.463.

所谓最佳政治是个机遇问题，非人力所能强求。"政治哲学就是试图引导资质较好的公民，或不如说引导这些资质较好的子弟，从政治生活走向哲学生活。"①政治哲人的政治贡献是教育立法者，教育立法者认识到本国政治的不完善，教育立法者通过政治改革追求更佳政治。斯特劳斯自称政治哲学是"走向哲学的政治引导"。

于是，斯特劳斯给政治哲学下过一个著名的定义。他认为政治哲学是追求真理的哲学的一个分支，"政治哲学于是就将是以关于政治事物本性的知识取代政治事物本性的意见的努力。政治事物按其本性要经受赞成与反对、选择与拒绝、颂扬与谴责。出于政治事物的本质，政治哲学不是中立的，而是对人的服从、忠诚、决定或判断提出要求。倘若一个人不是严肃地对待它们的明白的或含蓄的要求并根据好与坏、正义与不正义来予以判定，换言之，倘若一个人不是以某种好或正义的标准来衡量它们，他就不能理解政治事物之为政治事物的如其所是。要做出真实的判断就必须了解真正的标准。如果政治哲学希望正确地处理它的主题，他就必须争取获得有关这些标准的真正知识。政治哲学就是要真正地既认识政治事务的本性又认识正当，或善，政治秩序的努力。"②概而言之，政治哲学是追求永恒真理或知识的、有价值标准的、认识政治事务本性及正当、善、政治秩序的努力。斯特劳斯毕生以回归古典政治哲学为职志，这可以说是古典政治哲学的现代表述，或者说向被现代人所遗忘的真正的政治哲学的回归。

韦伯对政治和政治哲学有独特的理解，并论述了对中国传统政治哲学的看法。关于政治，韦伯认为，"我们今天理解的政治是：对一个政治团体，今天来说就是一个国家及其领导或对这种领导施加的影响。"③而国家则是拥有合法使用暴力的共同体，"国家是在某一特定的疆域内——这里的'疆域'属于国家的特征——自为地（卓有成效地）占有合法的物质暴

---

①　Leo Strauss, *On a Forgotten Kind of Writing, in his What is Political Philosophy?* Chicago: The University of Chicago Press, 1959, pp.221—232.

②　Leo Strauss, "What is Political Philosophy?", *Journal of Politics*, 1957, Vol. 19, pp.344—345.

③　韦伯：《伦理之业》，王容芬译，广西师范大学出版社 2008 年版，第 40 页。

力垄断权的人类共同体"①。因此，"政治就是追求权力分配或对权力分配施加影响，不管是国家之间的分配还是国家内部各种人类群体之间的分配。"②"国家，也和历史上在它之前出现的政治团体一样，是一种建立在合法的（这是说，被认为是合法的）暴力手段基础上的人统治人的关系。被统治者必须服从统治者拥有的权威，这样国家才能存在下去。被统治者什么时候这样做，为什么要这样做？这种统治的基础又是何种内在的道理和外在的手段？"③ 这就是国家统治的合法性辩护问题，韦伯认为原则上有三个理由：一是传统型权威：相信传统的神圣性；二是超凡魅力型权威（卡里斯马）：信奉某个圣人、英雄或不同寻常的个人以及那个人的"使命"；三是法制化权威：相信"法制"以及按照法律规范得到适当授权的人的权力。石元康认为，以天命论为代表的儒家政治正当性理论是不折不扣的卡里斯玛形态④。韦伯认为，资本主义经济同第三种法制化权威即官僚制的国家有着密切的关系，后者提供了一个灵活性和可预见性的最优组合，适应了新教伦理以利润最大化为使命的合理长远规划，而这正是第一种和第二种所缺乏的。尽管韦伯认为官僚制是最有效的符合目的合理化的管理制度，但又视之为对某些人类最重要的价值的威胁，即受规则支配的、非人格的力量支配着人类，有着毁灭创造性和个人自由的危险，使个人"非人化"，瓦解人格统一性，导致"灵魂"分裂。另外，西方"理智主义"思想传统导致了自然科学的诞生，造就了今天的技术社会，用现代科学清除神秘主义因素导致"世界的除魅"，从而没有了信仰以及伴随的价值和意义。在一个除魅的世界里，不可能发现任何价值，只能选择，在对生命所依赖的价值选择中，找到人类人性的尊严和生命的意义。要想捍卫自由和个性，就必须反潮流，反对经济趋势以及官僚制度在国家和经济中的不断扩张，而韦伯提出的唯一办法是采用自由主

---

① 韦伯：《伦理之业》，王容芬译，广西师范大学出版社2008年版，第40页。
② 韦伯：《伦理之业》，王容芬译，广西师范大学出版社2008年版，第40页。
③ 韦伯：《伦理之业》，王容芬译，广西师范大学出版社2008年版，第41页。
④ 参见石元康：《天命与正当性：从韦伯的分类看儒家的政道》，《开放时代》1999年第11、12月号。

义和民主政治制度。① 韦伯关于中国传统政治分析和儒教和清教的伦理比较，说明以儒教伦理为背景的士大夫，在政治和处世方面都阻碍了中国走向西方式的资本主义社会，然而根据前面韦伯忧虑的西方现代性危机，这未必是不好的事情。

　　韩水法也为政治和政治哲学给出一个比较彻底的规定。"现在，我可以进一步来规定政治哲学之政治，所谓政治就是指在一个共同体内强制而普遍地分配社会善品的行动。换言之，以分配社会善品为根本目的的政治始终是在一定的共同体之中按照一定的原则通过一定的制度而普遍地实现的。"② 所谓社会善品，指从权利、财富、地位一直到环境、教育等等社会之中为每个人所必需、所追求和所尊崇的东西。于是政治哲学考察的视角为之一变：不再从现存的政治权力及其机构出发来考察它们的行动，以及追问他们的根据，因而从与纷扰繁复的政治现象的纠缠中抽离出来："政治哲学的中心关切与任务就是为社会善品的分配提供原则，作为原则根据的观念以及对上述两项的确证，即正当性证明。"③ 基于这样的思考，韩水法为政治哲学做出如下规定："政治哲学研究上述政治行动（即在一个共同体内强制而普遍地分配社会善品的行动）所遵循的原则，这些原则所从出的价值观念，这些观念的基础；研究根据这些原则构成的社会基本制度和结构；研究不同的政治哲学学派就此提出的各种判断和观点；政治哲学同时还研究有关上述问题的方法论。"④

　　当前西方政治哲学发展也有两种不同的流派，一是在社会—历史的宏观视野下探讨国家、社会和政治的基本规则、规范和价值，他们的性质，它们的历史和社会的渊源等等，乃是古典政治哲学的主流，在欧洲大陆占主导地位，与中国政治哲学更具亲和力；另一个是分析的政治哲学，研究范围限于分析和澄清政治和政治学的基本概念、表述方式与语言结构、政治学的方法论等，是近百年来英美政治哲学的主流。

---

① 参见佩尔斯编：《韦伯政治著作选》，阎克文译，东方出版社 2009 年版，第 249 页。
② 韩水法：《什么是政治哲学》，《中共中央党校学报》2009 年第 1 期，第 32 页。
③ 韩水法：《什么是政治哲学》，《中共中央党校学报》2009 年第 1 期，第 32 页。
④ 韩水法：《什么是政治哲学》，《中共中央党校学报》2009 年第 1 期，第 32 页。

三、中国传统政治哲学的特点

政治哲学引入中国的语境，则不仅有"古今之争"——中国古代传统和现代文化的关系，而且多了"中西之争"——中国文明和西方文明之间的关系。近百年来，近代中西文化关系的演变，从"师夷长技以制夷"（魏源）、"中体西用"（张之洞）到"全盘西化"（胡适），再到新中国的马克思主义化，中国传统文化的地位越来越低，经过"五四"新文化运动"打倒孔家店"，再到"文革""破四旧"，中国传统文化可谓走到历史最低谷，不绝若线。冯友兰说："在世界史的近代阶段，西方比东方先走了一步，先东方而近代化了，在中国近代史中，所谓中西之分，实际上是古今之异。"① 甘阳认为："中国文化与西方文化之间的地域文化差异常常被无限突出，从而掩盖了中国文化本身必须从传统文化形态走向现代文化形态这一更为实质、更为根本的古今文化差异的问题。"② 如此看来，中国在走向西方观念主导的现代化进程中，面临着与西方同样的"现代性"危机问题，尽管中国传统政治哲学有其特殊性，斯特劳斯关于西方政治哲学的反思同样在一定程度上适用于中国。不仅如此，还有一种可以推衍的可能，即斯特劳斯要回归的古典政治哲学，也同样寄寓于中国的传统政治哲学之中，尤其是在董仲舒的政治哲学之中。

梁启超认为，中国在全人类文化史上尚能占一位置的是人生哲学和政治哲学。"中国学术，以研究人类现世生活之理法为中心，古今思想家皆集中精力于此方面之各种问题。以今语道之，即人生哲学及政治哲学所包含之诸问题也。盖无论何时代何宗派之著述，未尝不归结于此点。坐是之故，吾国人对此方面诸问题之解答，往往有独到之处，为世界任何部分所莫能逮。"③ 而中国自古以来诸子百家思想的归宿都在于政治。"我国自春秋战国以还，学术勃兴，而所谓'百家言'者，盖罔不归宿于政治。其政治思想有大特色三：曰世界主义，曰平民主义，曰社会主义。……此三种

---

① 冯友兰：《中国哲学史新编》（下册），人民出版社 1999 年版，第 429 页。
② 甘阳：《古今中西之争》，生活·读书·新知三联书店 2006 年版，第 25 页。
③ 梁启超：《先秦政治思想史》，天津古籍出版社 2004 年版，第 3 页。

主义,虽不敢谓我国人所单独发明,然而最少亦必为率先发明者之一。"①
他把先秦政治哲学分为四大流派,即道家的"无治主义",儒家的"礼治
主义",儒墨的"人治主义",法墨的"法治主义"。认为各家共通的政治
哲学特色有四点:第一,深信宇宙有一定的自然法则,把这些法则运用到
政治,便是最圆满的理想政治;第二,君位神授,君权有限;第三,实行
民本政治,与民共治;第四,政治以"天下"为最高目标,国家与家族同
为达到这个最高目的之一阶段。②

孙中山认为中国有着最有系统的政治哲学,而为西方所不及:

> 就人生对于国家的观念,中国古时有很好的政治哲学。我们以为
> 欧美的国家近来很进步,但是说到他们的新文化,还不如我们政治哲
> 学的完全。中国有一段最有系统的政治哲学,在外国的大政治家还没
> 有见到,还没有说到那样清楚的,就是《大学》中所说的"格物、致
> 知、诚意、正心、修身、齐家、治国、平天下"那一段的话。把一个
> 人从内发扬到外,由一个人的内部做起,推到平天下止。象这样精微
> 开展的理论,无论国外什么政治哲学家都没有见到,都没有说出,这
> 就是我们政治哲学的知识中独有的宝贝,是应该要保存的。③

《大学》经宋代程朱表彰成为影响深远的儒家经典四书之首,讲述"三
纲领"、"八条目"思想,阐述提高个人道德质量修养与治国平天下的关系,
体现了儒家内圣外王的德治思想框架,代表着中国传统政治哲学的主流。
"内圣外王"的思考模式,是由《庄子·天下》提出而先秦诸子通用的
政治哲学思维模式,只是其具体蕴涵的内容不同而已。就儒家传统而言,
"内圣"是澄明"天命之谓性"的明德,外王是由明明德的圣人实现人间
正义的新民。通过"格物、致知、诚意、正心、修身、齐家、治国、平天
下"的八条目的工夫,实现内圣外王皆达到至善的天下太平境地。基于对
中西古今政治思想传统的通盘了解和经过血与火考验的政治革命实践,对
中国传统政治最后一个帝制王朝进行最彻底革命的孙中山,最终还是认同

---

① 梁启超:《先秦政治思想史》,天津古籍出版社 2004 年版,第 3—4 页。
② 梁启超:《先秦政治思想史》,天津古籍出版社 2004 年版,第 224—234 页。
③ 孙中山:《三民主义》,载《孙中山全集》第九卷,中华书局 1981 年版,第 247 页。

贯穿中国数千年的传统政治实践原则，并为以《大学》为代表的中国传统政治哲学超越国外之处而表示自信和骄傲。

牟宗三在《政道与治道》（1960）新版序中提出儒家学术发展三阶段说。他认为，以儒学为主流的中国文化生命是一条连续的流、一个活的传统。先秦至唐末为儒学发展第一期，儒家学问讲究"内圣外王"，以两汉经学为高峰，主要特点是"以学术指导政治，以政治指导经济"；北宋至清末为儒学发展第二期，儒家学问特别重视"内圣"，以宋明理学为高峰。"内圣外王原是儒家的全体大用、全副规模，《大学》中的格致诚正修齐治平即同时包括了内圣外王；理学家偏重于内圣一面，故外王一面就不很够。"[1]民初以来至今为儒学发展第三阶段。牟宗三认为，中国整个文化看起来，外王面都不够，而在今天内圣面亦不够。原先外王的内涵为在政治上行王道，王道则以夏商周三代的王道为标准，属于小康社会，还不是最高的理想即尧舜时代的大同社会及更高的三皇时代理想社会，故本阶段要引入可以开出所缺乏的事功精神的民主政治和科学来，应负的责任是"开出新外王"，要求民主政治是"新外王"第一义——形式意义，要求科学是"新外王"的第二义——形质条件。

中国古代及其主流儒家有无政治哲学呢？郭齐勇师认为不仅有，而且对当下中国和世界都有极高的价值。"现代政治来源于西方政治，现代西方自由主义政治学的基础是自由理性主义、原子式个人主义（中性的）与社会契约论等，而中国传统政治学说与此根本不同。那么我们应如何看待中国古代政治思想、学说与制度及实践中的若干问题呢？我的看法是：第一，不妨以西方政治哲学中的理念为参照系去透视、反观中国传统政治文化资源，发掘其中可以与今天的民主政治相接济与会通的因素，把这些因素调动出来为今天的中国政治改革所用；第二，进一步发现中国传统所有而西方现代所无的优秀政治文化的观念、智慧、方略、制度框架、机制及民间土壤等，并予以创造性的转化。"[2]吴根友认为中国传统政治哲学有自

① 牟宗三：《新版序》，载氏著：《政道与治道》，广西师范大学出版社2006年版，第7页。
② 郭齐勇：《再论儒家的政治哲学及其正义论》，《孔子研究》2010年第6期，第11页。

己独特的论域。"在中国古代思想史中，虽无政治哲学之名，却有政治哲学之实。现代人们最为熟悉的民本思想就是中国传统政治哲学的基本内容之一，至于'王道'理想，'华夷之辨'等问题均可以纳入现代政治哲学的框架之内。"[①]他认为，每个历史时期人们对政治活动性质的哲学思考侧重点不同，不同时代有不同政治哲学主题。由于各民族的生存状况及其文化背景的差异，政治哲学的关注重点也有所不同。中国古典儒家政治哲学关切皇权来源及其行使的正当性，可能更多地思考道义论问题，而西方政治哲学则主要发展出了不同形式的正义理论。"中国古典政治哲学的核心问题之一是思考了政治权力来源的正当性、政治权力行使的道德合理性的基础问题以及政治活动的目的性三个主要问题。而对政治权力如何运用的方法论问题、政治权力的制约问题没有过多思考。"[②]

　　韩水法认为中国政治哲学必须要有对象和方法的自觉，立足中国的土地和问题意识，并吸收中国政治传统资源，而不能仅仅照搬西方政治哲学从观念到方法的一套东西。"政治哲学的哲学性质表明它所探讨的问题是永恒的问题，相关的观念固然有重新表述的需要，但是，其中必有一些观念是具有恒久价值的。就此而言，政治哲学在中国还有一个重要的任务，就是重新诠释中国传统的社会政治思想，而为现代社会所用。以为中国传统社会观念、制度的一切都不适用于现代的观点，已经为改革开放的事实所粉碎。中国农村的改革序幕，与其说是一种向前的发展，不如说是向中国传统社会固已具有的合理的观念与制度的回归，尽管这种回归是不彻底的，而彻底的倒退也是不可能的，因而还不足以从根本解决问题。但是，人们必须承认，它显然比直接从西方引进的激进的、教条式的并且注定是乌托邦的社会主义模式要正当与合理。其实，无论制度、规范和观念，还是政治实践，中国传统文化都有丰富的政治哲学思想的璞玉，经琢磨之后可以为今天的中国政治哲学所利用，或者直截地说，可以为中国的民主化

---

　　① 吴根友：《序：政治哲学与中国政治哲学》，载氏著：《在道义论与正义论之间——比较政治哲学诸问题初探》，武汉大学出版社2009年版，第1页。

　　② 吴根友：《序：政治哲学与中国政治哲学》，载氏著：《在道义论与正义论之间——比较政治哲学诸问题初探》，武汉大学出版社2009年版，第2页。

进程所用。……中国传统社会无论从国家形式、基本观念、社会组织方式，还是从教育体制、宗教信仰来说，与西方传统社会有着根本的差异。无视这种差异，既无法解释现代中国的历史与现实，亦无法为中国社会的民主化运动提出合理的建设性意见。"①

陈来认为，早期中国政治哲学主题与西方主要关注正义不同，主要有天民合一、天德合一、天礼合一等三个主题。"政治问题在一切民族和文明中，都是早期哲学的思考对象，但在不同的文明体系中政治哲学的问题意识和讨论方式并不相同。如古希腊以城邦为基础的政治思想突出'正义'的观念，把正义作为追求的目标，从荷马时代到柏拉图、亚里士多德，都把正义作为政治领域的中心问题和最高美德。在古希腊人看来，正义是调整人际关系的道德准则，也是一种适当的界限和限度。古希腊也讨论了命运、逻各斯和自然法的思想，成为早期政治哲学的重要观念。在中国，从西周至春秋时代，并没有出现以'正义'为中心的讨论，而是提出了一些特有的论述，如天和民、天和礼、天和德的关系等。这些虽然还未形成为政治哲学的体系，但无疑已经是具有政治哲学意义的论述和命题；这些论述和命题构成了儒家古典政治哲学的背景和前提，和古希腊前期政治哲学形成了对照。"②儒家作为中国传统政治思想的主流和现实指导，可以说为整个中国传统政治哲学思想立法。"政治哲学即对政治及其活动的本质进行道德的、价值的反省和界定。儒家政治哲学是中国古代哲学的政治思考的主要部分。儒家政治哲学的这种地位，不仅是因为其作品的数量占了多数，更是因为儒家政治哲学直接影响了、关联着两千年来的中国古代的政治实践，并由此成为中国政治思想主要的规范性传统。"③陈来认为，儒家不强调政治权力的分配和实现，不强调政治制度安排的创新。儒家理想的政治是以美德为基础的政治，强调政治事务不能脱离美德。从西周以来不

---

① 韩水法主编：《社会正义是如何可能的——政治哲学在中国》，广州出版社 2000 年版，第 16—17 页。

② 陈来：《早期中国政治哲学的三个主题》，《天津社会科学》2007 年第 2 期。

③ 陈来：《论道德的政治——儒家政治哲学的特质》，《天津社会科学》2010 年第 1 期，第 23 页。

断强调的政治领导必须务德、宽民的思想，到春秋末期已经渐渐成为政治传统的重要一支，而由儒家自觉地加以发扬。"古代儒家强调政治德行对于政治过程的重要性，认为政治的本质就是道德教化，坚持以美德为政治的基础，以善为政治的目的，以仁贯通于政治的实践，这些在现代社会的政治制度条件下，仍然有其不可忽略的意义。"[1]

从上述几位先哲时贤的研究中可以看出，无论制度、规范和观念，还是政治实践，中国古代有着丰富的政治哲学传统。这些传统既有和西方政治哲学传统相似的政治问题关注，又有自身独特的思考模式和不同的论述重点。中国传统政治的主流儒家政治哲学的重要特点，是以天为政治的根据、以道德为政治的基础、以民为政治的根本，而且不仅有宏观政治的一面，也有与之密切关联的微观政治的一面。

第二节 政治哲学范式

一、政治哲学范式与态度

古今中外曾经出现过很多政治哲学研究或论述模式，我们不妨选取晚近一些广为运用的模式，在参照和借鉴中建构一种适配董仲舒政治哲学研究的论述模式。

美国著名科学哲学家托马斯·库恩（Thomas Kuhn）的范式（paradigm）概念也对我们研究政治哲学有所启益。库恩在《科学革命的结构》（1962）一书中提出范式（paradigm）的概念和理论，系统阐释"范式"在科学革命中的作用。范式可理解为某一科学群体在一定时期内基本认同并在研究中加以遵循的学术基础和原则体系，它通常包括一门学科中被公认的某种理论、方法，共同的对事物的看法和共同的世界观。库恩认为，范式为科

---

① 陈来：《论道德的政治——儒家政治哲学的特质》，《天津社会科学》2010 年第 1 期，第 23 页。

学共同体所一致拥有，他们按照统一的规范从事科学研究活动，越来越多的科学家会被吸引参与到这个范式中开展研究，不断开拓和穷尽这一范式内各种研究的可能性，这就是科学。在从事科学研究中发现有些事实不能纳入共同体的范式内，就形成反常，反常发展到一定阶段就形成危机。在危机中逐渐产生了提出新范式的需要，于是开始了科学革命。科学的发展便是如此循环往复，以至无穷。库恩有关"范式"的理论，虽然主要是对自然科学发展规律的认识和归纳，但对人文社会科学同样具有普遍指导意义。人文社会科学除各种各样的理论主张外，同样存在贯穿于各种理论之中、但又超脱于各种具体理论之上的研究"范式"。政治哲学作为人文社会科学的综合性交叉研究，亦当有其范式，不过范式有单一化的倾向，还不能范围政治哲学的复杂性和多样性。

福柯在《词与物——人文科学考古学》（1966）中提出的知识型理论和在《知识考古学》（1969）中提出的话语理论，对探究政治哲学的研究模式也很有启发意义。福柯所说的知识型，渊源于库恩的范式，是指在某个时期存在于不同科学领域之间的所有关系，是制约、支配该时代各种话语、各门学科的形成规则，是该时代知识密码的特定秩序、构型和配置，是某一特定时期社会群体的一种共同的无意识结构，它决定该时代提出问题的可能方式和思路，规定着该时代解决问题的可能途径和范畴。知识型是历史的、特殊的、断裂的，有着共时性的连续性和历时性的非连续性，前后相接的两个时代，知识型却未必相互联系。他认为西方文艺复兴末期到19世纪末期，有关生命、语言和劳动的知识或话语经历了文艺复兴、古典、现代时期三个时代，出现以"相似性"、"理性主义"、"人的诞生"为主要特征的三种大相径庭的知识型。在文艺复兴时期，人与万物是相似的，人是万物的一个部分。在古典时期，人虽然是知识的主体，但不包括在知识之中；只是到了近代生物学、经济学和语言学的发展才使得人文科学成为可能，"人"在此时成为知识的对象，"人"这个概念才得以出现。因此，福柯说"人是19世纪以来的产物"，"人只是一个近来的发明"。如果基督教认为上帝创造了世界，那么现代思想主张人赋予世界以秩序，赋予全部知识以确实性，"有限性"的人取代了上帝的地位自封为王。尼采正是在这个意义上宣布"上帝死了",而福柯继之宣布"人死了"。他认为在当代人文科学被精神分析学、结构人类学、语言学所代替,"人"作为认识主体的地位动摇了,主体不再是作为知识、自由、语言和历史的源头和基础,"人"并不是具有普遍人性的认识主体和可知客体,而是语言、欲望和无意识的结果和产物。"人将被抹去,如同大海沙地上的一张脸。"①"人的死亡"和"人的消失",是作为某种观念形态和知识形态的人的消失,是以人为中心的人文学科的消失,最终是 19 世纪以来的以人为中心的现代知识型的消失。

福柯的话语理论则证明知识和权力是共生的关系。历史文化由各种各样的话语构成,而话语是一个社会团体依据一些规则将其意义传播于社会而确定其社会地位的过程。话语的产生既是被控制的、受选择和受组织的,又是根据一些秩序而被分配的,为的是禁止和控制话语的权力,把握不可预测的事件。话语与实践是一体的,"这个由某种话语实践按其规则构成的并为某门科学的建立所不可缺少的成分整体,尽管它们并不是必然会产生科学,我们可以称之为知识。"②知识就是权力,而权力是无处不在的网络,规制人的日常生活方方面面,并造就了主体。权力是生产性和创造性的,集中体现在监狱(也体现在兵营、学校、工厂和医院等),压制那些不符合社会需要的特性,而塑造合乎理想的特性,从边沁 1787 年提出的"圆形监狱"开始,就不限制于剥夺自由的作用,而是以对个人进行改造为目标,监察个人的每个方面,从身体外貌到道德信仰,从工作习惯到日常行为,对其控制和调节,并进行彻头彻尾的改造,直到符合法定标准。可悲的是,监狱就是现实的现代纪律社会的一个缩影,以各种形式遍布整个社会,把所有的领域都覆盖在一张巨大的"圆形监狱"网络之中,其首要功能就是实现"规范化"。而真理始终都是权力,一个生成、规范、分布、循环和操纵命题的有秩序的程序系统。

---

①　[法]福柯:《词与物——人文科学考古学》,莫为民译,上海三联书店 2001 年版,第 506 页。

②　[法]福柯:《知识考古学》,谢强、马月译,生活·读书·新知三联书店 1998 年版,第 235 页。

柏林认为，政治哲学因为价值的多元性而存在，认为积极自由常常导致一元论，消极自由则是多元论，后者才是通常意义上的自由观。政治哲学"'只能在一个各种目标相互冲突的社会中'。在一个只受单一目标所支配的社会中，原则上只会存在关于什么是达到这种目标的最佳手段的争论，而且关于手段的争论也是技术性的，即性质上是科学的和经验性的争论。……在这样一个社会里，不会产生关于政治目的或价值标准一类的严肃问题，只会出现什么是达到目标的最有效途径的经验性问题。……政治哲学如果不限于分析概念和术语，那就只能在一个多元的或潜在多元的社会里才可以进行不断的探索。"① 因为价值多元性的正当性，柏林认为政治哲学仍然有存在的必要性。"自由的政治含义中的第一种，（遵从许多先例）我将称作'消极自由'，它回答这个问题：'主体（一个人或人的群体）被允许或必须被允许不受别人干涉地做他有能力做的事、成为他愿意成为的人的那个领域是什么？'第二种含义我将称作'积极自由'，它回答这个问题：'什么东西或什么人，是决定某人做这个、成为这样而不是做那个、成为那样的那种控制或干涉的根源？'"② 柏林认为，包括民主在内的各种一元论以及对单一标准的信仰，势必要强行把现实的人类社会纳入某种固定的模式，干涉和剥夺了个人自由。"多元主义以及它所蕴涵的'消极的'自由标准，在我看来，比那些在纪律严明的威权式结构中寻求阶级、人民或整个人类的'积极的'自我控制的人所追求的目标，显得更真实也更人道。"③ 柏林的两种自由，与贡斯当所说的古代人的自由和现代人的自由，也与儒家的忠恕之道接近。消极自由接近于现代人的自由和"己所不欲，勿施于人"的"恕"道，积极自由接近于古代人的自由和"己欲立而立人，己欲达而达人"的"忠"道。贡斯当的两种自由是结合到一起的，"我们决不是要放弃我所描述的两种自由中的任何一种。如同我已经展示的那样，我们必须学会将两种自由结合在一起。……一方面，制度必须尊重公

---

① Berlin, Isaiah, *Does Political Theory Still Exist? In his Concepts and categories: philosophical essays*, London: Pimlico, 1978, pp.149—150.

② ［英］柏林:《自由论》，胡传胜译，译林出版社 2003 年版，第 189 页。

③ ［英］柏林:《自由论》，胡传胜译，译林出版社 2003 年版，第 244 页。

民的个人权利，保障他们的独立，避免干扰他们的工作；另一方面，制度又必须尊重公民影响公共事务的神圣权利，号召公民以投票的方式参与行使权力，赋予他们表达意见的权利，并由此实行控制与监督；这样，通过履行这些崇高职责的熏陶，公民会既有欲望又有权利来完成这些职责。"①正如贡斯当所言，柏林并没有简单地肯定消极自由和否定积极自由，而是倡导尊重多元价值的"和而不同"的自由观，两种自由的适度结合为的是呵护人之为人的尊严和需要，而反对用所谓的"唯一合理价值和理想"来宰制天下、剥夺人之需要和尊严的种种形式的极权主义。

　　与柏林对积极自由演变为一元论的警惕不同，阿伦特担忧的是公共领域中导致民族主义和极权主义的政治冷漠。她把行动的生活区分为三种基本活动：劳动、工作和行动。劳动和工作都是人类在自然环境中采取的活动模式，属于私人领域，而行动是人类至今的互动关系，属于公共领域。阿伦特严格区分政治领域和非政治领域、公共领域和私人领域、城邦和家庭以及行动、工作和劳动，认为自柏拉图开始推崇沉思生活，而贬低了以政治为中心的行动生活，是古希腊对劳动、工作和行动不加区分造成的一个不良后果。正是因为忽视或贬低政治，导致了广泛的政治冷漠症，成就了极权主义运动。极权主义运动是原子化、孤独的个人组成的群众组织，那些坚信并只关心个人在无情竞争中的成败不关心公共事务的人，成了希特勒这样的极权主义运动的成员、追随者和支持者。阿伦特的政治哲学是从德国哲学的现象学和存在主义中发展出来的一种样式，她提醒这个忘却政治责任而对公共事务冷漠的职业化社会，作为天生政治动物的人类，是可以而且有责任在政治行动和政治哲学思考中重新学会理解意义的能力和恢复政治行动的能力。

　　上述政治哲学模式的论述，启示我们客观而又具体地看待历史上和当下世界的各种政治哲学话语体系。福山断言自由民主是最好的意识形态，正是无视范式和知识型的时代性和不连续性的狂妄。

----

①　[法] 贡斯当：《古代人的自由与现代人的自由之比较》，李强译，《公共论丛》，1998 年第 4 辑。

自由民主制度也许是"人类意识形态发展的终点"和"人类最后一种统治形式",并因此构成"历史的终结"。换句话说,在此之前的种种政体具有严重的缺陷及不合理的特征从而导致其衰落,而自由民主制度却正如人们所证明的那样不存在这种根本性的内在矛盾。这并不是说当今美国、法国或瑞士等国家的稳定的民主体制已不存在不公正或严重的社会问题,但这些问题则是因建构现代民主制度的两大基石——自由和平等的原理——尚未得到完全实现所造成的,并非原理本身的缺陷。或许当代有些国家能够实现稳定的自由民主制度,而且有些国家可能会倒退回其他更原始的统治方式,如神权政治或军人独裁,但我们却找不出比自由民主理念更好的意识形态。①

这种独断的依据是黑格尔曾将历史终结定位于一种自由的国家形体,而福山所理解的历史终结,是指"构成历史的最基本的原则和制度可能不再进步了,原因在于所有真正的大问题都已经得到了解决。"②这正是斯特劳斯所说的"知性的真诚"和柏林所说的取消政治哲学的一元化,天真地要用一种理想社会模式改造现实,一统天下。而当前许多中西政治哲学比较研究,有意无意地以中国传统思想是否具有西方民主政治价值为标准的因素作为研究和论述的主要内容,既有一种认西方民主价值为最高价值和中国社会必须以民主政治化为目的之预设,也为西方中心主义话语的全球化渗透之表现。实际上,就政治哲学而言,古今中外历史上出现过很多种范式或知识型,各有其理性社会追求,有许多曾经在一些时代和区域的现实政治中起过积极有效或消极悲惨的作用。

作为政治哲学研究者,虽然不能完全排除价值立场的影响,也应当有客观探究各种范式、知识型之积极价值和消极意义的清醒与自觉。郭齐勇先生曾提出一个中国学者"守先待后"的态度和使命。对董仲舒的政治哲学研究亦然,尽管已经有很多种褒贬不一的理解,我们无意为之判教,而

---

① [美]福山:《历史的终结及最后之人》,黄胜强、许铭原译,中国社会科学出版社2003年版,第1页。

② [美]福山:《历史的终结及最后之人》,黄胜强、许铭原译,中国社会科学出版社2003年版,第3页。

是以"守先待后"的态度，尊重其中的价值而发掘之，为此找到合适的表达方式而表章之。

二、西方正义论的兴起

罗尔斯 1971 年发表《正义论》，引发西方政治哲学的复兴，而且将当代中西政治哲学研究的核心主题引导到正义问题上。为何可以把正义确定为政治哲学核心主题？韩水法认为，"抽象来说，正义是对政治行为或活动的一种积极的评价，或者用形而上学式的术语来说，是指政治行为或活动的某种性质。正义判断总是以某种相应的观念、规范或原则为标准和前提的。于是，从哲学上来说，政治哲学的主题就是正义。因为政治哲学并非提供一种政治行为规范，而是要构造和确证某种正当的或对的政治行为及其规范。政治哲学在这个意义上也就可以称为正义哲学。"[①]

罗尔斯的正义论是二战之后西方各国走向福利国家潮流的新自由主义哲学的表达，以反对功利主义、回归以洛克和康德为代表的近代契约论传统和古典自由主义传统为旨归。而把正义当作政治哲学的主题并非罗尔斯的发明，它既是中外最古老的政治哲学论述模式之一，也是古希腊亚里士多德正义论的现代表达。可以说罗尔斯以来的当代政治哲学各种讨论，都是不同程度上对亚里士多德正义论的深化和发展。

西方的正义观念在古希腊神话时代就已就出现。据廖申白考证，在希腊语中，正义一词来源于女神 Dike 的名字，Dike 是正义的化身，主管对人间是非善恶的评判，她是宙斯同忒弥斯之女，忒弥斯是司法律和秩序的女神，在希腊人的雕塑中忒弥斯手执聚宝角和天、眼上蒙布，以示不偏不倚地将善物分配给人类。拉丁语中的正义（justice）一词得名于古罗马正义女神 Justitia，她是同希腊正义女神 Dike 和忒弥斯等同的神。希腊语和拉丁语"正义"一词中已经包含了正直、无私、公平、公道这些一直保持

---

① 韩水法：《什么是政治哲学》，《中共中央党校学报》2009 年第 1 期，第 33 页。

到现代的基本语义。① 正义在最早神话传说和自然哲学中是作为一种宇宙论的原则，在古希腊的战争和政治中逐渐有了人事的正义的讨论。雅典著名政治家梭伦认为正义就是对立的贵族和平民双方都要抑制自己的欲望，对财物、权力和自由的要求要有节制，达到一种平衡的政治秩序，"我拿着一只大盾，保护两方，不让任何一方不公正地占据优势。"② 有了这种节制和平衡，可以避免斗争和内战，城邦才能安定和繁荣。

把正义问题作为人事问题最早加以讨论的哲学家有智者和苏格拉底。智者普罗泰戈拉说："人是万物的尺度，是存在者存在的尺度，也是不存在的事物不存在的尺度。"③ 因而人也是正义的尺度，正义也是社会人事的道德观念。在柏拉图《理想国》中，苏格拉底的对话中引出了三种当时的正义观：正义是谁的东西归谁；正义是帮助朋友损害敌人；正义是强者的意志。第一种说法接近梭伦的观点，第三种观点接近远征弥罗斯岛的雅典人的观点。而苏格拉底本人的哲学被西塞罗称为把哲学从天上带到了人间，实则是把天上的正义——宇宙自然正义，转变为人间的正义，其正义的原则，则为他的几个著名的命题：知识就是美德；无人有意为恶；人的善恶在于其是否拥有正义的真知。

柏拉图在《理想国》中阐述了他的正义观。柏拉图认为正义是与智慧、勇敢、节制并列的四主德之一。正义包括城邦的正义和灵魂的正义。城邦中的人按照三种美德分为三个等级，拥有智能美德的统治者、拥有勇敢美德的武士和拥有节制美德的劳动者。城邦的正义是指城邦中的各个等级各司其职，互不干涉。个人的灵魂也有与三种美德对应的三个部分组成：与智慧对应的理性；与勇敢对应的意志；与节制对应的欲望。灵魂的正义即个人的正义，指灵魂的各组成部分的和谐秩序，与自己的职位和本分相一致。④

亚里士多德的正义观涉及社会生活方方面面，为后来的人文学科如伦

① 参见廖申白：《伦理学概论》，北京师范大学出版社2009年版，第366页。
② 亚里士多德：《雅典政制》，日知、力野译，世纪出版集团、上海人民出版社2011年版，第28页。
③ 苗力田主编：《古希腊罗马哲学》，中国人民大学出版社1989年版，第138页。
④ 参见柏拉图：《理想国》第四卷，郭和斌、张竹明译，商务印书馆1986年版。

理学、政治学、经济学和法学奠定了有关基本原则，对后世正义思想产生深刻的影响。亚里士多德认为，公正（justice，即正义，廖申白翻译为公正，下同）是指一种质量，使一个人倾向于做正确的事情，使他做事公正，并愿意做公正的事。不公正也是指一种质量，使一个人做事不公正，并愿意做不公正的事。"我们把违法的人和贪得的、不平等的人，称为不公正的。所以显然，我们把守法的、公平的人称为公正的。所以，公正的也就是守法的和平等的；不公正的也就是违法的和不平等的。"①作为德性，公正最为完全，因为它是交往行为上的总体的德性，所促进的是另一个人的利益，故把那些倾向于发生和保持政治共同体的幸福或其构成成分的行为看作是公正的。"最好的人就是不仅自己的行为有德性，而且对他人的行为也有德性的人。"②亚里士多德把公正和法律紧密联系在一起，"出于总体的德性的行为基本上就是法律要求的行为。因为法律要求我们实行所有德性，禁止我们实行任何恶。为使人们养成对公共事务的关切而建立的法规也就是使人们养成总体德性的规则。"③

亚里士多德把公正的意义也分两种：德性总体意义上的公正；作为德性一部分的具体的公正。具体的不公正的两种意义是违法与不平等；具体的公正的两种意义是守法与平等。具体的公正及其相应的行为区分为两类：一类是表现于荣誉、钱物或其他可析分的共同财富的分配上的公正，一类则是在私人交易中起矫正作用的公正。矫正的公正又有两种，相应于两类私人交易：出于意愿的（在开始时双方是自愿的）和违反意愿的（秘密的或暴力的）。这样具体的公正有分配的公正、矫正的公正和商业的公正三种。分配的公正是基于配得的比例的平等，这种比例是几何比例。分配的公正要基于某种配得，只是依据的原则不同，如贡献、民望、荣誉、出身、地位等。"而比率的平等则是以个人的真价值即差异为依据的平等。所谓人的真价值，在亚里士多德看来，主要是指一个人所具有的天赋、财产、地位、出身等因素，因而所谓比率的平等，就是在分配中应以不同的

---

① 参见柏拉图：《理想国》，郭和斌、张竹明译，商务印书馆 1986 年版，第 128—129 页。
② 参见柏拉图：《理想国》，郭和斌、张竹明译，商务印书馆 1986 年版，第 130—131 页。
③ 参见柏拉图：《理想国》，郭和斌、张竹明译，商务印书馆 1986 年版，第 133 页。

人在这些方面的不同给予不同的所得。"[①]矫正的公正是基于应得的比例的公正,这种比例是算术比例。矫正的公正是得与失之间的算术的适度,往往是在出于意愿的或违反意愿的私人交易中出现不公正之后,通过法律按照算术比例予以矫正,恢复本来交易双方应得的平等。在违反意愿的交易中,矫正的公正剥夺不公正行为者的所得,使交易双方恢复到交易前的利益状态。而在出于意愿的交易中,矫正的正义允许人们获得,或对这种获得不加干预,这时交易双方可以按照几何比例进行,属于回报的公正。这种矫正的公正对出于意愿的私人交易的不干预类似于"自由贸易的原则",故可以称之为商业的公正或交易的公正。如果出现商业的不公正,矫正的公正就会出场介入,维护公正。在商业交易中比例的平等是一种成比例的回报,所有东西都由需要来衡量,而货币约定俗成地成了需要的代表、未来交易的保证。"货币是使得所有物品可以衡量和可以平等化的唯一尺度。"[②]有了货币这个衡量的尺度,所有物品都以货币数量来定价交易,交往就有了平等,交易就有了公正。

公道属于公正但又优越于公正。虽然公道是公正且优越于公正,但并非优越于总体的公正,而仅仅优越于公正(即由法律代表的公正)由于一般性而带来的缺陷和错误。公道犹如法律在具体案例中的判决,既根据具体境况做出恰当的公正的判决,又避免和纠正了法律条文的某些不足。公道是一种和公正同类的质量,而在权衡具体情况纠正普遍公正原则的不足方面优越于公正。"公道的人出于选择和质量而做公道的事,虽有法律支持也不会不通情理地坚持权利,而愿意少取一点的人。这样一种质量就是公道。"[③]由于亚里士多德的公正理论不限于经济领域,还包括政治领域的权利的公正,如享受同等教育、从政的机会等,故公道也相应地在政治领域有着相应的运用范围。在亚里士多德看来,作为政

---

① 张传有:《伦理学引论》,人民出版社 2006 年版,第 93 页。
② 亚里士多德:《尼各马可伦理学》,廖申白译注,商务印书馆 2003 年版,第 147—151 页。
③ 亚里士多德:《尼各马可伦理学》,廖申白译注,商务印书馆 2003 年版,第 147—151 页。

治学终极目的"至善"，就是正义（公正），正义以公共利益为依归。他认为，政治的公正是自足地共同生活、通过比例达到平等或在数量上平等的人们之间的公正，公正只存在于其相互关系可由法律来调节的人们之间。一个治理者是公正的护卫者，是在为他人的利益工作，必须以荣誉和尊严来回报。一个治理者如果不满足于此，就会成为一个僭主。主人和奴隶间以及父亲和子女间的公正不是政治的公正，而只是与它类似。政治的公正有些是自然的，有些是约定的。自然的公正对任何人都有效力，不论人们承认或不承认。约定的公正最初这样定还是那样定并不重要，但一旦定下了，就变得十分重要。①"依绝对正义的原则评判，凡照顾到公共利益的各种政体就都是正当或正宗的政体；而那些只照顾统治者们的利益的政体就都是错误的政体或正宗政体的变态（偏离）。"②分别以一人、多数人和群众为统治者，凡能照顾全邦人民利益的是正宗政体，分别称为王制（君主政体）、贵族（贤能）政体和共和政体，其变态政体分别为僭主政体、寡头政体、平民政体。"僭主政体以一人为治，凡所设施也以他个人的利益为依归；寡头（少数）政体以富户的利益为依归；平民政体则以穷人的利益为依归。三者都不照顾城邦全体公民的利益。"③正义包涵两个因素：事物和应该接受事物的人；相等的人就该配给到相等的事物。政治权利的分配必须以人们对于构成城邦各要素的贡献大小为依据。"所谓'公正'，它的真实意义，主要在于'平等'。如果要说'平等的公正'，这就是得以城邦整个利益以及全体公民的共同善业为依据。"④在论证哪种政体更好的时候，亚里士多德提到，凡是不凭感情因素治事的统治者总比感情用事的人们较为优良，而法律是没有感情的，人类的本性难免有感情。然而一旦出现通则所不能解决的特殊事例时，还得让个人较好的理智进行较好的裁决。这也即上述公道的纠正作用。这样的裁决到底是求诸最好的个人还是求诸全体人民呢？雅典民主实践

---

① 亚里士多德：《尼各马可伦理学》，廖申白译注，商务印书馆 2003 年版，第 145 页。
② 亚里士多德：《政治学》，吴寿彭译，商务印书馆 1965 年版，第 135 页。
③ 亚里士多德：《政治学》，吴寿彭译，商务印书馆 1965 年版，第 137 页。
④ 亚里士多德：《政治学》，吴寿彭译，商务印书馆 1965 年版，第 157 页。

经验说明，人多力量大，群众又比任何一个人可能做较好的裁决，再说，若干好人（公道的人）的集体比一个好人较不易于腐败，许多好人在一起也不致发生内讧。所以若干好人所共同组织的政府即贵族政府要比一人为治的君主政体要优良。什么才是最优良的政体呢？"最优良的政体就该是最优良的人们为之治理的政体。这一类型的政体的统治者或为一人，或为一宗族，或为若干人，他或他们都具有出众的才德，擅于为政，而且邦内受治的公众都有志于，也都适宜于，人类最崇高的生活。"① 亚里士多德的优良政体和政治正义最终落实在公道的人身上，希望通过成德达善的教育和习惯的训练，培养优良的政治家和优良的君主。

作为罗尔斯正义论主题的社会基本结构，是与亚里士多德公正理论全面相关的人类社会系统。"对我们来说，正义在此的首要主题是社会的基本结构，或更准确地说，是社会主要制度分配基本权利和义务，决定由社会合作产生的利益之划分的方式。所谓主要制度，我的理解是政治宪法和主要的经济和社会安排。"② 罗尔斯在另一本著作中又补充解释道："我所说的基本结构，意思是指社会的主要政治制度、社会制度和经济制度，以及它们是如何融合为一个时代相传的社会合作之统一系统的。"③ 这一社会基本结构关涉整个社会每个人的权利和义务的分配正义，作为对亚里士多德公正理论两个困境的响应，一方面，其分配的比例既有算术比例（普遍平等，矫正公正），又有几何比例（比率平等，分配公正）；另一方面，在两者发生冲突时，运用了真价值作为比例依据和用公道概念来协调的方法。因此作为公平的正义中的"公平"（fairness），即涵摄运用公道概念来协调普遍平等（矫正正义）和比率平等（分配正义）之间的矛盾和张力，建立一个正义的良序社会。

罗尔斯关于社会基本结构的正义两原则的全面陈述出现在《正义论》1999 年修订版中：

---

① 亚里士多德：《政治学》，吴寿彭译，商务印书馆 1965 年版，第 177 页。
② ［美］罗尔斯：《正义论》（修订版），何怀宏、何包钢、廖申白译，中国社会科学出版社 2009 年版，第 6 页。
③ ［美］罗尔斯：《政治自由主义》，万俊人译，译林出版社 2000 年版，第 11—12 页。

第一个原则

每个人对与所有人所拥有的最广泛平等的基本自由体系兼容的类似自由体系都应有一种平等的权利。

第二个原则

社会和经济的不平等应这样安排，使它们：

1　在与正义的储存原则一致的情况下，适合最少受惠者的最大利益；并且

2　依系于在机会公平平等的条件下职务和地位向所有人开放。①

这些原则是以词典式排列的，即必须先满足前面的一条，再去满足下面一条。第一个原则可以说从制度层面保证天赋人权不受侵犯的普遍平等，还所有人以基本的做人尊严，可以说是在消极自由上的公正，平等享受一切自由权利。第二个原则是协调对真价值差异的承认和机会普遍平等的公正的折中，以对待最少受惠者的公道来体现物质权利的公道，这可以说是积极自由上的公正。

作为罗尔斯《正义论》的有力响应，诺奇克1974年发表《无政府、国家和乌托邦》，提出与罗尔斯平等主义正义论针锋相对的自由至上正义论（libertarianism）。诺奇克的持有正义理论包括三个原则：获取的正义原则（principle of justice in acquisition）、转让的正义原则（principle of justice in transfer）、矫正的正义原则（principle of justice in rectfication）。

1. 一个人依据获取的正义原则获取了一个持有物，这个人对这个持有物是有资格的。

2. 一个人依据转让的正义原则从另外一个有资格拥有该持有物的人那里获取了一个持有物，这个人对这个持有物是有资格的。

3. 除非通过1和2的（重复）应用，否则任何人对一个持有物都是没有资格的。②

---

① ［美］罗尔斯：《正义论》（修订版），何怀宏、何包钢、廖申白译，中国社会科学出版社2009年版，第267页。

② ［美］罗伯特·诺奇克：《无政府、国家和乌托邦》，姚大志译，中国社会科学出版社2008年版，第181页。

如果违反了前两个持有正义原则造成了过去的不正义，那么就有第三个原则即矫正的正义原则来对持有的不正义进行纠正。"如果一个人根据获取和转让的正义原则或者根据不正义的矫正原则对持有是有资格的，那么他的持有是正义的；如果每一个人的持有都是正义的，那么持有的总体（分配）就是正义的。"① 获取的正义原则，是由亚里士多德的按照比例的公正和交易的公正转化而来的，依据的是以真价值为依据的比率。转让的正义原则，或者通过法律规定，向他人转让持有物，如遗产或公共财产的合法继承；或者以个人的品德和感情为基础，基于友爱、体谅或仁慈，向他人转让持有物，如捐赠或资助，而后者正是亚里士多德公道概念的转化应用。

罗尔斯和诺奇克的正义论，为当代正义论政治哲学设定了主要论域和问题。罗尔斯的正义原则的一个重要特点，是这些公正的落实必须由社会基本结构即公共权力去参与实现的。而诺奇克认为政府是只有非常有限的权利的"最低限度的政府"，接近"守夜人"的角色，个人的自由权利是至上的，政府除了维持正常运作的基本费用之外，没有权利通过税收和其他手段牵制取走个人财物进行再分配，哪怕是用来救济一个穷人，除非是正义的持有物拥有者个人主动捐赠或转让。罗尔斯将公道概念诉诸公共权力，而诺奇克将公道概念诉诸个人责任。两者构成自由主义的两极，其他自由主义只能在两者之间找到自己的位置。如视平等为至上美德的德沃金在罗尔斯的平等主义和诺奇克的自由至上主义之间取中道的立场，他以资源平等为平等的内涵，承认个人努力和抱负导致的不平等，主张由市场而非政府来解决分配问题，通过"拍卖"保证开端的资源平等。又主张政府主导解决不平等问题，通过"保险"式的国家征收税收来保证后果的平等。德沃金提出伦理个人主义(ethical individualism)，第一，重要性平等原则，即每个人都应该得到平等的关切和尊重；第二，具体责任原则，即每个人有选择自己生活的自由，但要对自己的选择承担责任。德沃金的正义理论对罗尔斯和诺齐克两人的正义理论取长补短，把政府的公正和个人的公正

---

① ［美］罗伯特·诺奇克：《无政府、国家和乌托邦》，姚大志译，中国社会科学出版社 2008 年版，第 183—184 页。

结合起来，解决开端和后果的平等问题。对罗尔斯正义理论做出赞同或批评的响应，并提出自己的正义理论的，既有桑德尔、麦金汰尔、沃尔泽等为代表的社群主义，也有利奥塔、罗蒂、福柯和哈贝马斯为代表的"第三势力"。① 尽管他们的正义原则表达各异，无不可以视为对亚里士多德和罗尔斯正义论的在特定意义上的深化和发展。

三、天命、正义与伦理

汉语与西方 justice 对译的一般是"正义"和"公正"两词，其中"义"和"公"两字在上古汉语已大体具备现代意义的 justice 义项。廖申白认为，"在中国思想史上，义的观念的语源学的意义是以干戈护卫财产，同利益的界分与平衡、越界行为与矫正有紧密联系。……正义不仅在东方和西方都是最早发生的道德观念，而且有一些共同的基本精神。由于东西方文化发展上的差异，正义概念的发展也表现出一些不同的特征。……关于正义的概念在东方，例如在中国，是一个较具综合性的概念，分析意义不彰明，在西方思想中它的发展较早地与对法律的认识结合在一起，并较早具有一些比较明确的分析意义。"② 《说文解字》："义，己之威仪也，从我从羊，墨翟书义从弗。"③ 段注认为："从弗者，盖取矫弗合宜之意。"④ 此解接近西方之矫正正义。《说文解字》："公，平分也，从八厶，八犹背也。《韩非子》：'背厶为公'。""厶"即"私"之古字。《韩非子》："仓颉造字，自营为厶"。《白虎通》："公者，通也，公正无私之意也。"⑤《尚书·洪范》："无偏无陂，遵王之义。无有作好，遵王之道。无有作恶，遵王之路。无

---

① 参见姚大志：《何谓正义：当代西方政治哲学研究》，人民出版社 2007 年版。

② 廖申白：《论西方主流正义概念发展中的嬗变与综合》，《伦理学研究》2002 年第2 期。

③ （汉）许慎撰，（清）段玉裁注：《说文解字注》，上海古籍出版社 1988 年第二版，第 633 页。

④ （汉）许慎撰，（清）段玉裁注：《说文解字注》，上海古籍出版社 1988 年第二版，第 633 页。

⑤ （清）陈立撰，吴则虞点校：《白虎通疏证》，中华书局 1994 年版，第 7 页。

偏无党，王道荡荡。无党无偏，王道平平。无反无侧，王道正直。会有其极，归其有极。"① 此段铺陈描述按照大中正直、公正无私的先王正确道路治理天下，使正义流播天下太平，是为中国正义论之滥觞。

人间秩序正义的终极依据，古今中外各种政治哲学皆有所归，或者倾向于天和上帝，或者倾向于自然和契约。古希腊就有宇宙自然正义传统，在荷马史诗中，就出现了表示正义的 Dike 和 dikaios 这两个词，前者指宇宙的秩序，后者指尊敬和不侵犯这种秩序的人。② 古希腊时代自然哲学及以前的作为正义秩序的宇宙论认为，"每个人或每件事物都有着他的或它的规定地位与规定的职务。……这种理论是和运命或必然的观念联系在一起。……但是凡有生气的地方，便有一种趋势要突破正义的界限；因此就产生了斗争。有一种非人世的、超奥林匹克的法则在惩罚着放肆，并且不断在恢复着侵犯者所想要破坏的那种永恒秩序。……这便是希腊人对于自然规律与人世规律信仰的根源，这显然也就是柏拉图正义观念的基础。"③

奥古斯丁哲学是对柏拉图主义加以利用和改造的产物，也吸收了亚里士多德和斯多亚派学说的因素，其《上帝之城》提出了天上之城和地上之城的区分，有天命与正义对峙而又妥协的象征含义。他用"信、望、爱"来替代柏拉图的四主德，认为德性就是按照爱的秩序追求高级对象"正当"，同时利用低级对象"有用"。正当是为事物自身的缘故而欲求的东西，正确的态度是喜爱；有用是为其他事物的缘故而欲求的东西，正确的态度是使用。《上帝之城》是奥古斯丁在罗马城被西哥特人洗劫后对基督教的反思和辩护，其表达的基督教历史观和社会观也是基督教的正义观。奥古斯丁把历史区分为圣史和俗史，圣史是《圣经》所记载的上帝启示人的事件，分成与创世六天相对应的六个阶段，《旧约》所说的以色列人史构成前五个阶段，《新约》记载的耶稣基督活动是圣史的最后阶段，圣史结束于耶稣为人类赎罪而献身之时。俗史即历史学家记载的事件，其发生与圣

---

① 李学勤主编：《十三经注疏·尚书正义》，北京大学出版社1999年版，第311页。

② 参见沈晓阳：《正义论经纬》，人民出版社2007年版，第5页。

③ 罗素：《西方哲学史》上卷，何兆武等译，商务印书馆1963年版，第154页。

史平行。在圣史结束以后，俗史虽然还在持续，但与人类命运无关，世俗人事兴衰不会影响圣史已揭示的恩典与拯救。与此对应，社会也分圣城和俗城，爱自己并进而藐视上帝者组成地上之城，爱上帝并进而藐视自己者组成天上之城。他认为国家的作用在于提供现世生活必需的利益，保证能使我们在现世生活中享受健康、安全和人类友谊的世间和平。和平是有序的平衡，人与上帝的和平表现为人对上帝的信仰以及对永恒律的服从，人与人之间的和平表现在当权者与从属者的合作以及他们对现世法律的服从。圣城和俗城在空间上交织，其区别在于生活在同一国家中的人们不同精神生活和命运的概念，圣城在俗城灭亡后仍然永存，基督徒应当服从国家法律，承担国家义务，但坚守信仰。① 上帝之城在现世只是基督徒精神生活的无形圣地和心目中的理性目标，犹如中国古代的天命，地上之城则是现世的国家，犹如中国礼仪制度为代表的人间正义。只是两者之间是二分的，而不像中国古代天命和正义一般是合一的。

　　近代西方政治哲学的基石"天赋人权说"起源于自然法学说和人的自然本性学说。后者由亚里士多德所主张，与前者实质上是一致的。前者最早由古希腊晚期哲学家斯多葛提出，在中世纪为阿奎那继承，把自然法作为上帝用来规范人类行为的法则，人有义务而无权利。荷兰近代哲学家格老秀斯从中提出权利概念，认为人类在自然状态下拥有以理性为基础的自然法，这种自然法既规范人类生活，也赋予人类各种自然权利，这些自然权利也是道德权利，是神圣不可侵犯的天赋人权，认为权利也就是使正义得以实施，即应得的东西为应得的人所得到。他提出了八条自然权利：生存权、躯体不受侵犯权、自由权、支配权（主要指物权）、平等权、对罪犯的惩罚权、守约权、权利转让权以及结盟权。在自然法学派看来，由于自然权利或道德权利比约定权利及其中的法定权利更根本，因此应当成为法定权利的基础或根据，如法定权利背离自然权利，公民有不服从法律或破坏法律的权利。经过霍布斯、洛克、卢梭、斯宾诺莎、康德等人的阐释发展，自然法理论和天赋权利说发展成为契

---

① 参见奥古斯丁：《上帝之城》，王晓朝译，人民出版社 2006 年版。

约论民主政治传统，后来以法律形式出现在《美国权利法案》、《法兰西人权宣言》、《联合国人权宣言》等重要的政治宣言中，成为西方现代民主政治制度的基石。①

中国古代政治传统主流，自古以来已经形成人间正义秩序和政治权力正当性以"天"、"帝"、"天命"、"自然"为终极依据的天人合一模式。中国远古时代以来，有自然崇拜、鬼魂崇拜、生殖崇拜、图腾崇拜、祖先崇拜等原始宗教，自"绝地天通"（《尚书·吕刑》、《国语·楚书》）宗教改革后，逐渐过渡到以"天"、"帝"为宗教和政治终极依据的三代文明社会。殷鉴不远，周人警醒之中在天命基础上发展出道德自律和民本意识，提出"天命靡常"（《诗经·大雅·文王》）、"皇天无亲，惟德是辅"（《尚书·蔡仲之命》）、"天视自我民视，天听自我民听"（《孟子》引《泰誓》）等政治哲学命题。道家的"道法自然"和墨家的"天志"作为古代传统的歧出，尽管其对天（自然）的意义和人间正义的原则理解不同于儒家，也是天（自然）和人间正义关系的模式。

郭齐勇师认为，儒家在正义论上与亚里士多德和罗尔斯的正义论均有呼应的地方，其实质正义具有极高的价值。他研究孔子、孟子、《周礼》及《礼记》若干篇目中的政治思想，发掘其中实质正义②，认为在政治正义问题中，首先是政治权力的来源、政治合法性的基础、权力的分配和再分配、制度框架中的权力制衡等，发现儒家传统也有独特的智慧。中西政治文化的不同传统分别"定型于两汉与罗马帝国。中国之所以为中国，汉儒对礼与法的解决，实有决定性的影响。罗马族类，阶级制度很严，其领土扩张很多，方法靠武力征服，目的在于经济特权。……而汉代文治政府的建立，在当时和而后很长一段时间的世界文明史上，都是无法企及的典

---

① 参见张传有：《伦理学引论》，人民出版社 2006 年版，第 297—305 页。

② 参见郭齐勇：《〈周礼·地官司徒〉、〈礼记·王制〉中有关社会公正的论述》，《儒家文化研究》第三辑，三联书店 2010 年版；郭齐勇：《中国儒学之精神》，复旦大学出版社 2009 年版；郭齐勇：《先秦儒学关于社会正义的诉求》，《解放日报》2009 年 1 月 11 日理论版；郭齐勇：《先秦儒家论公私与正义》，载《儒家文化研究》第二辑，三联书店 2008 年版；郭齐勇：《孟子与儒家的正义论》，载《儒林》第三辑，山东大学出版社 2006 年版；郭齐勇：《儒家的公平正义论》，《光明日报》2006 年 2 月 28 日理论版。

范。"① 对儒家道德的政治，强调政治的应然和正当性在于德治，是实质正义的表现。"儒家强调对人，特别是人民的尊重，其天下大同、天下为公的社会理性与社会正义观、公私义利观，其仁爱、民本、民富、平正、养老、恤孤、济赈、民贵君轻、兼善天下、和而不同、食货、仁政及德治主张、入世情怀、参与精神等，在今天还有极高的价值，是中国当下政改与民主政治建设的重要精神资源。"② 道德的政治作为政治正当性的表达模式就是"天命与正义"的合一。"儒家学说中的政治正当性，即认为政治权力之根源在天、天命、天道，人们理应有所敬畏、谨慎与忧患；其根据、本位在人民、老百姓、农工商，他们是政治的主人；其基础是广阔的民间社会，民间力量及其自治，在现代更应开放民间社会，鼓励民间社会的成长，积极发挥其主体性，并加以协调；其指导、参与、监督与言责则在士人，今天则更应强调知识分子的自重、自尊与积极参与。由此可得出人民是政治的主体、士大夫是政治的主体的结论。道德仁义系统、仁政学说及以上四点为中心的儒家的政治哲学在今天还有极高的价值"③。以"惟德是辅"天命为正当性依据发展出来的以"德治"为中心的人间正义秩序，是建立在现实文明和人道政治基础之上的具有内在价值的人类理想社会之一。

　　黄玉顺撰写的关于中国古代正义思想的系列论文，重新阐释中国正义思想的内涵，主张建构区别于西方正义观内涵、符合中国传统政治哲学特点的"中国正义论"。"所谓正义原则，其实就是用以建构社会规范及其制度、并给予这种制度规范以一种肯定的或否定的价值评判的原则。"④ 西方正义论不过是人类正义观的一种形态，在中西比较视域中重建"中国正义论"，对于建构一种普适的、健全的一般正义论具有重大意义。"中国正义

　　① 　郭齐勇：《再论儒家的政治哲学及其正义论》，《孔子研究》2010 年第 6 期，第 15—16 页。
　　② 　郭齐勇：《再论儒家的政治哲学及其正义论》，《孔子研究》2010 年第 6 期，第 23 页。
　　③ 　郭齐勇：《再论儒家的政治哲学及其正义论》，《孔子研究》2010 年第 6 期，第 24 页。
　　④ 　黄玉顺：《中国正义论系列研究论文》，山东大学儒学高等研究院 2011 年编印，第 5 页。另见氏著：《"中国正义论"——儒家制度伦理学的当代政治效应》，《文化纵横》2010 年第 4 期。

论的主题是礼的'损益'根据问题，即是赖以进行规范建构及其制度安排的正义原则问题。中国正义论的论域是利的问题，即是由仁爱中的差等之爱所导源的利益冲突问题。然而同是仁爱中的由推扩而溥博的一体之仁却正是解决利益冲突问题的保证，即保证对他者私利、群体公利的尊重。这里存在两条正义原则：正当性原则（公正性准则、公平性准则）；适宜性原则（地宜性、时宜性准则）。正义原则其实是正义感的自觉的理论表达，而正义感则是在当下生活中获得的一种直觉的智慧或良知。根据正义原则来进行制度规范的建构，还需要礼制或理性。正义的最终目标不仅是礼，而是礼乐，即是差异和谐。"①中国正义论的提法及其有关发明，是在西方正义论观照下的产物，然而其中国正义论建构的尝试，是对中国传统政治哲学研究的一种有益探索。

儒家传统政治哲学的研究模式，可以用天命和正义的互证模式来说明。陈来认为："政治哲学是用哲学的方法论述政治价值及其基础、根源。政治哲学研究何种政治价值值得追求，并以此标准推动现实政治，进行政治评价，进而探寻理想政治生活。"②古代儒家最重视的政治价值，是"正"所代表的秩序、稳定，"善"所代表的美德、文明，"公"所代表的正义、大同，而以"仁"、"道"作为政治运行的基本原理。儒家德治传统，一方面是来自天命的信仰，一方面是来自正义的追求。关于天命的信仰，周代以来儒家政治思想中，已经认定天命、天道是以善为根本原理的。"以天命为根源的现实政治是受此天命、天道所支配的，以之为法则的对象，是不能脱离道德善恶的，其使命就是崇善去恶，崇德向贤，实现天命、天道。政治本身就是具有价值目标的实践，如'明明德、亲民、止于至善'，既是教育的目的，也是政治的目的，国家的责任是引导整个社会、人民达到至善。从整个宇宙来看，人间的政治秩序就是天道秩序的一部分，天道不是善恶中立的，人的政治当然也不能是独立于善恶

① 黄玉顺：《中国正义论系列研究论文》，山东大学儒学高等研究院2011年编印，第20页。另见氏著：《中国正义论纲要》，《四川大学学报》2009年第6期。
② 陈来：《论道德的政治——儒家政治哲学的特质》，《天津社会科学》2010年第1期，第27页。

的。"① 关于正义的追求，来自历史经验的选择。通过对历史上暴政、虐政的批判，从而使政治的善恶成为最重要的善恶，其标准在于政府给人民带来什么。"国家给人民带来的是痛苦饥寒，则为恶；国家带给人民的是温饱有教，则为善。与之相对，君主、政府之骄奢淫逸为恶，克勤克俭为善。"②儒家政治哲学从根本上来说按照天命实现正义的德治，把天上的"天命"和地上的"正义"结合起来，把社会理想所投射的"天命"作为善的象征和标准，来引导统治者修德安民，实现人间的"正义"。

董仲舒的政治哲学繁复深微，需要寻找适当的研究论述方式，方能提纲挈领，画龙点睛。就具体的政治思想而言，内容非常丰富，如果一一罗列说明，则不得要领，难辨宗旨。如果从中随意抽取比较重要的思想来代表董仲舒的政治哲学，则往往挂一漏万，以偏盖全，甚至买椟还珠，失其精华。更为重要的是，董仲舒的政治哲学是秦汉之际中国古代政治传统承前启后的关键一环，我们研究他的政治哲学，不仅要弄清他论证了什么，而且要说明他面临哪些时代问题，他又如何解释和解决这些问题，这些解释和解决的方法是如何传承古代传统资源，又何以能深远影响嗣后两千年中国政治文明。不仅要研究董仲舒所处的西汉初期政治问题的困境和出路，而且要关注董仲舒如何汲取历史文化传统智慧和立足时代现实境遇，提出并论证长治久安的政治哲学模式。所以，我们研究董仲舒的政治哲学，不能局限于某种狭隘的视野，盯住一些所谓的学术问题钻牛角尖而作茧自缚。也不能局限于直接相关文献做封闭式解读和演绎，丢弃了我们本应该予以关注和思考的更加重要的问题。要真正抓住董仲舒政治哲学的精髓，需要抓住其典型性，考察古今中外政治哲学关注的带有永恒性的政治哲学问题，比如政治权力来源的合法性、统治正义原则和社会善品的分配模式等，从其公分母研究董仲舒政治哲学，同时也要考虑董仲舒政治哲学的独特性，在历史的交接点上发现其特有的表现形式和重大意义。

---

① 陈来：《论道德的政治——儒家政治哲学的特质》，《天津社会科学》2010年第1期，第27页。

② 陈来：《论道德的政治——儒家政治哲学的特质》，《天津社会科学》2010年第1期，第27页。

有了这样的指导思想，本文通过上述对中西古今政治哲学的思考，准备从三个维度来研究董仲舒政治哲学：天人秩序、政治统治原则和制度伦理。就天人秩序而言，无论古今中外的政治哲学，都会有一个投射的完美世界来寄托理想社会，作为不够完美的有限的人类社会发展的追求标杆。在西方传统中，有"理想国"、"天上之城"、"乌托邦"等理想社会，其最高代表为"宇宙自然"、"神"、"上帝"等，在中国古代，则有大同世、太平世、小国寡民等理想社会，其最高的代表是"天"、"帝"、"自然"等，就有理想社会和人间秩序的两方面，尽管有的是二者对峙或妥协，有的是二者协调合一。从这一维度来看，董仲舒的理想社会及其最高代表"天命"和汉王朝统治的大一统天下正义秩序可以作为政治哲学的重要方面。"天命"说明汉王朝的权力来源合法性和天下统治正义原则依据，正义秩序说明具体的统治正义原则和政治制度构建原则。就政治统治原则而言，宏观政治哲学关注政治正当性和正义原则，微观政治哲学关注生活世界、伦理关系和民间社会等微观权力及其与宏观政治权力的互动。西方政治哲学对私人领域和公共领域的划分比较严格，而中国古代社会家国天下没有明确的界限，在修身齐家治国平天下一体化的政治哲学模式中，生活世界和政治世界很难明确划分，尤其是董仲舒证立的宇宙论和人性论，要实现的社会组织模式是以"三纲五常"为原则的宏观微观兼顾的人伦政治社会。因此本书将围绕"天命"、"正义"、"伦理"等三个维度组成的阐释架构，来考察董仲舒政治哲学的天人秩序和宏微观政治两个维度的政治哲学思想。

第三节　董仲舒政治哲学的背景和基础

董仲舒政治哲学有其特定的时代背景和核心问题，有其丰富的思想资源和坚实的哲学基础。董仲舒生活在政治经济社会剧变的西汉前中期，适逢汉初立章建制、立法后世的时代变革时期，他把握时代核心问题，综合创新和创造转化前人思想成果和实践经验，恢复儒家德治传统，建议"推明孔氏"和施行"三纲五常"道德教化，风云际会，得君行道，为延续以文治政府为特点的两千年郡县制中央集权制度奠定了理论基础。

一、时代背景和核心问题

董仲舒生平史略，信史有《史记·儒林列传》、《汉书·董仲舒传》和其他一些零散记载，叙述简略，生卒和重要事件活动年代界定不详，但大体范围相差不大。因本文主要研究他的政治哲学思想，而其生平事迹年份的记载误差对此影响不大，故在此不做考证，仅择善而从。生卒年月今无定考，苏舆《董子年表》定为文帝元年（前 179 年）至武帝太初元年（前 104 年）①。作为同时代人，司马迁对董仲舒的记载虽然简省，应较可靠：

> 董仲舒，广川人也。以治《春秋》，孝景时为博士。下帷讲诵，弟子传以久次相受业，或莫见其面，盖三年董仲舒不观于舍园，其精如此。进退容止，非礼不行，学士皆师尊之。今上即位，为江都相。以《春秋》灾异之变推阴阳所以错行，故求雨闭诸阳，纵诸阴，其止雨反是。行之一国，未尝不得所欲。中废为中大夫，居舍，著灾异之记。是时辽东高庙灾，主父偃疾之，取其书奏之天子。天子召诸生示其书，有刺讥。董仲舒弟子吕步舒不知其师书，以为下愚。于是下董仲舒吏，当死，诏赦之。于是董仲舒竟不敢复言灾异。
>
> 董仲舒为人廉直。是时方外攘四夷，公孙弘治《春秋》不如董仲舒，而弘希世用事，位至公卿。董仲舒以弘为从谀。弘疾之，乃言上曰："独董仲舒可使相胶西王。"胶西王素闻董仲舒有行，亦善待之。董仲舒恐久获罪，疾免居家。至卒，终不治产业，以修学著书为事。故汉兴至于五世之间，唯董仲舒名为明于《春秋》，其传公羊氏也。②

广川旧属赵地，今属河北省，原为镇名，原地名今已不用，约在今景县、枣强、故城、德州等地范围③。董仲舒青壮年所处时代，经过秦汉之际历史剧变，汉承秦制，以道家、法家相杂的黄老清静无为思想为政治指

---

① 参见苏舆撰，钟哲点校：《春秋繁露义证》，中华书局 1992 年版，第 475—493 页。

② （西汉）司马迁：《史记》，中华书局 1959 年版，第 3127—3128 页。

③ 参见王永祥：《董仲舒传》，南京大学出版社 1995 年版。

导思想的文景之世，儒学处于边缘地位，"仲舒通《五经》，能持论，善属文。"(《汉书·儒林传》)虽然在景帝时董仲舒已为博士，尚学无所用。直到汉武帝即位，才开始走到政治舞台的核心，争取到儒学的正统地位，得君行道。汉武帝即位之后，"言《诗》则申培公，于齐则辕固生，于燕则韩太傅。言《尚书》自济南伏生。言《礼》自鲁高堂生。言《易》自淄川田生。言《春秋》于齐鲁自胡毋生，于赵自董仲舒。"董仲舒通过阐发《春秋》微言大义，推明孔氏，虽然没有在官场显达，中间又历经政治风险，但通过在政治思想上影响汉武帝而使儒学德治传统行道于世，无愧于"汉代孔子"之美称。

董仲舒所处时代及其核心问题，可从政治、社会、文化三方面予以说明。首先是在政治方面，面临的关键问题是权力来源合法性和政治统治原则问题。在《史记》中记载着汉初一段著名的革命和弑君之争：

> 清河王太傅辕固生者，齐人也。以治《诗》，孝景时为博士。与黄生争论景帝前。黄生曰："汤武非受命，乃弑也。"辕固生曰："不然。夫桀纣虐乱，天下之心皆归汤武，汤武与天下之心而诛桀纣，桀纣之民不为之使而归汤武，汤武不得已而立，非受命为何？"黄生曰："冠虽敝，必加于首，履虽新，必关于足。何者，上下之分也。今桀纣虽失道，然君上也；汤武虽圣，臣下也。夫主有失行，臣下不能正言匡过以尊天子，反因过而诛之，代立践南面，非弑而何也？"辕固生曰："必若所云，是高帝代秦即天子之位，非邪？"于是景帝曰："食肉不食马肝，不为不知味；言学者无言汤武受命，不为愚。"遂罢。是后学者莫敢明受命放杀者。[1]

这段争论揭示了困扰汉王朝权力来源合法性的问题。刘邦起于平民，何以得天下？辕固生"汤武革命"可以用来说明秦政无道，刘邦受天命而诛之，但难解皇权与诸侯争势问题；黄生强调君臣上下之分，臣下有尊天子的绝对义务，但又不能解释刘邦得天下的权力来源合法性。就政治制度而言，汉承秦制，本来有郡县中央集权制度可沿用，但刘邦"惩

---

① （西汉）司马迁：《史记》，中华书局1959年版，第3122—3123页。

戒亡秦孤立之败"①，开国时大封功臣，封异姓王八，封列侯百余，后或谋反或恐其谋反而一一剪除异姓王，但又大封同姓王十人，诸侯王势力不断膨胀，封地占全国三分之二，中央直辖只有"三河、东郡、颍川、南阳，自江陵以西至巴蜀，北自云中至陇西，与京师内史凡十五郡，公主列侯颇邑其中。"②诸侯坐大，尾大不掉。"然之后原本以大，末流滥以致溢，小者淫荒越法，大者睽孤横逆，以害身丧国。故文帝采贾生之议分齐、赵，景帝用晁错之计削吴、楚。"③于是文帝时有淮南、济北之叛，景帝时有几乎令皇权覆灭的七国之乱。如何在制度伦理和权力正当性根据两者之间找到一个维护汉王朝统治秩序两全之策，是汉初政治哲学需要解决的当务之急。

另一个问题就是政治统治原则问题。秦法酷烈，而汉承秦制，汉初基本沿袭秦代政治法律制度，虽有黄老清静无为、与民休息之表象，实则汉法与秦法一样由疏而密，李斯自颂"缓刑罚，薄赋敛，以遂主得众之心"④，而终至秦政"法令诛罚日益深刻"⑤。同理，高祖初入关中约法三章，后"三章之法不足以御奸，于是相国萧何攈摭秦法，取其宜于时者，作律九章"⑥，一仍秦法行于汉世，"然孝文帝本好刑名。及至孝景，不任儒者，而窦太后又好黄老之术"⑦，黄老本来就是道家帝王南面之术和法家刑名的结合，刀笔之吏充塞政府部门。"外有轻刑之名，内实杀人。"⑧故汉初有陆贾和贾谊等反思秦政之少仁义，也有晁错等用法家刑法，更有黄老道家综合道法的清静无为。秦开辟的天下一统新制度，在兴勃亡速的反省中，选择任德还是任刑的统治原则，也是当时的政治核心问题之一。

汉武帝在举贤良对策之制中，向董仲舒提出了皇权合法来源和正义原

① （东汉）班固：《汉书》，中华书局 1962 年版，第 393 页。
② （东汉）班固：《汉书》，中华书局 1962 年版，第 394 页。
③ （东汉）班固：《汉书》，中华书局 1962 年版，第 395 页。
④ （西汉）司马迁：《史记》，中华书局 1959 年版，第 2561 页。
⑤ （西汉）司马迁：《史记》，中华书局 1959 年版，第 2553 页。
⑥ （东汉）班固：《汉书》，中华书局 1962 年版，第 1096 页。
⑦ （东汉）班固：《汉书》，中华书局 1962 年版，第 3117 页。
⑧ （东汉）班固：《汉书》，中华书局 1962 年版，第 1099 页。

则问题。"固天降命不查复反，必推之于大衰而后息与？"①"三代受命，其符安在？"②此两问关注的是政权合法性，是否来自天命，如何才能长久。"凡所为屑屑，夙兴夜寐，务法上古者，又将无补与？"③"伊欲风流而令行，刑轻而奸改，百姓和乐，政事宣昭，何修何饬而膏露降，百谷登，德润四海，泽臻草木，三光全，寒暑平，受天之祜，享鬼神之灵，德泽洋溢，施乎方外，延及群生？"④此两问关注的是政治统治原则，在全新的大一统国家里，是实行法先王（唐虞三代）、以德治传统为主的王道，还是实行法后王、以法治为主的霸道。

其次是在社会方面的核心问题，主要是社会各阶层的经济利益和权力配置问题。先看汉武帝即位前的汉初社会经济情况：

> 至武帝之初七十年间，国家亡事，非遇水旱，则民人给家足，都鄙廪庾尽满，而府库余财。京师之钱累百巨万，贯朽而不可校。太仓之粟陈陈相因，充溢露积于外，腐败不可食。众庶街巷有马，阡陌之间成群，乘牸牝者摈而不得会聚。守闾阎者食粱肉；为吏者长子孙；居官者以为姓号。人人自爱而重犯法，先行谊而黜愧辱焉。于是罔疏而民富，役财骄溢，或至并兼；豪党之徒以武断于乡曲。宗室有土，公卿大夫以下争于奢侈，室庐车服僭上亡限。物盛而衰，固其变也。⑤

这文景之治的繁荣背后，已经产生了导致社会危机的许多因素。商业流通的无节制发展，导致商人发放高利贷和对农民田产的兼并，土地日益集中到大地主手中，农民破产为奴或弃农经商，国家税源和兵源减少，四处流亡而扰乱社会秩序，宗室和官员奢侈乱制，社会风气堕落，这些都危及良序社会建设和经济良性发展。《食货志》记载董仲舒对当时社会经济的描述和建议：

> 是后，外事四夷，内兴功利，役费并兴，而民去本。董仲舒说上

---

① （东汉）班固：《汉书》，中华书局 1962 年版，第 2496 页。
② （东汉）班固：《汉书》，中华书局 1962 年版，第 2496 页。
③ （东汉）班固：《汉书》，中华书局 1962 年版，第 2496 页。
④ （东汉）班固：《汉书》，中华书局 1962 年版，第 2496 页。
⑤ （西汉）司马迁：《史记》，中华书局 1959 年版，第 1420 页。

曰:"《春秋》它谷不书,至于麦禾不成则书之,以此见圣人于五谷最重麦与禾也。今关中俗不好种麦,是岁失《春秋》之所重,而损生民之具也。愿陛下幸诏大司农,使关中民益种宿麦,令毋后时。"又言:"古者税民不过什一,其求易共;使民不过三日,其力易足。民财内足以养老尽孝,外足以事上共税,下足以蓄妻子极爱,故民说从上。至秦则不然,用商鞅之法,改帝王之制,除井田,民得卖买,富者田连阡陌,贫者无立锥之地。又颛川泽之利,管山林之饶,荒淫越制,逾侈以相高;邑有人君之尊,里有公侯之富,小民安得不困?又加月为更卒,已,复为正,一岁屯戍,一岁力役,三十倍于古;田租口赋,盐铁之利,二十倍于古。或耕豪民之田,见税什五。故贫民常衣牛马之衣,而食犬彘之食。重以贪暴之吏,刑戮妄加,民愁亡聊,亡逃山林,转为盗贼,赭衣半道,断狱岁以千万数。汉兴,循而未改。古井田法虽难卒行,宜少近古,限民名田,以赡不足,塞并兼之路。盐铁皆归于民。去奴婢,除专杀之威。薄赋敛,省徭役,以宽民力。然后可善治也。"仲舒死后,功费愈甚,天下虚耗,人复相食。^①

一方面是土地逐渐集中和农业基础日益薄弱,另一方面汉武帝此后开始横征民力以服四夷,大用兴利之臣桑弘羊等,行盐铁官卖、榷酒酤、算缗、均输、铸钱币、增口赋、鬻爵等聚财之政,"功费愈甚,天下虚耗","于是外攘夷狄,内兴功业,海内之士力耕不足粮,女子纺绩不足衣服。"^②实则"汉政治之所急,尚不在边寇,尚不在列侯诸王之变乱,而在社会经济不均,所造成种种之病态也。"^③可见董仲舒的建议"限民名田,以赡不足,塞并兼之路。盐铁皆归于民。去奴婢,除专杀之威。薄赋敛,省徭役,以宽民力",是对治汉武之朝很中肯的社会经济措施。

针对政府和宗室官吏巧夺民利的情况,董仲舒提出"不与民争业"和在政府部门任用循吏的对策。"身宠而载高位,家温而食厚禄,因乘富贵之资力,以与民争利于下,民安能如之哉!是故众其奴婢,多其牛

---

① (东汉)班固:《汉书》,中华书局1962年版,第1137页。
② (西汉)司马迁:《史记》,中华书局1959年版,第1442—1443页。
③ 参见钱穆:《秦汉史》,生活·读书·新知三联书店2004年版,第197页。

羊，广其田宅，博其产业，畜其积委，务此而亡已，以迫蹴民，民日削月浸，浸以大穷。富者奢侈羡溢，贫者穷急愁苦；穷急愁苦而不上救，则民不乐生；民不乐生，尚不避死，安能避罪！此刑罚之所以蕃而奸邪不可胜者也。故受禄之家，食禄而已，不与民争业，然后利可均布，而民可家足。"① 因为"尔好谊，则民乡仁而俗善；尔好利，则民好邪而俗败。"② 所以，"若居君子之位，当君子之行"，要"皇皇求仁义常恐不能化民"。这就要求有一大批能够用仁义进行社会教化的贤能之士进入官吏阶层，成为以仁义化民成俗的循吏。而当时的官吏多来自贵族富豪子弟，"夫长吏多出于郎中、中郎，吏二千石子弟选郎吏，又以富訾，未必贤也。"③ 故董仲舒提出选举官吏的办法，"毋以日月为功，实试贤能为上，量材而授官，录德而定位，则廉耻殊路，贤不肖异处矣。"④ 选贤任德的方式选举官吏，实际上是改变了社会各阶层权力配置方式从原来的局限于贵族富豪子弟转移到全社会公开选拔。

第三是与政治、社会两方面相呼应，在文化方面的核心问题主要在于倡导何种社会主流文化和社会教化的问题。

西汉初期也存在着百家争鸣、莫衷一是的情况，而统治思想的主流黄老道家已经不能适应当时现实发展的需要。司马谈《论六家旨要》颇能代表初汉对当时文化各流派的主流看法：

> 夫阴阳、儒、墨、名、法、道德，此务为治者也，直所从言之异路，有省不省耳。尝窃观阴阳之术，大祥而众忌讳，使人拘而多所畏；然其序四时之大顺，不可失也。儒者博而寡要，劳而少功，是以其事难尽从；然其序君臣父子之礼，列夫妇长幼之别，不可易也。墨者俭而难遵，是以其事不可遍循；然其强本节用，不可废也。法家严而少恩；然其正君臣上下之分，不可改矣。名家使人俭而善失真；然其正名实，不可不察也。道家使人精神专一，动合无形，赡足万物。

---

① （东汉）班固：《汉书》，中华书局 1962 年版，第 2520—2521 页。
② （东汉）班固：《汉书》，中华书局 1962 年版，第 2520—2521 页。
③ （东汉）班固：《汉书》，中华书局 1962 年版，第 2512 页。
④ （东汉）班固：《汉书》，中华书局 1962 年版，第 2513 页。

其为术也，因阴阳之大顺，采儒墨之善，撮名法之要，与时迁移，应物变化，立俗施事，无所不宜，指约而易操，事少而功多。儒者则不然。以为人主天下之仪表也，主倡而臣和，主先而臣随。如此则主劳而臣逸。至于大道之要，去健羡，绌聪明，释此而任术。夫神大用则竭，形大劳则敝。形神骚动，欲与天地长久，非所闻也。①

司马谈对上述六家津津乐道，也是战国诸子百家争鸣之遗风，但其特别表彰道家，而贬损其余，则是当时流风所趋。其中的道家，其实是流行于初汉、窦太后所好的黄老道家，被认为是综合各派优势克服各家缺点的最有价值的学说。

然而在政治统治原则和社会经济出现问题和危机的时候，在政治哲学层面的文化反思就会发生。春秋末年孔子作《春秋》以"克己复礼为仁"，战国时孟子"距杨墨，放淫辞"②以推广仁政，庄子后学之《天下》弘扬"道术"，荀子之《非十二子》而"隆礼重法"，韩非子之《显学》反"儒墨"而李斯提议"焚书坑儒"，这些都是在特定时期文化反思的成果。秦灭汉兴，反思秦政，陆贾以为"谋事不立仁义者后必败"③，贾谊以为"仁义不施，则攻守之势异也"④，司马谈以为"法家不别亲疏，不殊贵贱，一断于法，则亲亲尊尊之恩绝矣。可以行一时之计，而不可长用也"⑤。而董仲舒认为：

《春秋》大一统者，天地之常经，古今之通谊也。今师异道，人异论，百家殊方，指意不同，是以上亡以持一统；法制数变，下不知所守。臣愚以为诸不在六艺之科孔子之术者，皆绝其道，勿使并进。邪辟之说灭息，然后统纪可一而法度可明，民知所从矣。⑥

这一著名建议被梁启超简称为"独尊儒术、罢黜百家"，而为汉武帝所采纳。这一建议并没有禁止其他学派的存在，而是通过官方提倡而引导

---

① （西汉）司马迁：《史记》，中华书局1959年版，第3288—3289页。
② （南宋）朱熹撰：《四书章句集注》，中华书局1983年版，第272页。
③ （西汉）陆贾著，王利器校注：《新语校注》，中华书局1986年版，第29页。
④ （西汉）贾谊著，阎振益、钟夏校注：《新书校注》，中华书局2000年版，第3页。
⑤ （西汉）司马迁：《史记》，中华书局1959年版，第3291页。
⑥ （东汉）班固：《汉书》，中华书局1962年版，第2523页。

社会崇尚仁义道德，形成"有耻且格"的社会风气，而非如李斯"焚书坑儒"以残暴的手段禁毁异己者。"及仲舒对策，推明孔氏，抑黜百家。立学校之官，州郡举茂材孝廉，皆自仲舒发之。"①用孔子整理述作的历史文化遗产《六经》作为教材，培养出用仁义教化天下的官吏，为政府推行德治措施，移风易俗，走向大同社会，这才是董仲舒建议的要旨。

综上所述，董仲舒所处时代，在政治方面有汉王朝政治合法性和大一统郡县制中央集权统治原则问题，在社会方面有社会各阶层经济利益和权力配置问题，在文化方面有倡导何种主流文化和社会教化问题。解决这些核心问题需要从不同角度对历史教训和西汉现实进行系统反思，并借助经典阐释，创造性地转化先圣时贤的政治智慧，构建作为当时政治实践原则的政治哲学。

二、思想渊源和阐释路径

1. 著述情况

董仲舒的著述，主要依据孔子言论和儒家经典，而以《春秋》义法阐发和春秋决狱为多。《史记·儒林列传》："故汉兴至于五世之间，唯董仲舒名为明于春秋，其传公羊氏也。"②《汉书·五行志》："昔殷道弛，文王演《周易》；周道敝，孔子述《春秋》。则乾坤之阴阳，效《洪范》之咎征，天人之道粲然著矣。汉兴，承秦灭学之后，景武之世，董仲舒治公羊春秋，始推阴阳，为儒者宗。"③明其有汉以来《春秋》公羊学家之魁首，且以阴阳五行之说为主要论述模式，其建立新儒学体系为后世立法的功绩，在班固看来可比肩于文王演《周易》、孔子作《春秋》。《史记·太史公自传》大段引述董仲舒言论，阐发孔子作《春秋》的原因及其《春秋》大旨④。《汉书·董仲舒传》载有"天人三策"全文，并记："仲舒在家，朝廷如有大议，

---

① （东汉）班固：《汉书》，中华书局 1962 年版，第 2525 页。
② （西汉）司马迁：《史记》，中华书局 1959 年版，第 3127—3128 页。
③ （东汉）班固：《汉书》，中华书局 1962 年版，第 1317 页。
④ （西汉）司马迁：《史记》，中华书局 1959 年版，第 3296—3297 页。

使使者及廷尉张汤就其家而问之，其对皆有明法。自武帝初立，魏其、武安侯为相而隆儒矣。及仲舒对册，推明孔氏，抑黜百家。立学校之官，州郡举茂材孝廉，皆自仲舒发之。……仲舒所著，皆明经术之意，及上疏条教，凡百二十三篇。而说《春秋》事得失，《闻举》、《玉杯》、《蕃露》、《清明》、《竹林》之属，复数十篇，十余万言，皆传于后世。掇其切当世施朝廷者著于篇。"① 汉初儒学复兴运动中，董仲舒"推明孔氏，抑黜百家"及相关建议被武帝定为国策，上疏或应对都以孔子言论和儒家经典为根据。《春秋》义法阐发是他著述的主流。《汉书·艺文志》在《六艺略》"春秋"下列有"《公羊董仲舒治狱》十六篇"② 在《诸子略》"儒家"下列有"《董仲舒》百二十三篇"③。而《汉书》还散录董仲舒著述文字，如《五行志》载其"庙殿火灾对"及论灾异七十七事④，《食货志》载乞种麦、限田章⑤，《匈奴传》赞御匈奴⑥。《后汉书·应劭传》："故胶西相董仲舒老病致仕，朝廷每有政议，数遣廷尉张汤亲至陋巷，问其得失，于是作《春秋决狱》二百三十二事，动以经对，言之详矣。"⑦ 以春秋义法来用于决狱，是董仲舒"通经致用"的重要政治实践。《隋书·经籍志》在经部春秋类中载："《春秋繁露》十七卷（汉胶西相董仲舒撰），《春秋决事》十卷（董仲舒撰）。"⑧ 这是现在看到的董仲舒行世著作集《春秋繁露》十七卷最早的正史记载。而《春秋繁露》最早出现的记录是南朝梁阮孝绪之《七录》和刘昭《〈后汉书·礼仪志〉注补》，流传至今的《春秋繁露》大体可视为董仲舒著作大部分亡佚之后流散作品辑佚之合集，成书于南北朝。《四部丛刊》所收之《古文苑》，辑有董仲舒另外流传下来的诗文四篇：《士不遇赋》、《诣丞相公孙弘记室书》、《郊祀对》、《雨雹对》。《全上古三代秦汉三国六朝文》之《全汉文》

① （东汉）班固：《汉书》，中华书局 1962 年版，第 2525—2526 页。
② （东汉）班固：《汉书》，中华书局 1962 年版，1714 页。
③ （东汉）班固：《汉书》，中华书局 1962 年版，1727 页。
④ （东汉）班固：《汉书》，中华书局 1962 年版，1315—1523 页。
⑤ （东汉）班固：《汉书》，中华书局 1962 年版，1139 页。
⑥ （东汉）班固：《汉书》，中华书局 1962 年版，3831—3832 页。
⑦ （南朝宋）范晔：《后汉书》，中华书局 1965 年版，第 1612 页。
⑧ （唐）魏征等：《隋书》，中华书局 1973 年版，第 930 页。

卷二十三辑录不少董仲舒文章，北京师范大学图书馆馆藏《玉函山房辑佚书》辑录董仲舒的《春秋决事》，《汉学堂丛书》辑录了《董仲舒公羊治狱》。①袁长江主编的《董仲舒集》②是目前收录董仲舒著述遗文最全的文集。

2. 思想资源

就天人三策来说，主旨在"推明孔氏，抑黜百家。"论据和中心观点主要是儒家经典，但吸收转化了一些墨家、阴阳家、法家思想。"天人三策"有十五处引用《论语》中孔子之言，还引用《春秋》、《诗经》、《尚书》、《周礼》、《易经》、《孝经》等儒家经典原文或典故，而全文力倡以儒家德教思想为政治统治的基本指导原则。"臣谨案《春秋》之中，视前世已行之事，以观天人相与之际，甚可畏也。国家将有失道之败，而天乃先出灾害以谴告之，不知自省，又出怪异以警惧之，尚不知变，而伤败乃至。以此见天心之仁爱人君而欲止其乱也。自非大亡道之世者，天尽欲扶持而全安之，事在强勉而已矣。"③此对墨家"天志"思想的吸收。"及至后世，淫佚衰微，不能统理群生，诸侯背畔，残贼良民以争壤土，废德教而任刑罚。刑罚不中，则生邪气；邪气积于下，怨恶畜于上。上下不和，则阴阳缪而妖孽生矣。此灾异所缘而起也。"④这是对阴阳家思想的吸收。"然则王者欲有所为，宜求其端于天。天道之大者在阴阳。阳为德，阴为刑；刑主杀而德主生。是故阳常居大夏，而以生育养长为事；阴常居大冬，而积于空虚不用之处。以此见天之任德不任刑也。天使阳出布施于上而主岁功，使阴入伏于下而时出佐阳；阳不得阴之助，亦不能独成岁。终阳以成岁为名，此天意也。王者承天意以从事，故任德教而不任刑。"这是对墨家和阴阳家思想的糅合转化。"臣愚以为诸不在六艺之科孔子之术者，皆绝其道，勿使并进。邪辟之说灭息，然后统纪可一而法度可明，民知所从矣。"⑤其做法

① 参见王永祥:《董仲舒评传》，南京大学出版社1995年版。
② 袁长江主编:《董仲舒集》，学苑出版社2003年版。
③ (东汉)班固:《汉书》，中华书局1962年版，第2498页。
④ (东汉)班固:《汉书》，中华书局1962年版，第2500页。
⑤ (东汉)班固:《汉书》，中华书局1962年版，第2523页。

转化自李斯"焚书坑儒"为代表的法家"大一统"思想，尽管这一建议内容、手段与之迥异。

《春秋繁露》作为董仲舒的代表性著作，以发明春秋公羊微言大义、君王之道、天道性命、阴阳五行、礼法制度等思想为主。关于该书是否为伪作，南宋时曾多有怀疑，后经清代学者楼大防、胡仲方考证和校雠，确信基本是董仲舒所作。《四库全书总目提要》据此认为："今观其文，虽未必全出于仲舒，然中多根极理要之言，非后人所能托也。"①是书计十七卷，篇目八十三，其中阙第三十九、四十、五十四等三篇。美国学者桂卓思根据各篇内容不同，把七十九篇之内容重新分类（细分到各段落），共分解经篇（1—6、7—17、23—37）、黄老篇（18—22）、阴阳篇（41、43—57、79—82）、五行篇(38、42、58—64)、礼制篇(65—76) 等五部分。②解经篇以儒家立场围绕《春秋》及公羊传为主要解读对象，阐发孔子寓于《春秋》的微言大义，构筑儒家价值体系。其中第二十三篇《三代改制质文》，吸收转化了邹衍的五德终始说。黄老篇关注君主统治术，融合了道家、墨家、名家及法家的观点，认为"老子的无为而治原则，申不害的名实理论、韩非的公平赏罚观、墨子的尚贤主张及管子的内修技巧都是实施统治的必要手段。"③阴阳篇认为统治者和人间秩序与阴阳四时之间存在着宇宙论的关联性，主张阴阳互补，阳尊阴卑，天人感应，从而推导出德主刑辅。五行篇多借鉴《尚书·洪范》、《礼记·王制》、《吕氏春秋·月令》的内容，与阴阳思想相配合，就如《汉书·五行志》解释灾异思想，试图建立统治者行为与天意之间的作用机制，来教育和规范统治者的政治行为和修养德行。礼制篇探讨并发展《春秋》所载的各种礼制，如郊祭、觐见、庙祭、雩祭等祭祀礼仪，说明这些礼制的社会政治含义、具体程序以及背后的天人关系。

---

① 苏舆撰，钟哲点校：《春秋繁露义证》，中华书局1992年版，第504页。

② ［美］桂思卓：《从编年史到经典——董仲舒的春秋诠释学》，朱腾译，中国政法大学出版社2010年版，第86页。

③ ［美］桂思卓：《从编年史到经典——董仲舒的春秋诠释学》，朱腾译，中国政法大学出版社2010年版，第97—98页。

从董仲舒的著述情况中，可以大略看出其思想资源有如下几个方面：

一是儒家经典和代表人物著述。首先是以《春秋》和公羊传为核心的传统儒家经典六经以及孔子后学对经典的传注；其次是《论语》、《孝经》等儒家早期经典性著作；三是孟子、荀子等以及其他儒家重要思想家的著作。

二是先秦诸子的思想。司马谈《论六家旨要》中的儒家以外五家，即道家、墨家、法家、名家、阴阳家，是董仲舒吸收转化最多的学术流派。此外还有稷下道家《管子》、杂家《吕氏春秋》，医家《黄帝内经》、黄老道家《黄帝四经》等，也为董仲舒所借鉴。

三是汉初诸子著作、言论以及同时代的学术交流和政治辩难。汉初诸子如儒法道之间的陆贾、贾山、贾谊、晁错等著作或言论，黄老道家《淮南子》等论著。同时曾经与董仲舒论辩的治《春秋穀梁传》的瑕丘江生和治《易》、《诗》的韩婴等，以及汉初七十年许政治实践中遇到的各种学术交流和政治辩论，都是董仲舒的思想源泉。

3. 阐释路径

董仲舒是《春秋公羊传》从口传到著诸竹帛时的公羊学思想主要阐释者之一，作为当时学界领袖，他的阐释甚至比公羊传影响更为深远。据徐彦疏引戴弘序云："子夏传与公羊高，高传与其子平，平传与其子地，地传与其子敢，敢传与其子寿，至汉景帝时寿乃其弟子齐人胡母子都著于竹帛，与董仲舒皆见于图谶是也。"[①] 可见董仲舒与胡母生同为公羊寿弟子，且参与或目睹了公羊传的成书过程。他的整个新儒学体系建立，以及对上述思想资源综合吸收和巧妙转化为系统解决当时政治、社会、文化核心问题的恰当方案，主要是借助于《春秋》及公羊传的创造性阐发。

那么董仲舒所阐发的《春秋》微言大义有哪些呢？康有为主编的《春秋董氏传》中辑其八条：缘鲁以言王义；寄托人道和王道于二百四十二年之中；王化大略之要有十指；大义本于六科；两言（褒贬）而管天下；拨乱

---

① 《十三经注疏》阮元校刻影印本，中华书局 1981 年版，第 2190 页。

反诸正；反王道之本；谨善恶之端。① 在此之外，段熙仲又整理出董仲舒所阐发的春秋总旨八条：孔子受命改制之义；王义由近者始；仁义法；屈民而伸君，屈君而伸天；义不讪上，智不危身；君亲无将，将而诛；臣有恶，君名美；《春秋》之道，固有常有变。② 康有为、段熙仲所列虽不能穷尽《春秋繁露》所阐发的孔子作《春秋》之旨，也大略可见董仲舒为建立新儒学体系而对《春秋》义法阐释之宏富。然则董仲舒为何要通过阐释《春秋》义法来建构新儒学体系呢？

这与以董仲舒为代表的汉初今文学家认为孔子通过《春秋》为汉立法的思想有关。董仲舒说："孔子作《春秋》，先正王而系万事，见素王之文焉。"③ 素王即无王之位置而有王之德行的无冕之王，非在王之位而行王之法，如壶遂所言："孔子之时，上无明君，下不得任用，故作春秋，垂空文以断礼义，当一王之法。"④

司马迁曾亲炙于董仲舒而明此素王之事："余闻董生曰：'周道衰废，孔子为鲁司寇，诸侯害之，大夫壅之。孔子知言之不用，道之不行也，是非二百四十二年之中，以为天下仪表，贬天子，退诸侯，讨大夫，以达王事而已矣。'子曰：'我欲载之空言，不如见之于行事之深切著明也。'夫春秋，上明三王之道，下辨人事之纪，别嫌疑，明是非，定犹豫，善善恶恶，贤贤贱不肖，存亡国，继绝世，补敝起废，王道之大者也。"⑤ 而《春秋公羊传》正是孔子通过子夏口传与后世的为汉立王法的内容，如徐彦云："孔子至圣却观无穷，知秦无道，将必燔书，故春秋之说口授于子夏，度秦至汉乃著竹帛。"⑥ 而孔子乃为受命改制，"王者必受命而后王。王者必改正朔，易服色，制礼乐，一通于天下，所以明易姓非继人，通以己受

① 参见康有为：《春秋董氏传》，载朱维铮编校：《中国现代学术经典·康有为卷》，河北教育出版社1996年版，第111—114页。另参见段熙仲：《春秋公羊学讲疏》，南京师范大学出版社2002年版，第417—419页。
② 参见段熙仲：《春秋公羊学讲疏》，南京师范大学出版社2002年版，第419—421页。
③ （东汉）班固：《汉书》，中华书局1962年版，第2509页。
④ （西汉）司马迁：《史记》，中华书局1959年版，第3299页。
⑤ （西汉）司马迁：《史记》，中华书局1959年版，第3297页。
⑥ 《十三经注疏》阮元校刻影印本，中华书局1981年版，第2190页。

命于天也。"(《春秋繁露·三代改制质文》)而实际情况是孔子素王,既无王位,就不能行改制之实践,于是把改制立法理想寄托于《春秋》之中,为后世受命天子改制立法。"春秋上绌夏,下存周,以春秋当新王。春秋当新王者奈何?曰:王者之法必正号,绌王谓之帝,封其后以小国,使奉祀之;下存二王之后以大国,使服其服,行其礼乐,称客而朝;故同时称帝者五,称王者三,所以昭五端,通三统也。"(《春秋繁露·三代改制质文》)而秦无道,不足为受命,汉兴之后,应当继承孔子一王之法,受命改制。而初汉并没有顺应天命受命改制,董仲舒在天人三策中说:"故汉得天下以来,常欲善治而至今不可善治者,失之于当更化而不更化也。"[1]而汉乃继后周和秦王朝之乱世,天命已变,道也要变。"道之大原出于天,天不变,道亦不变,是以禹继舜,舜继尧,三圣相受而守一道,亡救弊之政也,故不言其所损益也。繇是观之,继治世者其道同,继乱世者其道变。今汉继大乱之后,若宜少损周之文致,用夏之忠者。"汉接续周之天命,其受命改制之法,都已经由孔子寄寓在《春秋》的微言大义之中了。

那么,董仲舒所阐发的《春秋》微言大义、给汉武帝提的建议、用来春秋决狱的具体方法,难道孔子都寄寓到《春秋》经文以及通过子夏所口传的公羊传中了吗?这就涉及到孔子思想的传承、秦汉之际的学术史和春秋阐释学的问题了。关于孔子思想的传承方面,钱穆先生认为,《春秋》是孔子的一家之言,而非孔子当时的王官学,上古以来一朝新王兴起,必有圣王为之创法立制,如尧、舜、禹、汤、文、武、周公。"到了春秋、战国,天下乱了,该又有一新王兴起了,却不真有此圣王。孔子则有其德,无其位。秦始皇统一了天下,他何尝不自认为是一代新圣王兴起呢?然秦代二世而亡,汉儒不认秦代也得成为一新王之传统,只说如一年十二月之偶有闰月般,虽亦是一月,而非正常之一月。汉代则算是新圣人受命了,但又有其位,而无其圣。汉高、吕、惠,几十年来,一切法制,都沿袭了秦之旧,这在汉初是无可讳言的。如是,汉王室虽是一朝之新王,而实无一朝新王之制度与文物。……于是'孔子《春秋》为汉制法'之说,

---

① (东汉)班固:《汉书》,中华书局1962年版,第2505页。

正合时代之需要。……而汉代的五经，又必以孔子《春秋》为之主。此因诗书易礼皆属于前王，只有春秋，是一种新王法，不啻是孔子早为汉廷安排了。"① 也就是说，孔子以《春秋》义法为主的思想，经过历史的风云际会和传承发展，符合汉王朝政权合法性和制度建设的需要而被选择为指导思想的。这样一来，董仲舒正好顺应了这一历史潮流，承担了继承发展儒家固有思想、综合历代百家智慧、并根据时代特点以孔子名义阐释发明新王更化改制之法的时代使命。

秦汉之际的学术史，从孔子没到董仲舒应汉武帝贤良对策约三百年间，是百家争鸣的时代，秦汉诸子学术思想非常活跃，而且相互吸收碰撞。"先秦诸子各学派在战国末期都互相吸收，同时还必须看到，他们不仅是吸取而已，而且还是在保持其独特传统的基础上，围绕着自己的中心思想来吸取别家的学说以充实自己。"② 其中儒家从战国晚期到汉初也发生了巨大变化，吸取了很多其他学派的思想，并通过和各学派辩难和斗争中，理论上、方法上都有深入的发展。董仲舒就从孔子发掘的古代典籍以及包括孔子思想在内的这三百年来极其丰富的思想资源中汲取各种养料，从当时的问题意识出发，借助《春秋》微言大义的阐发，创立了切合当时需要的新儒学体系。另外，儒家认为《春秋》经文的书写方式是很隐晦的，所谓无一字无褒贬。董仲舒自信地把这种书写方式及其深意揭示出来。"然则春秋义之大者也，得一端而博达之，观其是非，可以得其正法，视其温辞，可以知其塞怨，是故于外道而不显，于内讳而不隐，于尊亦然，于贤亦然，此其别内外、差贤不肖、而等尊卑也。义不讪上，智不危身，故远者以义讳，近者以智畏，畏与义兼，则世逾近，而言逾谨矣，此定、哀之所以微其辞。以故用则天下平，不用则安其身，春秋之道也。"（《春秋繁露·王道》）在孔子的时代"义不讪上，智不危身"，在董仲舒的时代何尝不是如此，西汉董仲舒之前和之后多少儒者真诚地为汉王朝献策效力，却引来杀身之祸，董仲舒也曾言灾异差点丢命。就如列奥·斯特劳

①　钱穆：《两汉经学今古文平议》，商务印书馆 2001 年版，第 276—277 页。
②　蒙文通：《经学抉疑》，上海世纪出版集团 2006 年版，第 261 页。

斯所说的古典政治哲人特别写作方式（a peculiar manner of writing），即同一个文本里面用两种语言说话，传递两种不同的教导，一套是对"社会有用的教导"（the socially useful teaching）——"俗白教导"（the exoteric teaching），任何人都能轻易读懂的"高贵的谎言"；另一套则是政治上有忌讳而不宜直言的真正的教导（the true teaching）——"隐讳教导"（the esoteric teaching），只有少数训练有素而且仔细阅读的人反复琢磨文本才能领会的"知性的真诚"。无论孔子，还是董仲舒，都要掌握这样的写作方式，既要用"隐讳教导"来传承儒家绝学，不至于让儒家真精神和伟大理想血脉断绝，又要根据当时政治现实，用"俗白教导"来教化世人，像"成熟的苏格拉底"那样关心政治和道德事务，关心人事和人，维护正义和虔诚。董仲舒用类似这种合二为一的写作方式，既保持了儒家思想本色，又吸收先圣时贤思想资源，也兼顾当时社会政治现实特点，借助阴阳五行、通三统、张三世等各种权宜形式、方便说法，构建适宜的政治制度形式和社会治理方案，接引当时的统治者和世人，落实孔子伟大的王道政治理想，引导当下世界走向人道政治。

三、新儒学体系建构

董仲舒生当文景之世和武帝继位改革时期，面临秦汉历史剧变之后过渡期的政治社会文化问题，综合吸收和转换先秦、汉初及同时代人的思想资源和实践经验，建构了体大思精的新儒学思想体系，为他所处时代的汉王朝政治社会改革和文化规范发展立法。董仲舒新儒学思想体系之确立，正是中国古代之学术思想和政治路线转向之时。"董仲舒之主张行，而子学时代终，董仲舒之学说立，而经学时代始。"①冯友兰认为自孔子至淮南王为子学时代，自董仲舒至廖平则为经学时代，其分界即为董仲舒新儒学之建立，可见董仲舒新儒学思想体系地位之重要。

---

① 参见冯友兰：《中国哲学史》（上册），华东师范大学出版社2000年版，第25、79页。

　　董仲舒的新儒学体系体大思精，这里仅能扼要概述，作为正论之铺垫。冯友兰认为，哲学包括宇宙论（对于世界的道理）、人生论（对于人生的道理）、知识论（对于知识的道理）三大部。"若复再分，则宇宙论可有为两部：一、研究'存在'之本体及'真实'之要素者，此是所谓'本体论'（ontology）；一、研究世界之发生及其历史、其归宿者，此是所谓'宇宙论'（Cosmology）（狭义的）。人生论亦有两部：一、研究人究竟是什么者，此即心理学所考究；一、研究人究竟怎么着，此即伦理学（狭义的）、政治社会哲学所考究。"① 根据冯友兰的这一分类，董仲舒的新儒学体系从哲学角度可以用宇宙论（世界之发生及其历史、其归宿者）、人性论（人究竟是什么）和政治哲学（人究竟怎么着）三方面作一概括。宇宙论是其新儒学体系的前提预设，人性论是新儒学体系的基础建构，政治哲学是新儒学体系的现实运用。前两者是体，后者是用。

　　需要说明的是，董仲舒以宇宙发生和天人感应为显著特征的宇宙论，与西方哲学中与人类活动基本不相干的宇宙论（cosmology）有所不同。据《西方哲学英汉对照辞典》的解释，宇宙论（cosmology）是前苏格拉底哲学主要关心的领域，是"对宇宙整体，特别是对它的构成和结构的研究。哲学宇宙论是一种理性的研究，是若干科学根据和深刻思辨的结合。它也称之为理性宇宙论，区别于神话宇宙论，也区别于作为天文学分支的现代宇宙论。……哲学宇宙论讨论的最一般的问题包括空间、时间、因果性、必然性、偶然性、变化、永恒性、无限性。"② 在古希腊和中世纪起着重要作用的传统宇宙论受到文艺复兴时期科学的冲击，但又由莱布尼茨和牛顿复兴。"在康德看来，宇宙论产生于人类理性追求世界的绝对知识之自然倾向，因此他主张，我们需要一个实证的、批判的宇宙论在这方面为理性设立界限。后来，谢林和黑格尔把理性宇宙学转变为自然哲学。"③

---

　　① 参见冯友兰：《中国哲学史》（上册），华东师范大学出版社2000年版，第3—4页。

　　② ［英］尼古拉斯·布宁，余纪元编著：《西方哲学英汉对照辞典》，人民出版社2000年版，第209页。

　　③ ［英］尼古拉斯·布宁，余纪元编著：《西方哲学英汉对照辞典》，人民出版社2000年版，第209—210页。

当代宇宙论则植根于经验自然科学。"宇宙论致力于理解原始物质的本性，把其作为现象的原因和物理法则的基础。"[①]董仲舒的宇宙论与西方哲学理性宇宙论虽不能说没有共同点，但理论旨趣确实差异颇大。本文所说的董仲舒宇宙论，是董仲舒提供系列对世界和宇宙的独特理解，并为之寻找形而上学根据，至少在属于形而上学这一点上与西方宇宙论没有乖离，但即便仅有这一个共通点也已经足够了。以董仲舒作为代表之一的中国古典宇宙论有着自身独特的形而上学表现形式。

1. 宇宙论

宇宙论在董仲舒之前早已有之。冯达文认为，中国古典宇宙论，是以阴阳四时五行说为框架，描述天地万物，乃至人类社会演化的过程与规则，借揭示宇宙的终极本源及其化生过程，来为人类现时的生存与交往方式提供正当性说明或做出反省的一种哲学理论。[②]古代最原始的宇宙论，是"天生烝民"（《诗经·大雅·烝民》）、"惟天地，万物之母"（《尚书·泰誓》）关于"天（上帝）"、"天地"创生万物的思想。而第一个建立其宇宙论体系的，据冯达文研究，是老子。[③]"道生一、一生二、二生三、三生万物，万物负阴而抱阳，冲气以为和。"（《老子·四十二章》）"天下万物生于有，有生于无。"（《老子·四十章》）"一生二"可能是浑然一体之道分化为阴阳二气，"二生三"可能是阴阳和合而生"和气"，万物都是阴、阳、和三气交合变化产生的。最早引入阴阳概念的是西周末年之伯阳父，把地震的原因归结为"阳伏而不能出，阴迫而不能蒸。"（《国语·周语》）最早出现五行观念的是《尚书·洪范》。而把阴阳、五行、四时等观念结合在一起的，有《太一生水》、《管子》（《四时》《五行》《内业》）和《礼

---

① ［英］尼古拉斯·布宁，余纪元编著：《西方哲学英汉对照辞典》，人民出版社2000年版，第210页。

② 冯达文：《中国古典哲学略论》，广东省出版集团、广东人民出版社2009年版，第53页。

③ 冯达文：《中国古典哲学略论》，广东省出版集团、广东人民出版社2009年版，第53页。

记·月令》等文献，其宇宙论思想以阴阳为基础，由阴阳引出四时（少阳、太阳、少阴、太阴），再由四时摄合五行，又以五行统摄万物，并开始为现实政治的运作与社会日常生活的秩序提供正当性依据。自《易传》出，儒家吸收宇宙论思想，真正有属于自己的系统的宇宙论。"易有太极、是生两仪、两仪生四象，四象生八卦，八卦定吉凶，吉凶生大业。""一阴一阳之谓道。"（《易传·系辞上》）易传以阴阳二气交变而生化万物的宇宙论，但还没有五行观念，并缺乏严密的演绎和逻辑，直到西汉董仲舒出，才建构了儒家成熟的宇宙论。

董仲舒的宇宙论吸收前人成果，将阴阳、四时、五行同时纳入参合交变的宇宙万物生化过程：

> 天地之气，合而为一，分为阴阳，判为四时，列为五行。行者行也，其行不同，固谓之五行。五行者，五官也，比相生而间相胜也。（《春秋繁露·五行相生》）

天地之气，即为阴阳二气，阳盛阴息则为夏，主长，阴盛阳衰则为冬，主藏，阴阳交会则为春秋，主生与收。春夏秋冬与东南西北方位对应，而五行主理东南中西北五方：

> 五行之随，各如其序，五行之官，各致其能。是故木居东方而主春气，火居南方而主夏气，金居西方而主秋气，水居北方而主冬气。是故木主生而金主杀，火主暑而水主寒。使人必以其序，官人必比其能，天之数也。土居中央为之天润。土者，天股肱也。其德茂美，不可名以一时之事，故五行而四时者，土兼之也。（《春秋繁露·五行之义》）

阴阳四时五行与宇宙万物的各种暖寒、生杀、善恶、美丑、祸福等紧密相关，其作用机制乃为同类相互感应。"百物去其所与异，而从其所与同。故气同则会，声比则应，其验皦然也。""美事招美类，恶事招恶类，类之相应而起也。"（《春秋繁露·同类相动》）不仅自然无情之物，人事也不例外。"天有阴阳，人亦有阴阳。天地之阴气应之而起；人之阴气起，天地之阴气亦宜应之而起，其道一也。""帝王之将兴也，其美祥亦先见，其将亡也，妖孽亦先见，物故以类相召也，故以龙致雨，以扇逐暑，军之所处，以棘楚，美恶皆有从来以为命，莫知其处所。"（《春秋繁露·同类相动》）"类"的感通性和应动性，遍布宇宙天人每个方面，因而有天人感应、美祥妖孽。

董仲舒天谴说就建立在这一机制之上。他在《天人三策》中提出这一理论：

> 臣谨案《春秋》之中，视前世已行之事，以观天人相与之际，甚可畏也。国家将有失道之败，而天乃先出灾害以谴告之，不知自省，又出怪异以警惧之，尚不知变，而伤败乃至。以此见天心之仁爱人君而欲止其乱也。自非大亡道之世者，天尽欲扶持而全安之，事在强勉而已矣。①

因为天对人事、人事对天互相之间有"类"感应能力，所以天一方面成为人事的镜子和晴雨表，能够反映一个国家及其统治者的政治道德合理性，另一方面，天又成为有意志、行奖惩的天意、天命。国家失道，则以灾异谴告；国家有道，则天降祥瑞表彰。"天下之人同心归之，若归父母，故天瑞应诚而至。"②天降祥瑞被视为王者受命之符，王者据此被认为拥有了政治统治正当性。

有了这样可以解释宇宙万物发生以及作用机制的精细大全的宇宙论，董仲舒建立其人性论和政治哲学便有了根本性的前提，一切人间秩序的建构因此顺理成章。

2. 人性论

按照上述宇宙论，人与宇宙自然的变化规律有着各方面的相似性，董仲舒称之为人副天数：

> 天地之符，阴阳之副，常设于身，身犹天也，数与之相参，故命与之相连也。天以终岁之数，成人之身，故小节三百六十六，副日数也；大节十二分，副月数也；内有五脏，副五行数也；外有四肢，副四时数也；占视占暝，副昼夜也；占刚占柔，副冬夏也；占哀占乐，

---

① （东汉）班固：《汉书》，中华书局1962年版，第2498页。
② （东汉）班固：《汉书》，中华书局1962年版，第2500页。

副阴阳也；心有计虑，副度数也；行有伦理，副天地也；此皆暗肤著
身，与人俱生，比而偶之弇合，于其可数也，副数，不可数者，副
类，皆当同而副天一也。(《春秋繁露·人副天数》)

由此可见，根据同类相动的原理，无论副数还是副类，天与人是无所
不感、无所不应的。这一天人感应的思想，是以宇宙论儒学的形式表达的
中国自古有之的天人合一思想。不过如此表达的天人思想，是天人相与的
积极互动，投射和蕴涵了儒家社会理想：

阴阳二物，终岁各壹出，壹其出，远近同度而不同意，阳之出
也，常县于前而任事，阴之出也，常县于后而守空处，此见天之亲阳
而疏阴，任德而不任刑也。是故仁义制度之数，尽取之天，天为君而
覆露之，地为臣而持载之，阳为夫而生之，阴为妇而助之，春为父而
生之，夏为子而养之，秋为死而棺之，冬为痛而丧之，王道之三纲，
可求于天。天出阳为暖以生之，地出阴为清以成之，不暖不生，不清
不成，然而计其多少之分，则暖暑居百而清寒居一，德教之与刑罚犹
此也。故圣人多其爱而少其严，厚其德而简其刑，以此配天。(《春秋
繁露·基义》)

君臣、父子、夫妇之道，都依据天人感应的原理而以厚德简刑为正
义。"王者承天意以从事，故任德不任刑。"[1] 王者必须推行德政才能符合
天意，那么具体又如何推行德政呢？这就需要对人性的特点做出说明，作
为德政的基础。

董仲舒的人性论，根据亦在宇宙论。"身之名取诸天，天两，有阴
阳之施，身亦两，有贪仁之性；天有阴阳禁，身有情欲 ，与天道一也。"
(《春秋繁露·深察名号》)人身上同时有仁有贪，有性有情。人并不是天
生就性善，有其善之质而非有善之性，要通过后天教化才能为善。"性有
似目，目卧幽而瞑，待觉而后见，当其未觉，可谓有见质，而不可谓见。
今万民之性，有其质而未能觉，譬如瞑者待觉，教之然后善。"(《春秋繁
露·深察名号》)有善之质、可待教而善的中民之性方可名性：

---

[1]　(东汉) 班固：《汉书》，中华书局 1962 年版，第 2502 页。

圣人之性，不可以名性，斗筲之性，又不可以名性，名性者，中民之性。中民之性，如茧如卵，卵待覆二十日，而后能为雏；茧待缲以涫汤，而后能为丝；性待渐于教训，而后能为善；善，教训之所然也，非质朴之所能至也，故不谓性。(《春秋繁露·实性》)

这样的中民之性，才有后天王者教化的需要和可能。"性者，天质之朴也；善者，王教之化也。无其质，则王教不能化；无其王教，则质朴不能善。"(《春秋繁露·实性》)有了宇宙论的前提和人性论的基础，圣人与王者教化民众为善的责任也就明确了：

臣闻天者群物之祖也。故遍覆包函而无所殊，建日月风雨以和之，经阴阳寒暑以成之。故圣人法天而立道，亦溥爱而亡私，布德施仁以厚之，设谊立礼以导之。……古者修教训之官，务以德善化民，民已大化之后，天下常亡一人之狱矣。今世废而不修，亡以化民，民以故弃行谊而死财利，是以犯法而罪多，一岁之狱以万千数。以此见古之不可不用也，故《春秋》变古则讥之。天令之谓命，命非圣人不行，质朴之谓性，性非教化不成，人欲之谓情，情非度制不节。是故王者上谨于承天意，以顺命也；下务明教化民，以成性也；正法度之宜，别上下之序，以防欲也；修此三者，而大本举矣。①

其中，圣人指古代圣王。古代圣王法天而立道，后之王者要奉天，亦必效法古代圣王之法。

《春秋》之道，奉天而法古。是故虽有巧手，弗修规矩，不能正方圆；虽有察耳，不吹六律，不能定五音；虽有知心，不览先王，不能平天下；然则先王之遗道，亦天下之规矩六律已！故圣者法天，贤者法圣，此其大数也；得大数而治，失大数而乱，此治乱之分也；所闻天下无二道，故圣人异治同理也，古今通达，故先贤传其法于后世也。(《春秋繁露·楚庄王》)

这样"天意——圣人——王者——中民"的逻辑也就贯通了，董仲舒因此得以证立王者要奉天法古，奉行天意来约束君王自身行为，养士以儒

---

① （东汉）班固：《汉书》，中华书局 1962 年版，第 2515—1526 页。

家仁义之道教化民众，完善制度来规范天下各阶层关系。

董仲舒融合吸收了先秦儒家代表人物孔子、孟子、荀子等的人性论思想。孔子的人性论对性没有严格规定，但强调后天的作用："性相近也，习相远也。"（《论语·阳货》）孟子的性善论，要在扩充先天四端之心，强调反省求其本心。荀子的性恶论，人性先天粗劣，需要圣人化性起伪，强调后天教化。董仲舒各有所取，而根据当时现实政治社会治理需要予以转化，提出性待德教而化善，切合当时实际，也可谓时之圣者。

3．政治哲学

董仲舒的政治哲学，既是汉武帝时代的政治社会反思和正义原则建构，也因其流播所及，是汉代乃至两千年郡县制中央集权为主流制度的中国古代社会政治逻辑和思维方式之奠基。因此，这里简要介绍的，是董仲舒政治哲学中根本性的原则和方法。

如前所述，董仲舒所处时代的核心问题有权力来源合法性、政治正义原则和社会教化问题。下面分别就这三方面加以说明。

第一，董仲舒从宇宙论前提中，提取"天命"作为汉王朝的政治权力来源合法性的终极根据。天、帝、天命、天志等自古以来都是政治正当性的根据，这是古代政治资源的历史遗产，取此本属自然之举。但董仲舒根据时势所趋对"天命"做了一些改造和转化，解决了当时政治正当性的理论和实践难题，这才是他无可替代的贡献。首先，董仲舒把古代天命说中的革命之义转化为受命，为刘邦以平民受命为天子提供合法性依据，又淡化革命之义，维护汉王朝君主治下大一统局面的不可侵犯；其次，"屈民而申君，屈君而申天"（《春秋繁露·玉杯》），一方面强化君主权威，为维护中央集权、推行强干弱枝政策辩护，又在君王之上设立天命的制约，用天谴、祥瑞、灾异等思想，震慑和警戒君主修德慎行，勤政爱民；再次，提出受命改制说，促使君主推行德治。"故《春秋》受命所先制者，改正朔，易服色，所以应天也。"[①]而受命改制的内容，是奉天而法古，效

---

① （东汉）班固：《汉书》，中华书局 1962 年版，第 2510 页。

法包括为汉立法的素王孔子在内的古代圣王所制定的、以仁义原则为核心构筑的王道。最后，董仲舒改造了邹衍的五德终始说，提出三统说，既为汉王朝政治正当性找到了合适的位置，也在大一统的格局下为多元、多样文化传统保留生存空间，为传承古代文化传统、保持文化传统创造活力提供了历史依据。

第二，把古代德治传统弘扬为政治统治的正义原则。在汉承秦制、严刑酷法的初汉，政治改革势在必行，然而到底以秦法和黄老道术混合的刑名法术为政治统治原则，还是通过更化改制，回归中国古代固有的德治传统，即所谓的德法斗争，是当时汉初直到汉武之世面临的重大政治问题。"今临政而愿治七十余岁矣，不如退而更化；更化则可善治，善治则灾害日去，福禄日来。"①董仲舒诉诸宇宙论和人性论，证立王者奉天而法古，继承发展古代圣王德治传统是受天命奉天意的天职，而万民要通过德政教化才可以为善，王者必须通过道德教化才能实现教化。"天生民性，有善质而未能善，于是为之立王以善之，此天意也。民受未能善治性于天，而退受成性之教于王。王承天意以成民之性为任也。"（《春秋繁露·实性》）而要实现德治教化，必须开太学养士，通过德治教育培养能够推行道德教化的循吏，选举贤能之士充实到政府中。为此，在文化教育制度上，"诸不在六艺之科孔子之术者，皆绝其道，勿使并进。邪辟之说灭息，然后统纪可一而法度可明，民知所从矣。"②政府要通过制度来提倡承载王道德治传统的六艺和以孔子为代表的儒家学说，"道之以德，齐之以礼，有耻且格"（《论语·为政》），引导社会走上"无讼"的太平治世。在经济制度上，"大富则骄，大贫则忧，忧则为盗，骄则为暴，此众人之情也。圣人则于众人之情见乱之所以生，故其制人道而差上下也，使富者足以示贵而不至于骄，贫者足以养生而不至于忧，以此为度而调均之，是以财不匮而上下相安，故易治也。"（《春秋繁露·度制》）提议"限民名田"和废除奴隶制，使百姓生活安定，人身自由，安居乐业。

---

① （东汉）班固：《汉书》，中华书局 1962 年版，第 2505 页。
② （东汉）班固：《汉书》，中华书局 1962 年版，第 2523 页。

　　第三，董仲舒把"三纲五常"确立为社会人伦秩序的原则，建构以"亲亲贤贤长长"为出发点、礼法互融的宏观和微观相结合的政治社会。在礼坏乐崩的春秋时代，孔子自觉地"克己复礼为仁"，强调"正名"原则，要求"君君，臣臣，父父，子子"（《论语·颜渊》）。《礼记·大传》："立权度量，考文章，改正朔，易服色，殊徽号，异器械，别衣服，此其所得与民变革者。其不可得变革者则有矣，亲亲也，尊尊也，长长也。男女有别，此其不可得与民变革者也。"韩非子提出君臣、父子、夫妻的服从关系："臣事君，子事父，妻事夫，三者顺则天下治，三者逆则天下乱，此天下之常道也。"（《韩非子·忠孝》）董仲舒继承孔子"正名"思想，提出"名号"原则。"治天下之端，在审辨大；辨大之端，在深察名号。名者，大理之首章也，录其首章之意，以窥其中之事，则是非可知，逆顺自著，其几通于天地矣。是非之正，取之逆顺；逆顺之正，取之名号；名号之正，取之天地；天地为名号之大义也。"（《春秋繁露·深察名号》）根据"受命于天"、"阳尊阴卑"的宇宙论前提，人间秩序是尊卑有序的名号体系。"《春秋》列序位，尊卑之陈，累累乎可得而观也……。天子受命于天，诸侯受命于天子，子受命于父，臣妾受命于君，妻受命于夫，诸所受命者，其尊皆天也，虽谓受命于天亦可。"（《春秋繁露·顺命》）名号中最根源也是最重要的是君臣、父子、夫妇三个重要关系，可比拟为天地、四时、阴阳。"是故仁义制度之数，尽取之天，天为君而覆露之，地为臣而持载之，阳为夫而生之，阴为妇而助之，春为父而生之，夏为子而养之，秋为死而棺之，冬为痛而丧之，王道之三纲，可求于天。"（《春秋繁露·基义》）董仲舒吸收法家思想，君臣、父子、夫妇等三者尊卑关系称为是三纲。又把"仁义礼智信"称为"五常"，作为处理社会人伦关系的原则。"夫仁义礼知信五常之道，王者所当修饬也；五者修饬，故受天之佑，而享鬼神之灵，德施行于方外，延及群生也。"[①]五常有时也被理解为五伦："君臣、父子、夫妇、兄弟、朋友"，但其人伦关系原则，仍然是仁义礼智信。三纲五常的根本精神有两个方面，一是明确君为人间秩序的根本，"视大始而

_____

①　（东汉）班固：《汉书》，中华书局1962年版，第2505页。

67

欲正本"①，使人君自觉以德约己，正己以正天下。"故为人君者，正心以正朝廷，正朝廷以正百官，正百官以正万民，正万民以正四方。"②另一方面，让天下万民皆守其名号所定的本分，服从有道之世的人伦纲常，共同努力创造太平盛世。虽然董仲舒没有把"三纲"和"五常"连用，但三纲五常作为社会秩序普遍原则已经在董仲舒这里确立。

天命、正义、伦理，构成了董仲舒王道政治哲学体系的三个维度。董仲舒曾用训诂手法把王道训为参通天地人三才之道：

古之造文者，三画而连其中，谓之王；三画者，天地与人也，而连其中者，通其道也，取天地与人之中以为贯，而参通之，非王者庸能当是。是故王者唯天之施，施其时而成之，法其命而循之诸人，法其数而以起事，治其道而以出法，治其志而归之于仁。（《春秋繁露·王道通三》）

本书按照董仲舒阐释的王道政治三维逻辑结构来建构董仲舒的政治哲学体系。天者，天命也，即政治全力的终极正当性依据；地者，正义也，即社会秩序结构的政治运行原则；人者，伦理也，即贯彻天命与正义于现实人伦社会之道德伦理规范。参通天地人三才之道，则据天命、循地道、达人伦之王道备矣。在中国传统政治社会，董仲舒之前如此，董仲舒之世如此，董仲舒之后亦如此。可否推而广之，古人如此，今人亦如此耶？中国如此，国外亦如此耶？"守先待后"责在吾辈，"修身俟命"权宜其时。

小　结

导论通过政治哲学概念辨析以及中西政治哲学特点的比较，认为中国传统政治哲学研究虽可参照西方政治哲学思想及其研究方法，但不能以

---

① （东汉）班固：《汉书》，中华书局 1962 年版，第 2502 页。
② （东汉）班固：《汉书》，中华书局 1962 年版，第 2502—2503 页。

西方政治哲学价值和模式来衡量和范围中国传统政治哲学，更不可延续新中国以来意识形态化的批判。在中国传统政治哲学研究中，一方面我们要排除当下社会思潮和学界流行的西方中心主义和中国传统文化虚无主义的干扰，另一方面又要警惕另一种价值中心主义和普遍主义的产生。本书的主要研究方法，不是拿一套现成的理论框架和研究模式来拼凑材料拾缀成文，而是以同情的了解和谦虚的态度，尊重历史，崇敬先圣，通过历史的考察、现实的思考和中西智慧的共同启发，体会出独特的研究路径，重新阐释中国传统政治哲学思想体系，冀于学术进步有一份微薄的贡献。

本书通过天命、正义和伦理三个维度考察董仲舒建构的政治哲学体系，即把天命（政治正当性）——正义（德治原则）——伦理（道德制度化）三个方面作为中国古代政治哲学发展成熟的基本框架。每一方面都首先从观念的发生和有关政治哲学问题的内在理路做出梳理和辨析，这就是历史性的考察和分析。然后从董仲舒政治哲学体系建构的角度予以综合，论述其逻辑结构，这是逻辑的建构和综合。结合在一起，就是在历史基础上的历史和逻辑的统一这一朴素研究方法的创造性运用。天命、正义、伦理，是董仲舒政治哲学的三个层次的核心概念和支柱，犹如董仲舒政治哲学中的天、地、人三才之道，三者参通即为王道。

天命作为宇宙自然和人类社会正当性的终极根据，既是政治权力正当性的前提，也是政治统治正义原则和伦理道德规范的证成性根据。正义，是循天命之"仁"而体现在政治秩序中的"德主刑辅"统治原则，也促成伦理道德规范"三纲五常"教化体系和"士治政府"的落实。伦理，即社会秩序运行的内在合理性，因天命赋予人伦秩序关系以道德基础而正当，而以三纲五常为内核的伦理道德体系也是正义社会合理性的道德基础。三者是董仲舒政治哲学逻辑结构中是"三而一"、"一而三"的统一体，共同体现和支撑董仲舒奠定的中国传统政治哲学范式。

由天命、正义和伦理三个维度组成的阐释新架构，虽然是在董仲舒政治哲学研究过程中的颖悟和重构，但也已经充分考虑中国传统政治智慧的历史发展逻辑和民族精神特征。董仲舒作为里程碑和历史转折点，综合百代智慧以继往，奠基万世太平以开来。在当代有"政治儒学"传统之称的中国传统政治哲学范式，由董仲舒奠定之后，廖平所称孔子为全球万世乃至宇宙立法之美誉，得以现实化为历史事实，而以此美誉加之董子，又孰以为过哉！

第一章　天　命

　　"天命"，作为董仲舒政治哲学中用以说明政治正当性的核心概念，在中国古代政治传统之流中，不仅是了解中国古代可以考证的商周历史兴衰之道的关键理念，而且是把握秦亡汉兴缘由和统治正义原则的秘密钥匙，甚至还是董仲舒之后两千年王朝政权正当性和中国传统文化命脉正统性的一个象征性符号。故有必要说明天命观念的发生及其演变为政治正当性根据的渊源。

　　关于"天命"的追问，虽然在殷周之际始有其名，然而却是人类诞生之时已有其实，变换着"先祖"、"自然"、"宇宙"、"帝"、"上帝"等等形式。那么其追问的实质内容为何？这既关乎人最原始的恐惧和渴望，也关乎人类社会理想秩序建立的根据。人从何处来？到何处去？人所处的自然和宇宙是什么？人何以独具灵性而异于宇宙万物？人在自然界面前的渺小又产生了人的限度在哪里的问题，在权力和利益争夺中表现出来的残暴又让人寻求和睦相处、长治久安之道。如此等等，与人有关的所有问题，追根溯源，最后总要回到"天命"或相似的终极性理念来寻求根据和启示。

　　春秋战国之际的老、孔、墨之后，"天命"作为中国古代政治的政权正当性根据，其内涵和相关思想随着时代的变化有一个演变的过程。本章我们先来探讨先秦时代和秦汉之际的天命观分别有什么不同的思想内涵，而董仲舒的天命观何以如此这般为时代接受，在汉武帝即位之后成为朝野政治哲学主导观念，然后循着董仲舒的政治哲学理路，探究天命的根据，说明天命的内在向度，建构天命的政治逻辑，并分析天命和正义的关系。

第一节　正当之源

　　"天命"作为文字和概念最早是什么时候出现的？之前有没有以其他形式存在的类似概念？最初的形式和内涵如何？后来如何演变出许多丰富的思想？在孔子之前的天命观又具有了哪些面向，我们从出土古文字材料和古代流传文献出发，就殷周之际、西周和春秋三个时代，来探讨天命作为政治正当性根据这一观念的发生和演变。

一、天命溯源

1. 古文字考辨

　　我们先从古文字学和考古学出土材料来看"天命"二字本义、字源及其中透漏的天命观。《说文解字》："天，颠也，至高无上。从一大。"又《说文解字》："颠，顶也。"《说文解字》训"天"为处于顶部的至高无上的事物或观念。《说文解字》："大，天大地大人亦大焉。象人形。"天从一大，是会意字，即像人形的"大"上加一横，表示人头顶之上。如此看来，天本义为人头顶上的自然之天，后来引申为赋予天以至高无上地位的某些理念。《说文解字》："命，使也。从口令。"段玉裁注："令者，发号也，君事也，非君而口使之，是亦令也。故曰：命者，天之令也。"①"命"之本义乃天之令或天之所发号令。

　　根据现有考古学可靠文字材料，"天"在商代已经出现。在商代出现的甲骨文"天"，字形是在正立之人形"大"上加一个"口"或表示"上"义的象形符号，即上短下长的两短横"二"。而金文中的"天"，则为上头为一大圆点的人形符号，像人头顶戴天。甲骨文之"口"被认为是锲刻文字可出轮廓而不能填实。②在殷商甲骨文中，有时"天"义与"大"同，

----

①　（汉）许慎撰，（清）段玉裁注：《说文解字注》，上海古籍出版社1988年第二版，第57页。

②　参见于省吾主编：《甲骨文字诂林》，中华书局1999年版，第201页。

有高大、伟大之义，譬如，《殷墟文字乙编》6690："辛丑卜：乙巳岁天庚？"其中"天庚"即"大庚"；《甲骨缀合编》182："壬戌卜，贞：才蚩，天邑商公宫衣，兹月亡畎？宁。""天邑商"在别的卜辞中有作"大邑商"。①有时"天"是指头顶，譬如，《甲骨文合集》20975 云："庚辰，王弗疾朕天？"朕为殷王自称，天即头顶的意思，问句的大意是"会不会让我生头顶的疾病？"现有的出土文献还未能证明殷商出现除了"大"和"头顶"含义之外的"天"含义之材料。

在现存古文字实物数据中，只有西周初期金文有至上神意义的"天"，且往往"天命"连用。譬如，《大盂鼎》："受天有大命。"《蔡侯钟》："天命是扬。"②张桂光认为："天字之引申为苍穹之天，主要是因为天体圆，且居人体之至高无上处，与苍穹之天的形象和崇高都是颇相似的。而至上神的天则又是从苍天再引申出来的。周人所尊的天，当是自然界中那浩浩苍天上的神灵。"③艾兰认为："天命原本指文王时期天上所出现的一种特殊天象。武王把那个天象解释为确立他用武力征服商的合法性的征兆。"④西周"天命"具体内涵，有待下文据可靠古文献阐释。

郭沫若说："在这儿却有一个值得注意的现象，便是卜辞称至上神为帝，为上帝，但决不曾称之为天。"陈梦家赞同郭沫若的观点，认为卜辞中的"天"没有"上天"的意思，"天"的观念是周人提出来的，"西周时代开始有了'天'的观念，代替了殷人的上帝，但上帝与帝在西周金文和周书、周诗中仍然出现。"⑤由此看来，殷商的"帝"或"上帝"观念可能是周的"天"观念之前身。《说文解字》："帝，谛也，王天下之号。"在甲

---

① 参见刘翔、陈抗、陈初生、董琨编著，李学勤审订：《商周古文字读本》，语文出版社 1989 年版，第 287 页。

② 参见刘翔、陈抗、陈初生、董琨编著，李学勤审订：《商周古文字读本》，语文出版社 1989 年版，第 287 页。

③ 转引自于省吾主编：《甲骨文字诂林》，中华书局 1999 年版，第 213 页。原出于张桂光：《殷周"帝"、"天"观念考索》，《华南师范大学学报》（社会科学版）1984 年第二期。

④ ［美］艾兰：《龟之谜：商代神话、祭祀、艺术和宇宙观研究》，汪涛译，商务印书馆 2010 年版，第 274 页。

⑤ 陈梦家：《殷墟卜辞综述》，中华书局 1992 年版，第 562 页。

骨文中，"帝"和"禘"为同一字，但字形多有讹变，有十六种写法，但王辉总结为由上面的"一"、中间的"口"及"木"三部分组成，各种写法都是变体。中间的"口"和"木"代表柴祭，上面的"一"代表天空，表示柴祭的对象是天空的自然神。① 张桂光认为，甲骨文"帝"字形，归纳起来有四种解释：像花蒂之形、像女性生殖器之形、像燎柴祭天之形和像革制偶像之形。而除了第二种，其他说法理由不充分。生殖崇拜说与甲骨文中殷人对祖（像男性生殖器之形）、妣（像女性生殖器之形）、后（像妇女生小孩之形）的崇拜相一致，联系经传注疏对"帝"的解释，他认为可以证明殷人至尊的"帝"初义即为宇宙万物的始祖，是宇宙万物的生殖之神。②"卜辞中的上帝有很大的权威，是管理自然与下国的主宰。"③ 陈梦家分析武丁卜辞中上帝的能力，有善意的"令雨"、"降食"、"降若"、"帝若"、"授佑"等，有恶意的"令风"、"降旱"、"降祸"、"降漠"等，也有不明善恶之意的"令隋"等。"上帝所管到的事项是：（1）年成，（2）战争，（3）作邑，（4）王之行动。他的权威或命令所及的对像是：（1）天时，（2）王，（3）我，（4）邑。"④ 帝还有其居处以及与类似人间王者的政治制度。"卜辞中的上帝或帝，常常发号施令，与王一样。上帝或帝不但施令于人间，并且他自有朝廷，有使、臣之类供奔走者。"⑤ 殷商历代先王先公也参与其中，相设宾主。"帝廷或帝所，先公先王可以上宾之，或宾于上帝，或先公先王互宾。……所谓宾帝，发展为周人的配天。"⑥ 高明认为，商人最初把"帝"仅视为主宰自然界的神灵，同时无任何亲戚关系，这一信仰起码在武丁时代仍继续保持，商王只有通过占卜或巫术等方式才能与上帝沟通，只能敬谨听命，用虔诚和享祭换取帝的保佑。但自武丁之后，开始把死去的直系亡父庙号之前加帝字，打破人神不相亲的框框，是当时意识

---

① 参见于省吾主编：《甲骨文字诂林》，中华书局1999年版，第1082—1083页。
② 参见于省吾主编：《甲骨文字诂林》，中华书局1999年版，第1084页。
③ 陈梦家：《殷墟卜辞综述》，中华书局1992年版，第562页。
④ 陈梦家：《殷墟卜辞综述》，中华书局1992年版，第571页。
⑤ 陈梦家：《殷墟卜辞综述》，中华书局1992年版，第572页。
⑥ 陈梦家：《殷墟卜辞综述》，中华书局1992年版，第573页。

形态的一大变化。裘锡圭认为，死去的先王庙号称帝与后来周代"嫡庶制"的"嫡"或"適"有前后承继关系。①

周公在小邦周克大殷商之后，有着强烈的"天命靡常"的忧患意识，强调敬德保民，明德慎罚，以德配天，并制礼作乐规范统治者。西周中期之前，尚能恭守周公教诲，以德治维系天下，并开疆扩土，宏大西周事业。成王、康王就是典型："成康之际，天下安宁，刑错四十余年不用"②。这可从很多西周青铜器铭文中得到验证。如作于周恭王之世的《史墙盘》所载的西周七王颂词也反映了这一情况：

> 曰古文王，初戁和于政，上帝降懿德，大屏，抚有上下，会受万邦。

> 讯圄武王，遹征四方，达殷畯民，永不巩，狄祖密，伐尸童。

> 宪圣成王，左右绶任刚鲧，用肇彻周邦。

> 渊哲康王，分尹亿疆。

> 弘鲁昭王，广笞楚荆，唯贯南行。

> 祗显穆王，刑帅宇诲，申宁天子。

> 天子恪缵，文武长烈，天子鼒无匄，寒产上下。亟熙桓慕，昊照亡戁，上帝后稷亢保，受天子绾命，厚福，丰年，方蛮亡不戒见。③

自文武开辟事业，嗣后五王皆能守成，并使先祖功业有所开拓。虽然"昭王之时，王道微缺。"④穆王不听祭公谋父谏言而征犬戎，废先王之训而荒服者不至⑤，然其大体尚可。按照颂辞，周恭王小心周到地维持文王武王的光辉德业，勤勉不懈，委曲敬事上下神祇，积极地使先王的伟大谋谟发扬光大，心胸宽广，不敢败坏，上帝和后稷保护天子，授予他长命、厚福和好年成，四方蛮夷无不来朝。颂辞大意与主流文献历史记载的史实

---

① 陈梦家：《殷墟卜辞综述》，中华书局 1992 年版，第 575—576 页。

② 陈梦家：《殷墟卜辞综述》，中华书局 1992 年版，第 134 页。

③ 参见唐兰：《略论西周微史家族窖藏铜器群的重要意义——陕西扶风新出史墙盘铭文解释》，裘锡圭：《史墙盘铭解释》，《文物》1978 年第 3 期。

④ （西汉）司马迁：《史记》，中华书局 1959 年版，第 134 页。

⑤ （西汉）司马迁：《史记》，中华书局 1959 年版，第 135—136 页。

基本符合。

上述甲骨文金文资料及有关研究，说明了殷周之际"天命"的出现及其可能的前身"帝"的内涵，但因为考古资料十分有限，不能清晰厘清殷周之际天命发生的过程和原因。"天命"观念发生的追溯，尚需历史文献考辨和古史叙述的互证。

2. 古史辩命

现有历史考古显示，中国文明史源远流长。如果把制造和使用工具从事有目的的劳动作为人区别于动物的标志，那么属于黄种人的中国初民至少已经存在了170万年左右。云南元谋直立猿人在距今170万年左右已能制造和使用石器，可能已会用火；广东韶关马坝智人在距今20万年，智力和体质已与现代人近似。随着渔猎、采集经济的发展，男女分工明显，中国先民逐步由血缘公社转变为母系氏族社会，婚姻制度由血缘内婚向氏族外婚转变，在后期也即距今8000—7000年实现"农业革命"，向生产性的农业、畜牧经济转化。距今7000—5000的仰韶文化，陶器中有作为中国文字原始形态的彩绘图案和刻画符号，社会形态那时正逐渐转变为父系氏族制，婚姻制度由男子出嫁、女方对偶婚演变为男娶女嫁、男子为家长的一夫一妻制家庭，私有财产出现，奴隶制产生，掠夺战争促成氏族结成部落和部落联盟。① 传说中"天下为公"的大同之世尧、舜、禹时代，大概是距今5000—4000年父系氏族社会后期的部落联盟领袖，《尚书·尧典》认为那时是实行军事民主制，首领通过公举"禅让"，大事公议裁决。传说中"天下为家"的小康之世夏、商、西周时代，是有比较可靠的文献可以印证的礼乐文明时代，已是青铜时代，形成成熟的汉文字语言系统，出现了城市文明，作为中国政治文化之根的礼乐文明典章制度逐渐完善，采用共王封土建国制和兄终弟及、嫡长子王位继承制和世卿世禄制，周共和元年（公元前841年）为中国文献上纪年之始。

导源于崔述"其世愈后则其传闻愈繁"（《补上古考信录卷上》）和"世

---

① 参见冯天瑜、杨华：《中国文化发展轨迹》，上海人民出版社2000年版。

益晚则其采择益杂"(《考信录提要上》)的说法,"古史辨"派创始人顾颉刚提出"层累造成的中国古史"观[①],认为"古史是层累地造成的,发生的次序和排列的系统恰是一个背反"[②]。按照这一视角,通过历史考古和文献考据,他认为可以说明三个方面问题。首先,"时代愈后,传说的古史期愈长",辟如,"周代人心目中最古的人是禹,到孔子时有尧、舜,到战国时有黄帝、神农,到秦有三皇,到汉以后有盘古等。"其次,"时代愈后,传说中的中心人物愈放愈大",譬如舜,"在孔子时只是一个'无为而治'的圣君,到《尧典》就成了一个"家齐而后国治"的圣人,到孟子时就成了一个孝子的模范了"。最后,"即不能知道某一件事的真确的状况,但可以知道某一件事在传说中的最早的状况。"[③]顾颉刚关于层累说的大量成果,以及中国古代历史地理变迁和古文献著作成书年代的考辨,为我们研究古代历史文化和政治观念演变的时候提供了清醒看待历史和审慎采择史料的更好基础。如伽达默尔所言:"真正的历史对象根本不是对象,而是自己和他者的统一体,或一种关系,在这种关系中同时存在着历史的实在以及历史理解的实在。一种名副其实的诠释学必须在理解本身中显示历史的实在性。"[④]一切历史的理解都是在前见中视域融合的效果历史。就"天命"的发生和演变而言,从可以确证的周公以来古文献,到董仲舒、司马迁时代所看到的一切流传物,无论是历史真本,还是后人层累地造成,都是本文论题范围内之视域。故我们至少可以从董仲舒之前曾被作为可靠依据或真实存在过的各种文献来重新审视"天命"观念,因为在此视域中的历史正是自西周至秦汉之际信史中的人们所理解的效果历史。

"绝地天通"可能是对"天命"观念产生有着关键性作用的宗教改革事件。中国古代原始宗教有自然崇拜、鬼魂崇拜、生殖崇拜、图腾崇拜、

---

① 参见王煦华:《顾颉刚全集卷一·前言》,载《顾颉刚全集》(卷一),中华书局2010年版,第4页。
② 顾颉刚:《顾颉刚全集》(卷一),中华书局2010年版,第45页。
③ 顾颉刚:《顾颉刚全集》(卷一),中华书局2010年版,第181页。
④ [德]伽达默尔:《真理与方法》(上),洪汉鼎译,上海译文出版社1999年版,第387页。

祖先崇拜，以及原始祭祀、巫术、占卜等形式，民众有与神灵自由交流的权利。部落统治者感到了维护宗教秩序对社会统治的重要性，一说为黄帝之宗教改革。黄帝在战胜苗民领袖蚩尤之后，面对人民苦难和思想道德混乱，"乃命重黎，绝地天通，罔有降格。"（《尚书·吕刑》），一说为颛顼和尧进行宗教改革。"及少昊之衰也，九黎乱德，民神杂糅，不可方物。夫人作享，家为巫史，无有要质。民匮于祀，而不知其福。蒸享无度，民神同位。民渎齐盟，无有严威。神狎民则，不蠲其为。嘉生不降，无物以享。祸灾荐臻，莫尽其气。"（《国语·楚语下》）于是帝颛顼和帝尧两度进行宗教改革。"颛顼受之，乃命南正重司天以属神，命火正黎司地以属民，使复旧常，无相侵渎，是谓绝地天通。其后，三苗复九黎之德，尧复育重黎之后，不忘旧者，使复典之。以至于夏、商，故重、黎氏世叙天地，而别其分主者也。"（《国语·楚语下》）民众被剥夺了通神的权力，有国家委任的神职人员巫觋垄断宗教神权。天神崇拜的产生和国家宗教的形成，对中国古代文化的形成意义重大，其发展的结果是，"中国古代宗教以天神崇拜和祖先崇拜为核心，以社稷、日月、山川等自然崇拜为羽翼，以其他鬼神崇拜为补充，形成了相对固定的郊社、宗庙及其他祭祀制度，成为维系古代社会秩序和宗法家族体制的根本力量。"[1] 夏商两族分别在两次宗教改革基础上发展起来，两次"绝地天通"可以说是中华民族"发祥的肇端"。[2]

3. 盘庚帝命

"天神"崇拜到殷商时代发展出"帝"、"帝命"观念，而"帝"和"天"、"帝命"和"天命"有着某种关联。如前小节所述，在商代的出土甲骨文中"帝"可能是西周"天"观念的前身。现有比较可靠的唐虞殷商传世文献主要在今文《尚书》二十八篇，据顾颉刚考辨分为三组，第一组十三篇，

---

[1] 牟宗鉴、张践：《中国宗教通史》（修订版，上卷），中国社会科学出版社2007年版，第59页。

[2] 参见萧汉明：《论中国古史上的两次"绝地天通"》，载氏著：《传统哲学的魅力》，中华书局2008年版。

思想和文字皆可信为真，有《盘庚》、《大诰》、《康诰》、《酒诰》、《梓材》、《召诰》、《洛诰》、《多士》、《多方》、《吕刑》、《文侯之家》、《费誓》和《秦誓》等。第二组十二篇，文体不似古文或思想不类当时，可能是史官追记，或经过翻译，或后世伪作，皆东周时作品。有《甘誓》、《汤誓》、《高宗肜日》、《西伯戡黎》、《微子》、《牧誓》、《洪范》、《金縢》、《无逸》、《君奭》、《立政》和《顾命》。第三组三篇，是战国、秦、汉间作品，有《尧典》、《皋陶谟》和《禹贡》。[1] 因目前尚未见更为可靠的考辨，故据顾说，唐虞夏"天命"观念无从论说，商代唯《盘庚》可借以管窥商代"天命"观念。《盘庚》三篇被认为是"一篇迄今所见到的中国古代最早、最长的历史文献"[2]。

据顾颉刚、刘起釪考论，它是汤十世孙、商王朝第十九任国王盘庚迁都到殷（今河南安阳）前后对臣民的三次讲话，附大臣转述他的一次简短讲话。迁都客观原因在于原都城奄（今山东曲阜）水灾为患，造成经济、社会问题，不得不迁；主观原因在于政治、军事战略上的考虑，以对付西方、北方的方国和有利商王朝政治统治的目的而迁都。[3] 盘庚为了说服商人迁都，多次动用"天"、"天命"、"上帝"和"先王"等来增加迁都令的神意和神圣性。

> 肆上帝将复我高祖之德，乱越我家。朕及笃敬，恭承民命，用永地于新邑。肆予冲人，非废厥谋，吊由灵。各非敢违卜，用宏兹贲。

（《尚书·盘庚下》）

盘庚把迁都的原因归结为遵奉上帝的旨意，而且上帝的旨意是由于祖先的德政导致的，这些旨意又是通过占卜获知的。而商王和商民只有虔诚地遵从上帝的旨意去行事。

> 予念我先神后之劳尔先；予丕克羞尔，用怀尔然。失于政，陈于兹，高后丕乃崇降罪疾，曰："曷虐朕民！"汝万民乃不生生，暨予一

---

① 参见王煦华：《顾颉刚全集卷一·前言》，载《顾颉刚全集》（卷一），中华书局2010年版，第17页。

② 李民、王健撰：《尚书译注》，上海古籍出版社2004年版，第149页。

③ 参见顾颉刚、刘起釪：《尚书校释译论》，中华书局2005年版。

人猷同心，先后丕降与汝罪疾；曰："曷不暨朕幼孙有比！"故有爽德，自上其罚汝，汝罔能迪。古我先后，既劳乃祖乃父，汝共作我畜民。汝有戕则在乃心，我先后绥乃祖乃父；乃祖乃父，乃断弃汝，不救乃死。兹予有乱政同位，具乃贝玉。乃祖乃父，丕乃告我高后曰："作丕刑于朕孙。"迪高后丕乃崇降弗祥。呜呼！今予告汝不易：永敬大恤，无胥绝远，汝分、猷念以相从，各设中于乃心。乃有不吉不迪，颠越不恭，暂遇奸宄，我乃劓殄灭之，无遗育，无俾易种于兹新邑。（《尚书·盘庚中》）

这一段，盘庚把死去的商先王和万民的祖先联系在一起，相信他们的相互关系在天之灵就如活着那样的。而且这些祖先们还关心着自己在人间的子孙生活状况，如果子孙过得不好、心存歹念或不与商王同心协力，那么先王要降重灾惩罚，而且让民众的祖先们抛弃他们在人间的子孙，不再眷顾和保佑他们的子孙。

除此之外，《尚书·盘庚》多处直接用"天"、"天命"，这可能是后来周人的改动。譬如：

先王有服，恪谨天命。（《尚书·盘庚上》）

罔知天之断命，矧曰其克从先王之烈？若颠木之有由蘖，天其永我命于兹新邑，绍复先王之大业，底绥四方。（《尚书·盘庚上》）

鲜以不浮于天时。殷降大虐，先王不怀。（《尚书·盘庚中》）

无戏怠，懋建大命。（《尚书·盘庚下》）

这些用"天"、"天命"的地方，替换为"帝"、"帝命"意思并无多大差异。刘起釪认为《盘庚》在文法上有周人改动原文的地方，譬如，人称代词"我"、"余"、"予"、"朕"和"女"、"乃"、"若"、"汝"、"尔"等字的用法，是商周混用，连词"而"、"则"、"德"字甲骨文未见等。[①] 同理，"大命"可能是商代的"天"作"大"解，指的是"帝令"，帝为至上神，令作"命"解。而"天命"直接出现会是周人的修改，原来可能也是"帝令"二字，改后仍然没有周人"天"的特定内涵。周初"帝"、"天"杂用，只

---

① 参见顾颉刚、刘起釪：《尚书校释译论》，中华书局 2005 年版。

是局部义相近，加强了如下观点：这篇文献是"周人灭商以后，为了安抚和绥靖被迁殷民而制作"①，但更可能是周初人加工了记录盘庚讲话的这篇文献。"事实上，周人与殷人的不同，并不在于是否有天命或类似的观念，而在于周人对天命的理解与殷人不同。"② 如陈梦家在《古文字中的商周祭祀》中说，商人的帝是生活的主宰，而周人的天为政治的主宰。③ 就如苏格拉底把哲学从天上拉到人间，周初"天"观念对"帝"概念的逐步替换也有着这样的转向意义。

"帝"或"天"不同于西方人格神。张祥龙认为，人格神是有一定特征的，与中国的对至上神的理解不同。"古埃及的瑞、巴比伦的马尔杜克，犹太教的耶和华等等，可算是人格神。他们有名相、有某种创世经历或神谱、与其特殊的选民有'约定'、并有某种脾性的神。尤其是，这种神有'位格'（hypostasis）的神，即一种有基督的神性与人性合为一个统一的位格。……遵奉人格神的宗教则一定以绝对信仰、种族或教律而非德性为识别'上帝的选民'的首要标准，因为唯有这样才能体现出上帝的位格的实体性和主体意志性。所以，可以说，中国自有较明白的文字记载以来，就没有过至上的人格神的普遍信仰。"④ 殷人的"帝"是卜问吉凶的依据，周人的"天"是以德匹配的有道德意志者。前者喜怒无常，还不能够与人互动沟通乃至合一，是外在于人世间的。后者则能够指导人道，反映人道，与人道互动沟通，"天人合一"是理想的沟通状态，而天命则为人间正义的终极依据。

---

① 李民、王健撰：《尚书译注》，上海古籍出版社 2004 年版，第 149 页。

② 陈来：《古代宗教与伦理——儒家思想的根源》，生活·读书·新知三联书店 2009 年版，第 181 页。

③ 陈来：《古代宗教与伦理——儒家思想的根源》，生活·读书·新知三联书店 2009 年版，第 181 页脚注第 12。

④ 张祥龙：《海德格尔思想与中国天道：终极视域的开启与交融》，生活·读书·新知三联书店 1996 年版，第 235 页。

二、惟德是辅

1. 以德配天

周公的政治思考标志着周初各种政治观念的形成。据《史记·周本纪》、《史记·鲁周公世家》记载，周公从辅助武王克商、代成王摄政、镇压管蔡之乱，到还政于成王，曾陆续作有《牧誓》、《大诰》、《微子之命》、《归禾》、《嘉禾》、《康诰》、《酒诰》、《梓材》、《召诰》、《洛诰》、《多士》、《无佚》、《多方》、《周官》、《立政》等十五篇，再加上今文《尚书》中的《金縢》，《尚书·周书》中大部分篇章为周公所作，而这些篇章有大量的天命论述，西周天命观，可以说是在周公的阐释中完成从天上到人事的转向。

> 商王受，惟妇言是用。昏弃厥肆祀，弗答；昏弃厥遗王父母弟，不迪。乃惟四方之多罪逋逃，是崇是长，是信是使，是以为大夫卿士；俾暴虐于百姓，以奸宄于商邑。今予发，惟恭行天之罚。(《尚书·牧誓》)

《牧誓》周公辅助武王伐商时牧野之战前的誓师所作，提出了"惟恭行天之罚"观念，不同于商代的"上帝"专断独行奖惩和人对"帝命"的唯唯诺诺，武王这样的人可以通过接受天命进行革命，来执行对商王纣这样的人间道德败类的惩罚。

> 乃命于帝庭，敷佑四方，用能定尔子孙于下地；四方之民，罔不祗畏。呜呼！无坠天之降宝命，我先王亦永有依归。今我即命于元龟，尔之许我，我其以璧与珪，归俟尔命，尔不许我，我乃屏璧与珪。(《尚书·金縢》)

《金縢》是周公在武王克商后二年重病时向先王祈祷自代武王去死的祝告事件始末记载。以上祷词提到的先王在"帝庭"直接接受上帝的天命，拥有保佑天下四方的职责，"天降之宝命"又和先王的神灵安居的地方联系在一起。这里的"天"和"帝"混用，虽然有了天字，基本内涵但还是商人帝的观念。

> 予惟小子，不敢替上帝命。天休于宁王，兴我小邦周；宁王惟卜

用，克绥受兹命。今天其相民，矧亦惟卜用。呜呼！卜天明畏，弼我丕丕基。(《尚书·大诰》)

《大诰》是在管蔡叛乱东征之时或三年平定之时，周公所作各篇文告中较早的一篇，其中表达的是文王通过占卜接受上帝授予的大命，使小邦周兴起，周公现在还是通过占卜来顺应上帝的命令，继承上帝赋予文王的天命，通过天命的帮助成就伟大的功业。此"天命"和商"帝"那样的至上神一样，还是不可违抗的意志和命令。

《康诰》作为周公申告受任治理平叛之后迁移韦地殷民的年少康叔，是周公天命观成熟的一个标志，赋予"天命"观念的许多新内涵。首先，"敬德保民"。提出"别求闻由古先哲王，用康保民，弘于天若。德裕乃身，不废在王命。"以及"天畏棐忱，民情大可见。"说明周代以德治国、安定保民的先王之道，即"敬德保民"思想，是统治天下的"天命"不会失去的关键，而且天辅助诚信的人，并通过民情来觉察。其次，"惟命不于常"。上天的意志和命令不是永恒不变的，这一点和敬德保民的思想相一致，是周初殷鉴不远的忧患意识在天命观上的表达。再次，"明德慎罚"。一方面看犯罪者的动机，是否有悔过之意并交代罪行，若是大罪也不可杀。一方面要实行德政，爱护民众，像治病一样使民众完全去除罪恶，像对待新生婴儿那样使民众安乐康宁，对待犯错的人民慎用刑法。而且要公布有关法律约束民众，对犯人要反复考虑五六天甚至十天再作判决。判决不能以个人意志为准，依据公布的法律给予适宜合理的刑杀判决，让民众心悦诚服地意识到这是遵循上天的意志"行天之罚"。"明德慎罚"也即"德主刑辅"的德治，从此成为天命的内涵之一。同是周公申告康叔的《酒诰》、《梓材》两篇，深化了天命和德行相关联以及敬德保民的思想。

《召诰》进一步发展了周公天命观，阐发了天命转移机制。这一篇是作于周公摄政七年还政成王之后、营造洛邑之时，记录了周公、召公从历史经验出发总结的天下治理大道。王国维在《殷周制度论》说："文、武、周公所以治天下之精义大法，胥在于此"。陈来认为："一个完整的君权神授的理论必须能够解释君权何以转移，就是说，不仅要解释天命为何从殷转移到周，也必须能解释如何防止天命未来由姬周转移向他姓。"①《尚书·召诰》提出周之天和殷之帝收回了殷的天命，改让周王为其长子授其天命。"皇天上帝，改厥元子兹大国殷之命。惟王受命，无疆惟休，亦无疆惟恤。呜呼！曷其奈何弗敬！"（《召诰》）其根源在于百姓哀告上天："夫知保抱携持厥妇子，以哀吁天；徂厥亡出执。"呜呼！天亦哀于四方民，其眷命用懋，王其疾敬德。"（《召诰》）民情决定了天意，而王之敬德与否决定了民情，天命转移的逻辑机制由此形成。"我不可不监于有夏，亦不可不监于有殷。我不敢知曰，有夏服天命，惟有历年；我不敢知曰，不其延，惟不敬厥德，乃早坠厥命。我不敢知曰，有殷受天命，惟有历年；我不敢知曰，不其延，惟不敬厥德，乃早坠厥命。"（《尚书·召诰》）夏、殷之所以失去天命，是因为不能敬德。"我受天命，丕若有夏历年，式勿替有殷历年。"（《尚书·召诰》）周王只有用德政治理天下，时刻勉励警惕，以德配天，敬天明德保民，才能祈求上天把天命长久授予周王，而不会重踏殷商的覆辙失去天命。

与周公有关的其他周书，从各个方面细化了周公天命观的各个具体方面。周公提出获得、保持天命的不易和不行德政即会失去天命的忧患意识。"天不可信，我道惟宁王德延，天不庸释于文王受命。"（《君奭》）周公借鉴殷人失去天命的故事，忧虑周王接受的天命是否能够延续下去，天命来之不易，又不可信，很难保持，不可能一劳永逸地拥有天命，一旦不能继承先王之道恭行明德，就可能失去天命。《立政》告诫成王要"敬事上帝"和"休兹知恤"，《无逸》强调周君子要勤劳无逸、敬德勤政。《多士》通过殷革夏命的历史经验总结出"惟天不畀不明厥德"（《多士》）的道理，认为上天不会把天命给予不行德政的人。《多方》以殷革夏命模拟周革殷命，说明夏商因淫逸暴虐而被上天收回统治人间的权力，商汤和周文王因明德慎罚、勤政保民而被授予天命。

除了《尚书》周公所作诸篇反映了西周天命观的建立，《诗经》、《逸周书》，及《左传》等后世典籍引用西周文献，也时见有关西周"天命"

---

① 张祥龙：《海德格尔思想与中国天道：终极视域的开启与交融》，生活·读书·新知三联书店1996年版，第192页。

观念的论述。

　　　　商之子孙，其丽不亿。上帝既命，侯于周服。侯服于周，天命靡
　　常。殷士肤敏，祼将于京。(《孟子·滕文公上》引《诗经·大雅·文王》)
　　　　皇天无亲，惟德是辅。(《左传·僖公五年》引《周书》)
　　　　民之所欲，天必从之。(《左传·襄公三十一年》引《泰誓》)
　　　　天视自我民视，天听自我民听。(《孟子·万章上》引《泰誓》)

　　这些天命思想从不同角度强调和发展周公的天命观。第一条强调，天
命不是永恒不变，从殷转移到周，说明天命把天下归予有德者，殷人也认
可了这一天命规律。第二条强调，天命不会徇私偏心，也不是喜怒无常，
而只是以德行为标准予夺天命和奖善惩恶。第三条和第四条强调，民意就
是天意。

　　从以上论析我们可以看出，西周天命观发展出许多迥异于殷商天(帝)
命观的内涵。殷商之"帝"为至上神，帝自有意志，人不能通过德行努力
与帝命发生直接的关联，虽然可以通过虔诚祭祀帝与祖先乞求福佑，但只
能消极接受难以把捉的上帝的命令和奖惩，故有较浓厚的命定论色彩。以
周公阐释为代表的西周天命观则很少有命定论意味，人可以自做主宰的人
间事务决定着是否得到、失去和保持天命，其衡量标准是统治者德行和民
情民意。"西周的天命观是'无常'和'有常'的统一，'无常'是指天所
命赐给某一王朝的人间统治权不是永恒的，是可以改变的；'有常'是指
天意天命不是喜怒无常，而是有确定的伦理性格。很明显，这里天命都
是一种'历史中的上帝'(缪勒)的意志体现，而不是指自然的秩序与法
则。从此，天不再是喜怒无常的暴君，而是善恶有责的裁判。"① 在西周天
命观指导下，周公制礼作乐，使西周制度变革为中国传统宗教、政治和社
会文化奠定了丰厚的基础。"天概念的新义，无疑在于重点从神权到德治
的转移。德治理想表现于'天命'观念，并体现于周文王身上。道德成为
君王的首要条件，甚至唯一条件。君王受尊为'天子'，代天为民父母。"②

------

　　①　张祥龙：《海德格尔思想与中国天道：终极视域的开启与交融》，生活·读书·新
知三联书店 1996 年版，第 211 页。
　　②　傅佩荣：《儒道天论发微》，中华书局 2010 年版，第 56 页。

王国维因而慨叹："中国政治与文化之变革，莫剧于殷周之际。"①而周代礼制，比之于夏殷的简慢粗放，尤其精密详尽，成就德治传统。"周人制度之大异于商者：一曰立子立嫡之制。由是而生宗法及丧服之制，并由是而有封建子弟之制，君天下臣诸侯之制。二曰庙数之制。三曰同姓不婚之制。此数者皆周之所以纲纪天下，其旨则在纳上下于道德，而和天子诸侯大夫士庶民以成一道德之团体。周公制作之本意，实在于此。"②后世之君子，或能损益周礼，而周公秉自天命之德治道术，则如董仲舒所言，"天不变道亦不变"，周道精神实质统绪不绝。

2. 天道在人

公元前 841 年，司马迁著《史记》开始确切纪年，这也是中国历史上有确切纪年之开始。这一年更有一个重大事件发生，周厉王因暴虐昏庸而为国人所逐而出奔，"召公、周公二相行政，号曰'共和'"③。公元前 770 年，幽王用奸佞，废申后，去太子，烽火戏诸侯，十年被申侯联合缯、犬戎而杀，西周灭，平王立，东迁于洛阳，是为东周始年。因为这两个事件，有周一代形势大为不同，判若两世。

平王东迁之后西周转入衰落期，礼制破坏、淫奢暴政有作。恭王没懿王立，"王室遂衰，诗人作刺"。④先是王位继承违背了周公制定的立子立嫡制："懿王崩，共王弟辟立，是为孝王。孝王崩，诸侯复立懿王太子燮，是为夷王。"⑤接着，厉王侈傲，民不堪命，防口弭谤，召公谏而不听，乃有周召共和，王室衰微已极，不复能"怀德而畏威"⑥宣王中兴却已经不能挽回颓势。幽王更为昏庸奢靡，为博美人一笑而烽火戏诸侯，失信于天

① 王国维：《殷周制度论》，载氏著：《王国维考古学文辑》，凤凰出版集团、凤凰出版社 2008 年版，第 51 页。

② 王国维：《殷周制度论》，载氏著：《王国维考古学文辑》，凤凰出版集团、凤凰出版社 2008 年版，第 52 页。

③ （西汉）司马迁：《史记》，中华书局 1959 年版，第 144 页。

④ （西汉）司马迁：《史记》，中华书局 1959 年版，第 140 页。

⑤ （西汉）司马迁：《史记》，中华书局 1959 年版，第 141 页。

⑥ （西汉）司马迁：《史记》，中华书局 1959 年版，第 135 页。

下，断送了西周事业。平王东迁之后，虽然有周之名，诸侯各自为政，征伐争霸，王室形同虚设。"是后或力政，强乘弱，兴师不请天子。然挟王室之义以讨伐为会盟主，政由五伯，诸侯恣行，淫侈不轨，贼臣篡子滋起矣。"[1] 这也就是孔子所面对的"礼坏乐崩"的春秋时代。

尽管如此，天命的神圣和权威还是维系周代天子王权统治地位的正当性根据。

> 楚子伐陆浑之戎，遂至于雒，观兵于周疆。定王使王孙满劳楚子。楚子问鼎之大小、轻重焉。对曰："在德不在鼎。昔夏之方有德也，远方图物，贡金九牧，铸鼎象物，百物而为之备，使民之神、奸。故民入川泽、山林，不逢不若。螭魅罔两，莫能逢之。用能协于上下，以承天休。桀有昏德，鼎迁于商，载祀六百。商纣暴虐，鼎迁于周。德之休明，虽小，重也。其奸回昏乱，虽大，轻也。天祚明德，有所厎止。成王定鼎于郏鄏，卜世三十，卜年七百，天所命也。周德虽衰，天命未改。鼎之轻重，未可问也。"（《左传宣公三年》）

"鼎"在周成王时成为天命的象征，而且有天命授予 700 年统治的卜问预测，楚子问鼎，觊觎王权，王孙满严词以责，申明天命"在德不在鼎"，同时强调"周德虽衰，天命未改"，楚子问"鼎之轻重"，是作为诸侯之臣的非法之问，应予谴责。东周在王室衰落之后尚能延续数百年名义上的天下共主，以西周赋予的"周德"为内涵的"天命"观念作为政权合法性根据，是很重要的一个方面。

在此政治社会背景下，天命观也发生了微妙的变化。据陈来总结[2]，春秋时代的"天道"（或天命）观念大致分化为三种含义：一种是继承周书中周公阐释的"道德之天"的用法，譬如下面几条资料反映的赏善罚恶之天："先王之令有之曰：'天道赏善而罚淫。'"（《国语·周语》）"苌叔必速及，将天以道补者也。夫天道导可而省否，苌叔反是，以诳刘子，必有三殃。"（《国语·周语》）"'天道无亲，唯德是授。'……夫德，福之基也。

① （西汉）司马迁：《史记》，中华书局 1959 年版，第 509 页。
② 参见陈来：《古代思想文化的世界——春秋时代的宗教、伦理与社会思想》，生活·读书·新知三联书店 2009 年版，第 80—84 页。

无德而福隆，犹无基而厚墉也。其坏也无日矣。"（《国语·晋语》）"（晏平仲）退告陈文子曰：'君人执信，臣人执共。忠信笃敬，上下同之，天之道也。'"（《左传·襄公二十二年》）一种是宗教的命运式的理解。譬如下面几条数据中反映的人所不能左右、只能听天由命的天命安排："然而又生男，其天道也？天强其毒，民疾其态，其乱生哉！"（《国语·晋语》）"天之所兴，谁能废之。"（《国语·晋语》）"天之所废，谁能兴之。"（《左传·襄公二十三年》）还有一种是对"天道"的自然主义理解，譬如以范蠡为代表的天道自然思想："邓曼叹曰：'王禄尽矣。盈而荡，天之道也。'"（《左传·庄公四年》）"（子胥）将死，曰：'……盈必毁，天之道也。'"（《左传·哀公十一年》）陈来认为，"价值性的、人文性的'天'在西周政治文化中已经开展，自然主义的'天'则在春秋时代的天学和星相学中渐进转出。"[①] 这三个"天"的维度，在周公"以德配天"的"天命"观念之外，生长出多种天命观念的可能性。

范蠡的天道思想，除天道自然之一面，还有更重要的天人相参一面。范蠡认为"人事必将与天地相参，然后乃可以成功"（《国语·越语下》），在其以天道、人道相印证的战略思想中，蕴涵着深刻的"天命靡常"诠释：

> 越王勾践即位三年而欲伐吴，范蠡进谏曰："夫国家之事，有持盈，有定倾，有节事。"王曰："为三者，奈何？"对曰："持盈者与天，定倾者与人，节事者与地。王不问，蠡不敢言。天道盈而不溢，盛而不骄，劳而不矜其功。夫圣人随时以行，是谓守时。天时不作，弗为人客；人事不起，弗为之始。今君王未盈而溢，未盛而骄，不劳而矜其功，天时不作而先为人客，人事不起而创为之始，此逆于天而不和于人。王若行之，将妨于国家，靡王躬身。"王弗听。（《国语·越语下》）

"天"对范蠡来说，是一种"时"即时机。"得时无怠，时不再来，天予不取，反为之灾。赢缩转化，后将悔之。天节固然，唯谋不迁。"（《国语·越语下》）人事之谋，即在于"随时以行"，保持即在人事上为可能的

---

① 陈来：《古代思想文化的世界——春秋时代的宗教、伦理与社会思想》，生活·读书·新知三联书店 2009 年版，第 78 页。

机遇做好充分准备，又懂得等待和行动的时机把握，"嬴缩以为常，四时以为纪，无过天极，究数而止"，天道是人事的极限，必须顺从天道，随机应变。在机遇未到时，不卑不亢，韬光养晦，"天道盈而不溢，盛而不骄，劳而不矜其功"（《国语·越语下》），一旦天时来临，不失契机，应时行动，马到功成。范蠡人事与天地相参的思想，开《中庸》"人与天地参"、荀子"制天命而用之"和董子"天人感应"等天命观之先声。

对"天命"的不同新理解，是战国诸子的先声，也是春秋"天命"观念怀疑论思潮的重要体现。

> 单子曰："君何患焉！晋将有乱。其君与三郤，其当之乎！"鲁侯曰："寡人惧不免于晋。今君曰'将有乱'，敢问天道乎？抑人故也？"对曰："吾非瞽史，焉知天道？吾见君之容而听三郤之语矣，殆必惑也。"（《周语·晋语下》）

> 子产曰："天道远，人道迩，非所及也，何以知之？灶焉知天道？是亦多言矣，岂不或信？"（《左传·昭公十八年》）

> 曰：遂古之初，谁传道之？上下未形，何由考之？冥昭瞢暗，谁能极之？冯翼惟像，何以识之？明明暗暗，惟时何为？阴阳三合，何本何化？圜则九重，孰营度之？惟兹何功，孰初作之？（屈原：《天问》）

单襄公开始怀疑通过天道卜人事的过去普遍做法，而通过人事端倪以预测未来人事变化。子产怀疑通过灶神了解天道，而相信人道的努力来把握现实事物发展。《天问》中屈原一连向天提出了172个问题，屈原结合历史典故、自然天象和时代变迁，遍问天地万象之理、存亡兴废之端、贤凶善恶之报、神奇鬼怪之说，涉及了天文、地理、历史、哲学等许多领域，表现了诗人对传统天命观念的大胆怀疑和追求真理的科学精神。"天命"怀疑论是春秋人道思想发展的重要出发点，当君王不能履行承诺的天子德业责任，当"天命"成为德不配位的君王诸侯淫侈行恶和攻伐战争的借口，逐渐失去了原来至高无上的地位，不再值得虔敬，不再成为正义的标准，于是人们的正义诉求从天上转向他处，寻求新的可以代行天之功能的替代者。

3. 神礼代天

神与礼在春秋时代各自代行了天的重要功能。关于"神"代行"天"职的情况，并且"怀疑天帝、人神易位"[①]：

> 昊天不佣，降此鞠讻；昊天不惠，降此大戾。(《小雅·节南山》)

> 山川之灵，足以纪纲天下者，其守为神；社稷之守者为公侯，皆属于王者。(《国语·鲁语》引孔子语)

> 夫神以精明临民者也。(《国语·楚语》)

> 鬼神非人实亲，惟德是依。(《左传·僖公五年》)

> 夫民，神之主也。是以圣王先成民，而后致力于神。……故务其三时，修其五教，亲其九族，以致其禋祀。于是乎民和而神降之福，故动则有成。(《左传·桓公六年》)

> 史嚚曰："虢其亡乎！吾闻之：国将兴，听于民；将亡，听于神。神，聪明正直而壹者也，依人而行。虢多凉德，其何土之能得？"(《左传·庄公三十二年》)

对不再按照道德赏罚分明的"天"，春秋时代的人们对其产生怀疑，动摇了原先的敬畏之心，而以"神"代行"天"职。神有自然之神，有祖先之神（鬼），其宗教功能和互动机制近似于周公所阐释的天命，只是将"敬德保民配天"转换为"敬德保民配神"。然而神祇的先天缺陷如"祭以祈福"和"民神杂糅"，使天概念的重建成为迫切需要[②]。而这种重建，又是突出了人在人生关系中的主导作用，"夫民，神之主也"，民的位置优先于神之位置。至于"国将兴，听于民；将亡，听于神。神，聪明正直而壹者也，依人而行"，则已经把人事主动权揽回人的手中，神仅仅是敏感于人事而按照人的意图行事，当人事有利于国兴，则国家命运掌握在人手中，如果人事失当，国家将要败亡，此时人才失去了自己命运的主宰权，听"神"由命。

[①] 参见萧汉明：《三代礼教的崩溃与人文精神的勃兴》，载氏著：《传统哲学的魅力》，中华书局 2008 年版，第 27 页。

[②] 参见萧汉明：《三代礼教的崩溃与人文精神的勃兴》，载氏著：《传统哲学的魅力》，中华书局 2008 年版，第 68 页。

"礼"代行"天"职，借以经国安邦，这样的观念逐渐兴起于春秋之世，盛行于孔子生年［公元前550或551—前479年，即生于鲁襄公二十一年（《公羊传》、《穀梁传》）或二十二年（《史记·孔子世家》、《左传》），卒于鲁哀公十六年]。春秋时代已有礼之大成乃圣人本天命而制作的观念。"天叙有典，敕我五典五惇哉？天秩有礼，自我五礼有庸哉？"（《尚书·皋陶谟》）"礼以顺天，天之道也。"（《左传·文公一十五年》）皆以礼本天道而代行天职。"礼，经国家、定社稷、序民人、利后嗣者也。"（《左传·隐公十一年》）"礼以纪政，国之常也。"（《国语·晋语》）"礼，国之干也。杀有礼，祸莫大焉。"（《左传·襄公三十年》）"（宋向戌）对曰：'……善为国者，赏不僭而刑不滥。若赏僭，则惧及淫人，刑滥，则惧及善人。若不幸而过，宁僭，无滥。与其失善，宁其利淫。无善人，则过从之。……此汤所以获天福也。古之治民者，劝赏而畏刑，恤民不倦。赏以春夏，刑以秋冬。是以将赏，为之加膳，加膳则则饫赐，此以其知其劝赏也。将刑，为之不举，不举则彻乐，此以知其畏刑也。夙兴夜寐，朝夕临政，此以知其恤民也。三者，礼之大节也。有礼，无败。'"（《左传·襄公二十六年》）这些资料说明"礼"已经代"天"行道，履行经国纪政、明德慎罚、勤政保民等重大的政治正当性解释功能。

到鲁昭公之世，"礼"代"天"行道思想大备。晋侯使韩宣子来聘，观书于大史氏，见《易·象》与鲁《春秋》，叹道："周礼尽在鲁矣，吾乃今知周公之德与周之所以王也。"（《左传·昭公二年》）认为周礼之中即包含了天命的因素。赵简子问礼，子大叔回答：

> 吉也闻诸先大夫子产曰：夫礼，天之经也，地之义也，民之行也。天地之经，而民实则之。则天之明，因地之性，生其六气，用其五行。气为五味，发为五色，章为五声。淫则昏乱，民失其性。是故为礼以奉之：为六畜、五牲、三牺，以奉五味；为九文、六采、五章，以奉五色；为九歌、八风、七音、六律，以奉五声。为君臣上下，以则地义；为夫妇外内，以经二物；为父子、兄弟、姑姊甥舅、婚媾姻亚，以象天明，为政事、庸力、行务，以从四时；为刑罚威狱，使民畏忌，以类其震曜杀戮；为温慈惠和，以效天之生殖长育。民有好恶、喜怒、

哀乐，生于六气，是故审则宜类，以制六志。哀有哭泣，乐有歌舞，喜有施舍，怒有战斗；喜生于好，怒生于恶。是故审行信令，祸福赏罚，以制死生。生，好物也；死，恶物也。好物，乐也；恶物，哀也。哀乐不失，乃能协于天地之性，是以长久。(《左传·昭公二十五年》)

这是非常详细的礼之价值和功能说明，礼之象征意义和实用价值已经提高到可以代替天命的政权合法性高度。晏子对齐侯也曾有过类似表述："礼之可以为国也久矣，与天地并。君令臣共，父慈子孝，兄爱弟敬，夫和妻柔，姑慈妇听，礼也。君令而不违，臣共而不贰；父慈而教，子孝而箴；兄爱而友，弟敬而顺；夫和而义，妻柔而正；姑慈而从，妇听而婉：礼之善物也。"(《左传·昭公二十六年》)"天命"及其"天子"的权威失落之后，"礼"成为周公之德及其王道的象征，代行天职，维护社会正义，春秋时贤莫不自觉以周礼辅诸侯。礼是人所能努力遵循的社会正义，是秉之天道而行之由人的人道。

"天命"在春秋时代还有一个微妙的变化，即认为天命不仅仅是天子和国君的专利，诸侯国的大夫若能得民心，则天命也会眷顾而护佑之。《左传》记载的范献子对鲁国大夫季孙的评价说明了这一观念已经出现：

秋，会于扈，令戍周，且谋纳公也。宋、卫皆利纳公，固请之。范献子取货于季孙，谓司城子梁与北宫贞子曰："季孙未知其罪，而君伐之。请囚、请亡，于是乎不获，君又弗克，而自出也。夫岂无备而能出君乎？季氏之复，天救之也。休公徒之怒，而启叔孙氏之心。不然，岂其伐人而说甲执兵以游？叔孙氏惧祸之滥，而自同于季氏，天之道也。鲁君守齐，三年而无成。季氏甚得其民，淮夷与之，有十年之备，有齐、楚之援，有天之赞，有民之助，有坚守之心，有列国之权，而弗敢宣也，事君如在国。故鞅以为难。二子皆图国者也，而欲纳鲁君，鞅之愿也，请从二子以图鲁。无成，死之。"二子惧，皆辞。乃辞小国，而以难复。(《左传·昭公二十七年》)

季氏把要杀他的鲁昭公赶出国门，本来不是臣子应该做的行为，而范献子认为"季氏之复，天救之也"，如果季孙没有休公徒对昭公杀季子之举的愤怒，叔孙氏就不会违背君命放过季氏，更不会惧祸而跟季孙联盟出君，认为这都是天道的安排。而天道如此安排的依据，是因为"季氏甚得其民，淮夷与之，有十年之备，有齐、楚之援，有天之赞，有民之助，有坚守之心，有列国之权，而弗敢宣也，事君如在国"，季氏得道多助，故天救之。这一天命模式，已经把天命对天子（舜、禹之禅让）和诸侯（汤武革命）的专利，放宽下落到诸侯国的大夫一级。

综而言之，春秋时代天命还是维系周王室政权共主地位的正当性根据，但随着天子道德权威的下落和王室的衰微，天命观发展出多方面的丰富内涵。就"天"而言，已经具备后世所具有的"道德之天"、"命运之天"、"义理之天"、"自然之天"等向度。就天命作用形式和功能而言，有以"神"和"礼"代行"天"职的变化。就"天命"作用的范围而言，已经不再是天子和诸侯的专利，诸侯国的大夫也纳入了天命授受的范围。这些变化已经为战国和秦汉之际作为政权正当性根据的天命开启了各种解释的可能性方向，为董仲舒的天命观建构打下了基础。

三、臧否天道

1. 以仁代德

孔子被认为"祖述尧舜，宪章文武"（《礼记·中庸》），顾颉刚的研究认为尧舜故事是孔子开始添加的古史传说，而《论语》中有关尧舜禅让的文献征引可能是最早涉及尧舜禹禅让故事的可靠文献内容。

> 尧曰："咨，尔舜，天之历数在尔躬。允执其中。四海困穷，天禄永终。"舜亦以命禹，曰："予小子履，敢用玄牡，敢昭告于皇皇后帝：有罪不敢赦。帝臣不蔽，简在帝心。朕躬有罪，无以万方；万方有罪，罪在朕躬。"周有大赉，善人是富。"虽有周亲，不如仁人。百姓有过，在予一人。"谨权量，审法度，修废官，四方之政行焉。兴灭国，继绝世，举逸民，天下之民归心焉。所重民，食丧祭。宽则得众，信则民任焉，敏则有功，公则说。（《论语·尧曰》）

这段文字，分别引用《古文尚书》中的《大禹谟》、《汤诰》、《武成》、《泰誓》等篇原文或文意，突出尧禅让舜、舜禅让禹和汤武革命的共同特征是授仁人、尚德政之"天命"使然，德政的内容包括实行善政、重视传统和敬德保民。这是孔子继承周公天命观的基础上，把传说时代上推到唐虞之世的新构想。孔子常常称颂尧舜禹之政：

子曰："巍巍乎，舜禹之有天下也，而不与焉。"

子曰："大哉，尧之为君也。巍巍乎，唯天为大，唯尧则之。荡荡乎，民无能名焉。巍巍乎，其有成功也。焕乎，其有文章。"

舜有臣五人而天下治。武王曰："予有乱臣十人。"孔子曰："才难，不其然乎？唐虞之际，于斯为盛，有妇人焉，九人而已。三分天下有其二，以服事殷，周之德，其可谓至德也已夫！"

子曰："禹，吾无间然矣。菲饮食而致孝乎鬼神，恶衣服而致美乎黻冕，卑宫室而尽力乎沟洫。禹，吾无间然矣！"（《论语·泰伯》）

子曰："无为而治者，其舜也与？夫何为哉。恭己正南面而已矣。"（《论语·卫灵公》）

而对夏商周三代，孔子虽有称许，然而对周公损益夏商二代而制作之礼乐制度最为推崇，而其毕生理想正在于恢复周礼：

子张问："十世可知也？"子曰："殷因与夏礼，所损益，可知也。周因于殷礼，所损益，可知也。其或继周者，虽百世，可知也。"（《论语·为政》）

子曰："周监于二代。郁郁乎文哉，吾从周。"（《论语·八佾》）

颜渊问为邦。子曰："行夏之时，乘殷之辂，服周之冕，乐则韶舞。放郑声，远佞人。郑声淫，佞人殆。"（《论语·卫灵公》）

孔子"克己复礼为仁"，无愧时之圣者。"克己"乃君子下学上达，修身俟命。"复礼"乃回归周公制作的礼乐制度之精神，恢复以"仁"德为内核的周礼。（金景芳先生认为"克己复礼"，应解为"克""己复礼"，即能够自己自觉按照周礼的要求去做。）"为仁"乃君子不待文王而作，以仁配天，博施而泛爱众，修己以安百姓。仁者，秉承周公之天命内涵而设，既然不可期许败落之天子，故礼失求诸野，期待有志者求仁济世，"仁"之实质亦孔子之取以代"天命"。"天生德于予，桓魋其如予何？"（《论语·述而》）"子畏于匡，曰：'文王既没，文不在兹乎？天之将丧斯文也，后死者不得与于斯文也；天之未丧斯文也，匡人其如予何？'"（《论语·子罕》）孔子有着自觉的天命担当，也鼓励有志君子当仁不让："克己复礼为仁。一日克己复礼，天下归仁焉，为仁由己，而由人乎哉？"（《论语·颜渊》）"仁远乎哉？我欲仁，斯仁至也矣"（《论语·述而》）孔子一生志在周公典礼，欲复修西周之政，行于东方。"如有用我者，其为东周乎？"（《论语·阳货》）"甚矣吾衰也！久矣，吾不复梦见周公。"（《论语·述而》）萧汉明认为："孔子的终极关怀就在于承'礼'启'仁'，为中国人奠下生存所需的文化理念。"① 在春秋"礼坏乐崩"之际，日益形式化的周礼已经不足以承载周公"敬德保民配天"的内涵。"人而不仁，如礼何？人而不仁，如乐何？"（《论语·八佾》）"为仁"才是孔子赋予德治之人道的重点所在。

孔子勉力为仁，以"仁"代替"天命"意识，有其"知天命"而"畏天命"的天命观背景。"五十而知天命。"（《论语·为政》）"不知命，无以为君子。"（《论语·尧曰》）对天命的历史渊源和信仰机制了如指掌的孔子，大约在五十岁就彻悟天命，对"天命靡常"的深刻领悟使他"畏天命"，"获罪于天，无所祷也"（《论语·八佾》）"君子有三畏：畏天命，畏大人，畏圣人之言。小人不知天命而不畏也，狎大人，侮圣人之言。"（《论语·季氏》）对待鬼神，孔子以回避的态度，譬如："子不语怪、力、乱、神。"（《论语·述而》）"敬鬼神而远之"（《论语·雍也》）"季路问事鬼神。子曰：未能事人，焉能事鬼。曰：敢问死。曰：未知生，焉知死。"（《论语·先进》）孔子对天命的理解，则有许多种含义。据傅佩荣概括为四种：以天为自然界，譬如，"天何言哉？四时行焉，百物生焉，天何言哉？"（《论语·阳货》）；以天为关怀人世的主宰，譬如，"获罪于天，无所祷也。"（《论语·八佾》）；以天为孔子使命的本源，如"不怨天，不尤人，下学而上达。知我者其天乎！"（《论语·宪问》）；与命运关联之天，譬如，"道之将行也与？命也。道之将废也与？命也。公伯寮其如命何！"（《论语·宪问）② 。这四种天命

---

① 参见萧汉明：《三代礼教的崩溃与人文精神的勃兴》，载氏著：《传统哲学的魅力》，中华书局2008年版，第80页。

② 参见萧汉明：《三代礼教的崩溃与人文精神的勃兴》，载氏著：《传统哲学的魅力》，中华书局2008年版，第89—95页。

之内涵，都带有不可捉摸的神秘色彩，是孔子注重人道之"仁"本身可以由德配天的可控之天命部分，而舍弃不可把控的天命其他部分，故"子贡曰：'夫子之文章，可得而闻也；夫子之言性与天道，不可得而闻也。'"（《论语·公冶长》），孔子之"仁"即周公之"敬德保民配天"，是天命内涵中人可以勉力为之、自作主宰的德行，而周道衰败以来神与天命中人所不能把控的自然之天和命运之天内涵，则留给自然之"天"概念和命运之"命"概念之中，非不得已不予谈论。孔子对天保持着敬畏，以体悟的形式去把握，勇往直前，尽人事而顺天命。"君子之仕也，行其义也。道之不行，已知之矣。"（（《论语·微子》））孔子要行周公之道于乱世，"知其不可而为之"（《论语·宪问》），孔子勉力为之的，是要为有志行天道者立下履仁行义的楷模。

2. 以德配道

春秋战国之际，老子开创的原始道家学派有着不同于周公和孔子的天命观念。《道德经》的成书过程和作者老子的生活年代学界辩难不止，但最后成书时代在战国则没有疑问。周公以来至高无上的"天"在老子这里已经被"道"和"自然"所取代。"人法地，地法天，天法道，道法自然。"（《老子·二十五》）"天"降格为"地"同等的地位，成为万物寄寓生发的场所："天地之间，其犹橐籥乎？虚而不屈，动而愈出。"但是，"自然"和"道"，都是不可言说的"无"，都是为了烘托作为"有"的天地之意义。

> 无，名天地之始；有，名万物之母。（《老子·一》）

> 有物混成，先天地生。寂兮寥兮，独立而不改，周行而不殆，可以为天地母。吾不知其名，字之曰道，强为之名曰大。大曰逝，逝曰远，远曰反。（《老子·二十五》）

自然蕴涵道，道生天地，天地生万物，于是天之可把握性具有了更为深远的含义，不仅融摄高妙的"道"，而且也是万物的来源和根据。"大"在字源上即为"天"，老子之道，实际上是要超越前人之"天"而超拔出来的概念，其深刻高远的寓意最终还是落实到"天"概念之中。天地在道家的地位，就如圣人在儒家的地位："天地不仁，以万物为刍狗；圣人不仁，以百姓为刍狗。"(《老子·五》)天于是具有了自然和圣人的双重特征，"天之道"有时是自然规律，有时是圣人治理天下的法则，或者是两者的双关语。

> 善为士者，不武；善战者，不怒；善胜敌者，不与；善用人者，为之下。是谓不争之德，是谓用人之力，是谓配天，古之极。(《老子·六十八》)

> 天之道其犹张弓也与。高者抑之，下者举之。有余者损之，不足者补之。天之道，损有余而补不足。人之道，则不然，损不足以奉有余。(《老子·七十七》)

> 天之道，不争而善胜，不言而善应，不召而自在，繟然而善谋。天网恢恢，疏而不失。(《老子·七十三》)

> 天之道，利而不害。圣人之道，为而不争。(《老子·八十一》)

由以上引文可知，老子的"天道"仍然具有周公以来儒家"天命"的类似意义，只是把其具体内涵有所损益，保留了德治、仁慈、保民、配天等原有天命内涵。如"天道无亲，常与善人。"(《老子·七十九》)与"皇天无亲，惟德是辅"(《尚书·蔡仲之命》)之间，其语法结构和作用机制是基本一致的，老子比较认同西周的政治制度和政权正当性天命观念由此可见一斑。但是，在西周末期开始的统治者治理天下的能力逐渐衰弱，春秋以来的"礼崩乐坏"使得"德"、"礼"分离，道德内容和礼仪规范不能统一，对"天"与"天命"的信仰走向瓦解。老子为了保护人的天性和生存境遇不被环境现实伤害，重建一个核心观念"道"来代替"天"。

> 是以圣人处无为之事，行不言之教；万物作而弗始，生而弗有，为而弗恃，功成而不居。夫唯弗居，是以不去。(《老子·二》)

> 为学日益，为道日损。损之又损，以至于无为。无为而无不为。取天下常以无事，及其有事，不足以取天下。(《老子·四十八》)

> 我有三宝，持而保之。一曰慈，二曰俭，三曰不敢为天下先。慈故能勇；俭故能广；不敢为天下先，故能成器长。今舍慈且勇；舍俭且广；舍后且先；死矣！夫慈以战则胜，以守则固。天将救之，以慈卫之。(《老子·六十七》)

西周的天与天命，以"德"这样的社会正义原则为内涵作为政权正当性的根据，但到了春秋末年失去德的天与天命已不具有这样的合理性，老子从人的根本需要出发，采取了一条与孔子不同的路径，赋予取代天命的"道"以慈爱、俭朴、退让、柔顺、寡欲、无为等新"德"内涵，用"以德配道"的天道模式代替周公的"以德配天"的天命模式，用以在乱世中保身养生和治理社会。

老子对天、天命的另一个重要转化，是试图建立宇宙论模式，作为"道法自然"背后的形上学根据，老子也成为自古第一个建立宇宙论体系的哲学家[①]。

> 天下万物生于有，有生于无。（《老子·四十》）
>
> 道生一，一生二、二生三，三生万物。万物负阴而抱阳，冲气以为和。（《老子·四十二》）

"先天地生"之"道"，是无声、无形、无象、无名的世界本源，是混一大全的"无"，此即取代殷商帝、西周天的根源设定，"大"即"天"之原始字形，在一定意义上说明了老子要在更早的历史观念中寻找思想资源。"道生一"，开启了宇宙生发的能动机制，世界从混沌到有序，"无"转生出"有"。"有"虽然是世界的萌芽、端倪，是难以区分的"一"，但"一"中本来就已经蕴涵者"阴阳"二气，就像母体本具生育的机制，以阴为守，因阳而动，在本有的全体大用的"一"中孕育出"和"气，"阴"、"阳"、"和"三气相感交合变化，孕育出世界万有事物。这一宇宙发生论模式与社会道德堕落的解释联系在一起，"宇宙演变由本源到万物、由单一到多样、由简单到复杂的过程，并不是一种不断上升的过程，反倒是不断向下坠落的过程。"反映到老子的政治哲学上，则为"成亦矛盾、败亦矛盾"的现实图景：

> 天下皆知没之为美，斯恶已。天下皆知善之为善，斯不善已。故有无相生，难易相成，长短相较，高下相倾，音声相和，前后相随。

---

① 参见冯达文：《中国古典哲学略述》，广东省出版集团、广东人民出版社 2009 年版，第 53 页。

（《老子・二》）

故失道而后德，失德而后仁，失仁而后义，失义而后礼。夫礼者，忠信之薄而乱之首。（《老子・三十八》）

基于这样的宇宙论解释模式，老子的政治哲学价值取向为复古，见素抱朴，人性复归于"婴儿之未孩"（《老子・二十七》），社会回到原始的"小国寡民"（《老子・八十》）。老子的宇宙论创造和借以解释社会、重构政治的哲学模式，对董仲舒政治哲学建构起到重要的启发意义。

3. 倡天志而非命

墨家之天命观主张天意欲义恶不义、鬼神赏善惩暴，顺天意者赏，逆天意者罚。在墨子看来，天是有好恶的："然则天亦何欲何恶？天欲义而恶不义。然则率天下之百姓以从事于义，则我乃为天之所欲也。我为天之所欲，天亦为我所欲。"（《墨子・天志上》）天是爱民之厚者："且吾所以知天之爱民之厚者有矣，曰以磨为日月星辰，以昭道之；制为四时春秋冬夏，以纪纲之；雷降雪霜雨露，以长遂五谷麻丝，使民得而财利之；列为山川溪谷，播赋百事，以临司民之善否；为王公侯伯，使之赏贤而罚暴；贼金木鸟兽，从事乎五谷麻丝，以为民衣食之财。"（《墨子・天志中》）天人是相互感应的，顺应天意行义，则天也会遂人愿。人顺天意则祥，逆天意则不祥。"杀不辜者，天予不祥。"（《墨子・天志上》）

天还有赏善罚恶的能力："爱人利人，顺天之意，得天之赏者有矣；憎人贼人，反天之意，得天之罚者亦有矣。"（《墨子・天志上》）天意首先对天子有着严格的要求和直接的奖惩："故天子者，天下之穷贵也，天下之穷富也，故于富且贵者，当天意而不可不顺，顺天意者，兼相爱，交相利，必得赏。反天意者，别相恶，交相贼，必得罚。"（《墨子・天志上》）"天子为善，天能赏之；天子为暴，天能罚之；天子有疾病祸祟，必斋戒沐浴，洁为酒醴粢盛，以祭祀天鬼，则天能除去之，然吾未知天之祈福于天子也。"（《墨子・天志中》）天是唯一尊贵于天子的超自然力量，能对天子所作所为进行监督赏罚，是否顺应天意则看天子行的是"义政"还是"力政"："顺天意者，义政也。反天意者，力政也。"（《墨子・天志上》）

　　根据这样的天命观，墨子解释历代王朝政治统治的合法性在于是否实行"义政"："若昔三代圣王，尧舜禹汤文武者是也。尧舜禹汤文武焉所从事？曰：从事兼，不从事别。兼者，处大国不攻小国，处大家不乱小家，强不劫弱，众不暴寡，诈不谋愚，贵不傲贱。观其事，上利于天，中利于鬼，下利于人，三利无所不利，是谓天德。聚天下美名而加之焉，曰：仁也，义也，爱人利人，顺天意，得天下之赏者也。"（《墨子·天志中》）实行"义政"，则顺天意，为天德，得天下之赏。若实行"力政"则为逆天意受天罚："若昔者三代暴王桀纣幽厉者是也。桀纣幽厉焉所从事？曰从事别，不从事兼。别者，处大国则攻小国，处大家则乱小家，强劫弱，众暴寡，诈谋愚，贵傲贱。观其事，上不利乎天，中不利乎鬼，下不利乎人，三不利无所利，是谓天贼。聚敛天下之丑名而加之焉，曰此非仁也，非义也。憎人贼人，反天之意，得天之罚者也。"（《墨子·天志中》）其中"中不利于鬼"的说法，乃为墨子思想中的天意之特征，天意实行是离不开鬼神参与其中，鬼神能迅速执行天意："戒之慎之，凡杀不辜者，其得不辜者，其得不祥，鬼神之诛，若此之　速也。"（《墨子·明鬼下》）天意一般是天下人事善恶的判断者，鬼神一般是天意的执行者："故鬼神之明，不可为幽闲广泽，山林深谷，鬼神之明必知之。鬼神之罚，不可为富贵众强，勇力强武，坚甲利兵，鬼神之罚必胜之。若以为不然，昔者夏王桀，贵为天子，富有天下，上诟天侮鬼，下殃傲天下之万民，祥上帝伐元山帝行，故于此乎，天乃使汤至明罚焉。"（《墨子·明鬼下》）

　　从关于天意和鬼神的观点可以看出，墨子主张人事努力的重要性，尽管天意和鬼神是超自然的，但天、鬼与人是相互感应的，人事善恶直接决定人间事物的成败，可见墨子不是命定论者。墨子在《非命》篇中进一步强调人事努力的重要性，大有"命运掌握在自己手中"的倾向，相信现实努力的功效，不相信命运的存在。"盖尝尚观于圣王之事，古者桀之所乱，汤受而治之；纣之所乱，武王受而治之。此世未易民未渝，在于桀纣，则天下乱；在于汤武，则天下治，岂可谓有命哉！"（《墨子·非命上》）

　　既然没有命运存在，那么如何明辨现实德业的善恶，以判断所作所为是否违背天意？"故言必有三表。何谓三表？子墨子言曰：有本之者，有原之者，有用之者。于何本之？上本之于古者圣王之事。于何原之？下原察百姓耳目之实。于何用之？废以为刑政，观其中国家百姓人民之利。此所谓言有三表也。"《墨子·非命上》从三表法可以在逻辑上逆推，墨子所谓天意和鬼神之罚，实则即此本、原、用三个方面，古之圣王遗法，是经过实践检验的义政，今之百姓耳目之实和刑政对国家人民之利，则为民意所在和当下实践检验，这些都是人民间接经验和直接经验的切身体会，这实际上是以民意代替了天意，加上其"兼爱"思想，比之周公以来儒家"民本"思想，墨子更接近于当代"民主"思想。

第二节　上下求索

一、天道法理

1. 义命之辩

庄子的天命观有着非常丰富的内涵，"天"字也遍布《庄子》三十三篇。据傅佩荣的研究，庄子的"天"有六种用法和意义：指高高在上的天空，如"黄帝得之，以登云天"（《庄子·大宗师》）；指谈话的对方，如"广成子之谓天矣"（《庄子·在宥》）；自然之总称，如"知天之所为，知人之所为者，至矣"（《庄子·大宗师》）；能产的自然，如"天地者，万物之父母也"（《庄子·达生》）；所产的自然，如"天也，非人也。天之生是使独也，人之貌有与也。以是知其天也，非人也"（《庄子·养生主》）；自然之原理，如"去知与故，循天之理"（《庄子·刻意》）。[1] 我们可以从三个角度来看待庄子的天命观：自然之天、境界之天和义命之天。

自然之天有自然之天空、万物和自然规律，表达庄子安天处顺、自本自根的哲学思想。"依乎天理，批大郤，导大窾，因其固然。""是遁天倍情，忘其所受，古者谓之遁天之刑。适来，夫子时也；适去，夫子顺也。安时

---

[1]　傅佩荣：《儒道天论发微》，中华书局 2010 年版，第 188—206 页。

而处顺，哀乐不能入也，古者谓是帝之县解。"（《庄子·养生主》）庄子的天是天理自然，人不能干预之，而只能顺从之，人的欲望情感参与都是徒劳无益的，人能顺自然之天，则为真人。"有治在人，忘乎物，忘乎天，其名为忘己。忘己之人，是之谓入于天。"（《庄子·天地》）既然人无与于天，就没有必要做与自然之天违背的事情，因为违背天道自然只有自取其祸、自得烦恼，所以忘情天地万物乃至自身，与天同体，无忧无虑，才是人在天地间的最佳境界。

道德之"天"则是庄子对人间秩序和道德教化的价值判断依据。"天降朕以德，示朕以默，躬身求之，乃今得也。"（《庄子·在宥》）人之道德由天而降，若能"躬身求之"，必能得此天德。

> 君原于德而成于天，故曰，玄古之君天下，无为也，天德而已矣。以道观言，而天下之君正；以道观分，而君臣之义明；以道观能，而天下之官治；以道泛观，而万物之应备。故通于天者，道也，顺于地者，德也；行于万物者，义也；上治人者，事也；能有所艺者，技也。技兼于事，事兼于义，义兼于德，德兼于道，道兼于天。故曰，古之畜天下者，无欲而天下足，无为而万物化，渊静而百姓定。（《庄子·天地》）

人接受并顺从"天德"，于是天德流行，君正官治，经过天地道德义事技等六个层次的逻辑推扩，清净无为而天下治。这是庄子学派对古圣王"无为而治"原理的天命解释。

而境界之天，则为庄子描述道家精神境界追求的依据，借以表达不谴是非、消解差别、超越知识、天人合一的道家天人、神人、至人、圣人的精神境界。无受天损易，无受人益难。无始而非卒也，人与天一也。（《庄子·山木》）"且彼有骇形而无损心，有旦宅而无耗精。孟孙氏特觉人哭亦哭，是自其所以乃。且也相与吾之耳矣，庸讵知吾所谓吾之乎？且汝梦为鸟而厉乎天，梦为鱼而没于渊。不识今之言者，其觉者乎？其梦者乎？造适不及笑，献笑不及排，安排而去化，乃入于寥天一。"（《庄子·马蹄》）庄子消除了知觉、梦觉和情感世界的分别，方生方死，方是方非，万物齐一，人与天一，无所在意。"不离于宗，谓之天人。不离于精，谓之神人。

不离于真，谓之至人。以天为宗，以德为本，以道为门，兆于变化，谓之圣人。"（《庄子·天下》）此为万物一体、天人合一的境界之天。

"义命之天"是庄子借以思辨人类命运、道德责任和德福关系的依据。"天下有大戒二：其一，命也；其一，义也。子之爱亲，命也，不可解于心；臣之事君，义也，无适而非君也，无所逃于天地之间。是之谓大戒。"（《庄子·人间世》）庄子于顺天达观之外，也有无奈之人伦责任。父子之情，君臣之义，欲超越而无逃于天地之间。"宇泰定者，发乎天光。发乎天光者，人见其人，物见其物。人有修者，乃今有恒；有恒者，人舍之，天助之。人之所舍，谓之天民；天之所助，谓之天子。学者，学其所不能学也；行者，行其所不能行也；辩者，辩其所不能辩也。知止乎其所不能知，至矣；若有不即是者，天钧败之。"《庄子·庚桑楚》人只有安天顺命，以天为法，顺天而行，无过不及，才能成就天民、天子，到达人类命运的理想状态。"礼者，世俗之所为也；真者，所以受于天也，自然不可易也。故圣人法天贵真，不拘于俗。"（《庄子·渔父》）庄子对义命之天的态度是不拘泥于世俗礼法，法天贵真，以受之天命的天德天性，超越人之身心各种有限规定性，而进于无拘无束、无限可能的自由精神世界。

庄子的天命观既有对老子的天道法自然思想的继承和发展，也有对周公和孔子以道德配天命思想的吸收和转化，拓展了天命观念的思考范围和探索深度，同时有着独到的天命思考，尤其是提出"义命之辩"，触及了先秦天命观的内在困境，丰富了德性自足论传统，也开启了德福一致问题的进一步探索之路。

2. 黄老刑名

黄老刑名也称黄老道术，是黄老道家或黄老之学的思想核心内容简称。该思想流派发展了老子《道德经》中"君王南面之术"（《汉书·艺文志》）的部分，对待天与天命的态度，对老子有一定的继承，趋向于知识、逻辑、经验等功利计算的工具理性一面，而对信仰和价值采取实用主义态度而有所削弱，然而比之秦法家绝对功利的政治权术仍然有一定程度的超越。陈鼓应认为，"黄老之学是以老子道论思想为主轴，同时结合齐

'法'家的思想，以及盛行的刑名观念而融会出的新道家思潮。这一思潮试图于社会政治层面提出一套君无为而臣有为的治国有效原则"①。该流派起始于春秋末年齐桓公创办的稷下学宫，"昔齐桓公立稷下之官，设大夫之号，招致贤人而尊崇之，自孟轲之徒皆游于齐"（徐干《中论·亡国》），孟子、荀子都曾为稷下先生，战国时代两篇学术史名作《庄子·天下》和《荀子·非十二子》中，提到的思想家多数为稷下先生。其中多商申刑名之术，曾为周秦之际秦法家所用，汉初又盛行一时，直到汉武帝采用董仲舒建议而实行"推明孔氏，抑黜百家"的德治教化国策而结束其思想主流地位，但其政治权谋仍然为后世帝王之学的重要内容。

"黄老"之名，"黄"指黄帝，"老"指老子，其提法首见汉人著作，而汉人所说"黄老"，说到先秦则指代战国道家、名家和法家，说到汉初则指以先秦道家为基础，融合阴阳、儒、墨、名和法五家之术的黄老道术：

申子之学，本于黄老而主刑名。著书二篇，号曰《申子》。韩非者，韩之诸公子也。喜刑名法术之学，而其归本于黄老。（《史记·老子韩非列传》）

慎到，赵人。田骈、接子，齐人。环渊，楚人。皆学黄老道德之术，因发明序其指意。（《史记·孟子荀卿列传》）

道家使人精神专一，动合无形，赡足万物。其为术也，因阴阳之大顺，采儒墨之善，撮名法之要，与时迁移，应物变化，立俗施事，无所不宜，指约而易操，事少而功多。（《史记·太史公自传》）

《汉书·艺文志》记载的道家类著作，有"《皇帝四经》四篇、《皇帝铭》六篇、《皇帝君臣》十篇（起六国时，与《老子》相似也）、《杂皇帝》五十六篇（六国时贤者所作）、《力牧》二十二篇（六国时所作，托之力牧，黄帝相）"（《汉书·艺文志》），今人多认为1973年长沙马王堆3号汉墓出土的《老子》乙本卷前的古佚书即是《汉书·艺文志》中提到的《黄帝四经》四篇，并集中体现了黄老道家的思想宗旨。

---

① 陈鼓应：《管子四篇诠释——稷下道家代表作解析》，商务印书馆2006年版，第5页。

一方面，《黄帝四经》试图回归"天"之至上地位，把天道作为宇宙最高根据，并强调天地人相参的宇宙运行原理，与儒家思想传统基本一致。

> 人主者，天地之口（稽）也，号令之所出也，口口之命也。不天天则失其神，不重地则失其根，不顺四时之度而民疾。（《经法·道》）
>
> 天地无私，四时不息。天地立，圣人故载。（《经法·国次》）
>
> 帝王者，执此道也。是以守天地之极，与天共俱见。（《经法·论》）
>
> 天下太平，正以明德，参之于天地，而兼覆载而无私也，故王天下。王天下者之道，有天焉，有人焉，有地焉，三者参用之，口口而有天下矣。（《经法·六分》）

可见《黄帝四经》主张人主或帝王取法于天地人相参之道，人道作为天地人宇宙体系中的一个环节，三者是以天道为根据的并行不悖、协调统一的整体。这与老子的思想一脉相承，"故道大，天大，地大，人亦大。域中有四大，而人居其一焉。人法地，地法天，天法道，道法自然"（《老子·二十五》），但是淡化了老子的"道"、"自然"而回归周公天命观中的"天"至上地位。而且继承了《中庸》的天地人相参的思想：

> 惟天下至诚，为能尽其性，能尽其性，则能尽人之性，能尽人之性，则能尽物之性，能尽物之性，则可以赞天地之化育，可以赞天地之化育，则可以与天地参矣。（《礼记·中庸》）
>
> 仲尼祖述尧舜，宪章文武，上律天时，下袭水土。譬如天地之无不持载，无不覆帱，譬如四时之错行，如日月之代明。万物并育而不相害，道并行而不相悖，小德川流，大德敦化，此天意所以为大也。（《礼记·中庸》）

《黄帝四经》和《中庸》对天地人的论述模式相似，但前者偏重帝王之术，是比较现实的世俗帝王统驭天下的道术，后者偏重圣王之德，把有德无位的孔子也列入其中，强调的是德治。两者也都是董仲舒天命观所吸收的先秦思想资源，譬如："三画而连其中，谓之王。三画者，天地与人也。而连其中者，通其道也。取天地与人之中以为贯而参通之，非王者孰能当之。"(《春秋繁露·王道》)董仲舒之"王",是君圣合一的圣王,正是《黄帝四经》和《中庸》相关思想的有机综合。

另一方面,《黄帝四经》强调"道法"与"刑名",从而开启法家最为看重的"以法为治"、"循名责实"的帝王权谋之术。

> 道生法。法者,引得失以绳,而明曲直者也。[故]执道者,生法而弗敢犯也,法立而弗敢废[也]。口能自引以绳,然后见知天下而不惑矣。(《经法·道法》)

> 法度者,正之至也。而以法度治者,不可乱也。而生法度者,不可乱也。精公无私而赏罚信,所以治也。(《经法·君正》)

> 天下有事,必审其名。名口口循名究理之所之,是必为福,非必为灾。……故能循名究理。形名出声,声实调和。……故唯执道者能虚静公正,乃见口口,乃得名理之诚。(《经法·名理》)

> 故执道者之观天下也,必审观事之所始起,审其形名。形名已定,逆顺有位,死生有分,存亡兴坏有处,然后参之天地之恒道,乃定祸福、死生、存亡、兴坏之所在。(《经法·论约》)

"形名"即汉人所谓"刑名","循名究理"即法家所谓"循名责实"。在东周"礼坏乐崩"时代,德礼分离之后,道德和天命信仰跌落,法家、名家应运而生,旨在以"法"代"礼"、以"名"代"德",以"道法"与"刑名"组成的工具性统治术来取代以道德和天命信仰为依据、德礼合一的西周宗法礼义制度治理模式,《黄帝四经》是了解黄老道术的一个窗口。黄老刑名之术对战国晚期秦法家、汉初黄老道家和董仲舒政治哲学都有深刻的影响。

3. 以法代德

战国时期诸侯国兼并战争日益激烈,当务之急是国富军强,在残酷的兼并战争中胜出:"上古竞于道德,中世逐于智谋,当今争于气力。"(《韩非子·五蠹》)法家顺应这种需要,提出注重功利实效、排除道德仁义的法家理论,与此相应,他们的天命观实则为去神秘化、去价值化的功利主义路向。

在先秦法家传统中，先后有法家代表人物商鞅的"法"、申不害的"术"、慎到的"势"。商鞅重"法"，通过树立刑法权威和鼓励耕战，严刑峻法和官爵奖赏结合，把治国强国寄托在全民生产力和积极性的极力挖掘中，主张功利化的因时而宜的政治经济军事改革。"治世不一道，便国不必法古，汤、武之王也，不循古而兴。殷、夏之灭也，不易礼而亡。然则反古者未必可非，循礼者不足多是也。"（《商君书·更法》）申不害重"术"，主张君主循名责实、驾驭群臣："为人臣者，操契以责其名。名者，天地之纲，圣人之符。张天地之纲，用圣人之符，则万物之情无所逃之矣。"（《群书治要》引《申子大体》篇）慎到重"势"，主张君无为而臣有为，君主保持至尊权势，才能令行禁止，南面而王："贤而屈于不肖者，权轻也；不肖而服于贤者，位尊也。尧为匹夫，不能使其邻家。至南面而王，则令行禁止。由此观之，贤不足以服不肖，而势位足以屈贤矣。故无名而断者，权重也；弩弱而矢高者，乘于风也。"（《慎子·威德》）

韩非子的学说融汇了法、术、势三者，是先秦法家的集大成。

> 术者，因任而授官，循名而责实，操生杀之柄，课群臣之能者也，此人主之所执也。法者，宪令著于官府，刑罚必于民心，赏存于慎法，而罚加于奸令者也。此臣之所师也。君无术则弊于上，臣无法则乱于下，此不可一无，皆帝王之具也。（《韩非子·定法》）

> 抱法处势则治，背法去势则乱。（《韩非子·难势》）

韩非子的"法、术、势"三者各司其职，实现统治者驾驭天下的目的。法是核心，用来为社会制定一套维护统治者利益的刑法律令，强制人民做出符合统治者意图的行为；术是管理官吏的日常手段，用来控制和驾驭群臣，是他们绝对效忠帝王，严格按照刑法律令统治和压制百姓；势是帝王之法术能够发生作用的保证，体现在君王威势和对臣民生杀予夺之绝对权力。"法的理想与君主之不必贤、不必智两者之间尚且有矛盾，君主利益与国家公利又未必完全一致。这些，都是韩非法治思想本身未解的结。于此，君主任势与术而独裁，视臣民为其工具就不可避免了。"[1]韩非的工

---

① 郭齐勇编著：《中国哲学史》，高等教育出版社 2006 年版，第 116 页。

具化思考模式的人性论基础，与乃师荀子一脉相承，认为"皆挟自为心"（《韩非子·外储说左上》），即人的本性自私自利，只是荀子的"性恶"假设目的在于"化性起伪"，为了人性经过后天教化具备道德仁义，而韩非则利用人的"自为心"而鼓励君主用"赏罚"二柄操控天下："凡治天下，必因人情。人情者，有好恶，故赏罚可用；赏罚可用则禁令可立而治道具矣。"（《韩非子·八经》）韩非的功利统治排斥道德教化，将法作为群体社会唯一的行为规范和标准，反对儒家德治，主张"不道仁义"：

> 今世皆曰：尊主安国者必以仁义智能，而不知卑主危国者之必以仁义智能也。故有道之主，远仁义，去智能，服之以法。（《韩非子·说疑》）

> 严家无悍虏，而慈母有败子，吾以此知危势之可以禁暴，而德厚之不足以止乱也。（《韩非子·显学》）

当把人作为工具而非目的，以帝王统治有效性为唯一目的的后果论作为思想立场，韩非子已经走到了仅仅以操控动物的形式来驾驭人的地步。"以法为教"、"以吏为师"（《韩非子·五蠹》）的思想钳制和愚民之术，以排除儒家"以文乱法"和墨家"以武犯禁"的民本思想干扰，把政治统治方式堕落到柏拉图和亚里士多德所说的仅为一人谋福利的最差政体僭主制那样的帝王愚弄天下之术。帝王权谋之术到韩非子这里不仅是权力操控之术的集大成，而且是政治统治功利化的极致。

与此相应，韩非的天命观也从儒墨强调人的主体道德努力的"天命"，下落到客观化的、规律性的"道理"。

> 道者，万物之所然也，万理之所稽也。理者，成物之文也；道者，万物之所以成也。故曰："道，理之者也。"物有理，不可以相薄；物有理不可以相薄，故理之为物之制。万物各异理，万物各异理而道尽。稽万物之理，故不得不化；不得不化，故无常操。无常操，是以死生气禀焉，万智斟酌焉，万事废兴焉。天得之以高，地得之以藏，维斗得之以成其威，日月得之以恒其光，五常得之以常其位，列星得之以端其行，四时得之以御其变气，轩辕得之以擅四方，赤松得之与天地统，圣人得之以成文章。道，与尧、舜俱智，与接舆俱狂，与

桀、纣俱灭，与汤、武俱昌。(《韩非子·解老》)

道是一般的客观规律，理是万物的独特性质和具体规律，历史上的政治成败和王朝变迁都被解释成功利性很强的"道"、"理"所致，颇有荀子"制天命而用之"的意味。"循名实而定是非，因参验而审言辞。"(《韩非子·奸劫弑臣》)道和理都是可以通过经验和逻辑把握和效验的，道和理的内容随其宏观性和具体性而不同，但离不开上述"法、术、势"的内容。法家的天命观随着政治统治的技术化和工具化，而失去了道德价值和宗教性色彩。

二、天命授受

1. 禅让革命

孔子之后，"儒分为八"(《韩非子·显学》)，"有子张之儒，有子思之儒，有颜氏之儒，有孟氏之儒，有漆雕氏之儒，有仲良氏之儒，有孙氏之儒，有乐正氏之儒。"(《韩非子·显学》)这是从孔子到韩非子之间战国儒家的分化情况。

战国前期儒家天命观念有把天命内化于人性之中的倾向，强调反求诸己，通过修身养性，进德修业，努力成为"天人合一"的"圣人"，替天行道，教化人民，治国安邦。

《易传》或认为是孔子所作，或认为孔门弟子作于战国时代，然内容多托"子曰"，姑且作为战国前期儒家思想。《易传》以乾坤、阴阳互动来解释天道："立天之道，曰阴与阳。"(《易传·说卦》)"大哉乾元，万物资始，乃统天。"(《乾·彖》)"至哉坤元，万物资生，乃顺承天。"(《坤·彖》)从天道到人道都有某种相通性。"天道亏盈而益谦，地道变盈而流谦，鬼神害盈而福谦，人道恶盈而好谦。"(《乾·彖》)这种相通性乃为守其中正之道。"说而顺，刚中而应，大亨以正，天之道也。"(《临·彖》)"动而健，刚中而应，大亨以正，天之命也。"(《无妄·彖》)"乾道变化，各正性命，保合太和，乃利贞，首出庶物，万国咸宁。"(《乾·彖》)而要做到不失中正的，只有圣人。"知进退存亡而不失其正者，其唯圣人乎。"(《乾·文言》)

在孔子那里，天命、大人和圣人之言是君子三个敬畏的对象，在《易传》中，圣人自觉担当天命，"天生神物，圣人则之；天地变化，圣人效之；天垂象，见吉凶，圣人象之。"（《易传·系辞上》）"夫《易》开物成务，冒天下之道，如斯而已者也。是故圣人以通天下之志，以定天下之业，以断天下之疑。……是以明于天之道，而察于民之故，是兴神物，以显民用，圣人以此斋戒，以神明其德夫！"（《易传·系辞上》）天人关系通过圣人贯通，圣人洞明天道而行中正之道于人间。

《易传》释义"革"卦，沿用了汤武革命故事。"革：巳日乃孚。元亨，利贞。悔亡。《彖》曰：革，水火相息，二女同居，其志不相得，曰革。巳日乃孚，革而信之。文明以说，大亨以正。革而当，其悔乃亡。天地革，而四时成。汤武革命，顺乎天而应乎人。革之时大矣哉！"①（《周易·革·彖》）这大概是最早完整用"汤武革命"四字连用来称道汤武受命完成王朝更替的故事。郑玄注之曰："革，改也。水火相息而更用事，犹王者受命，改正朔，易服色，故谓之革也。"②则已经介入始于战国阴阳家、盛与汉代的历史循环理论内容了。孔颖达正义则比之舜禹禅让故事："夏桀、殷纣，凶狂无度，天既震怒，人亦叛亡。殷汤、周武，聪明睿智，上顺天命，下应人心，放桀鸣条，诛纣牧野，革其王命，改其恶俗，故曰'汤武革命，顺乎天而应乎人'。计王者相承，改正易服，皆有变革，而独举汤、武者，盖舜、禹禅让，犹或因循，汤武干戈，极其损益，故取相变甚者，以明人革也。"③孔疏切中孔子对唐虞禅让和汤武革命的态度。

战国儒家出土文献《唐虞之道》、《子羔》、《容成氏》等楚简也论述到禅让、世袭和革命的问题。《唐虞之道》推崇"禅而不传"的唐虞之道，尧舜"利天下而弗利也"，是仁、圣的最高境界。"尧舜之行，爱亲尊贤。爱亲故孝，尊贤故禅。孝之施，爱天下之民。禅之传，世亡隐德。孝，仁

---

① 李学勤主编：《周易正义》（十三经注疏标点本），北京大学出版社1999年版，第202—203页。

② （清）李道平撰：《周易集解纂疏》，中华书局1994年版，第435页。

③ 李学勤主编：《周易正义》（十三经注疏标点本），北京大学出版社1999年版，第202—203页。

之冕也。禅，义之至也。六帝兴于古，皆由此也。爱亲忘贤，仁而未义也。尊贤遗亲，义而未仁也。古者虞舜笃是瞽盲，乃戴其孝；忠事帝尧，乃戴起臣。爱亲尊贤，虞舜其人也。禹治水，益治火，后稷治土，足民养生。[夫惟] 顺乎脂肤血气之情，养性命之政，安命而弗夭，养生而弗伤，知 [天下] 之政者，能以天下禅矣。"① 以虞舜"爱亲尊贤"、"知天下之政"为典型例子，证明"上德则天下有君而世明，授贤则民举效而化乎道"②，来倡导"上德授贤"的禅让制度。《子羔》也以舜为例，说明"君天下"取决于德贤而非是否高贵的出身，普通百姓有德也可以受命为帝。"昔者而弗世也，善与善相授也，故能治天下，平万邦，使无有、小大、肥瘠辨，皆得其社稷百姓而奉守之。尧见舜之德贤，故让之。"③ 即把"善与善相授"和"德贤而让"作为王位权力交接原则。《容成氏》区分三代以上古帝王的禅让和三代以下的革命："三代以上，皆授贤不授子，天下艾安；三代以下，启攻益，汤伐桀，文武图商，则禅让之道废而革命之说起。《庄子·天运》所引儒者（以子贡代）语："尧授舜，舜授禹，禹用力而汤用兵，文王顺纣而不敢逆，武王逆纣而不敢顺，故曰不同。"也有类似的态度，即虽然认同这些圣人禅让或革命方式的政治正当性，但相比之下更为推崇禅让方式。楚简儒书三篇皆推崇上古王位禅让授受模式，且把尧舜禹授贤和舜禹益让贤的禅让行为视为公共政治责任和道德应当。

《中庸》多被认为是子思所作，其天命观义理非常丰富。"天命之谓性，率性之谓道，修道之谓教。"（《礼记·中庸》）为"天命"与"性"、"道"和"教"贯通了逻辑结构：

> 诚者，天之道也；诚之者，人之道也。诚者，不勉而中，不思而得，从容中道，圣人也；诚之者，择善而固执之者也。（《礼记·中庸》）

① 李零：《郭店楚简校读记》（增订本），中国人民大学出版社2007年版，第123—124页。
② 李零：《郭店楚简校读记》（增订本），中国人民大学出版社2007年版，第125页。
③ 转引自夏世华：《先秦儒家禅让观念研究》，武汉大学博士学位论文2009年答辩通过，第34页。

唯天下至诚，为能尽其性；能尽其性，则能尽人之性；能尽人之性，则能尽物之性；能尽物之性，可以赞天地之化育，则可以与天地参也。（《礼记·中庸》）

至诚之道，可以前知。国家将兴，必有祯祥；国家将亡，必有妖孽；见乎蓍龟，动乎四体。祸福将至：善，必先知之；不善，必先知之。故至诚若神。（《礼记·中庸》）

子曰："舜其大孝也与！德为圣人，尊为天子，富有四海之内。宗庙飨之，子孙保之。故大德必得其位，必得其禄，必得其名，必得其寿。……故大德者必受命。"（《礼记·中庸》）

天道和人道之间，通过"诚"加以贯通。天道是贯通天人的圣人用"诚"直接把握；人道，则下学而上达，"唯天下至诚为能化"，任何一个普通人，通过尽性、尽人性、尽物性来知天命，以"至诚"工夫与天地参通。有了天人贯通的"至诚"能力，就可以"天人感应"，通过灾祥预知国家兴亡。而天命的配得，在于是否有伟大的德行。如大德受命、天人感应、瑞祥灾异等内容，是《中庸》初步酝酿的董仲舒政治哲学中的部分关键观念。

2. 天与人与

孟子接续孔子志业，主张以"仁"代行"天命"，发展出"仁政"学说；接续子思性命学说，主张修身以俟天命，提出性善论和"正命"学说。孟子天命观把唐虞禅让，三代世袭、汤武革命和摄政等王位继承、王朝更替纳入一个统一的、合理的天命解释系统中，是先秦受命思想的成熟标志。

孟子天命观中，有一份对命运之天难以把握的无奈感，但他对天命按仁德予夺授受有着坚定的信念。"君子创业垂统，为可继也；若夫成功，则天也。"（《孟子·梁惠王下》）事业的成功需要很多外在条件，有一定的偶然性。然而孟子采取了积极的人生态度，提出"正命"思想。"莫非命也，顺受其正。是故知命者，不立乎岩墙之下。尽其道而死者，正命也。桎梏死者，非正命也。"（《孟子·尽心上》）若非不得已"舍生取义"，对身体要存养爱护，不可自置危险的境地，不可轻犯刑法，不可做无谓的牺牲，因为人的有限性使得人不能了解何时要出来承担天命，保养好自己的身体，修德崇业，尽人事顺天命，敬畏生命就是敬畏天命。"寿不贰，修身以俟之，所以立命也。"（《孟子·尽心上》）君子视听言动，皆为天爵，修身俟命，而非谋要人爵，去做功利的计算。"尧舜，性者也；汤武，反之也。动容周旋中礼者，盛德之至也；哭死而哀，非为生者也；经德不回，非以干禄也；言语必信，非以正行也。君子行法，以俟命而已矣。"（《孟子·尽心下》）有了"正命"的存心自持和达观处世，对历史上的天命授受转移的困惑亦即冰释。

> 天子能荐人于天，不能使天与之天下；诸侯能荐人于天子，不能使天子与之诸侯；大夫能荐人于诸侯，不能使诸侯与之大夫。昔者，尧荐舜于天，而天受之；暴之于民，而民受之；故曰，天不言，以行与事示之而已矣。（《孟子·万章上》）

> 舜、禹、益相去久远，其子之贤不肖，皆天也，非人之所能为也。莫之为而为者，天也；莫之致而致者，命也。匹夫而有天下者，德必若舜禹，而又有天子荐之者，故仲尼不有天下。继世以有天下，天之所废，必若桀纣者也，故益、伊尹、周公不有天下。（《孟子·万章上》）

传说在唐虞之世是公天下，天子之位通过禅让转移，而夏商周三代是家天下，王位继承是兄弟或父子之间继承，三代改朝换代又是通过汤武革命实现的，益、伊尹、周公和孔子等大德为何不能受命为天子呢？如何解释天命规律在所有不同情况的合理性呢？孟子用正命理论，结合每一种特殊情况做出分析，给出了他的解释：所有这一切都是"天与之，人与之"，天命只是"以行与事示之"。一方面，一切事情的发展情况，都是人发挥天赋的能动性而达成的，成圣成贤，修德广业，得到百官和民意的认可，这是人可以自作主宰所能努力的，凡是人们自觉自愿去做了的，便是天意。孟子由此确立君民关系是民贵君轻："民为贵，社稷次之，君为轻。是故得乎丘民而为天子，得乎天子为诸侯，得乎诸侯为大夫。诸侯危社稷，则变置。牺牲既成，粢盛既洁，祭祀以时，然而旱干水溢，则变置社稷。"（《孟子·尽心下》）另一方面，有的情况，比如尧舜的儿子不够好，益辅助禹的时间太短，禹的儿子启比较贤能，孔子没有天子推荐，如此等等，也都是天意，不是人力所能改变的，是人的有限性和命运的偶然性之表现。"唐虞禅，夏后殷周继，其义一也。"（《孟子·万章上》）孟子引用孔子的话说明，其"义"就是"正命"的这两种含义叠加所致。"尧舜，性者也；汤武，反之也。动容周旋中礼者，盛德之至也；哭死而哀，非为生者也；经德不回，非以干禄也；言语必信，非以正行也。君子行法，以俟命而已矣。"（《孟子·尽心下》）君子"仰不愧于天、俯不怍于人"，自作主宰，但修天爵，修身俟命，不求时命，这就是正命。

孟子在王位继承模式的正当性上，对摄政和民意授权做出了新的解释。

> 尧老而舜摄也。尧典曰："二十有八载，放勋乃徂落，百姓如丧考妣，三年，四海遏密八音。"孔子曰："天无二日，民无二王。"舜既为天子矣，又帅天下诸侯以为尧三年丧，是二天子矣。（《孟子·万章上》）

> 曰："敢问荐之于天而天受之，暴之于民而民受之，如何？"

> 曰："使之主祭而百神享之，是天受之；使之主事而事治，百姓安之，是民受之也。天与之，人与之，故曰：天子不能以天下与人。舜相尧二十有八载，非人之所能为也，天也。尧崩，三年之丧毕，舜避尧之子于南河之南。天下诸侯朝觐者，不之尧之子而之舜；讼狱者，不之尧之子而之舜；讴歌者，不讴歌尧之子而讴歌舜，故曰天也。夫然后之中国，践天子位焉。而居尧之宫，逼尧之子，是篡也，非天与也。太誓曰：'天视自我民视，天听自我民听'，此之谓也。"（《孟子·万章上》）

从上引资料可知，孟子设置了"尧老而舜摄"的环节，来保证"天无二日，民无二王"，而且还设置了"三年之丧"和"舜避尧之子"两个环节，保证不出现"二天子"和"尧授舜天子位"的情形，避让环节又给舜和尧之子平等接受百官（天下诸侯朝觐者）和百姓（讼狱者）选授天子的机会。这就预设了尧荐舜于天不等于尧授舜天子位，尧之子也和其他人一样有被授予天子位的权利，而且不需要尧荐之于天，就可以与被尧所荐者一起得到了天子候选人的资格，后来禹之子启也是这样的程序中为民意选择为受命天子。舜之避让以及后来的禹避让舜之子、益避让禹之子，对被荐之天者来说似乎是必要的，免除"居尧之宫，逼尧之子"和求位心急的嫌疑，圆满圣人不求时命的道德境界，也方便后来系列圣人"修身以俟命"而不能有天子位的可解释性。

对汤武革命的性质，孟子做了细微区分：

> 齐宣王问曰："汤放桀，武王伐纣，有诸？"孟子对曰："于传有之。"
>
> 曰："臣弑其君，可乎？"
>
> 曰："贼仁者谓之贼，贼义者谓之残，残贼之人谓之一夫。闻诛一夫纣矣，未闻弑君也。"（《孟子·梁惠王下》）

桀纣暴行，"残贼之人谓之一夫"，"天之所废"，此时天下虽有在位之君，实则民意已经取消了其真命天子资格，在天命真空中，圣人汤武乃受民意授予之天命诛一夫，为天下除暴之革命是正义行为，而非弑君行为。

伊尹、周公摄政而王，又如何解释呢？

> 继世以有天下，天之所废，必若桀纣者也，故益、伊尹、周公不有天下。伊尹相汤以王于天下。汤崩，太丁未立，外丙二年，仲壬四年。太甲颠覆汤之典刑，伊尹放之于桐。三年，太甲悔过，自怨自艾，于桐处仁迁义；三年，以听伊尹之训己也，复归于亳。周公之不有天下，犹益之于夏，伊尹之于殷也。（《孟子·万章上》）
>
> 公孙丑曰："伊尹曰：'予不狎于不顺。'放太甲于桐，民大悦。太甲贤。又反之，民大悦。贤者之为人臣也，其君不贤，则固可放与？"孟子曰："有伊尹之志，则可；无伊尹之志，则篡也。"（《孟子·尽心上》）

夏商周王位继承实行世袭制，但仍然属于孟子天命民授的统一解释系统中，因而伊尹放太甲和周公摄政而王成了必须说明的事件。若太甲不悔过自新，没有在伊尹教诲下修德以堪配天命，三年之后伊尹被民意授予天子之位则为这一天命授受机制之必然。周公摄政而王，也是在成王幼不能承担责任的时候不得已而为之，等成王成年之时，若成王没有在周公教诲下修德堪配天命，周公被民意授予天子之位也是必然。然而圣人大公无私，教诲太甲、成王皆全心尽力并且非常成功，而他们也在时机成熟时功成身退，成就圣人完美德性和实现天下大治。所以"有伊尹之志，则可；无伊尹之志，则篡也"，伊尹之志，乃修身俟命、顺应天命而已。

受天子之位是受命，汤武革命征诛暴君是受命，辅助王位继承人受天子之位是受命，而且孟子认为孔子作《春秋》和自己"距杨墨"也是一种受命。

> 世衰道微，邪说暴行有作，臣弑其君者有之，子弑其父者有之。孔子惧，作春秋。春秋，天子之事也，是故孔子曰："知我者，其惟春秋乎；罪我者，其惟春秋乎。"（《孟子·滕文公下》）

> 昔者禹抑洪水，而天下平；周公兼夷狄，驱猛兽，而百姓宁；孔子成春秋，而乱臣贼子惧。诗云："戎狄是膺，荆舒是惩，则莫我敢承。"无父无君，是周公所膺也。我亦欲正人心，息邪说，距诐行，放淫辞，以承三圣者。岂好辩哉？予不得已也。能言距杨墨者，圣人之徒也。（《孟子·滕文公下》）

> 五百年必有王者兴，其间必有名世者。由周而来，七百有余岁矣。以其数则过矣，以其时考之则可矣。夫天，未欲平治天下也；如欲平治天下，当今之世，舍我其谁也？（《孟子·公孙丑下》）

孟子自觉承担天命，与禹、周公、孔子等圣人相提并论，"昔者禹抑洪水，而天下平；周公兼夷狄，驱猛兽，而百姓宁；孔子成《春秋》，而乱臣贼子惧。"已经把孔子作《春秋》当作受命，这样的受命论已经透露出董仲舒受命改制说的意味了。

3. 天行有常

荀子天命观虽然在儒家范围，但与孟子大为不同，甚至针锋相对反向立说。孟子倡导"仁政"，荀子隆重"礼法"；"孟子道性善，言必称尧舜"，荀子著"性恶"，主张法后王；孟子顺天命，荀子制天命。"今夫仁人也，将何务哉？上则法舜、禹之制，下则法仲尼、子弓之义，以务息十二子之说，如是则天下之害除，仁人之事毕，圣王之迹著矣。"（《荀子·非十二子》）荀子效仿孔子作《春秋》、孟子辟杨墨，为当世立法，故特立独行显明己说。

荀子之礼法，犹如孔孟以仁代行天职，担负起规范天下的责任。礼法之重要和速效直接关系国家命运："故人之命在天，国之命在礼。人君者隆礼尊贤而王，重法爱民而霸，好利多诈而危，权谋、倾覆、幽险而亡，"（《荀子·强国》、《荀子·天论》）"礼"，乃为法圣王，"制礼义以分之"。"夫两贵之不能相事，两贱之不能相使，是天数也。执位齐而欲恶同，物不能澹则必争，争则必乱，乱则穷矣。先王恶其乱也，故制礼仪以分之，使有贫富贵贱之等，足以相兼临者，是养天下之本也。"（《荀子·王制》）制礼仪的具体内容，是指"法后王，一制度，隆礼仪而杀《诗》、《书》"（《荀子·王制》）。"法"，乃为法君子（师），"尚贤使能"，为天下之法度。"故法而议，职而通，无隐谋，无遗善，而百事无过，非君子莫能。故公平者，职之衡也；中和者，听之绳也。其有法者以法行，无法者以类举，听之尽也；偏党而无经，听之辟也。故有良法而乱者有之矣；有君子而乱者，自古及今，未尝闻也。"（《荀子·王制》）概而言之，礼法乃本源"天地亲君师"。"礼有三本，天地者，生之本也；先祖者，类之本也；君师者，治之本也。"（《荀子·礼论》）"故礼，上事天，下事地，尊先祖，而隆君师。"（《荀子·礼论》）有礼义，有君师，则可通达天下。"君子处仁以义，然后仁也；行义以礼，然后义也；制礼反本成末，三者皆通，然后道也。"（《荀子·大略》）

荀子对"天"的看法流露出自然主义倾向，明确了天人之分，把对人世治乱的责任落实到圣人和君子身上。"天行有常，不为尧存，不为桀亡。应之以治则吉，应之以乱则凶。强本而节用，则天不能贫；养备而动时，则天不能病；修道而不贰，则天不能祸。故水旱不能使之饥，寒暑不能使之疾，祅怪不能使之凶。本荒而用侈，则天不能使之富；养略而动罕，则天不能使之全；倍道而妄行，则天不能使之吉。故水旱未至而饥，寒暑未薄而疾，祅怪未至而凶，受时与治世同，而殃祸与治世异，不可以怨天，其道然也。故明于天人之分，则可谓至人矣。"（《荀子·天论》）

天乃自然而然，不会主动干预人间事物，唯有圣人和君子能正人间秩序。"天能生物不能辨物也；地能载物不能治人也；宇中万物生人之属，待圣人然后分也。"(《荀子·礼论》)"天有常道矣，地有常数矣，君子有常体矣。……若夫志意修，德行厚，知虑明，生于今而志乎古，则是其在我者也。故君子敬其在己者，而不慕其在天者。"(《荀子·天论》)既然天人各有其职，那么具体怎么去分别职责、各尽其分呢？"大天而思之，孰与物畜而制之！从天而颂之，孰与制天命而用之！望时而待之，孰与应时而使之！因物而多之，孰与骋能而化之！思物而物之，孰与理物而勿失之也！愿于物之所以生，孰与有物之所以成！故错人而思天，则失万物之情。"(《荀子·天论》)圣人和君子能自觉掌握天地规律，制天命而用之"圣人清其天君，正其天官，备其天养，顺其天政，养其天情，以全其天功。如是，则知其所为，知其所不为矣；则天地官而万物役矣。其行曲治，其养曲适，其生不伤，夫是之谓知天。"(《荀子·天论》)荀子的"天"大致是自然之天，也有因人的有限性而对"天"之神秘性保持敬畏，人类命运的主导者角色，则交到了圣人和君子手中。

荀子在《正论》中探讨了天命在王朝更替中的作用模式。

世俗之为说者曰："桀、纣有天下，汤、武篡而夺之。"是不然。以桀、纣为常有天下之籍则然，亲有天下之籍则不然，天下谓在桀、纣则不然。古者天子千官，诸侯百官。以是千官也，令行于诸夏之国，谓之王；以是百官也，令行于境内，国虽不安，不至于废易遂亡，谓之君。圣王之子也，有天下之后也，执籍之所在也，天下之宗室也，然而不材不中，内则百姓疾之，外则诸侯叛之，近者境内不一，遥者诸侯不听，令不行于境内，甚者诸侯侵削之，攻伐之，若是，则虽未亡，吾谓之无天下矣。圣王没，有执籍者罢不足以县天下，天下无君，诸侯有能德明威积，海内之民莫不愿得以为君师；然而暴国独侈，安能诛之，必不伤害无罪之民，诛暴国之君若诛独夫，若是，则可谓能用天下矣。能用天下之谓王。汤、武非取天下也，修其道，行其义，兴天下之同利，除天下之同害，而天下归之也。桀、纣非去天下也，反禹、汤之德，乱礼义之分，禽兽之行，积其凶，全其恶，而天下去之也。天下归之之谓王，天下去之之谓亡。故桀、纣无天下而汤、武不弑君，由此效之也。汤、武者，民之父母也；桀、纣者，民之怨贼也。今世俗之为说者，以桀、纣为君而以汤、武为弑，然则是诛民之父母而师民之怨贼也，不祥莫大焉。(《荀子·正论》)

曰：国，小具也，可以小人有也，可以小道得也，可以小力持也；天下者，大具也，不可以小人有也，不可以小道得也，不可以小力持也。国者，小人可以有之，然而未必不亡也，天下者，至大也，非圣人莫之能有也。(《荀子·正论》)

荀子认为汤武革命是"天下归之"，桀纣受诛是"天下去之"，区分"天下"和"国"，认为"天子唯其人"，只有"备道全美"的圣人才能配当有天下、为天子。圣人为王，王即圣人，其标准是"天下"归之。"《传》曰：'君者，舟也；庶人者，水也。水则载舟，水则覆舟。'"(《荀子·王制》)"水"即天下、民意之喻。这是荀子的以民意为基础的"圣王合一"论。

世俗之为说者曰："尧、舜擅让。"是不然。天子者，势位至尊，无敌于天下，夫有谁与让矣？道德纯备，智惠甚明，南面而听天下，生民之属莫不振动从服以化顺之。天下无隐士，无遗善，同焉者是也，异焉者非也，夫有恶擅天下矣？曰："死而擅之。"是又不然。圣王在上，图德而定次，量能而授官，皆使民载其事而各得其宜，不能以义制利，不能以伪饰性，则兼以为民。圣王已没，天下无圣，则固莫足以擅天下矣。天下有圣而在后者，则天下不离，朝不易位，国不更制，天下厌然与乡无以异也，以尧继尧，夫又何变之有矣？圣不在后子而在三公，则天下如归，犹复而振之矣，天下厌然与乡无以异也，以尧继尧，夫又何变之有矣？唯其徙朝改制为难。故天子生则天下一隆，致顺而治，论德而定次；死则能任天下者必有之矣。夫礼义之分尽矣，擅让恶用矣哉？(《荀子·正论》)

荀子反对尧舜禅让说。天子势尊无敌，不必让天下；圣王德备智明，毋需禅(擅)天下。尧舜禹是以圣继圣，就如以尧继尧，"天下厌然与乡无以异也"。圣王之死、老皆不必用禅让，"致顺而治，论德而定次"，用"礼义之分"就可以制度性解决天子继位问题，或者是唐虞之世的"以尧继尧"，或者是汤武革命的"徙朝改制"。"诸侯有老，天子无老，有擅国，

119

无擅天下，古今一也。夫曰"尧、舜擅让"，是虚言也，是浅者之传，陋者之说也，不知逆顺之理，小大、至不至之变者也，未可与及天下之大理者也。"（《荀子·正论》）"天下之大理"即由圣王君临天下隆礼重法，以"礼义之分"来治理天下。

三、阴阳五行

1. 观念萌芽

战国阴阳家思想发源于春秋，战国时期在《黄帝四经》和《管子》中有所发展，而主要以邹衍为代表。

"阴阳"在甲骨文和《说文》中原义指日光的向背和有无[1]，《诗经》、《左传》和《国语》记载了很多春秋时期的阴阳观念，用来解释自然界现象，伯阳父用阴阳概念解释地震的例子较有代表性：

> 幽王二年，西周三川皆震。伯阳父曰："周将亡矣。夫天地之气，不失其序。若过其序，民乱之也。阳伏而不能出，阴迫而不能烝，于是有地震。今三川实震，是阳失其所而镇阴也。阳失而在阴，川源必塞，源塞，国必亡。夫水，土演而民用也。土无所演，民乏材用，不亡何待！昔伊、洛竭而夏亡，河竭而商亡。今周德若二代，其川源又塞，塞必竭。夫国必依山川，山崩川竭，亡之征也，川竭山必崩。若国亡，不过十年，数之纪也。夫天之所弃，不过其纪。"是岁也，三川竭，岐山崩。十一年，幽王乃灭，周乃东迁。（《国语·周语》）

伯阳父的解释，基于阴阳消长胜负、积聚发散的观念，也与"气"概念联系在一起。"夫天地之气，不失其序。"阴阳二气的关系有一定的平衡规律，一旦失去次序，就发生异常的自然现象，并昭示了国家盛衰兴灭，而究其根本原因，乃在于"民乱之也"，人事和阴阳规律有感应关系。老子的阴阳观念则更富有哲学性："万物负阴而抱阳，冲气以为和。"（《老

---

① 参见徐复观：《阴阳五行及其有关文献的研究》，载氏著：《中国思想史论集续编》，上海书店出版社 2004 年版。

子·四十二章》）阴阳是宇宙万物相反相成的两种属性和作用，用来解释自然界的生成演化。《易传》中的阴阳用来解释宇宙生化规律和人事依据："易有太极，是生两仪，两仪生四象，四象生八卦，八卦定吉凶，吉凶生大业。""一阴一阳之谓道。继之者善也，成之者性也。"（《易传·系辞》）《黄帝四经》中的阴阳观念，不仅用来解释自然规律和人事依据："无晦无明，未有阴阳。阴阳未定，吾未有以名。今始判为两，分为阴阳，离为四时，德虐之行，因以为常。其明者为法，而微道是行。"[①]说明阴阳规律即为天人之道："极而反，盛而衰，天之道也，人之理也。"还把阴阳关系推广到社会人伦和政治统治原则的解释上：

> 是［故］赢阴布德，［重阳长，昼气开］民功者，所以食之也；宿阳修刑，童（重）阴长，夜气闭地绳（孕）者，［所］以继之也。不靡不黑，而正之以刑与德。春夏为德，秋冬为刑。先德后刑以养生。姓生已定，而适（敌）者生争，不谌不定。凡谌之极，在刑与德。刑德皇皇，日月相望，以明其当，而盈［绌］无匡。[②]（《黄帝四经·十大经·观》）

> 凡论必以阴阳大义。天阳地阴，春阳秋阴，夏阳冬阴，昼阳夜阴。大国阳，小国阴；重国阳，轻国阴。有事阳而无事阴，信者阳而屈者阴。主阳臣阴，上阳下阴，男阳女阴，父阳子阴，兄阳弟阴，长阳少阴，贵阳贱阴，达阳穷阴。取妇姓子阳，有丧阴。制人者阳，制于人者阴。客阳主人阴。师阳役阴。言阳默阴。予阳受阴。诸阳者法天，天贵正；过正曰诡，祭乃反。诸阴者法地，地之德安徐正静，柔节先定，善予不争。此地之度而雌之节也。[③]（《黄帝四经·称》）

阳德阴刑，"先德后刑以养生"，"刑德相养，逆顺若成。刑晦而德明，刑阴而德阳，刑微而德彰。"[④]这一以阴阳尊卑、先后、主辅关系，来比附说明政治以德为先、以刑为次、刑德并用、德主刑辅的思想，不妨看作是

---

① 陈鼓应注译：《黄帝四经今注今译》，商务印书馆 2007 年版，第 210 页。
② 陈鼓应注译：《黄帝四经今注今译》，商务印书馆 2007 年版，第 217 页。
③ 陈鼓应注译：《黄帝四经今注今译》，商务印书馆 2007 年版，第 394 页。
④ 陈鼓应注译：《黄帝四经今注今译》，商务印书馆 2007 年版，第 265 页。

儒家德治传统以阴阳形式在《黄帝四经》中的反映。

"五行"观念一般认为最早出现在《尚书》中武王和箕子的对话中，而春秋时人们常用五行来描述和说明自然和人事，战国时发展成熟，并与阴阳合流：

> 箕子乃言曰："我闻在昔，鲧堙洪水，汩陈其五行。帝乃震怒，不畀'洪范'九畴，彝伦攸斁。鲧则殛死，禹乃嗣兴，天乃锡禹'洪范'九畴，彝伦攸叙。初一曰五行，次二曰敬用五事，次三曰农用八政，次四曰协用五纪，次五曰建用皇极，次六曰乂用三德，次七曰明用稽疑，次八曰念用庶征，次九曰向用五福，威用六极。五行：一曰水，二曰火，三曰木，四曰金，五曰土。水曰润下，火曰炎上，木曰曲直，金曰从革，土爰稼穑。润下作咸，炎上作苦，曲直作酸，从革作辛，稼穑作甘。"（《尚书·洪范》）

> 夫和实生物，同则不继。以他平他谓之和，故能丰长而物归之；若以同裨同，尽乃弃矣。故先王以土与金木水火杂，以成百物。（《国语·郑语》）

> 则天之明，因地之性，生其六气，用其五行。气为五味，发为五色，章为五声，淫则昏乱，民失其性。（《左传·昭公二十五年》）

> 是故阴阳者，天地之大理也，四时者，阴阳之大经也。刑德者，四时之合也。刑德合于时，则生福；诡则生祸。（《管子·四时》）

> 五声既调，然后作立五行，以正天时。五官以正人位，人与天调，然后天地之美生。日至，睹甲子木行御，天子出令，命左右士师内御，总别列爵，论贤不肖士吏，赋秘赐赏于四境之内，发故粟以田数。出国衡，顺山林，禁民斩木，所以爱草木也。然则在解而冻释，草木区萌，赎蛰虫卵菱，春辟勿时，苗足本。不疠雏鷇，不夭麑麂，毋傅速。亡伤襁褓，时则不凋。七十二日而毕，睹丙子，火行御……七十二日而毕，睹戊子，土行御……七十二日而毕，睹庚子，金行御……七十二日而毕，睹壬子，水行御……。（《管子·五行》）

《洪范》中的五行"水火木金土"，本为自然物质的分类，逐渐发展成用其抽象含义来表达事物特性和原理的思维模式，五行关系最先由并列自然发展出相生关系，逐渐发现五行之间的相胜关系，譬如："陈彼五行，必有胜。"（《周书·周祝》）"水胜火，故弗克。"（《左传·昭公三十一年》）还有五行无常胜说，如"五行毋常胜，说在宜。"（《墨子·经下》）墨子以天干与五行相配："帝以甲乙杀青龙于东方，以丙丁杀赤龙于南方，以庚辛杀白龙于西方，以壬癸杀墨龙于北方。"（《墨子·贵义》）（后毕沅本据《御览》增"以戊己杀黄龙于中央。"）《管子》中的《幼官》、《四时》和《五行》等篇不仅五行思想丰满完备，而且阴阳、五行和四时、方位观念合流，出现比较成熟的敬受农时和四时教令为内容的阴阳五行观念，为邹衍的阴阳五行说提供了理论基础。

2. 五德终始

邹衍天命观表现在阴阳五行说和由此推衍的五德终始说。邹衍学术活动时间约在孟荀之间，儒门弟子出身而创立阴阳学派，其最终旨归仍然不离儒家。"邹子以儒术干世主，不用，即以变化终始之论，卒以显名。"（《盐铁论·论儒》）"然要其归，必止乎仁义节俭，君臣上下六亲之施，始也滥耳。"（《史记·孟荀列传》）)

邹衍著作本来不少，现多不传。《史记·孟荀列传》言其学术之要："驺衍睹有国者益淫侈，不能尚德，若大雅整之于身，施及黎庶矣。乃深观阴阳消息而作怪迂之变，终始、大圣之篇十余万言。其语闳大不经，必先验小物，推而大之，至于无垠。先序今以上至黄帝，学者所共术，大并世盛衰，因载其禨祥度制，推而远之，至天地未生，窈冥不可考而原也。先列中国名山大川，通谷禽兽，水土所殖，物类所珍，因而推之，及海外人之所不能睹。称引天地剖判以来，五德转移，治各有宜，而符应若兹。"《汉书·艺文志》说有《邹子》49 篇、《邹子终始》56 篇，合起来 105 篇，除史籍零散征引，皆不传于世，清马国翰《玉函山房辑佚书》辑有《邹子》一卷。

邹衍的阴阳五行说，五行相生相胜兼备。《史记·封禅书》裴骃《集解》引如淳语："今其书有《五德终始》，五德各以所胜为行。秦谓周为火德，灭火者水，故自谓水德。"① 又："今其书有《主运》，五行相次转用事，随方面为服也。"白奚认为据此可知："《终始》所论，乃是朝代更替兴废的历史观，其理论基础为五行相胜说；《主运》所论，则是四时教令的政治思想，其理论基础是五行相生说。"②《周礼·夏官·司爟》："司爟掌行火之政令，四时变国火。"郑玄注引邹衍语："春取榆柳之火，夏取枣杏之火，季夏取桑柘之火，秋取柞楢之火，冬取槐檀之火。"《论语注疏》参照皇侃疏《阳货》文"钻燧改火"之马融注："一年之中，钻火各异木，故曰改火也"。"改火之木，随五行之色而变也。榆柳色青，春是木，木色青，故春用榆柳也。枣杏色赤，夏是火，火色赤，故夏用枣杏也。桑柘色黄，季夏是黄，土色黄，故季夏用桑柘也。柞楢色白，秋是金，金色白，故秋用柞楢也。槐檀色黑，冬是水，水色黑，故冬用槐檀也。"可见邹衍把春、夏、季夏、秋、冬与五色、五行配合，把四时教令和五行模式融合一体，尤其是继承《管子·五行》"七十二日毕"为一年五分单位的观念，创造"季夏"与"中央土"配对，方便了其历史哲学和政治制度学说的深入解释。

　　邹子有终始五德，从所不胜，木德继之，金德次之，火德次之，水德次之。(《昭明文选·魏都赋》李善注引刘歆《七略》)

　　五德之次，从所不胜，故虞土、夏木。(《淮南子·齐俗训》高诱注引邹衍语)

　　五德从所不胜，故虞土、夏木、殷金、周火。(《昭明文选·齐故安陆昭王碑文》李善注引邹衍语)

　　政教文质者，所以云救也。当时则用，过则舍之，有易则易也，故守一而不变者，未睹治之至也。(《汉书·严安传》引邹衍语)

　　凡帝王者之将兴也，天必先见祥乎下民。黄帝之时，天先见大螾大蝼。黄帝曰："土气胜。"土气胜，故其色尚黄，其事则土。及禹之时，天先见草木秋冬不杀。禹曰："木气胜。"木气胜，故其色尚青，其事则木。及汤之时，天先见金刃生于水。汤曰："金气胜。"金气胜，

---

① （西汉）司马迁：《史记》，中华书局 1959 年版，第 1369 页。

② 白奚：《稷下学研究——中国古代的思想自由与百家争鸣》，生活·读书·新知三联书店 1998 年版，第 261 页。

故其色尚白，其事则金。及文王之时，天先见火赤乌衔丹书集于周社。文王曰："火气胜。"火气胜，故其色尚赤，其事则火。代火者必将水，天且先见水气胜。水气胜，故其色尚黑，其事则水。水气至而不知数备，将徙于土。(《吕氏春秋·应同》)

上引邹衍语或转述邹衍思想的材料，说明邹衍的五德终始说的大致内容。五德即土德、木德、金德、火德、水德，历史上出现的每一个朝代对应其中相应一德，"五行相次转用事，随方面为服也"，"人与天调"，每一个朝代都与其德做相应的君臣服饰、起居、饮食等行为制度文章方面的调整，"五德转移，治各有宜，而符应若兹。"五德转移是天命所致，或者"征伐"，或者"禅让"，按照五行相胜的原则终始相接、运动不已，决定着每一个朝代的盛衰兴替，而且按照"文质"相变以救所继王朝的政教之弊。战国中后期人心思稳，邹衍顺应人心，预测周王朝气数已尽，将由水德之王朝代周统一天下。这些都是自然定律，人力不能改变，所能做的，通过观察"機祥度制"把握五德之气变化之征兆，及时抓住机遇，调整自身行为，顺应天命更替王朝或按天数治理天下，发挥所处德运的积极方面而使天下大治。

3. 托古改制

《吕氏春秋》则更进一步，把政治理想与天及其演化全面关联。《吕氏春秋》政治思想总的构造宗旨，乃托古、法天地而为秦改制立法。"盖闻古之清世，是法天地。凡《十二纪》者，所以纪治乱存亡，所以知寿夭吉凶也。上揆之天，下验之地，中审之人，若此，则是非可不可，无所遁矣。"(《吕氏春秋·序意》)十二纪继承孔子天命观中"四时行矣，百物生焉"的思想，参考《夏小正》等古代天文历数知识，接续邹衍阴阳五行说和《礼记·月令》，把阴阳、五行融入四时十二个月中，作为一个政体有机地论述自然到政治一切事物规则，包罗万象，"以为备天地万物古今之事"(《史记·吕不韦传》)。下面以孟春纪纪首为例说明：

一曰：孟春之月，日在营室，昏参中，旦尾中。其日甲乙，其帝太皞，其神句芒，其虫鳞，其音角，律中太蔟，其数八，其味酸，其臭膻，其祀户，祭先脾。东风解冻，蛰虫始振，鱼上冰，獭祭鱼，候雁北。天子居青阳左个，乘鸾辂，驾苍龙，载青旗，衣青衣，服青玉，食麦与羊，其器疏以达。是月也，以立春。先立春三日，太史谒之天子曰："某日立春，盛德在木。"天子乃斋。立春之日，天子亲率三公、九卿、诸侯、大夫，以迎春于东郊；还，乃赏公卿、诸侯、大夫于朝。命相布德和令，行庆施惠，下及兆民。庆赐遂行，无有不当。乃命太史，守典奉法，司天日月星辰之行，宿离不忒，无失经纪。以初为常。是月也，天子乃以元日祈谷于上帝。乃择元辰，天子亲载耒耜，措之参于保介之御间，率三公、九卿、诸侯、大夫，躬耕帝籍田。天子三推，三公五推，卿、诸侯、大夫九推。反，执爵于太寝，三公、九卿、诸侯、大夫皆御，命曰"劳酒。"是月也，天气下降，地气上腾，天地和同，草木繁动。王布农事，命田舍东郊，皆修封疆，审端径术。善相丘陵阪险原隰，土地所宜，五谷所殖，以教道民，以躬亲之。田事既饬，先定准直，农乃不惑。是月也，命乐正入学习舞。乃修祭典，命祀山林川泽，牺牲无用牝，禁止伐木；无覆巢，无杀孩虫、胎夭、飞鸟，无麛无卵；无聚大众，无置城郭，掩骼霾髊。是月也，不可以称兵，称兵必有天殃。兵戎不起，不可以从我始。无变天之道，无绝地之理，无乱人之纪。孟春行夏令，则风雨不时，草木早槁，国乃有恐；行秋令，则民大疫，疾风暴雨数至，藜莠蓬蒿并兴；行冬令，则水潦为败，霜雪大挚，首种不入。（《吕氏春秋·孟春季》）

从中可以看到吸收古代文化成果之广泛，一个时令，可以把相关天干、动物、乐律、术术、气味、祭祀、宫室、身体、气候、方位、饮食、器皿、风雨、霜雪、草木、稼穑、疾病等等都组合在阴阳五行之中，赋予其神秘的关联性，整个宇宙就像一个有机的生物体，可以休戚相关，协调运行。徐复观认为其把五行配到四时中，更配上与四时相应的政令和思想，第一次建立了以阴阳五行为依据的宇宙、人生、政治的特殊结构，并由衷赞叹："这确要算是吕氏门客的一大杰构，而为前所没有的具体、完整而统一的宇宙观、世界观。"①

---

① 徐复观：《两汉思想史》（第二卷），华东师范大学出版社 2001 年版，第 14 页。

这样的宇宙观，使人的行为和政令都要和天时恰当配合，无误农时，以符合农业社会的生产和作息特点。"凡人物者阴阳之化也。阴阳者造乎天而成者也。"（《吕氏春秋·知分》）即是说人物为天地所生化。"生，性也。死，命也。"（《吕氏春秋·知分》）天之生物，有其特定的规律赋予生者，故生死有定数，这就有一定的命定论色彩。然而人也有可以努力的地方："天生人而使有贪有欲。欲有情，情有节。圣人修节以止欲，故不过行其情也。"（《吕氏春秋·情欲》）圣人可以通过修节帮助天下人止欲，这和荀子圣人化性起伪异曲同工。

> 二曰：始生之者，天也；养成之者，人也。能养天之所生而勿撄之谓天子。天子之动也，以全天为故者也。此官之所自立也。立官者，以全生也。……故圣人之制万物也，以全其天也。天全，则神和矣，目明矣，耳聪矣，鼻臭矣，口敏矣，三百六十节皆通利矣。若此人者，不言而信，不谋而当，不虑而得，精通乎天地，神覆乎宇宙；其于物无不受也，无不裹也，若天地然；上为天子而不骄，下为匹夫而不惛。此之谓全德之人。（《吕氏春秋·本生》）

这里把圣人和天子并举，定位其有全天、全生、全德之责，已经透漏了天人合一、君圣合一的意味。

对唐虞之际禅让传说和汤武革命的论述，战国到秦汉之际还有很多不同的说法，在此简举几例。墨子认为是美德优于出身，禅让乃提拔圣人之举："故古者圣王唯能审以尚贤使能为政，无异物杂焉，天下皆得其利。古者舜耕骊山，渔雷泽尧得之服泽之阳，举以为天子，与接天下之政，治天下之民。"（《墨子·尚贤中》）庄子认为禅让和汤武革命都是"当其时"、"顺其俗"的"让"和"争"，无可厚非，也不可模仿："昔者尧舜让而帝，之哙让而绝；汤武争而王，白公争而灭。由此观之，争让之礼、尧桀之行，贵贱有时，未可以为常也，……帝王殊禅，三代殊继。差其时，逆其俗者，谓之篡夫；当其时，顺其俗者，谓之义徒。"（《庄子·秋水》）韩非子认为舜禹是以暴力逼迫尧舜禅让的，汤武通过暴力革命取得政权，都是弑君行为，天下从之的秘诀在于明赏罚之法。"舜偪尧，禹偪舜，汤放桀，武王伐纣，此四者，人臣弑其君者也，而天下誉之。察四王之情，贪得人之意也；度其行，暴乱之兵也。然四王自广措也，而天下称大焉，自显名也，而天下称明焉。则威足以临天下，利足以盖世，天下从之。"(《韩非子·说疑》)《吕氏春秋》认为尧舜不授子而授舜禹，是至公让贤之举："尧有子十人，不与其子而授舜；舜有子九人，不与其子而授禹：至公也。"(《吕氏春秋·去私》)"先王之立高官也，必使之方，方则分定，分定则下不相隐。尧舜，贤主也，皆以贤者为后，不肯与其子孙，犹若立官必使之方。"(《吕氏春秋·圜道》)《淮南子》则从圣人知贤的角度看待尧舜禅让："未有功而知其贤者，尧之知舜；功成事立而知其贤者，市人之知舜也。"(《淮南子·氾论训》)尽管阐释各异，但对尧舜禅让和汤武革命的逻辑架构基本相似，只是其意义阐释按照各自学说宗旨剪裁。

美国汉学家艾兰认为这些讨论是秦汉之际历史特定时期政治变革的反映。他在研究古代禅让和世袭制度的记载，有意识地利用了公元前5世纪到公元1世纪的文献资料，认为这些文献形成的时期即战国时代和帝国时期的初期，世袭集团和与之伴随的授政以德的官员体制正在形成，"旧贵族开始遭遇正在兴起的技术官僚阶层的挑战，这种变化也加剧了世袭和美德原则之间的矛盾。"[①]战国诸子游说诸侯接受他们的学说，于是对古代王朝更替和统治方式做出有利于他们的学说的阐释。他通过西方结构主义神话分析，来描述这些记述的结构性，"具有调节社会内部冲突——血缘氏族和公共国家利益之间矛盾的功能。在王朝循环理论中，这种冲突表现为授政以德与世袭统治之间的矛盾；他在传说中显现为各种各样的转化——世袭与禅让、君王与大臣、大臣与隐士、摄政与叛逆。"[②]而汉武帝即位后，"儒家学说成为官方正统学说，普遍都在死记硬背儒家文献，儒家文献的传说转换也逐渐成为主导。百家的时代之后，中国的哲学家再也不如此热烈地旁证博引辩论国家的哲学根基。最终，宇宙论信仰和五行学说盛行，越来越一成不变地根据儒家观点来解释政治现象，涉及根本伦理思想

---

①　[美]艾兰:《世袭与禅让——古代中国的王朝更替传说》，余佳译，商务印书馆2010年版，第129页。

②　[美]艾兰:《世袭与禅让——古代中国的王朝更替传说》，余佳译，商务印书馆2010年版，第4页。

的讨论更少了。"①他还以汉王朝建立的故事，说明这些传说对历史的影响和阐释形式，如项羽起兵先立更具政治合法性的楚怀王，刘邦则利用项羽杀义帝而指责项羽弑君，发兵讨伐；张良得黄石公《太公六韬》，寓意张良贤比伊尹、太公望，而刘邦则圣比成汤、文武，刘邦集团自许为"汤武革命"，以加强代秦伐楚的王朝更替政治正当性。

第三节　天人相与

一、拨乱反正

1. 逆取顺守

"天命靡常"，殷商之际周公思考的命题，在秦汉之际再起反思思潮。秦国凭十数代苦心经营统一中国，十五年而丧天下，刘邦以平民之身起义，八年得天下，这在自古以来都是破天荒的天下奇迹。汉承秦制，汉初除了部分封国，大体采用中央集权的郡县制度，并沿用秦法。汉初陆贾、贾谊、贾山等儒家学者反思秦政得失，探讨汉王朝政权正当性和政治统治原则的合理性，建言汉王朝走儒家礼义治国的路线。

刘邦和陆贾之间有这样一段对话：

> 贾时时前说称《诗》《书》。高帝骂之曰："乃公居马上得之，安事《诗》《书》！"贾曰："马上得之，宁可以马上治乎？且汤武逆取而以顺守之，文武并用，长久之术也。昔者吴王夫差、智伯极武而亡；秦任刑法不变，卒灭赵氏。乡使秦以并天下，行仁义，法先圣，陛下安得而有之？"高帝不怿，有惭色，谓贾曰："试为我著秦所以失天下，吾所以得之者，及古成败之国。"贾凡著十二篇。每奏一篇，高帝未尝不称善，左右呼万岁，称其书曰《新语》。②

---

① [美] 艾兰：《世袭与禅让——古代中国的王朝更替传说》，余佳译，商务印书馆2010年版，第130页。
② （东汉）班固：《汉书》，中华书局1962年版，第2113页。

陆贾之问题意识即在于刘邦如何才能像汤武那样逆取而顺守。他是意见是，在汉王朝"马上得之"之后，不要重蹈秦王朝"任刑法"的覆辙，"行仁义，法先圣"，以儒家礼义治理天下。

陆贾的秦政反思，实际上是周公天命观的再确认，即"敬德保民配天"和"明德慎罚"思想在秦汉之际的回归和再印证。陆贾反思"秦所以失天下"的原因可见其原委：

> 夫谋事不并仁义者后必败，殖不固本而立高基者后必崩。故圣人防乱以经艺，工正曲以准绳。德盛者威广，力盛者骄众。齐桓公尚德以霸，秦二世尚刑而亡。（《新语·道基》）

> 道近不必出于久远，取其致要而有成。春秋上不及五帝，下不至三王，述齐桓、晋文之小善，鲁之十二公，至今之为政，足以知成败之效，何必于三王？故古人之所行者，亦与今世同。立事者不离道德，调弦者不失宫商，天道调四时，人道治五常，周公与尧、舜合符瑞，二世与桀、纣同祸殃。（《新语·术事》）

> 昔者，尧以仁义为巢，舜以稷、契为杖，故高而益安，动而益固。处宴安之台，承克让之涂，德配天地，光被八极，功垂于无穷，名传于不朽，盖自处得其巢，任杖得其人也。秦以刑罚为巢，故有覆巢破卵之患；以李斯、赵高为杖，故有顿仆跌伤之祸，何者？所任者非也。故杖圣者帝，杖贤者王，杖仁者霸，杖义者强，杖谗者灭，杖贼者亡。（《新语·辅政》）

> 秦始皇设刑罚，为车裂之诛，以敛奸邪，筑长城于戎境，以备胡、越，征大吞小，威震天下，将帅横行，以服外国，蒙恬讨乱于外，李斯治法于内，事逾烦天下逾乱，法逾滋而天下逾炽，兵马益设而敌人逾多。秦非不欲治也，然失之者，乃举措太众、刑罚太极故也。（《新语·无为》）

陆贾继承孔子创立的儒学思想，祖述尧舜，宪章文武，推崇周公，步趋孔孟，弘扬圣贤之道和仁义精神，强调尚德和贤贤，认同天道和人道的同理合一，认为天道赏善罚恶，是汤武兴而秦政败的主要原因，也寓意刘邦以秦政为鉴、效法圣王之道。陆贾天道观还吸收了战国阴阳家、道家的思想，在论述汤武革命、圣王之道时显示多样化解释倾向：

> 故性藏于人，则气达于天，纤微浩大，下学上达，事以类相从，声以音相应，道唱而德和，仁立而义兴，王者行之于朝廷，疋夫行之于田，治末者调其本，端其影者正其形，养其根者则枝叶茂，志气调者即道冲。故求远者不可失于近，治影者不可忘其容，上明而下清，君圣而臣忠。或图远而失近，或道塞而路穷。季孙贪颛臾之地，而变起萧墙之内。夫进取者不可不顾难，谋事者不可不尽忠；故刑立则德散，佞用则忠亡。（《新语·术事》）

> 若汤、武之君，伊、吕之臣，因天时而行罚，顺阴阳而运动，上瞻天文，下察人心，以寡服众，以弱制强，革车三百甲卒三千，征敌破众，以报大雠，讨逆乱之君，绝烦浊之原，天下和平，家给人足，疋夫行仁，商贾行信，齐天地，致鬼神，河出图，洛出书，因是之道，寄之天地之间，岂非古之所谓得道者哉。（《新语·慎微》）

> 君明于德，可以及于远，臣笃于义，可以至于大。何以言之？昔汤以七十里之封，升帝王之位；周公自立三公之官，比德于五帝三王；斯乃口出善言，身行善道之所致也。故安危之要，吉凶之符，一出于身；存亡之道，成败之事，一起于善行；尧、舜不易日月而兴，桀、纣不易星辰而亡，天道不改而人道易也。（《新语·明诚》）

陆贾的天命观比较接近荀子。"尧、舜不易日月而兴，桀、纣不易星辰而亡，天道不改而人道易也。"（《新语·明诚》）这与荀子的天道不易论一致："天行有常，不为尧存，不为桀亡。应之以治则吉，应之以乱则凶。强本而节用，则天不能贫，养备而动时，则天不能病；修道而不贰，则天不能祸。"（《荀子·天论》）陆贾也带有明显邹衍学说的痕迹，如"序四时，调阴阳，布气治性，次置五行，春生夏长，秋收冬藏，阳生雷电，阴成霜雪"（《新语·道基》），"因天时而行罚，顺阴阳而运动"（《新语·慎微》），"平四海，分九州岛，同好恶，一风俗。"（《新语·明诚》）"天道调四时，人道治五常。"（《新语·术事》）陆贾也自觉运用了天人感应、祥瑞灾异思想，来解释政治善恶问题。"改之以灾变，告之以祯祥"、"盖天地相承，气感相应而成者也。"（《新语·道基》）"周公与尧、舜合符瑞，二世与桀、纣同祸殃。"(《新语·术事》)富有创发意义的是，陆贾有法后王之说，又立孔子为后圣，有继《春秋》立孔子为"素王"之意："礼义不行，纲纪不立，后世衰废，于是后圣乃定五经，明六艺，承天统地，穷事察微，原情立本，以绪人伦，宗诸天地，纂修篇章，垂诸来世，被诸鸟兽，以匡衰乱，天人合策，原道悉备，智者达其心，百工穷其巧，乃调之以管弦丝竹之音，设钟鼓歌舞之乐，以节奢侈，正风俗，通文雅。"(《新语·道基》)"定五经，明六艺"的"后圣"即为立法"垂诸来世"的孔子。

2. 改制先声

贾谊继续陆贾的秦政反思，认为秦政之速亡，在于"仁义不施，攻守之势异也"(《新书·过秦上》)。他认为秦国能统一天下，也是顺应民心，希望在诸侯力政久战之后，有王者能够天下一统，弭兵和平："秦灭周祀，并海内，兼诸侯，南面称帝，以四海养。天下之士，斐然向风，若是何也？曰：近古之无王者久矣，周室卑微，五霸既灭，令不行于天下，是以诸侯力政。强凌弱，众暴寡，兵革不休，士民罢弊。今秦南面而王天下，是上有天子也。即元元之民，冀得安其性命，莫不虚心而仰上。当此之时，专威定功，安危之本，在于此矣。"(《新书·过秦下》)然而"取与攻守不同术也"(《新书·过秦下》)，秦王朝如果能做到承周改制，那么功业可以长久："秦虽离战国而王天下，其道不易，其政不改，是其所以取之也，孤独而有之，故其亡可立而待也。借使秦王论上世之事，并殷周之迹，以制御其政，后虽有淫骄之主，犹未有倾危之患也。故三王之建天下，名号显美，功业长久。"(《新书·过秦下》)然而秦法不变，忠臣遮蔽，二世而亡："先王知壅蔽之伤国也，故置公、卿、大夫、士，以饰法设刑，而天下治。其强也，禁暴诛乱而天下服；其弱也，五霸征而诸侯从；其削也，内守外附而社稷存。故秦之盛也，繁法严刑而天下震。及其衰也，百姓怨而海内叛矣。故周王序得其道，千余载不绝，秦本末并失，故不能长。"(《新书·过秦下》)通过秦政反思，贾谊寄希望于汉王朝能够承秦改制，用仁义礼法之治，避免重蹈秦亡覆辙。

贾谊多次建言文帝"削藩"，以期"强干弱枝"而防止诸王叛乱，而在政治制度上，则主张按周礼改制，强调君王的至尊权威："人主之尊，辟无异堂陛。陛九级者，堂高大几六尺矣。若堂无陛级者，堂高殆不过尺矣。天子如堂，群臣如陛，众庶如地，此其辟也。故堂之上，廉远地则堂高，近地则堂卑。高者难攀，卑者易陵，理势然也。故古者圣王制为列等，内有公卿大夫士，外有公侯伯子男，然后有官师小吏，施及庶人，等级分明，而天子加焉，故其尊不可及也。"（《新书·阶级》）贾谊曾经向文帝提出具体改制方案，因权臣反对而不能实行。

汉兴，拨乱反正，日不暇给，犹命叔孙通制礼仪，以正君臣之位。高祖说而叹曰："吾乃今日知为天子之贵也！"以通为奉常，遂定仪法，未尽备而通终。

至文帝时，贾谊以为："汉承秦之败俗，废礼义，捐廉耻，今其甚者杀父兄，盗者取庙器，而大臣特以簿书不报，期会为故，至于风俗流溢，恬而不怪，以为是适然耳。夫移风易俗，使天下回心而乡道，类非俗吏之所能为也。夫立君臣，等上下，使纲纪有序，六亲和睦，此非天之所为，人之所设也。人之所设，不为不立，不修则坏。汉兴至今二十余年，宜定制度，兴礼乐，然后诸侯轨道，百姓素朴，狱讼衰息。"乃草具其仪，天子说焉。而大臣绛、灌之属害之，故其议遂寝。（《汉书·礼乐志》）

贾谊和公孙臣诸儒生，应当还包括曾以秦政反思数谏文帝的贾山在内，根据邹衍五德终始说，认为汉为土德，得到文帝的认可，受命按照《六经》作《王制》，准备改正朔、易服色，议巡狩封禅：

鲁人公孙臣上书曰："始秦得水德，及汉受之，推终始传，则汉当土德，土德之应黄龙见。宜改正朔，服色上黄。"时丞相张苍好律历，以为汉乃水德之时，河决金堤，其符也。年始冬十月，色外黑内赤，与德相应。公孙臣言非是，罢之。明年，黄龙见成纪。文帝召公孙臣，拜为博士，与诸生申明土德，草改历、服色事。其夏，下诏曰："有异物之神见于成纪，毋害于民，岁以有年。朕几郊祀上帝诸神，礼官议，毋讳以朕劳。"有司皆曰："古者天子夏亲郊祀上帝于郊，故曰郊。"于是，夏四月文帝始幸雍郊见五畤，祠衣皆上赤。

赵人新垣平以望气见上，言"长安东北有神气，成五采，若人冠冕焉。或曰东北，神明之舍；西方，神明之墓也。天瑞下，宜立祠上帝，以合符应。"于是作渭阳五帝庙，同宇，帝一殿，面五门，各如其帝色。祠所用及仪亦如雍五畤。

明年夏四月，文帝亲拜霸渭之会，以郊见渭阳五帝。五帝庙临渭，其北穿蒲池沟水。权火举而祠，若光辉然属天焉。于是贵平至上大夫，赐累千金。而使博士诸生剌《六经》中作《王制》，谋议巡狩封禅事。（《汉书·郊祀志》）

后来因为新垣平被告发欺君，文帝自此不再议改制之事。然而汉初儒家学者一直不忘改制的使命，即便时势不利，仍然前赴后继，直到董仲舒和汉武帝相遇之后开启了更化改制的道路，使儒家推动的改制运动延续不息。

3. 弑君革命

汉初辕固生、韩婴等齐诗学者之天命观甚有影响。辕固生在汉景帝前与黄生关于汤武革命是受命还是弑君的争论是一个著名的故事。儒生辕固生和黄老学者黄生讨论的汤武革命性质问题背后，实际上是关系汉王朝政治权力来源正当性问题。刘邦出身平民而有天下，参加农民起义推翻秦王朝得来的王权，到底其合法性何在？若说汤武是受命，则天下人人可以借口受命而阴谋夺取政权，尤其是势力强大的封国诸侯，而汉初发生过多次地方诸侯叛乱，严重威胁着中央政权。若说汤武是弑君，则刘邦参加推翻秦王朝也是弑君行为，汉王朝的合法性基础就被釜底抽薪。这是困扰汉初统治阶层半个多世纪的重大政治问题，在没有更加有效的理论去解释之前，汉景帝只有选择回避。

韩婴通齐诗、易学。"武帝时，婴尝与董仲舒论于上前，其人精悍，处事分明，仲舒不能难也。"[1]韩婴著《韩诗内传》、《韩诗外传》，前者已佚，今之所见《韩诗外传》已经与诗经关联不大，多为托古故事引申义理之作。"传曰：在天者、莫明乎日月，在地者、莫明于水火，在人者、莫明乎礼

---

① （东汉）班固：《汉书》，中华书局1962年版，第3613页。

仪。故日月不高，则所照不远；水火不积，则光炎不博：礼义不加乎国家，则功名不白。故人之命在天，国之命在礼。君人者、降礼尊贤而王，重法爱民而霸，好利多诈而危，权谋倾覆而亡。"（《韩诗外传·卷一》）这一条讲天地自然人事莫非有其天命所赋本分，"人之命在天，国之命在礼"，人事和政治都有其定数，天子有王霸危亡之道，王道则为儒家提倡的降礼尊贤，继承荀子一脉的观点。"原天命，治心术，理好恶，适情性，而治道毕矣。原天命则不惑祸福，不惑祸福则动静修。治心术则不妄喜怒，不妄喜怒则赏罚不阿。理好恶则不贪无用，不贪无用则不害物性。适情性则不过欲，不过欲则养性知足。四者不求于外，不假于人，反诸已而存矣。夫人者、说人者也，形而为仁义，动而为法则。"《韩诗外传·卷二》这一条论述天命作为根据的修身治人之道，是孟子心性论的发挥。

《韩诗外传》所论虽富，不外乎汉初流行之天命、阴阳、礼义、德治和灾祥之说，同时韩婴和董仲舒都是当时著名的经学博士，前者齐人，后者赵人，曾经在武帝之前辩论，韩婴还稍胜一筹，公羊传及公羊学大师董仲舒所掌握的经学内容，韩婴相当熟悉。下面的内容和公羊学"非常异义可怪之论"非常接近：

> 有殷之时，谷生汤之廷，三日而大拱。汤问伊尹曰："何物也？"对曰："谷树也。"汤问："何为而生于此？"伊尹曰："谷之出泽，野物也，今生天子之庭，殆不吉也。"汤曰："奈何？"伊尹曰："臣闻：妖者、祸之先，祥者、福之先。见妖而为善，则祸不至，见祥而为不善，则福不臻。"汤乃斋戒静处，夙兴夜寐，吊死问疾，赦过赈穷，七日而谷亡，妖孽不见，国家昌。诗曰："畏天之威，于时保之。"（《韩诗外传·卷三》）

> 德也者、包天地之大，配日月之明，立乎四时之周，临乎阴阳之交。寒暑不能动也，四时不能化也，敛乎太阴而不湿，散乎太阳而不枯。鲜洁清明而备，严威毅疾而神，至精而妙乎天地之间者、德也，微圣人，其孰能与于此矣。诗曰："德輶如毛，民鲜克举之。"（《韩诗外传·卷五》）

如果说这些内容接近董仲舒的天人感应思想，或者为董仲舒的理论建构提供了思想资源，那么齐诗学者有关四始五际革命的内容，却是齐诗独有的今文经学解读孔子微言大义的独有内容，大体已经成为谶纬学范围，可以与董仲舒的思想互相印证和补充。

《诗推灾度》：建四始五际，而八节通。

《诗内传》：五际，卯、酉、午、戌、亥也。阴阳终始际会之岁，于此则有变改之政也。

《诗汜历枢》：大明在亥，水始也。四牡在寅，木始也。嘉鱼在巳，火始也。鸿雁在申，金始也。卯酉之际为革政，午亥之际为革命。神在天命，出入候得。言神在戌亥，司候帝王兴衰得失，厥善则昌，厥恶则亡。臣以为戌仲巳竟，来年入季。仲终季始，历运变改，故可改元，所以顺天道也。卯，《天保》也。酉，《祈父》也；午，《采芑》也；亥，《大明》也。《孔疏》云：亥为革命，一际也，亥又为天门，出入候听，二际也；卯为阴阳交际，三际也，午为阳谢阴兴，四际也，酉为阴盛阳微，五际也。凡推其数，皆从亥之仲起，此天地所定位，阴阳气周而复始，万物死而复苏，大统之始，故王命一节为之十岁也。①

蒙文通认为，《齐诗》把《诗经》中的篇章和阴阳五行相配，提出“四始五际”新理论，主要原因在于景帝在辕固生黄生汤武革命争论之后下了禁令，“是后学者莫敢明受命放杀者”，所以换了论述的形式。《大明》记叙的正是殷的天命已终、上天命武王伐商战于牧野的事件，实质上与辕固生汤武受命革命的理论是一致的。②

二、天人之际

1. 万物之祖

董仲舒的“天”是一切宇宙万物、天下人事的根据和源头，综合了历

---

① （清）王先谦撰：《诗三家义集疏》，中华书局1987年版，第549—555。另见刘小枫：《儒家与民族国家》，华夏出版社2007年版，第131—132页。参见蒙文通：《经学抉原》，上海世纪出版集团2006年版，第225页。

② 参见蒙文通：《经学抉原》，上海世纪出版集团2006年版，第225—226页。

史上各种"天"的思想特征，具有非常丰富的内涵。

董仲舒在著名的"天人三策"开头说：

> 臣谨案《春秋》之中，视前世已行之事，以观天人相与之际，甚可畏也。国家将有失道之败，而天乃先出灾害以谴告之，不知自省，又出怪异以警惧之，尚不知变，而伤败乃至。以此见天心之仁爱人君而欲止其乱也。自非大亡道之世者，天尽欲扶持而全安之，事在强勉而已矣。强勉学问，则闻见博而知益明；强勉行道，则德日起而大有功：此皆可使还至而有效者也。(《汉书·董仲舒传》)

从中可以看到，董仲舒根据孔子所作《春秋》记载的"已行之事"，来探究"天人相与"的道理。虽然这一段话只是一个起段，但已经点出了董仲舒之"天"的许多特征。"天"会与国家政治是否失道相互感应，对失道之国家，先是"出灾害以谴告之"，如果国君不知道悔过自新，会接着"出怪异以警惧之"，再不知改变，就败亡这个国家。这样先谴告再惊惧的做法，是"天心之仁爱人君而欲止其乱"，天之本意在于"扶持而全安之"，促使国家"勉强行道"，使天下太平，功德圆满。可见董仲舒的"天"具有神性、人格性、道德性特征，能够与人事感应，并且能做出道德价值判断，并可以实施奖善罚恶。

董仲舒的天和天命具体内涵是什么？我们看到，董仲舒的天命观，是建立在以"天"为中心的宇宙观基础上的。董仲舒宇宙论中的"天"，是包括人在内的宇宙万物生成的本原。

> 天者，万物之祖也。(《春秋繁露·顺命》)
> 天者，百神之大君也。(《春秋繁露·郊语》)
> 为生者不能为人，为人者天也，人之为人本于天，天亦人之曾祖父也。(《春秋繁露·为人者天》)

这样的天，有着上古至上神和祖先崇拜的痕迹，而董仲舒以具有生成功能的"天"存在时间的最久远和生发次序的最开端来说明"天"之崇高和神圣。既然天是生成之源和生发之端，那么必有其独特的具体结构：

> 何谓天之端？曰：天有十端，十端而止已，天为一端，地为一端，阴为一端，阳为一端，火为一端，金为一端，木为一端，水为一

端，土为一端，人为一端，凡十端而毕，天之数也。……天地之理，分一岁之变，以为四时，四时亦天之四选已，是故春者，少阳之选也，夏者，太阳之选也，秋者，少阴之选也，冬者，太阴之选也，四选之中，各有孟仲季，是选之中有选，故一岁之中有四时，一时之中有三长，天之节也。《春秋繁露·官制象天》)

天有五行，一曰木，二曰火，三曰土，四曰金，五曰水。木，五行之始也，水，五行之终也。土，五行之中也；此其天次之序也。(《春秋繁露·五行之义》)

天地之气，合而为一，分为阴阳，判为四时，列为五行。行者行也，其行不同，固谓之五行。五行者，五官也，比相生而间相胜也。(《春秋繁露·五行相生》)

可见董仲舒的天有三层涵义，一是大自然的天，纯粹的天空或自然的宇宙，是与人相对待的对象化的"天"。二是具有超自然力量的能动的天，居于一切事物的开端和本源，有超然独立于万物，却能与万物人事相感应，并有道德判断和赏善罚恶的能力，而天的好恶意图、价值取向叫做"天意"、"天志"。三是包涵了天地、阴阳、五行和人这"十端"及其一切规律、原理的天，其特征叫做"天数"，其规律叫做"天道"，有一定的命运之天色彩，也就是说，这一个天涵摄了董仲舒的宇宙论总体，一切都自然地、合理地运行着。董仲舒每每论述到"天人感应"、"天人合一"的时候，其中的天更多地是第三种涵义，已经预设性地包涵了人的因素，而且人要根据天命规定的角色责任去完成本分。

董仲舒的宇宙论，明显吸收了前几节提到的《尚书·洪范》中的"五行"思想、春秋以来的阴阳思想、邹衍的阴阳五行学说，以及《吕氏春秋》把天、阴阳、四时、五行综合其中的宇宙论思想，将天地、阴阳、四时、五行、方位和人同时纳入参合交变的宇宙万物生化过程。

天有五行：木、火、土、金、水是也。木生火，火生土，土生金、金生水。水为冬，金为秋，土为季夏，火为夏，木为春。春主生，夏主长，季夏主养，秋主收，冬主藏，藏，冬之所成也。(《春秋繁露·五行对》)

天地阴阳木火土金水九，与人而十者，天之数毕也，故数者至十而止，书者以十为终，皆取之此。圣人何其贵者，起于天，至于人而毕，毕之外，谓之物，物者，投其所贵之端，而不在其中，以此见人之超然万物之上，而最为天下贵。人下长万物，上参天地，故其治乱之故，动静顺逆之气，乃损益阴阳之化，而摇荡四海之内，物之难知者若神，不可谓不然也。(《春秋繁露·天地阴阳》)

五行之随，各如其序，五行之官，各致其能。是故木居东方而主春气，火居南方而主夏气，金居西方而主秋气，水居北方而主冬气。是故木主生而金主杀，火主暑而水主寒。使人必以其序，官人必比其能，天之数也。土居中央为之天润。土者，天股肱也。其德茂美，不可名以一时之事，故五行而四时者，土兼之也。(《春秋繁露·五行之义》)

董仲舒把历史上各种流派已有的宇宙观更为合理地熔为一炉，其中前人语焉不详的四时和五行匹配，董仲舒设计了"土为季夏"的环节，并赋予"主养"的功能。这样，董仲舒的宇宙论更加令人信服地把天地万物和人事政治连贯为一个有机的合理的整体，为他要建立的天命观和新儒学体系提供了坚实的基础。

2. 天命予夺

董仲舒的"天命"，更多地属于"天"的第二种含义，具有道德意识和奖善惩恶能力。我们先看董仲舒"天命"的具体用法：

颜渊死，子曰："天丧予。"子路死，子曰："天祝予。"西狩获麟，曰："吾道穷，吾道穷。"三年，身随而卒。阶此而观，天命成败，圣人知之，有所不能救，命矣夫！(《春秋繁露·随本消息》)

且天之生民，非为王也；而天立王，以为民也。故其德足以安乐民者，天予之，其恶足以贼害民者，天夺之。诗云："殷士肤敏，裸将于京，侯服于周，天命靡常。"言天之无常予，无常夺也。故封泰山之上，禅梁父之下，易姓而王，德如尧舜者，七十二人，王者，天之所予也，其所伐，皆天之所夺也。(《春秋繁露·尧舜不擅移汤武不专杀》)

天子受命于天，诸侯受命于天子，子受命于父，臣受命于君，妻受命于夫，诸所受命者，其尊皆天也。虽谓受命于天亦可。（《春秋繁露·顺命》）

董仲舒的"天命"有着丰富的内涵。第一材料引孔子语，指向命运之天和神灵之天。第三条引《诗经》中的著名的"天命靡常"一语，但其天命予夺，"故其德足以安乐民者，天予之，其恶足以贼害民者，天夺之"一语，可见此处"天命"用法继承孟子。第四条进一步把"天命"的含义确定在"受命于天"，并泛化到人伦尊卑秩序中，与第三条所论可以呼应的是，天命要经过天和人的授或夺的程序，其受命之初，需要天与之、人与之的认可，经过实践检验之后，如果天下王道大化流行，则通过制礼作乐确认；如果是暴虐之政，那么"天绝之"、"人绝之"，来废夺原先授予受命者的"天命"。

"天命"在董仲舒的哲学中，还有其独特的表达方式，那就是"天道"、"天意"、"天志"等。

是故阳常居实位而行于盛，阴常居空位而行于末，天之好仁而近，恶戾之变而远，大德而小刑之意也，先经而后权，贵阳而贱阴也。（《春秋繁露·阳尊阴卑》）

夫王者不可以不知天，知天，诗人之所难也，天意难见也，其道难理，是故明阳阴入出、实虚之处，所以观天之志；辨五行之本末、顺逆、小大、广狭，所以观天道也。天志仁，其道也义，为人主者，予夺生杀，各当其义，若四时；列官置吏，必以其能，若五行；好仁恶戾，任德远刑，若阴阳；此之谓能配天。（《春秋繁露·天地阴阳》）

天道之大者在阴阳。阳为德，阴为刑；刑主杀而德主生。是故阳常居大夏，而以生育养长为事；阴常居大冬，而积于空虚不用之处。以此见天之任德不任刑也。天使阳出布施于上而主岁功，使阴入伏于下而时出佐阳，阳不得阴之助，亦不能独成岁。终阳以成岁为名，此天意也。王者承天意以从事，故任德教而不任刑。（《汉书·董仲舒传》）

从上引材料可见，天道是宇宙天地万物以类相动的先天规律，天道中蕴涵阴阳变化之道，人理和天道相符合。这些先天规律是人所不能改变的，只能顺应天道治理人事。人发挥主观能动性的地方，在于通过"明阴阳入出、实虚之处"，来观察了解"天志"，明其好仁义尚德政的价值取向，通过"辨五行之本末、顺逆、小大、广狭"，来洞悉"天道""阳尊阴卑"、"好仁恶戾"的特点，天道所包涵的"人理"、"人道"乃为"列官置吏，必以其能"，仁贤使能方可天下大治。圣王实行王道，其根本原则是秉承"任德教而不任刑"这一"天意"治理天下。

根据以上材料分析论述，可见董仲舒的天和天命主要特征是具有宇宙秩序安排、道德价值判断和赏善罚恶的能力，有殷人"上帝"、周公阐释的"天命"和墨子"天志"三者的综合，兼具至上神、道德之天和意志之天的色彩。下面举"天人三策"中的言论来说明董氏之天的综合性特征。

> 臣闻天者群物之祖也。故遍覆包函而无所殊，建日月风雨以和之，经阴阳寒暑以成之。故圣人法天而立道，亦溥爱而亡私，布德施仁以厚之，设谊立礼以导之。春者天之所以生也，仁者君之所以爱也；夏者天之所以长也，德者君之所以养也；霜者天之所以杀也，刑者君之所以罚也。繇此言之，天人之征，古今之道也。孔子作《春秋》，上揆之天道，下质诸人情，参之于古，考之于今。……天令之谓命，命非圣人不行；质朴之谓性，性非教化不成；人欲之谓情，情非度制不节。是故王者上谨于承天意，以顺命也；下务明教化民，以成性也，正法度之宜，别上下之序，以防欲也；修此三者，而大本举矣。人受命于天，固超然异于群生，入有父子兄弟之亲，出有君臣上下之谊，会聚相遇，则有耆老长幼之施，粲然有文以相接，欢然有恩以相爱，此人之所以贵也。（《汉书·董仲舒传》）

这段材料比较全面地表达了董仲舒之天的三种主要内涵。首先天作为群物之祖的"至上神"，具有超自然的力量，能够安排宇宙秩序："遍覆包函而无所殊，建日月风雨以和之，经阴阳寒暑以成之。"其次，圣人法天所效法的内容是"溥爱而亡私，布德施仁以厚之，设谊立礼以导之"，说明圣人效法的是道德之天。再次，王者所为，皆承天意，可见天意有好恶意志，故王者承之，而且人受命于天，"生五谷以食之，桑麻以衣之，六畜以养之，服牛乘马，圈豹槛虎，是其得天之灵，贵于物也"（《汉书·董仲舒传》），天是有目的地去生养利人，并让社会具备人伦制度，说明这是意志之天。当然，有时候是综合运用天的各种含义，有时候根据语境需要用其中部分含义。

3. 天人感应

董仲舒以天为中心建构的宇宙论，若要与政治哲学贯通，需要解决一个关键的问题，即天人之间、天道与人道之间的关联机制，无之，则百辨莫明，有之，则一通百通。而这一环节，即为"天人相与之际"的天人感应。

> 为生不能为人，为人者，天也，人之人本于天，天亦人之曾祖父也，此人之所以乃上类天也。人之形体，化天数而成；人之血气，化天志而仁；人之德行，化天理而义；人之好恶，化天之暖清；人之喜怒，化天之寒暑；人之受命，化天之四时；人生有喜怒哀乐之答，春秋冬夏之类也。喜，春之答也，怒，秋之答也，乐，夏之答也，哀，冬之答也，天之副在乎人，人之情性有由天者矣，故曰受，由天之号也。（《春秋繁露·为人者天》）

这一段，可谓天人感应论证的总纲。董仲舒把"为人者，天也"，作为天人感应的基本根据，又从人的形体、血气、德行、好恶、喜怒、受命等人本于天的不同层次的论据，来论证天人感应。只是这里还没有具体展开论证，下面分别以相关材料来看董仲舒是如何从不同角度论证天人感应的。

> 天地之精所以生物者，莫贵于人。人受命乎天也，故超然有以倚；物疢疾莫能为仁义，唯人独能为仁义；物疢疾莫能偶天地，唯人独能偶天地。人有三百六十节，偶天之数也；形体骨肉，偶地之厚也；上有耳目聪明，日月之象也；体有空窍理脉，川谷之象也；心有哀乐喜怒，神气之类也；观人之体，一何高物之甚，而类于天也。……天地之符，阴阳之副，常设于身，身犹天也，数与之相参，故命与之相连也。天以终岁之数，成人之身，故小节三百六十六，副日数也；大节十二分，副月数也；内有五脏，副五行数也；外有四肢，

副四时数也；占视占瞑，副昼夜也；占刚占柔，副冬夏也；占哀占乐，副阴阳也；心有计虑，副度数也；行有伦理，副天地也；此皆暗肤著身，与人俱生，比而偶之弇合，于其可数也，副数，不可数者，副类，皆当同而副天一也。（《春秋繁露·人副天数》）

这一段也是从"人之形体，化天数而成"为基础，推衍出在阴阳、五行、四时、月数、岁日、伦理等若合符节的天人合一之处，得出天道、人道"以类相应"的结论。下面材料进一步探究"以类相应"的道理：

今平地注水，去燥就湿；均薪施火，去湿就燥；百物去其所与异，而从其所与同。故气同则会，声比则应，其验皦然也。试调琴瑟而错之，鼓其宫，则他宫应之，鼓其商，而他商应之，五音比而自鸣，非有神，其数然也。美事召美类，恶事召恶类，类之相应而起也，如马鸣则马应之，牛鸣则牛应之。帝王之将兴也，其美祥亦先见，其将亡也，妖孽亦先见，物故以类相召也。……故阳益阳，而阴益阴，阴阳之气因可以类相益损也。天有阴阳，人亦有阴阳，天地之阴气起，而人之阴气应之而起，人之阴气起，天地之阴气亦宜应之而起，其道一也。明于此者，欲致雨，则动阴以起阴，欲止雨，则动阳以起阳，故致雨，非神也，而疑于神者，其理微妙也。非独阴阳之气可以类进退也，虽不祥祸福所从生，亦由是也，无非已先起之，而物以类应之而动者也，故聪明圣神，内视反听，言为明圣内视反听，故独明圣者知其本心皆在此耳。（《春秋繁露·同类相动》）

通过水、火、气、声、音乐等事物同类相动和动物、雨雪、祸福、灾祥与人事应验等自然现象比附，模拟推衍天地之阴阳二气与人之阴阳二气之间同类相动的特点，这些自然人事事物的因果关联是无形的，看起来是自然而然，各不相干，实际上是同类感应的结果。"美事召美类，恶事召恶类，类之相应而起也，如马鸣则马应之，牛鸣则牛应之。帝王之将兴也，其美祥亦先见，其将亡也，妖孽亦先见，物故以类相召也。"（《春秋繁露·同类相动》）这就如本节开头董仲舒"天人三策"所说的天谴灾异思想，也就是"天人感应"思想的现实运用，通过君王在灾异的震慑下反求诸己，思考自己的道德行为和政治措施是否失当，来纠正错误，规范政治。那么人事何以能感应天地呢？

> 人下长万物，上参天地，故其治乱之故，动静顺逆之气，乃损益阴阳之化，而摇荡四海之内，物之难知者若神，不可谓不然也。……是故常以治乱之气，与天地之化相殽而不治也。世治而民和，志平而气正，则天地之化精，而万物之美起；世乱而民乖，志僻而气逆，则天地之化伤，气生灾害起。是故治世之德润草木，泽流四海，功过神明，乱世之所起，亦博若是；皆因天地之化，以成败物，乘阴阳之资，以任其所为，故为恶愆人力，而功伤名自过也。……天者，其道长万物，而王者长人；人主之大，天地之参也；好恶之分，阴阳之理也；喜怒之发，寒暑之比也；官职之事，五行之义也；以此长天地之间，荡四海之内，殽阴阳之气，与天地相杂，是故人言既曰：王者参天地矣，苟参天地，则是化矣，岂独天地之精哉！王者亦参而殽之，治则以正气殽天地之化，乱则以邪气殽天地之化，同者相益，异者相损之数也，无可疑者矣。（《春秋繁露·天地阴阳》）

人作为天之十端之一，万物之灵，不仅仅是被动地按照宇宙自然规律消极行动，而是能够"下长万物，上参天地"的宇宙运化之积极因素，所以，天人感应有"天—人"和"人—天"两个相互感应的方向。"世治而民和，志平而气正，则天地之化精，而万物之美起；世乱而民乖，志僻而气逆，则天地之化伤，气生灾害起。"人事之治理顺逆，可以直接感应天道，产生祥瑞或者灾害。而王者作为通过治理天下履行"长人"责任的大人，是"天地之参"，其天人感应能力则更为敏感和显著，故须行事谨慎，敬奉天时。在《五行顺逆》中，董仲舒以五行配四时，其中以土配季夏，每一个季节有相配的自然现象和社会人事活动，君王如果顺时而行，上天降祥瑞，逆时而动，上天降灾异。

三、受命天意

1. 灾异谴告

天人感应，表现在政治人事上，天意就以灾异谴告的形式来表达，提醒人们自省改正。

这种天意表达是善意的提醒，就像晴雨表一样，让人们通过灾异显现了解国家运行状况是否符合隐微的天意，据此来自省和调整所作所为。"臣谨案《春秋》之中，视前世已行之事，以观天人相与之际，甚可畏也。国家将有失道之败，而天乃先出灾害以谴告之，不知自省，又出怪异以警惧之，尚不知变，而伤败乃至。以此见天心之仁爱人君而欲止其乱也。"（《汉书·董仲舒传》）天意为仁，降临的灾异也是根据仁的标准评判人事来决定如何谴告世人，当然主要谴告对象是天子（人君）。谴告的方式也是充满仁爱和善意，先用小的灾害谴告。如果不知反省，则用大的怪异警惧。经过两次逐次升级的灾害谴告和怪异警惧，人君还不知道补救改变，这个时候就要转移天命了。可见天意对人君是充满仁爱之心和善意帮助改善统治方式。

所以王者要时刻注意天地阴阳五行变化，从天降祥瑞或灾异谴告中看出统治善恶的端倪，来调整自身的德行和采取补救的措施。

> 火者夏，成长，本朝也。举贤良，进茂才，官得其能，任得其力，赏有功，封有德，出货财，振困乏，正封疆，使四方。恩及于火，则火顺人，而甘露降；恩及羽虫，则飞鸟大为，黄鹄出见，凤凰翔。如人君惑于谗邪，内离骨肉，外疏忠臣，至杀世子，诛杀不辜，逐忠臣，以妾为妻，弃法令，妇妾为政，赐予不当，则民病血，壅肿，目不明。咎及于火，则大旱，必有火灾，摘巢探鷇，咎及羽虫，则飞鸟不为，冬应不来，枭鸱群鸣，凤凰高翔。《春秋繁露·五行顺逆》

正因为王者统治天下的天人感应特征，王者要按照天道四时的特点选择施政的要领和具体措施。"天之道，春暖以生，夏暑以养，秋清以杀，冬寒以藏，暖暑清寒，异气而同功，皆天之所以成岁也。圣人副天之所行以为政，故以庆副暖而当春，以赏副暑而当夏，以罚副清而当秋，以刑副寒而当冬，庆赏罚刑，异事而同功，皆王者之所以成德也。庆赏罚刑，与春夏秋冬，以类相应也，如合符，故曰：'王者配天，谓其道。'"（《春秋繁露·四时之副》）庆、赏、罚、刑之政各与春、夏、秋、冬四季相配，以配天道，方可顺天治化，天下太平。

甚至天下伦常百官制度也要取之天道：

> 是故仁义制度之数，尽取之天，天为君而覆露之，地为臣而持载之，阳为夫而生之，阴为妇而助之，春为父而生之，夏为子而养之，秋为死而棺之，冬为痛而丧之，王道之三纲，可求于天。（《春秋繁露·基义》）

> 王者制官：三公、九卿、二十七大夫、八十一元士，凡百二十人，而列臣备矣。吾闻圣王所取，仪金天之大经，三起而成，四转而终，官制亦然者，此其仪与！三人而为一选，仪于三月而为一时也；四选而止，仪于四时而终也。三公者、王之所以自持也，天以三成之，王以三自持，立成数以为植，而四重之，其可以无失矣，备天数以参事，治谨于道之意也，此百二十臣者，皆先王之所与直道而行也。（《春秋繁露·官制象天》）

因为王者的"长人"责任和天人感应特点，董仲舒提出王者必须是"仁且智"的圣人，做到君圣合一。"仁而不智，则爱而不别也；智而不仁，则知而不为也。故仁者所爱人类也，智者所以除其害也。"（《春秋繁露·必仁且智》）仁以爱人，智以除患，爱人和除患实则皆为"仁"的应有内涵。

> 何谓仁？仁者，憯怛爱人，谨翕不争，好恶敦伦，无伤恶之心，无隐忌之志，无嫉妒之气，无感愁之欲，无险诐之事，无辟违之行，故其心舒，其志平，其气和，其欲节，其事易，其行道，故能平易和理而无争也，如此者，谓之仁。

> 何谓智？先言而后当。……智者见祸福远，其知利害蚤，物动而知其化，事兴而知其归，见始而知其终，言之而无敢哗，立之而不可废，取之而不可舍，前后不相悖，终始有类，思之而有复，及之而不可厌，其言寡而足，约而喻，简而达，省而具，少而不可益，多而不可损，其动中伦，其言当务，如是者，谓之智。（《春秋繁露·必仁且智》）

可见，王者要做到仁，也就是像尧舜那样，按照阴阳、四时、五行的天道规律和时节政令之要求去做好王者本分，垂恭而天下治。王者也要做到智，像汤武那样，"先言而后当"，"先规而后为之"，见微知著，见机行事，逐名荣身，德加万民，为民除患。所以王者要重视天谴和灾异，视之为国家政治失误的征兆：

> 其大略之类，天地之物，有不常之变者，谓之异，小者谓之灾，灾常先至，而异乃随之，灾者，天之谴也，异者，天之威也，谴之而不知，乃畏之以威，诗云："畏天之威。"殆此谓也。凡灾异之本，尽生于国家之失，国家之失乃始萌芽，而天出灾害以谴告之；谴告之，而不知变，乃见怪异以惊骇之；惊骇之，尚不知畏恐，其殃咎乃至。以此见天意之仁，而不欲陷人也。谨案：灾异以见天意，天意有欲也、有不欲也，所欲、所不欲者，人内以自省，宜有惩于心，外以观其事，宜有验于国，故见天意者之于灾异也，畏之而不恶也，以为天欲振吾过，救吾失，故以此报我也。春秋之法，上变古易常，应是而有天灾者，谓幸国。孔子曰："天之所幸有为不善，而屡极。"楚庄王以天不见灾，地不见孽，则祷之于山川曰："天其将亡予邪！不说吾过，极吾罪也。"以此观之，天灾之应过而至也，异之显明可畏也，此乃天之所欲救也，春秋之所独幸也，庄王所以祷而请也，圣主贤君尚乐受忠臣之谏，而况受天谴。（《春秋繁露·必仁且智》）

万一国家政治有问题，"天出灾害以谴告之"，通过灾异的方式表征，是天人感应表现出来的国家政治人事失误的萌芽，"不常之变"即奇怪的事变，叫异，小的事变，叫做灾，是天对国家当政者的警告。灾异谴告之后还不知自省改过，天会再出有更大更不寻常的怪异来惊骇，如果还不知道改邪归正，"殃咎乃至"，王者之天命将会失去，这个国家的人民将要跟着遭殃。所以灾异是天意的表达，是"天欲振吾过，救吾失"而来通风报信。国家当政者应当闻过则喜，立刻内省惩心，检讨人事政治，改过自新，按照天道实行王道德政，这样才不会辜负老天帮助改过救国的仁慈之心。"圣主贤君尚乐受忠臣之谏，而况受天谴也。"董仲舒很有说服力地证明，天谴是天救危国。王者总是要千方百计任贤使能，恭听忠臣直言谏过，以正德行政事，何况天意都直接来谴告了，故应当赶紧振作起来，满怀对天的敬畏感激，尽快改过自新。

2. 屈君伸天

董仲舒的天命观强调圣王"受命",乃受命于天,而天下受命于天子,强调天子的地位,是人间之最尊贵者。伸天既是强调天子的权威,也是限制天子的权力。

> 春秋列序位,尊卑之陈,累累乎可得而观也,虽闇至愚,莫不昭然,公子庆父罪亦不当系于国,以亲之故,为之讳,而谓之齐仲孙,去其公子之亲也,故有大罪不奉其天命者,皆弃其天伦。人于天也,以道受命,其于人,以言受命;不若于道者,天绝之,不若于言者,人绝之;臣子大受命于君,辞而出疆,唯有社稷国家之危,犹得发辞而专安之盟是也。天子受命于天,诸侯受命于天子,子受命于父,臣妾受命于君,妻受命于夫,诸所受命者,其尊皆天也,虽谓受命于天亦可。(《春秋繁露·顺命》)

> 传曰:唯天子受命于天,天下受命于天子,一国则受命于君。君命顺,则民有顺命;君命逆,则民有逆命;故曰:"一人有庆,兆民赖之。"此之谓也。(《春秋繁露·为人者天》)

董仲舒把天与受命于天的君王比作父子关系,君王号为"天子",而天子与受命于天子的天下万民亦犹如父子关系,因而天子秉承天意治理天下,而天下万民亦秉承受命之天子之旨意,从士到诸侯各级,皆如子之事父,各安其分,各司其职。"不若于道者,天绝之,不若于言者,人绝之",天子如能顺天命而行,则天下和洽,如果天子逆天命而行,则天下都要跟着一起遭殃。

> 春秋之法:以人随君,以君随天。曰:缘民臣之心,不可一日无君,一日不可无君,而犹三年称子者,为君心之未当立也,此非以人随君耶!孝子之心,三年不当,而踰年即位者,与天数俱终始也,此非以君随天邪!故屈民而伸君,屈君而伸天,春秋之大义也。(《春秋繁露·玉杯》)

"屈民而伸君,屈君而伸天。"以君随天,以民随君,这一天君民关系定位是董仲舒的一大创新。而"屈民而伸君",曾引致许多批评,以为这是曲学阿世(蒙文通)。主要是先秦儒家有着"以德抗位"、"以德抗势"、敢于批评政治时事的优良传统，又有孟子所说的"民为贵，社稷次之，君为轻"（《孟子·尽心下》）那样的民本思想。下面是一段著名的儒家革命和批评精神的对话。

> 齐宣王问卿。孟子曰："王何卿之问也?"王曰："卿不同乎?"曰："不同。有贵戚之卿，有异姓之卿。"王曰："请问贵戚之卿。"曰："君有大过则谏，反复之而不听，则易位。"王勃然变乎色。曰："王勿异也。王问臣，臣不敢不以正对。"王色定，然后请问异姓之卿。曰："君有过则谏，反复之而不听，则去。"（《孟子·万章下》）

即便强调尊君的荀子，说过："君者，民之原也，原清则流清，原浊则流浊。故有社稷者而不能爱民，也不能利民，而求民之亲爱己，不可得也。"（《荀子·君道》）那也是要强调君为民则，君主要为人民的行为承担道德和政治责任，而且还强调民为君本："《传》曰：'君者，舟也；庶人者，水也。水则载舟，水则覆舟。'此之谓也。故君人者欲安则莫若平政爱民矣，欲荣则莫若隆礼敬士矣，欲立功名则莫若尚贤使能矣，是君人者之大节也。三节者当，则其余莫不当矣；三节者不当，则其余虽曲当，犹将无益也。"（《荀子·王制》）荀子还提出"从道不从君"（《荀子·臣道》）的臣道原则。若处于先秦儒家同等历史条件，指责董仲舒曲学阿世，这一批评不能说没有道理，但是若不站在董仲舒所处提出这一君民关系定位的历史境遇，则还没有做到同情地理解董仲舒当时的时势和董仲舒的用心。这一点在导论中已经有所论述，在继承秦朝郡县制中央君主集权制的同时，汉王朝的诸侯封国势力强大，使汉王朝建立半个多世纪还存在大一统天下的重大隐患，正需要强调天子神圣性尊严，通过强干弱枝来维护统一局面和长治久安，这是新形势迫切的新需要。董仲舒也知道"屈民而伸君"的后遗症是天子权力过分膨胀的危害，所以还设计了"屈君而伸天"这一观念来制约君王，作为天子的"紧箍咒"。天意敦促天子任德不任刑、任贤使能、教化民众，而且通过谴告，提醒王者反求诸己，改过自新，拨乱反正。

> 古之造文者，三画而连其中，谓之王；三画者，天地与人也，而连其中者，通其道也，取天地与人之中以为贯，而参通之，非王者庸

能当是。是故王者唯天之施，施其时而成之，法其命而循之诸人，法其数而以起事，治其道而以出法，治其志而归之于仁。仁之美者在于天，天仁也，天覆育万物，既化而生之，有养而成之，事功无已，终而复始，凡举归之以奉人，察于天之意，无穷极之仁也。人之受命于天也，取仁于天而仁也，是故人之受命天之尊，父兄子弟之亲，有忠信慈惠之心，有礼义廉让之行，有是非逆顺之治，文理灿然而厚，知广大有而博，唯人道为可以参天。（《春秋繁露·王道通三》）

董仲舒以训诂拆字释"王"，把天子或王者解释为天地人三才之道的贯通者。天子按照天意去治理天下，法天命以洽人伦，法天数以达人事，法天道而以治刑政，法天志以行教化，这样人道符合天道，人可以与天地参，从而达到天人合一、天下太平的王道境界。

3. 受命之符

对于古代尧舜禅让、汤武革命等天命继移方式的解释，董仲舒继承了儒家革命论。关于尧舜禅让问题，董仲舒认为天命是"天予之"：

尧舜何缘而得擅移天下哉？孝经之语曰："事父孝，故事天明。"事天与父同礼也。今父有以重予子，子不敢擅予他人，人心皆然；则王者亦天之子也，天以天下予尧舜，尧舜受命于天而王天下，犹子安敢擅以所重受于天者予他人也，天有不予尧舜渐夺之故，明为子道，则尧舜之不私传天下而擅移位也，无所疑也。（《春秋繁露·尧舜不擅移汤武不专杀》）

董仲舒以"子事父以孝"来比喻尧舜事天以敬，说明尧舜皆受命于天而王天下，是不敢把天下擅自转移给他人，因为天没有把擅移天下的权力交给尧舜。结合后面谈到桀纣不能禁令天下、不能臣天下，而证明桀纣之天命已去，可见董仲舒的天命观接近孟子"天与之、人与之"的天命观。下面这条材料则继承了荀子"天下归之"的天命观，而且强调"众圣辅德，贤能佐职"是受天命而天下归心的重要标志：

臣闻尧受命，以天下为忧，而未以位为乐也，故诛逐乱臣，务求贤圣，是以得舜、禹、稷、卨、咎繇。众圣辅德，贤能佐职，教化大行，天下和洽，万民皆安仁乐谊，各得其宜，动作应礼，从容中道。故孔子曰："如有王者，必世而后仁，"此之谓也。尧在位七十载，乃逊于位以禅虞舜。尧崩，天下不归尧子丹朱而归舜。舜知不可辟，乃即天子之位，以禹为相，因尧之辅佐，继其统业，是以垂拱无为而天下治。孔子曰"《韶》尽美矣，又尽善矣"，此之谓也。至于殷纣，逆天暴物，杀戮贤知，残贼百姓。伯夷、太公皆当世贤者，隐处而不为臣。守职之人皆奔走逃亡，入于河海。天下耗乱，万民不安，故天下去殷而从周。文王顺天理物，师用贤圣，是以闳夭、大颠、散宜生等亦聚于朝廷。爱施兆民，天下归之，故太公起海滨而即三公也。（《汉书·董仲舒传》）

董仲舒认为汤武通过革命而王天下，和尧舜是一样的圣王："儒者以汤武为至圣大贤也，以为全道究义尽美者，故列之尧舜，谓之圣王，如法则之。"（《尧舜不擅移汤武不专杀》）针对认为"汤武不义"的人，类似于黄生那样持"汤武弑君"观点的黄老学者，董仲舒把历史上推到三皇五帝时代，因为黄帝、神农都有通过征伐而王天下，汤武伐无道和古圣王一样有义。董仲舒还进一步从天命予夺和圣王征伐的关系去论证汤武革命的正当性：

且天之生民，非为王也，而天立王，以为民也。故其德足以安乐民者，天予之，其恶足以贼害民者，天夺之。诗云："殷士肤敏，祼将于京，侯服于周，天命靡常。"言天之无常予，无常夺也。故封泰山之上，禅梁父之下，易姓而王，德如尧舜者，七十二人，王者，天之所予也，其所伐，皆天之所夺也，今唯以汤武之伐桀纣为不义，则七十二王亦有伐也，推足下之说，将以七十二王为皆不义也。故夏无道而殷伐之，殷无道而周伐之，周无道而秦伐之，秦无道而汉伐之，有道伐无道，此天理也，所从来久矣，宁能至汤武而然耶！夫非汤武之伐桀纣者，亦将非秦之伐周，汉之伐秦，非徒不知天理，又不明人礼，礼，子为父隐恶，今使伐人者，而信不义，当为国讳之，岂宜如诽谤者，此所谓一言而再过者也。君也者，掌令者也，令行而禁止也，今桀纣令天下而不行，禁天下而不止，安在其能臣天下也！果不

能臣天下，何谓汤武弑？（《春秋繁露·尧舜不擅移汤武不专杀》）

董仲舒最后以秦之伐周、汉之伐秦来反诘汤武不义论者，与辕固生在景帝前以刘邦伐秦反诘黄生的论证方法如出一辙，具有很强的说服力。"故夏无道而殷伐之，殷无道而周伐之，周无道而秦伐之，秦无道而汉伐之，有道伐无道，此天理也。"董仲舒给非汉伐秦者"不知天理、不明人礼"的评价，说明当时汉王朝的政治权力正当性还不够稳固，尚需"为国讳之"，汤武革命的定性也正是给汉王朝代秦的政治合法性给予定性。

王者受命的符瑞和去命的灾异，要怎样才能体现呢？

臣闻天之所大奉使之王者，必有非人力所能致而自至者，此受命之符也。天下之人同心归之，若归父母，故天瑞应诚而至。《书》曰"白鱼入于王舟，有火复于王屋，流为乌"，此盖受命之符也。周公曰"复哉复哉"，孔子曰"德不孤，必有邻"，皆积善累德之效也。及至后世，淫佚衰微，不能统理群生，诸侯背畔，残贼良民以争壤土，废德教而任刑罚。刑罚不中，则生邪气；邪气积于下，怨恶畜于上。上下不和，则阴阳缪盭而妖孽生矣。此灾异所缘而起也。（《汉书·董仲舒传》）

可见受命和去命都是天人感应的结果。天意授天命于王者，"受命之符"就会出现，不是通过人力勉强得来的。"天下之人同心归之，若归父母，故天瑞应诚而至。"天降受命之符瑞，是"积善累德之效"，是天下民心所向，才能达致的。暴虐之君如桀纣，违背天意，逆天而行，所以灾害并至，乃至夺去天命。

而圣王或天子受命之后，具体如何效法天意呢？圣王效法天意实行王道的基本原则："溥爱而亡私，布德施仁以厚之，设谊立礼以导之。"（《汉书·董仲舒传》）这也是前面所提到的"任德不任刑"这一政治统治原则，但不是说不要刑，而是"德主刑辅。"王道落实到具体行政之中，则有详细的内容：

为人君者，其法取象于天，故贵爵而臣国，所以为仁也；深居隐处，不见其体，所以为神也；任贤使能，观听四方，所以为明也；量能授官，贤愚有差，所以相承也；引贤自近，以备股肱，所以为刚

也；考实事功，次序殿最，所以成世也；有功者进，无功者退，所以
赏罚也。是故天执其道，为万物主，君执其常，为一国主；天不可以
不刚，主不可以不坚；天不刚，则列星乱其行，主不坚，则邪臣乱其
官；星乱则亡其天，臣乱则亡其君；故为天者，务刚其气，为君者，
务坚其政，刚坚然后阳道制命。(《春秋繁露·天地之行》)

　　天积众精以自刚，圣人积众贤以自强；天序日月星辰以自光，圣
人序爵禄以自明；天所以刚者，非一精之力，圣人所以强者，非一贤
之德也。故天道务盛其精，圣人务众其贤；盛其精而壹其阳，众其贤
而同其心；壹其阳，然后可以致其神，同其心，然后可以致其功；是
以建治之术，贵得贤而同心。《春秋繁露·立元神》

上引材料点出天子具体政治事务的要点和原则。与王道基本原则强调
"仁"、"德"不同，在具体政治实践中强调"刚"和"坚"，"天不可以不
刚，主不可以不坚"，"刚坚然后阳道制命"，张扬阳刚之气，凸显天子的
尊贵和威严，防止诸侯大臣犯上作乱。与此相应，臣应该效法地道，效忠
天子。地道的特点是："地卑其位而上其气，暴其形而著其情，受其死而
献其生，成其事而归其功。"(《春秋繁露·天地之行》)臣的职责也有其对
应的具体内容："为人臣者，其法取象于地，故朝夕进退，奉职应对，所
以事贵也；供设饮食，候视疚疾，所以致养也；委身致命，事无专制，所
以为忠也；竭愚写情，不饰其过，所以为信也；伏节死难，不惜其命，所
以救穷也；推进光荣，褒扬其善，所以助明也；受命宣恩，辅成君子，所
以助化也；功成事就，归德于上，所以致义也。"(《天地之行》)君臣关系
也就可以明了："是故君臣之礼，若心之与体；心不可以不坚，君不可以不
贤；体不可以不顺，臣不可以不忠；心所以全者，体之力也；君所以安者，
臣之功也。"(《春秋繁露·天地之行》)这些原则吸收了黄老道家"君无为
而臣有为"的思想。

　　故圣人之治国也，因天地之性情、孔窍之所利，以立尊卑之制，
以等贵贱之差，设官府爵禄，利五味，盛五色，调五声，以诱其耳
目；自令清瘘昭然殊体，荣辱踔然相驳，以感动其心；务致民令有所
好，有所好，然后可得而劝也，故设赏以劝之；有所好，必有所恶，

有所恶，然后可得而畏也，故设罚以畏之；既有所劝，又有所畏，然后可得而制。……是故为人君者，固守其德，以附其民，固执其权，以正其臣。……为人君者，居无为之位，行不言之教，寂而无声，静而无形，执一无端，为国源泉，因国以为身，因臣以为心，以臣言为声，以臣事为形。……故为君，虚心静处，聪听其响，明视其影，以行赏罚之象，其行赏罚也，响清则生清者荣，响瘆则生瘆者辱，影正则生正者进，影枉则生枉者绌，擘名考质，以参其实，赏不空施，罚不虚出，是以群臣分职而治，各敬而事，争进其功，显广其名，而人君得载其中，此自然致力之术也，圣人由之，故功出于臣，名归于君也。（《春秋繁露·保位权》）

这些关于治国、为君、驭臣和制民之术，仍然以天意的名义论述，但又吸取了法家"循名责实"和"赏罚二柄"思想，以及道家"君逸而臣劳"、"无为而无不为"思想，把汉初流行的黄老刑名之术巧妙地转化到其宇宙论逻辑结构中，体现了董仲舒政治哲学综合百家之长的特点。

第四节　受命改制

一、新王改制

1. 应天改制

董仲舒的受命改制说，依托《春秋》对天命做出创造性阐释，是其天命观中的创新。董仲舒的天命观中特别强调"新王必改制"：

今所谓新王必改制者，非改其道，非变其理，受命于天，易姓更王，非继前王而王也，若一因前制，修故业，而无有所改，是与继前王而王者无以别。受命之君，天之所大显也；事父者承意，事君者仪志，事天亦然；今天大显已，物袭所代，而率与同，则不显不明，非天志，故必徙居处，更称号，改正朔，易服色者，无他焉，不敢不顺天志，而明自显也。若夫大纲，人伦道理，政治教化，习俗文义尽如故，亦何改哉！故王者有改制之名，无易道之实。孔子曰：'无为而治者，其舜乎！'言其王尧之道而已，此非不易之效与！（《春秋繁露·楚庄王》）

新王受命于天，如汤武刘汉，易姓更王，就要秉承天意、天志，必须要做改制工作，以区别于前王。但"有改制之名，无易道之实"，"若夫大纲，人伦道理，政治教化，习俗文义尽如故"，改的不是王道、天理，而是"徙居处，更称号，改正朔，易服色"等这些显明新王的制度文章。

这其实是"正名"的工作，有着儒家"正名"论的传统背景。下面是一段关于"正名"的著名对话：

子路曰："卫君待子而为政，子将奚先？"子曰："必也正名乎。"子路曰："有是哉，子之迂也。奚其正？"子曰："野哉由也。君子于其所不知，盖阙如也。名不正则言不顺，言不顺则事不成，事不成则礼乐不兴，礼乐不兴则刑罚不中，刑罚不中则民无所措手足。故君子名之必可言也，言之必可行也。君子于其言，无所苟而已矣。"（《论语·子路》）

在孔子看来，在等级社会礼制中的名分是非常重要的，是为政之源，正名不当会导致连锁反应，最终礼乐不兴、刑罚不中，民不知所从，社会秩序就开始混乱。所以孔子认为，为政就是正己，而正己在于正名："季康子问政于孔子。孔子对曰：'政者正也，子帅以正，孰敢不正。'"（《论语·颜渊》）在"礼坏乐崩"的春秋时期，臣子弑君父、礼乐征伐自诸侯出、政在大夫等违背礼义名分制度的情况日渐严重，鲁国的问题在于政在大夫，季氏四代掌控了鲁国国政，已经僭越了君臣的名分，所以孔子强调这一点，特有所指。孔子的理想"克己复礼为仁"，其中包含了恢复周礼名分制度："君君，臣臣，父父，子子。"（《论语·颜渊》）荀子也专门写有《正名》篇，其中也有强调名分的内容：

故王者之制名，名定而实辨，道行而志通，则慎率民而一焉。故析辞擅作名以乱正名，使民疑惑，人多辨讼，则谓之大奸，其罪犹为符节、度量之罪也。故其民莫敢托为奇辞以乱正名。故其民悫，悫则易使，易使则公。其民莫敢托为奇辞以乱正名，故壹于道法而谨于循令矣。如是，则其迹长矣。迹长功成，治之极也，是谨于守名约之功也。今圣王没，名守慢，奇辞起，名实乱，是非之形不明，则虽守法之吏，诵数之儒，亦皆乱也。若有王者起，必将有循于旧名，有作于新名。(《荀子·正名》)

荀子认为王者确定名分是实行王道的关键。通过制度确定名分，那么成名都能守其本分，"壹于道法而谨于循令"，"谨于守名约"，天下就能长治久安。所以荀子提出："若有王者起，必将有循于旧名，有作于新名。"而这正是董仲舒所强调的"有改制之名，无易道之实"的王者正名工作："新王必改制"。

董仲舒非常看重正名工作，认为正名就是天意：

治天下之端，在审辨大；辨大之端，在深察名号。名者，大理之首章也，录其首章之意，以窥其中之事，则是非可知，逆顺自著，其几通于天地矣。是非之正，取之逆顺，逆顺之正，取之名号，名号之正，取之天地，天地为名号之大义也。古之圣人，謞而效天地，谓之号，鸣而施命，谓之名。名之为言鸣与命也，号之为言謞而效也，謞而效天地者为号，鸣而命者为名，名号异声而同本，皆鸣号而达天意者也。天不言，使人发其意；弗为，使人行其中；名则圣人所发天意，不可不深观也。受命之君，天意之所予也。故号为天子者，宜视天为父，事天以孝道也；号为诸侯者，宜谨视所候奉之天子也；号为大夫者，宜厚其忠信，敦其礼义，使善大于匹夫之义，足以化也；士者，事也，民者、瞑也；士不及化，可使守事从上而已。五号自赞，各有分，分中委曲，曲有名，名众于号，号其大全。名也者，名其别离分散也，号凡而略，名详而目，目者，遍辨其事也，凡者，独举其大也。享鬼神者号一，曰祭；祭之散名：春曰祠，夏曰礿，秋曰尝，冬曰烝。猎禽兽者号一，曰田；田之散名：春苗、秋搜、冬狩、夏猕，无有不皆中天意者。物莫不有凡号，号莫不有散名如是。是故事各顺于名，名各顺于天，天人之际，合而为一。同而通理，动而相益，顺而相受，谓之德道。《春秋繁露·深察名号》

作为天意的名号，一旦确定其正确的尊卑秩序，那么从受命之天子到"瞑"而不觉的庶民，无不能各自奉行本分和履行职责义务：受命之君，天意之所予也。故号为天子者，宜视天为父，事天以孝道也；号为诸侯者，宜谨视所候奉之天子也；号为大夫者，宜厚其忠信，敦其礼义，使善大于匹夫之义，足以化也；士者，事也，民者、瞑也；士不及化，可使守事从上而已。五号自赞，各有分，分中委曲，曲有名，名众于号，号其大全。"天下制度人伦物理无不合天意，于是"事各顺于名，名各顺于天，天人之际，合而为一"，天下臻于和洽太平之理想状态。

2. 制礼作乐

董仲舒强调新王承天意改制之外，还有更进一步的承民意的王者制礼作乐环节，来印证王者所受天命的正当性，与天命"天与之，人与之"相呼应。

> 问者曰："物改而天授，显矣，其必更作乐，何也?"曰："乐异乎是，制为应天改之，乐为应人作之，彼之所受命者，必民之所同乐也。是故大改制于初，所以明天命也；更作乐于终，所以见天功也；缘天下之所新乐，而为之文，且以和政，且以兴德，天下未遍合和，王者不虚作乐，乐者，盈于内而动发于外者也，应其治时，制礼作乐以成之，成者本末质文，皆以具矣。是故作乐者，必反天下之所始乐于己以为本。舜时，民乐其昭尧之业也，故韶，韶者，昭也；禹之时，民乐其三圣相继，故夏，夏者，大也；汤之时，民乐其救之于患害也，故護，護者，救也；文王之时，民乐其兴师征伐也，故武，武者，伐也。四者天下同乐之，一也，其所同乐之端，不可一也。作乐之法，必反本之所乐，所乐不同事，乐安得不世异！是故舜作韶而禹作夏，汤作護而文王作武，四乐殊名，则各顺其民始乐于己也，吾见其效矣。诗云：'文王受命，有此武功；既伐于崇，作邑于丰。'乐之风也。又曰：'王赫斯怒，爰整其旅。'当是时，纣为无道，诸侯大乱，民乐文王之怒，而歌咏之也。周人德已洽天下，反本以为乐，谓之大武，言民所始乐者，武也云尔。故凡乐者，作之于终，而名之以始，重本之义也。由此观之，正朔服色之改，受命应天，制礼作乐之异，

人心之动也，二者离而复合，所为一也。"（《春秋繁露·楚庄王》）

改制为显明新王受命，制礼作乐为印证当朝政权天命的正当性。"制为应天改之，乐为应人作之"，说明了其天命内涵的双重内涵，即受命改制是在受命之初，目的是为显明和响应天命，制礼作乐在后，必须是实行王道成功之后的圣王才有资格，目的是印证和应验天命。譬如，桀纣继位之初可受命改制，但其后要经过实践的检验，后来暴虐之政只会证明了天要废其所受天命，就没有资格制礼作乐。尧、舜、禹、汤、文、武、周公制礼作乐则是应人而作，在本末质文皆具，天下大治、功德圆满之时，制礼作乐，歌功颂德，圣王受命正当性因而得到印证和表彰。"正朔服色之改，受命应天，制礼作乐之异，人心之动也，二者离而复合，所为一也。"受命改制和制礼作乐都是天命授受分置始终而相互统一的不可或缺的内容。

董仲舒关于制礼作乐的思想，与先秦以来礼乐思想一脉相承。就史实而言，有周公制礼作乐的故事，《礼记》称周公摄政六年制礼作乐："昔殷纣乱天下，脯鬼侯以飨诸侯，是以周公相武王以伐纣。武王崩，成王幼弱，周公践天子位，六年朝诸侯，制礼作乐，而天下大服，七年，致政于成王。"（《礼记·明堂记》）《史记》和《汉书》称周公相成王而制礼作乐："既绌殷命，袭淮夷，归在丰，作周官。兴正礼乐，度制于是改，而民和睦，颂声兴。"（《史记·周本纪》）"周公相成王，王道大洽，制礼作乐。"（《汉书·郊祀志》）这是应天改制、功成制礼作乐的基本史实依据。关于礼乐的功能，《乐记》将礼乐刑政并提："故礼以道其志，乐以和其声，政以一其行，刑以防其奸。礼、乐、刑、政，其几一也，所以同民心而出治道也。……礼节民心，乐和民声，政以行之，刑以防之。礼乐刑政，四达而不悖，则王道备矣。"（《礼记·乐记》）关于作乐为圣王功成应人而作，《乐记》云："故知礼乐之情者能作，识礼乐之文者能述。作者之为圣，述者之谓明。明圣者，述作之谓也。"（《礼记·乐记》）孔子有德无位，虽然"吾自卫反鲁，然后乐正，雅颂各得其所"（《论语·子罕》），但无功成应人作乐之事，故孔子曰："述而不作，信而好古，窃比我于老彭。"（《论语·述而》）关于功成作乐，《乐记》有精彩的阐述：

> 王者功成作乐，治定制礼，其功大者其乐备，其治辨者其礼具。
> 干戚之舞，非备乐也；孰享而祀，非达礼也。五帝殊时，不相沿乐；
> 三王异世，不相袭礼。乐极则忧，礼粗则偏矣。及夫敦教而无忧，礼
> 备而不偏者，其唯大圣乎！（《礼记·乐记》）

> 天高地下，万物散殊，而礼制行矣。流而不息，合同而化，而乐
> 兴焉。春作夏长，仁也。秋敛冬藏，义也。仁近于乐，义近于礼。乐
> 者敦和，率神而从天；礼者别宜，居鬼而从地。故圣人作乐以应天，
> 制礼以配地。礼乐明备，天地官矣。（《礼记·乐记》）

> 文侯问曰："敢问何如？"子夏对曰："夫古者天地顺而四时当，民
> 有德而五谷昌，疾疢不作而无妖祥，此之谓大当。然后圣人作为父子
> 君臣，以为纪纲，纪纲既正，天下大定，天下大定，然后正六律，和
> 五声，弦歌诗、颂。此之谓德者，德音之谓乐。"（《礼记·乐记》）

第一条材料中，"功成作乐"，这是董仲舒直接继承的，"治定制礼"，
这一条董仲舒做了改动，从最终与作乐一起完成变为新王受命之初改制，
"是故大改制于初，所以明天命也"。第二条材料，认为"圣人作乐以应天，
制礼以配地"，董仲舒改之为"制为应天改之，乐为应人作之"。而第三条
材料，子夏的思想与董仲舒的思想是一致的，先是具备受命之符瑞，限制
新王受命，"大当"即新王受命有了正当性，然后应天改制："圣人作为父
子君臣，以为纪纲。"圣王行王道而功成，"纪纲既正，天下大定"，于是
应人作乐："天下大定，然后正六律，和五声，弦歌诗、颂。此之谓德者，
德音之谓乐。"通过董仲舒的制礼作乐思想与先秦历史故事和儒家文献有
关记载的比较，看以看出董仲舒思想的渊源和取舍情况。

3. 改制更化

董仲舒提出的改制，一再强调"天不变，道亦不变"，但他说的不变
是理想之道的不变，一旦所继承的是乱世，也就是通过革命获得政权时，
就要改革前王弊政，改的是已偏离正道的偏颇之道。

> 臣闻夫乐而不乱，复而不厌者，谓之道；道者，万世无弊，弊
> 者，道之失也。先王之道必有偏而不起之处，故政有眊而不行，举其

偏者以补其弊而已矣。三王之道所祖不同，非其相反，将以救溢扶衰，所遭之变然也。故孔子曰："亡为而治者，其舜乎！"改正朔，易服色，以顺天命而已，其余尽循尧道，何更为哉！故王者有改制之名，亡变道之实。然夏上忠，殷上敬，周上文者，所继之救，当用此也。孔子曰："殷因于夏礼，所损益可知也；周因于殷礼，所损益可知也；其或继周者，虽百世可知也。"此言百王之用，以此三者矣。夏因于虞，而独不言所损益者，其道如一而所上同也。道之大原出于天，天不变，道亦不变，是以禹继舜，舜继尧，三圣相受而守一道，亡救弊之政也，故不言其所损益也。繇是观之，继治世者其道同，继乱世者其道变。今汉继大乱之后，若宜少损周之文致，用夏之忠者。
（《汉书·董仲舒传》）

王朝继承更替的情况不同，新王改制的方式也有所不同。尧道尽善尽美，尧舜禹三圣相受，所守同道，没有救弊之政，所以无所损益，无为而治，尽循尧道而已，所以说"有改制之名，无变道之实"。而夏商周三王之道所祖不同，取法先天之道有所偏颇，夏制尚忠，殷制尚敬，周制尚文，所以后继新王救溢扶衰。三代相继本来是有所损益的，但却不说损益，因为道没有变，还是尧道，只是对前一代偏颇之正加以救弊而已。所以"继治世者其道同，继乱世者其道变"，都是指新王针对皆继王朝是治是乱而言的。汉继秦，秦继晚周，都是新王继承乱世的，所以新王改制要变前朝偏颇之道，"救溢扶衰"，拨乱反正，回归尧舜之道。然而为什么要说"今汉继大乱之后，若宜少损周之文致，用夏之忠者"呢？除了后文提到的"三统说"可以解释其原理，这里先要说明，秦继晚周乱世，本应通过改制"救溢扶衰"，但是并没有这么做，反而乱上加乱，统一天下十四年而亡，是为大乱，所以说"汉继大乱之后"。而且因为秦继周之后，新王无受命改制，所以汉不承认继秦，而是直接继周，所以按照董仲舒的三统循环说，汉新王改制要"少损周之文致，用夏之忠者"。下面这段材料，就是解释秦政如何不继乱改制，而又为什么会速灭的道理：

臣闻圣王之治天下也，少则习之学，长则材诸位，爵禄以养其德，刑罚以威其恶，故民晓于礼谊而耻犯其上。武王行大谊，平残贼，周公作礼乐以文之，至于成康之隆，图圄空虚四十余年，此亦教化之渐而仁谊之流，非独伤肌肤之效也。至秦则不然。师申商之法，行韩非之说，憎帝王之道，以贪狠为俗，非有文德以教训于下也。诛名而不察实，为善者不必免，而犯恶者未必刑也。是以百官皆饰虚辞而不顾实，外有事君之礼，内有背上之心；造伪饰诈，趣利无耻；又好用憯酷之吏，赋敛亡度，竭民财力，百姓散亡，不得从耕织之业，群盗并起。是以刑者甚众，死者相望，而奸不息，俗化使然也。故孔子曰"导之以政，齐之以刑，民免而无耻"，此之谓也。(《汉书·董仲舒传》)

尧之王道，要求圣王贤臣习学材位，养德威恶，"道之以德，齐之以礼，有耻且格"(《论语·为政》)，通过德政和礼乐文明教化，天下太平。而秦背道而驰，滥用刑法，不施仁义，苛政猛于虎，"导之以政，齐之以刑，民免而无耻"，因此奸盗并起，天下大乱，其德不足配天，天命因而去之。因为秦政败坏及其后果的恶劣影响，董仲舒认为汉得天下不能善治，原因就在于当更化而不更化：

圣王之继乱世也，扫除其迹而悉去之，复修教化而崇起之。……今汉继秦之后，如朽木、粪墙矣，虽欲善治之，亡可奈何。……为政而不行，甚者必变而更化之，乃可理也。……今临政而愿治七十余岁矣，不如退而更化，更化则可善治，善治则灾害日去，福禄日来。《诗》云："宜民宜人，受禄于人。"为政而宜于民者，固当受禄于天。(《汉书·董仲舒传》)

此文极言秦政之乱，"如朽木、粪墙"，已经到了"必变而更化"才可以善治的地步，建议汉武帝"退而更化"，革除秦弊，为宜民之政，修饬五常之道，施德政于天下，福泽万民，才可以配当天命。

二、三正三统

1. 大一统

在"天人三策"最后，董仲舒提出著名的"大一统"和"推明孔氏，抑黜百家"的主张：

《春秋》大一统者，天地之常经，古今之通谊也。今师异道，人异论，百家殊方，指意不同，是以上亡以持一统；法制数变，下不知所守。臣愚以为诸不在六艺之科孔子之术者，皆绝其道，勿使并进。邪辟之说灭息，然后统纪可一而法度可明，民知所从矣。(《汉书·董仲舒传》)

"大一统"的思想主张，战国之时已经萌发，到秦实现了全国武力统一，也尝试"一法度衡石丈尺，车同轨"(《史记·秦本纪》)以及思想文化的"大一统"工作。墨子主张尚同："天下之所以治者，何也？唯而以尚同一义为政故也。天下既已治，天子又总天下之义，以尚同于天。故当尚同之为说也，尚用之天子，可以治天下矣；中用之诸侯，可而治其国矣；小用之家君，可而治其家矣。是故大用之，治天下不窕，小用之，治一国一家不横。"(《墨子·尚同下》)荀子曾提出国家统一治理的主张："隆一而治，二而乱，自古及今未有二隆争重而能长久者。"(《荀子·致土》)《吕氏春秋》提出天子一统天下的主张："王者执一，而为万物正。君必有军，所以一之也。天下必有天子，所以一之也。天子必执一，所以抟之也。一则治，两则乱。"(《吕氏春秋·执一》)而后来秦始皇以武力统一天下，其所用的两位荀子高足都主张用法家思想作为意识形态统一治理天下。其中韩非子主张废除威胁法家思想统治的儒墨两家显学："今宽廉恕暴俱在二子，人主兼而礼之。自愚诬之学、杂反之辞争，而人主俱听之，故海内之士言无定术，行无常议。夫冰炭不同器而久，寒暑不兼时而至，杂反之学不两立而治。今兼听杂学谬行同异之辞，安得无乱乎！听行如此，其于治人，又必然矣。"(《韩非子·显学》)而秦始皇三十四年，李斯则提出过被采纳的"焚书"建议：

五帝不相复，三代不相袭，各以治，非其相反，时变异也。今陛下创大业，建万世之功，固非愚儒所知。且越言乃三代之事，何足法也？异时诸侯并争，厚招游学。今天下已定，法令出一，百姓当家则力农工，士则学习法令辟禁。今诸生不师今而学古，以非当世，惑乱黔首。丞相臣斯昧死言：古者天下散乱，莫之能一，是以诸侯并作，语皆道古以害今，饰虚言以乱实，人善其所私学，以非上之所建立。今皇帝并有天下，别黑白而定一尊。私学而相与非法教，人闻令下，则各以其学议之，入则心非，出则巷议，夸主以为名，异取以为高，率髃下以造谤。如此弗禁，则主势降乎上，党与成乎下。禁之便。臣请史官非秦记皆烧之。非博士官所职，天下敢有藏诗、书、百家语者，悉诣守、尉杂烧之。有敢偶语诗书者弃市。以古非今者族。吏见知不举者与同罪。令下三十日不烧，黥为城旦。所不去者，医药卜筮种树之书。若欲有学法令，以吏为师。（《史记·秦始皇本纪》）

不同于秦李斯"焚书"之议，董仲舒的"大一统"思想，虽然有把以仁政礼义治理天下的孔子儒家思想提升为官方统治指导思想的意图，但对其他思想流派的思想并没有采取废除或禁止的意思，而只是主张"皆绝其道，勿使并进"，政府不加提倡而已。信奉其他黄老刑名法术等各种思想的人照样在朝廷做大官和发议论，董仲舒自己的思想也兼采百家之长。所以，董仲舒要政府尊崇的"六艺之科孔子之术"，是一些与前书"天意"符合的一些王道仁政原则，而非对其他异见分子专制压制，更非像秦始皇李斯之徒动用残酷的刑法，举世禁绝与法家思想抵触的异见分子和书籍。

董仲舒大一统之说，盖出自《春秋公羊传》。《春秋公羊传》在解释《春秋》经文"隐公元年，春王正月"时说："元年者何？君之始年也。春者何？岁之始也。王者孰谓？谓文王也。曷为先言王而后言正月？王正月也。何言乎王正月？大一统也。"（《春秋公羊传》）公羊传认为《春秋》是借鲁国用周历纪时来阐发"大一统"这一孔子寓于《春秋》的微言大义。"诗人道西伯，盖受命之年称王而断虞芮之讼。后十年而崩，谥为文王。改法度，制正朔矣。"（《史记·周本纪》）"春秋所以大一统者，六合同风，九州岛同贯也。"《汉书·王阳传》王指周王，而特指周文王的原因，在于公羊传本于周史正统把周文王视为周历改正朔的代表，周王每年向诸侯颁历书，各诸侯国奉行。

臣谨案《春秋》谓一元之意，一者万物之所从始也，元者辞之所谓大也。谓一为元者，视大始而欲正本也。《春秋》深探其本，而反自贵者始。故为人君者，正心以正朝廷，正朝廷以正百官，正百官以正万民，正万民以正四方。四方正，远近莫敢不壹于正，而亡有邪气奸其间者。是以阴阳调而风雨时，群生和而万民殖，五谷孰而草木

茂，天地之间被润泽而大丰美，四海之内闻盛德而皆徕臣，诸福之物，可致之祥，莫不毕至，而王道终矣。(《汉书·董仲舒传》)

臣谨案《春秋》之文，求王道之端，得之于正。正次王，王次春。春者，天之所为也；正者，王之所为也。其意曰，上承天之所为，而下以正其所为，正王道之端云尔。然则王者欲有所为，宜求其端于天。(《汉书·董仲舒传》)

就《春秋》经文"隐公元年，春王正月"，董仲舒发挥"元"、"正"的思想，来阐释符合汉王朝当时需要"大一统"思想的具体内涵。"元"被理解为"一元"，是万物开始的地方，《春秋》重视最根源的初始点，为的是要正本清源。从文字学上，"大"与"天"同构同义，所以元也有宇宙生成论之"天"和意义生发之"天"的含义。通过阐释"元"的深刻含义，董仲舒认为《春秋》所揭示的道理，一切宇宙和人事政治都要从源头上和尊贵的地方开始。如前所论，天是宇宙中最贵者，天子是人间的最贵者，所以宇宙要从天这一最贵者开始，人事政治要从人君这一最尊贵者开始，又要从人君之心这一根源开始，而人君之正心本于天意。"求王道之端，得知于正。"春是四时之一，代表天的行为，"政者，正也"，正代表王的行为。"大一统"之涵养，即是天子本乎天意实行王道，正己而正天下四方："正心以正朝廷，正朝廷以正百官，正百官以正万民，正万民以正四方。四方正，远近莫敢不壹于正，而亡有邪气奸其间者。"天下做到大一统的效验，也通过天人感应呈现出来："是以阴阳调而风雨时，群生和而万民殖，五谷孰而草木茂，天地之间被润泽而大丰美，四海之内闻盛德而皆徕臣，诸福之物，可致之祥，莫不毕至，而王道终矣。"若能实行王道，则能使天下风调雨顺，社会昌盛，农业丰收，草木茂美，诸侯来朝，祥瑞并至，"大一统"的圣王使命也就达成了。

2. 通三统

董仲舒的大一统，并不是简单地面向当下，还要顾及历史传统，是时间历史和空间逻辑的统一。

春秋曰："王正月。"传曰："王者庸谓？谓文王也。曷为先言王而后言正月？王正月也。何以谓之王正月？曰：王者必受命而后王，王者必改正朔，易服色，制礼乐，一统于天下，所以明易姓非继人，通以己受之于天也。王者受命而王，制此月以应变，故作科以奉天地，故谓之王正月也。（《春秋繁露·三代改制质文》）

董仲舒从《春秋》经文"王正月"的阐释中，明确天子受命改制，要做的就是"一统于天下"，其具体内容是"制此月以应变，故作科以奉天地"，"制此月"即改制之"徙居处，更称号，改正朔，易服色"（《春秋繁露·楚庄王》），"作科"则为"通三统"。

王者改制作科奈何？曰：当十二色，历各法而正色，逆数三而复，绌三之前曰五帝，帝迭首一色，顺数五而相复，礼乐各以其法象其宜。顺数四而相复，咸作国号，迁宫邑，易官名，制礼作乐。（《春秋繁露·三代制度质文》）

改正之义，奉元而起，古之王者受命而王，改制称号正月，服色定，然后郊告天地及群神，远追祖祢，然后布天下，诸侯庙受，以告社稷宗庙山川，然后感应一其司，三统之变，近夷遐方无有生煞者，独中国，然而三代改正，必以三统天下，曰：三统五端，化四方之本也，天始废始施，地必待中，是故三代必居中国，法天奉本，执端要以统天下，朝诸侯也。是以朝正之义，天子纯统色衣，诸侯统衣缠缘纽，大夫士以冠参，近夷以绥，遐方各衣其服而朝，所以明乎天统之义也。其谓统三正者，曰：正者、正也，统致其气，万物皆应而正，统正，其余皆正，凡岁之要，在正月也，法正之道，正本而末应，正内而外应，动作举错，靡不变化随从，可谓法正也，故君子曰："武王其似正月矣。"（《春秋繁露·三代改制质文》）

"当十二色"即每年十二个月都有其特定的物色，新王改制"易服色"要与新改正月之物色相适配。"改正朔"或称"建日月"，即是新王改变"正月"所在月份和确定正月初一这一天从哪一个时刻开始。《后汉书·陈宠传》："奏曰：'三微成著，以通三统'"，注引《三礼义宗》："三微，三正也，王者奉而成之，各法其一，以改正朔。"此即"历各法而正色"。"逆数三而复"，即"正朔三而改，文质三而复。"（《白虎通意·三正》引《礼三正》），指以三代之正朔和文质，来逆推以前的以前各个王朝改制情况，如夏以十三月孟春(寅)为正，以平旦为朔，此月物色尚"黑"，故称黑统；殷以十二月季冬（丑）为正，以鸣晨为朔，此月物色尚"白"，故称白统；周以十一月仲冬（子）为正，以夜半为朔，此月物色尚"赤"，故称赤统。三统按子、丑、寅倒数，下一个循环亦然。"绌三之前曰五帝，帝迭首一色，顺数五而相复"，即把三代之前的五个王朝列为"五帝"，若以夏商周为三代，则五帝为"黄帝、颛顼、帝喾、帝尧、帝舜"（《白虎通·号篇》）此有取于邹衍五德终始说，以五行相生更王之义，五德相继，五色顺配，如黄帝土德，以黄色为首色。后文还会提到，五帝之前则称"九皇"，因三代王加上五帝已经有八个王朝了，故上溯一个王朝称"九皇"。"顺数四而相复"，按苏舆说，即"一商一夏，一质一文"[1]。可见，改制作科，是新王改制为"大一统"正名，而这"大一统"之中，有是在历史传统中的一个环节，在"通三统"中确立新王受命的政治权力正当性和继承传统政治统治原则的合法性。

董仲舒具体阐述了三统说的建构原理：

> 故汤受命而王，应天变夏，作殷号，时正白统，亲夏、故虞，绌唐，谓之帝尧，以神农为赤帝，作宫邑于下洛之阳，名相官曰尹，作濩乐、制质礼以奉天。

> 文王受命而王，应天变殷，作周号，时正赤统，亲殷、故夏，绌虞，谓之帝舜，以轩辕为黄帝，推神农以为九皇，作宫邑于丰，名相官曰宰，作武乐、制文礼以奉天。武王受命，作宫邑于鄗，制爵五等，作象乐，继文以奉天。周公辅成王受命，作宫邑于洛阳，成文武之制，作汋乐以奉天。殷汤之后称邑，示天之变反命，故天子命无常，唯命是德庆。

> 故《春秋》应天作新王之事，时正黑统，王鲁，尚黑，绌夏、亲周、故宋，乐宜亲招武，故以虞录亲，乐制宜商，合伯子男为一等。（《春秋繁露·三代改制质文》）

每一代新王都要建立一个三王五帝九皇的循环系统，按照有关规则改

---

[1] （清）苏舆撰、钟哲点校：《春秋繁露义证》，中华书局1992年版，第186页。

制作乐，以确立新王朝的正统地位。值得注意的是，董仲舒以《春秋》也当作一代，此为明孔子素王受命改制之义，将在后面详论。顾颉刚曾为这一循环系统列表说明[1]：

序列	王号	殷白统	周赤统	《春秋》黑统
1	春秋			《春秋》三王
2	周		周三王	
3	殷			
4	夏	殷三王		《春秋》五帝
5	虞			
6	唐		周五帝	
7	喾			
8	颛顼（白帝）	殷五帝		
9	轩辕（黄帝）			《春秋》九皇
10	神农（赤帝）		周九皇	
11	伏羲	殷九皇		

而这三正三统新王改制的具体礼制内容，董仲舒都有具体说明：

> 然则其略说奈何？曰：三正以黑统初，正日月朔于营室，斗建寅，天统气始通化物，物见萌达，其色黑，故朝正服黑，首服藻黑，正路舆质黑，马黑，大节绥帻尚黑，旗黑，大宝玉黑，郊牲黑，牺牲角卵，冠于阼，昏礼逆于庭，丧礼殡于东阶之上，祭牲黑牡，荐尚肝，乐器黑质，法不刑有怀任新产，是月不杀，听朔废刑发德，具存二王之后也，亲赤统，故日分平明，平明朝正。

> 正白统奈何？曰：正白统者，历正日月朔于虚，斗建丑，天统气始蜕化物，物初芽，其色白，故朝正服白，首服藻白，正路舆质白，马白，大节绥帻尚白，旗白，大宝玉白，郊牲白，牺牲角茧，冠于堂，昏礼逆于堂，丧事殡于楹柱之间，祭牲白牡，荐尚肺，乐器白质，法不刑有身怀任，是月不杀，听朔废刑发德，具存二王之后也，亲黑统，故日分鸣晨，鸣晨朝正。

> 正赤统奈何？曰：正赤统者，历正日月朔于牵牛，斗建子，天统

---

① 顾颉刚：《顾颉刚全集》（卷二），中华书局 2010 年版，第 48 页。

气始施化物，物始动，其色赤，故朝正服赤，首服藻赤，正路舆质赤，马赤，大节绶帻尚赤，旗赤，大宝玉赤，郊牲骍，牺牲角栗，冠于房，昏礼逆于户，丧礼殡于西阶之上，祭牲骍牡，荐尚心，乐器赤质，法不刑有身，重怀藏以养微，是月不杀，听朔废刑发德，具存二王之后也，亲白统，故日分夜半，夜半朝正。（《春秋繁露·三代改制质文》）

引文对黑白赤三统改制具体内容做出说明，除这里提到的在正朔、服色、牺牲、行冠礼处，婚礼视迎处、祭牲、荐尚物等方面描述之外，前后还对王号、官名、宫邑、作乐、爵禄、明堂、封禅规则等做出明确规定。而每一个新王，又会保留所继承的帝王之后以封国，即"昭五端，通三统"，保留他们的制度文章以延续先王传统：

王者之法必正号，绌王谓之帝，封其后以小国，使奉祀之；下存二王之后以大国，使服其服，行其礼乐，称客而朝；故同时称帝者五，称王者三，所以昭五端，通三统也。是故周人之王，尚推神农为九皇，而改号轩辕，谓之黄帝，因存帝颛顼、帝喾、帝尧之帝号，绌虞，而号舜曰帝舜，录五帝以小国；下存禹之后于杞，存汤之后于宋，以方百里，爵号公，皆使服其服，行其礼乐，称先王客而朝。（《春秋繁露·三代改制质文》）

周人的实践，存续前两代夏、商之后以方百里之国杞、宋，尊爵为公，"皆使服其服，行其礼乐，称先王客而朝。"仍然允许行其传统礼制政治，可谓"一国三制"。而五帝也有其小封国，但九皇仅尊其号而无封国，再前面的王朝其后代就成为民了，这是因为"远者号尊而地小，近者号卑而地大，亲疏之义也"，"亲疏之义"也是天人感应的体现：

故王者有不易者、有再而复者、有三而复者、有四而复者、有五而复者、有九而复者，明此通天地、阴阳、四时、日月、星辰、山川、人伦，德侔天地者，称皇帝，天佑而子之，号称天子。故圣王生则称天子，崩迁则存为三王，绌灭则五帝，下至附庸，绌为九皇，下极其为民，有一谓之三代，故虽绝地，庙位祝牲，犹列于郊号，宗于代宗，故曰：声名魂魄施于虚，极寿无疆。（《春秋繁露·三代改制

质文》）

可见三统循环，是与董仲舒宇宙论相呼应的人间运行次序，是其天命观具体化为政治的制度内容，昭示天道循环不息、人事"极寿无疆"的寓意。

3. 张三世

张三世是《春秋》公羊学所重视的微言大义，经董仲舒阐释而大明于世，后来由何休归纳为"三科九旨"之一①。《春秋公羊传》首先提出"三世说"，共出现三处：

> 何以不日？远也。所见异辞，所闻异辞，所传闻异辞。（《春秋公羊传·隐公元年》）

> 内大恶讳，此其目言之何？远也。所见异辞，所闻异辞，所传闻异辞。隐亦远矣，曷为为隐讳？隐贤而桓贱也。（《春秋公羊传·桓公二年》）

> 西狩获麟，孔子曰："吾道穷矣！"《春秋》何以始乎隐？祖之所逮闻也。所见异辞，所闻异辞，所传闻异辞。何以终乎哀十四年？曰：备矣！（《春秋公羊传·哀公十四年》）

"所见异辞，所闻异辞，所传闻异辞"是张三世说的雏形，没有具体说明所见、所闻、所传为三世及其时间划分，也没有具体阐发其微言大义，只是归纳解释了《春秋》不同年代对同样的事件为何有不同的说法，然而在哀公十四年"西狩获麟"的传中，提出"拨乱世，反诸正，莫近诸《春秋》"和"制《春秋》之义以俟后圣"（《春秋公羊传·哀公十四年》），点出了三世说的精义所在，即孔子受命改制，通过《春秋》三世不同的措

① 参见李学勤主编：《春秋公羊传注疏》（十三经注疏标点本），北京大学出版社1999年版，第5页。徐彦疏云："曰：《春秋说》云'《春秋》设三科九旨'，其义如何？○答曰：何氏之意，以为三科九旨正是一物，若总言之，谓之三科，科者，段也；若析而言之，谓之九旨，旨者，意也。言三个科段之内，有此九种之意。故何氏作《文谥例》云'三科九旨者，新周故宋，以《春秋》当新王'，此一科三旨也；又云'所见异辞，所闻异辞'，所传闻异辞，二科六旨也；又'内其国而外诸夏，内诸夏而外夷狄'，是三科九旨也。"

辞寄寓微言大义，等待后圣阐释和取用其中"拨乱反正"的王道之法。而董仲舒即为这样的后圣，经过对孔子《春秋》微言大义的阐释发明而为汉武帝更化改制实行王道所取法。

董仲舒则明确地按年份把《春秋》十二世分为三等：

> 春秋分十二世以为三等：有见、有闻、有传闻。有见三世，有闻四世，有传闻五世。故哀、定、昭，君子之所见也，襄、成、文、宣，君子之所闻也，僖、闵、庄、桓、隐，君子之所传闻也。所见六十一年，所闻八十五年，所传闻九十六年。于所见，微其辞，于所闻，痛其祸，于传闻，杀其恩，与情俱也。(《春秋繁露·楚庄王》)

所见、所闻、所见闻，三等不同的时代，对类似的事件孔子采用不同的措辞，都有其书法背后的寓意。"义不讪上，智不危身，故远者以义讳，近者以智畏，畏与义兼，则世逾近，而言逾谨矣，此定、哀之所以微其辞。"(《春秋繁露·楚庄王》)所见的后三公六十一年，是作者孔子生活的时代，为了自身和亲朋好友而明哲保身，书法多所忌讳，谨慎地用隐晦的措辞表达，避免惹祸上身。而所闻的中间四公八十五年，痛切地感受到了"礼坏乐崩"状况中发生的各种事件产生的不良后果，而顾虑稍微又少了一些，因此记载详尽。所传闻的前五公九十六年，年代久远，先人的恩情已经淡薄衰减，因而记载简略，但能客观地按照作者主张的"义"作为标准批评当时丑恶事物，同时也为所尊崇的贤者避讳。董仲舒认为在三等之世采取不同措施的过程中，其意图有着一以贯之的原则，孔子根据这些原则褒贬史实而让乱臣贼子恐惧，让后世圣王取法。"屈伸之志，详略之文，皆应之，吾以其近近而远远、亲亲而疏疏也，亦知其贵贵而贱贱、重重而轻轻也，有知其厚厚而薄薄、善善而恶恶也，有知其阳阳而阴阴、白白而黑黑也。"(《春秋繁露·楚庄王》)远近亲疏不同，措辞会有所不同，但贵贱重轻的褒贬态度对比鲜明，阴阳白黑的是非观念辨析明确。

> 然则《春秋》义之大者也，得一端而博达之，观其是非，可以得其正法，视其温辞，可以知其塞怨，是故于外道而不显，于内讳而

不隐，于尊亦然，于贤亦然，此其别内外、差贤不肖、而等尊卑也。（《春秋繁露·楚庄王》）

对春秋时代三等之世的共通原则，就是突出通过具体的事件端倪，引申出其重大意义，在辨析是非的过程中提出王道之法则，通过变文委婉的措辞，对外，大恶书而抑多婉词；对内，避讳而不隐其事，表达其鲜明的褒贬态度，从而区别内外、贤不肖、尊卑，澄明王道正义秩序之应然。

董仲舒认为三世说还有其更深刻的寓意，即寄托了孔子对理想社会的憧憬和历史发展趋势的期待：

> 今《春秋》缘鲁以言王义，杀隐、桓以为远祖，宗定、哀以为考妣，至尊且高，至显且明，其基壤之所加，润泽之所被，条条无疆。前是常数十年，邻之幽人近其墓而高明。大国齐、宋，离不言会；微国之君，卒葬之礼，录而辞繁，远夷之君，内而不外。当此之时，鲁无鄙强，诸侯之伐哀者皆言我，邾娄庶其、鼻我、邾娄大夫，其于我无以亲，以近之故，乃得显明；隐、桓、亲春秋之先人也，益师卒而不日；于稷之会，言其成宋乱，以远外也；黄池之会，以两伯之辞，言不以为外，以近内也。（《春秋繁露·奉本》）

春秋时代礼崩乐坏，鲁国大夫专权、陪臣执国命的情况日益严重，《春秋》却文致其太平。董仲舒认为孔子作《春秋》假托鲁国历史阐明自己想表达的王道理想，对三等之世赋予不同的色彩，呈现了与史实方向相反的社会治理图景，越是近世，越接近大同之世。"于所传闻世，见拨乱始治；于所闻世，见治，廪廪进升平；于所见世，见治太平，此又一义也。由是辨内外之治，明王化之渐，施详略之文，鲁愈微而《春秋》之化益广，世愈乱而《春秋》之文益治。"（刘逢禄《春秋公羊经何氏释例》）这实际上是假托鲁国诸公为新王受天命以张王道治法，寄寓孔子社会历史发展观和王道社会理想，拨乱反正，以俟后世君子取法。在传闻世，"杀隐、桓以为远祖"，模拟人类历史发展第一阶段，后人所谓"据乱世"，即根据乱世的现实而勉强创造治世，此世人们道德水平尚低，政治统治秩序尚不合理，王道礼法尚未昌明，代表王道王化的鲁作为受命新王，负有治理乱世之责，王化只能从自身做起，"春秋详己而略人，因其国而容天下。"（《俞序》）先正己而后正人，由内而外，由近及远，大处着眼，自身着手，躬自厚而薄责于人，要与其他衰乱的诸夏区别开来，即"内其国而外诸夏"，先提高自己的道德水平，整饬政治社会秩序，成为王道治世的楷模，再去治理诸夏之国，只治大国，不治小国，自己有小恶就谴责，别国有小恶则宽容，故内外有别，详内后外，先己后人，故"大国齐、宋，离不言会"。在所闻世，模拟人类社会发展第二阶段，后人所谓"升平世"，即由乱世升进稳定和平的平世，此时尚未达到"大同"社会理想，但有共同遵守的政治礼法秩序，人们道德水平有所提高，王道王化在诸夏已经普及，犹如三代"小康"之世，这时推行王道的鲁国与诸夏不再区别，但与未开化的夷狄尚有区别，即"内诸夏而外夷狄"，始录小国但不责之，夷狄灭小国不录，称子为褒。在所见世，"宗定、哀以为考妣"，模拟为人类社会发展第三阶段，后人所谓"太平世"，即人类最理想的"大同"之世，人类道德水平高尚，人人有士君子之行，社会秩序和谐，天下王道流行大化，不再有大小国家、诸夏夷狄的区别，天下一家，中国一人，人类达到普遍的平等，治理方法用心深细，故"微国之君，卒葬之礼，录而辞繁；远夷之君，内而不外"，详责小国，夷狄通称为子，始录夷狄灭小国。这时鲁国已经没有西鄙北鄙的疆界，各个不加区分，伐哀皆曰伐我，中国为一个统一的普遍大同崇义的太平盛世。①

董仲舒所阐明的张三世之说，对汉代更化改制和王道施化有重要的现实意义。首先，张三世说明更化改制是历史必然趋势，继周秦乱世的汉王朝应当取法而行之；第二，为汉王朝指明，以仁爱精神和礼义制度治理天下是王道的核心理念，德治和教化才是政治统治的正义原则；第三，阐明了具体的王道王化的实现过程，是一个由近及远、仁爱范围逐渐扩展、礼乐文化向文明落后的民族普及的过程，为汉王朝一统天下实行王道王化提供了指导方针。

---

① 参见蒋庆：《公羊学引论》，辽宁教育出版社1995年版，第251—257页。

三、素王改制

1. 素王受命

董仲舒的通三统说，认为《春秋》是一代受命新王："故《春秋》应天作新王之事，时正黑统，王鲁，尚黑，绌夏、亲周、故宋，乐宜亲招武，故以虞录亲，乐制宜商，合伯子男为一等。"（《春秋繁露·三代制度质文》）即作《春秋》的作者孔子列为与殷、周并列为三王之一，这实则把孔子当作应天受命改制的"素王"："孔子作《春秋》，先正王而系万事，见素王之文焉。由此观之，帝王之条贯同。"（《汉书·董仲舒传》）这是在礼坏乐崩的春秋时代，孔子不得已的救世之法："孔子之时，上无明君，下不得任用，故作春秋，垂空文以断礼义，当一王之法。"（《史记·太史公自传》）孔子叹王道不行而无圣王见，西狩获麟作为受命的象征，不得已而为之。

"素王"一词，最早出现在《庄子·天道》："夫虚静恬淡寂漠无为者，万物之本也。明此以南乡，尧之为君也；明此以北面，舜之为臣也。以此处上，帝王天子之德也；以此处下，玄圣素王之道也。"此处的"素王"之旨在于"虚静恬淡寂漠无为"，非儒家有德无位的"素王"。最早把"素王"直接与孔子以及《春秋》联系在一起的是《淮南子·主术训》："孔子之通，智过于苌弘，勇服于孟贲，足蹑郊菟，力招城关，能亦多矣。然而勇力不闻，伎巧不知，专行教道，以成素王，事亦鲜矣，《春秋》二百四十二年，亡国五十二，弑君三十六，采善鉏丑，以成王道，论亦博矣。"但无直接论述素王改制的内容。孟子的《春秋》阐释则把孔子作《春秋》提到的"天子之事"，为素王改制说提供了母本：

> 世衰道微，邪说暴行有作，臣弑其君者有之，子弑其父者有之。孔子惧，作春秋。春秋，天子之事也，是故孔子曰："知我者，其惟春秋乎；罪我者，其惟春秋乎。"……昔者禹抑洪水，而天下平；周公兼夷狄，驱猛兽，而百姓宁；孔子成春秋，而乱臣贼子惧。（《孟子·滕文公下》）

> 孟子曰："王者之迹熄，而诗亡，诗亡然后春秋作。晋之乘，楚

之梼杌，鲁之春秋，一也。其事则齐桓、晋文，其文则史。孔子曰：'其义则丘窃取之矣。'"（《孟子·离娄下》）

有王者起，必来取法，是为王者师也。（《孟子·滕文公上》）

在孟子那里，没有王位的孔子作《春秋》，与圣王禹治洪水、周公安天下相提并论，孔子之功绩，在于把本应是天子之事的微言大义"窃取"，寓之于《春秋》之中，为后世王者立法，这正是素王改制说的初步内涵。

《春秋公羊传》则为有"孔子绝笔"之称的经文"十有四年，春，西狩获麟"作传云：

何以书？记异也。何异尔？非中国之兽也。然则孰狩之？薪采者也。薪采者则微者也，曷为以狩言之？大之也。曷为大之？为获麟大之也。曷为获麟大之？麟者仁兽也。有王者则至，无王者则不至。有以告者曰："有麕而角者。"孔子曰："孰为来哉！孰为来哉！"反袂拭面，涕沾袍。颜渊死，子曰："噫！天丧予。"子路死，子曰："噫！天祝予。"西狩获麟，孔子曰："吾道穷矣！"《春秋》何以始乎隐？祖之所逮闻也。所见异辞，所闻异辞，所传闻异辞。何以终乎哀十四年？曰：备矣！君子曷为为《春秋》？拨乱世，反诸正，莫近诸《春秋》。则未知其为是与？其诸君子乐道尧舜之道与？末不亦乐乎尧舜之知君子也？制《春秋》之义以俟后圣，以君子之为，亦有乐乎此也。（《春秋公羊传·哀公十四年》）

这段对孔子绝笔的著名阐释，点出了素王改制论的关键内容。"麟者仁兽也。有王者则至，无王者则不至。"麟的出现这一祥瑞正是王者受命之符，而有德有位之王者并没有出现，预示这是孔子以素王身份受命改制，改制的方式就是作《春秋》，其宗旨为"拨乱世，反诸正"，回归尧舜之道。但孔子为素王，不能在当世实行王道，故"制《春秋》之义以俟后圣"，守先待后，为后世王者立法。

董仲舒明确并引申了公羊传"西狩获麟"为孔子受命之符的阐释：

有非力之所能致而自至者，西狩获麟，受命之符是也，然后托乎《春秋》正不正之间，而明改制之义，一统乎天子，而加忧于天下之忧也，务除天下所患，而欲以上通五帝，下极三王，以通百王之道，而随天之终始，博得失之效，而考命象之为，极理以尽情性之宜，则天容遂矣。百官同望异路，一之者在主，率之者在相。(《春秋繁露·符瑞》)

这已经把孔子受命托《春秋》改制的素王改制说正式提了出来。"非天子，不议礼，不制度，不考文。"(《礼记·中庸》)孔子得到"西狩获麟"这一王者受命之符，就成了"无冕之王"，可以通过《春秋》替乱世行天子之事，应天改制："故《春秋》受命所先制者，改正朔，易服色，所以应天也。"(《汉书·董仲舒传》)而孔子又是无位之天子，所以只有为后世立法，把微言大义寓于《春秋》之中："撮以为一，进义诛恶，绝之本，而以其施，此与汤武同而有异，汤武用之，治往故。春秋明得失，差贵贱，本之天王之所失天下者，使诸侯得以大乱之说，而后引而反之，故曰：博而明，深而切矣。"(《春秋繁露·重政》)孔子受命改制的形式，不像汤武革命那样直接去夺取政权，实行王道，但在拨乱反正的用意和功绩上是一样的。

2.《春秋》改制

孔子受命以《春秋》当新王，在董仲舒看来是自觉贯彻了通三统的改制原则，前后一致，一条同贯：

《春秋》作新王之事，变周之制，当正黑统，而殷周为王者之后，绌夏，改号禹谓之帝，录其后以小国，故曰：绌夏、存周，以《春秋》当新王。不以杞侯，弗同王者之后也；称子又称伯何？见殊之小国也。黄帝之先谥，四帝之后谥何也？曰：帝号必存五，帝代首天之色，号至五而反，周人之王，轩辕直首天黄号，故曰黄帝云；帝号尊而谥卑，故四帝后谥也。帝，尊号也，录以小何？曰：远者号尊而地小，近者号卑而地大，亲疏之义也。(《春秋繁露·三代改制质文》)

《春秋》当新王，因托鲁史改制，称"王鲁"，于是周新变为前王，称"新周"或"存周"，殷在周代本来就是前王，宋为殷后之封国，称"故宋"，而夏绌为五帝之一，杞为夏后人之封国，称"《春秋》绌杞"。不仅在杞侯称子、尊卑大小等亲疏之义上，而且在商夏质文"四法"上，董仲舒也认为《春秋》有意识地改制当新王，这样就把孔子以素王改制，变成了为汉立法。

> 何谓再而复，四而复？《春秋》郑忽何以名？春秋曰："伯子男一也，辞无所贬。"何以为一？曰：周爵五等，《春秋》三等。《春秋》何三等？曰：王者以制，一商一夏，一质一文，商质者主天，夏文者主地，《春秋》者主人，故三等也。（《春秋繁露·三代改制质文》）

董仲舒认为"四法"就如"四时"循环运行："四法修于所故，祖于先帝，故四法如四时然，终而复始，穷则反本，四法之天，施符授圣人王法，则性命形乎先祖，大昭乎王君。"（《春秋繁露·三代制度质文》）苏舆认为："商夏亦质文之代名。"[1]"商质者主天，夏文者主地，《春秋》者主人"主天法质是白统的殷商，多质爱，制爵公、侯、伯三等，合伯子男为一等；主地法文是赤统的周，多礼文，制爵公、侯、伯、子、男五等；春秋继周，根据天地人三统三而复、商夏质文四法四而复的天命循环原理，《春秋》是主人法质的黑统，因而制爵三等。如果把秦、汉两王朝都算做一代新王，那么按照董仲舒的通三统说，秦为白统，汉为赤统。然而董仲舒认为："今汉继大乱之后，若宜少损周之文致，用夏之忠者。"（《汉书·董仲舒传》）这说明汉是直接继周，在法文主地的周赤统之后，汉用夏之忠，为主人法质的黑统。董仲舒认为秦以乱继乱不足为受命之王的说法，汉初张苍已有类似看法，曾用邹衍的五德终始说，把汉立为水德，排除秦国而直接以汉继周。由此可见，《春秋》乃王鲁为汉立法，汉王朝继周，是直接取法于"当一王之法"的《春秋》改制。

关于亲疏之义，董仲舒有论《春秋》十二世三等之说。董仲舒概括孔子春秋笔法是："于所见，微其辞，于所闻，痛其祸，于传闻，杀其恩，与情俱也。"（《春秋繁露·楚庄王》)，揭示孔子《春秋》改制思想：

> 是故逐季氏，而言又雩，微其辞也；子赤杀，弗忍书曰，痛其祸也；子般杀，而书乙未，杀其恩也。屈伸之志，详略之文，皆应之，吾以其近近而远远、亲亲而疏疏也，亦知其贵贵而贱贱、重重而轻轻

---

① （清）苏舆撰，钟哲点校：《春秋繁露义证》，中华书局1992年版，第184页。

也，有知其厚厚而薄薄、善善而恶恶也，有知其阳阳而阴阴、白白而黑黑也。百物皆有合偶，偶之合之，仇之匹之，善矣。诗云："威仪抑抑，德音秩秩，无怨无恶，率由仇匹。"此之谓也。然则《春秋》义之大者也，得一端而博达之，观其是非，可以得其正法，视其温辞，可以知其塞怨，是故于外道而不显，于内讳而不隐，于尊亦然，于贤亦然，此其别内外、差贤不肖、而等尊卑也。义不讪上，智不危身，故远者以义讳，近者以智畏，畏与义兼，则世逾近，而言逾谨矣，此定、哀之所以微其辞。以故用则天下平，不用则安其身，《春秋》之道也。（《春秋繁露·楚庄王》）

董仲舒总结孔子作《春秋》之道，托春秋衰世之鲁国史记，只为"见之于行事之深切著明"，用隐微之笔法，寓其微言大义，为后世立王道法则。十二世三等的建构原理为"近近而远远、亲亲而疏疏"："于所见，微其辞，于所闻，痛其祸，于传闻，杀其恩，与情俱也。"此与通三统之构建原理"远者号尊而地小，近者号卑而地大，亲疏之义也"，实为异曲同构。

3. 为汉立法

司马迁曾受学于董仲舒，他在自传中阐述师说，推明孔子改制立法深意：

上大夫壶遂曰："昔孔子何为而作春秋哉？"太史公曰："余闻董生曰：'周道衰废，孔子为鲁司寇，诸侯害之，大夫壅之。孔子知言之不用，道之不行也，是非二百四十二年之中，以为天下仪表，贬天子，退诸侯，讨大夫，以达王事而已矣。'子曰：'我欲载之空言，不如见之于行事之深切著明也。'夫《春秋》，上明三王之道，下辨人事之纪，别嫌疑，明是非，定犹豫，善善恶恶，贤贤贱不肖，存亡国，继绝世，补敝起废，王道之大者也。……《春秋》以道义。拨乱世，反之正，莫近于《春秋》。《春秋》文成数万，其指数千。万物之散聚皆在《春秋》。《春秋》之中，弑君三十六，亡国五十二，诸侯奔走不得保其社稷者不可胜数。察其所以，皆失其本已。故易曰'失之豪厘，差以千里'。故曰'臣弑君，子弑父，非一旦一夕之故也，其渐久矣'。故有国者不可以不知《春秋》，前有谗而弗见，后有贼而不知。为人臣者不可以不知《春秋》，守经事而不知其宜，遭变事而不知其权。为人君父而不通于《春秋》之义者，必蒙首恶之名。为人臣子而不通于《春秋》之义者，必陷篡弑之诛，死罪之名。其实皆以为善，为之不知其义，被之空言而不敢辞。夫不通礼义之旨，至于君不君，臣不臣，父不父，子不子。夫君不君则犯，臣不臣则诛，父不父则无道，子不子则不孝。此四行者，天下之大过也。以天下之大过予之，则受而弗敢辞。故《春秋》者，礼义之大宗也。夫礼禁未然之前，法施已然之后；法之所为用者易见，而礼之所为禁者难知。"（《史记·太史公自传》）

据司马迁转述和阐释的董仲舒思想，孔子素王改制，是通过《春秋》立王道之法，"是非二百四十二年之中，以为天下仪表，贬天子，退诸侯，讨大夫，以达王事而已矣。"孔子所作六经，都是留给后人的修身治人的经典，而《春秋》为"礼义之大宗"。"夫《春秋》，上明三王之道，下辨人事之纪，别嫌疑，明是非，定犹豫，善善恶恶，贤贤贱不肖，存亡国，继绝世，补敝起废，王道之大者也。"因此是继乱世之后的新王朝君父、臣子不可或缺的立身立本之法。

然而孔子作《春秋》用了所谓"一字褒贬"的隐讳笔法，需要用特别的方法解读微言大义，才能明白其为后世所立之法。在董仲舒看来，孔子在乱世行天子之事，既要立法，又要保身和传法后世，所以不得已用了隐微的写作方式："义不讪上，智不危身，故远者以义讳，近者以智畏，畏与义兼，则世逾近，而言逾谨矣，此定、哀之所以微其辞。"（《春秋繁露·楚庄王》）这种特别的笔法，也防止了他人随意改动以破坏承载其中的微言大义，甚至其最高明的传经学生子夏，都无从加以改动："孔子在位听讼，文辞有可与人共者，弗独有也。至于为春秋，笔则笔，削则削，子夏之徒不能赞一辞。"（《史记·孔子世家》）董仲舒阐述孔子作《春秋》为后世明人道立王法的春秋笔法及其解读办法：

孔子用《春秋》，《春秋》论十二世之事，人道浃而王道备，法布二百四十二年之中，相为左右，以成文采，其居参错，非袭古也。是故论《春秋》者，合而通之，缘而求之，五其比，偶其类，览其绪，屠其赘，是以人道浃而王法立。以为不然，今夫天子踰年即位，诸侯于封内三年称子，皆不在经也，而操之与在经无以异，非无其辨也，有所见而经安受其赘也，故能以比贯类，以辨付赘者，大得之矣。

（《春秋繁露·玉杯》）

可见要解读孔子寄寓在《春秋》中的微言大义，需要合全书以会通，善于比较类推，举一反三，见之经的记载要联系起来思考总结，经文没有记载的要特加留意辨别分析。董仲舒用这些解读办法，总结出《春秋》中孔子的十个方面微言大义：

春秋二百四十二年之文，天下之大，事变之博，无不有也，虽然，大略之要，有十指。十指者，事之所系也，王化之所由得流也。举事变，见有重焉，一指也；见事变之所至者，一指也；因其所以至者而治之，一指也；强干弱枝，大本小末，一指也；别嫌疑，异同类，一指也；论贤才之义，别所长之能，一指也；亲近来远，同民所欲，一指也；承周文而反之质，一指也；木生火，火为夏，天之端，一指也；切刺讥之所罚，考变异之所加，天之端，一指也。举事变，见有重焉，则百姓安矣；见事变之所至者，则得失审矣；因其所以至而治之，则事之本正矣；强干弱枝，大本小末，则君臣之分明矣；别嫌疑，异同类，则是非著矣；论贤才之义，别所长之能，则百官序矣；承周文而反之质，则化所务立矣；亲近来远，同民所欲，则仁恩达矣；木生火，火为夏，则阴阳四时之理相受而次矣；切刺讥之所罚，考变异之所加，则天所欲为行矣。统此而举之，仁往而义来，德泽广大，衍溢于四海，阴阳和调，万物靡不得其理矣。说春秋凡用是矣，此其法也。（《春秋繁露·十指》）

这十个方面，与《春秋》所记载的事情相联系，其中的微言大义，是王道流行大化的道路。安百姓、审得失、正本末等三者，是制度伦理之义，明君臣之分、著是非之辨、序百官、立教化等四者，乃统治正义之道，达仁恩、顺天时、行天意等三则，为尊行天命之意，这十个方面都是儒家王道政治理想的题中应有之义，也孔子作《春秋》为汉立法的主要内容。

小　结

本章考察自古以来"天命"观念的渊源和演变，阐明"天命"作为政治正当性根据的历史连续性和内涵丰富性，然后阐释董仲舒"天命说"建构的背景、内容和内在逻辑。

首先，在历史的考察中说明董仲舒天命观念的历史继承性和重大现实意义。经过古文字学考辨和观念史考察，包含自然和命运内涵的天命观念萌芽古已有之，而有道德和政治互动内涵的天命观则在殷周之际形成，周公"以德配天"、"天命靡常"的阐释奠定了中国传统天命观念的基调，成为中国传统不可缺少的道德价值和人文信仰。其次，阐明天命是古代中国王权政治正当性的根据。自殷周之际产生了"以德配天"模式，以天命为政权正当性根据的观念开始成为中国人的政治信仰，经过春秋战国时代的诸子百家阐发和政治实践检验，成为儒家政治哲学的一个鲜明特征。在秦汉之际秦政反思潮流中，董仲舒以宇宙论为理论基础，通过天人感应说、受命改制说、素王立法说的证立，使天命成为汉王朝大一统郡县制中央集权国家的政治正当性和政治制度改革必要性的重要根据。第三，论述董仲舒在继极乱之世重构天命观的重大意义。儒墨坚持"天命"信仰、以仁爱精神代行天职而不见用，以经验知识、计算理性为导向的黄老刑名和战国法家盛行，"天命"观念中的道德和信仰逐渐跌落，导致彻底排斥道德仁义的暴虐秦政，因而在汉代秦政反思和黄老政治试验之后，董仲舒重新赋予"天命"道德价值和人文信仰具有重大历史意义。

董仲舒"天命说"的贡献，首先在于以儒家为主干创造性转化墨家、阴阳家、道家、名家、法家等诸子百家思想，建立以"天意为仁"为内核、阴阳五行为形式的宇宙论；其次，提出"受命改制"说，以孔子素王为汉立法为依据，敦促汉武帝更化改制，回归德治传统和王道理想；第三，提出"屈民而申君、屈君而申天"（《春秋繁露·玉杯》）的"天—君—民"权力制衡模式，为维护合理的大一统郡县制君主集权统治提供了制度合法性依据。最后，与后面论述的正义、伦理思想一道，共同确立了以仁义精神为灵魂的儒家政治哲学和儒学学术思想的正统地位，开启有汉一代以及嗣后两千年德治的正义秩序和伦理的道德政治之路。

第二章　正　义

正义是政治统治的适宜性原则，董仲舒通过宇宙论、历史经验反思和人性论三方面的论证，确立"德主刑辅"、"正其谊（义）不谋其利"为王道政治统治的适宜性原则，提出以德治和教化为主要内容的新儒家政治哲学思想体系，这一正义原则的成立同时带来了"推明孔氏，抑黜百家"的现实必要性，使儒学正统地位得以确立。

本章从传统政治社会统治原则的合理性或适宜性出发，分析中国自古以来出现的德治、礼治、法治三种治理模式的自身义理和现实困境，揭示董仲舒借助《春秋》公羊学义法阐释，以继承孔子为代表的儒家王道政治理想为职志，综合先秦以来诸子百家智慧，建构德福一体、"德主刑辅"的新儒家政治正义理论，对汉武帝和朝野积极施加影响，在政治和文化上确立儒家正统地位，使"推明孔氏，抑黜百家"和德治社会成为历史政治事实，有着现实必要性和重大历史意义。

第一节　德法之争

一、德法之治

1. 德与德治

孔子有一段关于德治和法治的经典论述："导之以政，齐之以刑，民免而无耻。导之以德，齐之以礼，有耻且格。"（《论语·为政》）前者为法治，统治者通过政令、劳役、税赋、战争等政治手段来规制和训导人民行为，用严刑峻法来威胁惩治人民，强化人民按照统治者意愿去行动；后者为德治，统治者以自身德性修养和道德行为作为人民效法的榜样，用礼乐文明来教化人民，形成良好的公民德性和行为模式。法治下的人民侥幸狡猾，不知羞耻；德治下的人民知道荣辱，道德高尚。本小节要讨论的是"德"和"德治"、"法"和"法治"以及它们之间的关系。

先看"德"与"德治"。"德"，甲骨文作，𢛳，从行（或彳）从直，其中"直"从目从丨，如在通衢路口凝神省视之状。西周金文中直下加心。《说文解字》："德，升也，从彳，悳声。"段注："升当做登，……登读言得，得即德也，登德双声。"又《说文解字》："悳，外得于人，内得于己也，从直，从心。"《广韵·德韵》："德，德行，悳，古文。"《周礼·地官》郑玄注："德行，内外之称，在心为德，在外为行。"可见，德之本义是在道路上凝神省视、在直道上小心行走的意思，后来引申为正直的行为，意义逐渐扩大到道德行为和内在德性。斯维至在《说德》一文中认为，早期的德对战国秦汉时期的思想家的影响很大，如果强调与生和性这一意义，那么德是先天的，内在的，而强调人为的努力和行为表现，德就表现成后天的、外在的。而且，"这个德字不止宽大、恩惠的意思，而是包涵氏族传统的习惯法的意思。因此古人所谓的德治，也就是用传统的习惯法来治理社会和国家，它绝不是空洞的、抽象的、无实际内容的。"[1]李泽厚认为德的原义并非道德，而可能是各氏族的习惯法规，殷商"帝"在意识形态中的地位在周初已被结合天意和人事的"德"所取代，"'德'似乎首先是一套行为，但不是一般的行为，主要是与氏族部落的祖先祭祀活动的巫术礼仪紧密结合在一起，逐渐演变而成为维系氏族部落生存发展的一整套的社会规范、秩序、要求、习惯等非成文法规。"[2]陈来认为，正如西方政治思想史上以"正义"涵盖所有政治美德一样，中国古代以"德"（后来更以仁）涵盖一切政治美德。

---

① 　斯维至：《中国古代社会文化史论》，第365—369页，转引自郑开：《德礼之间：前诸子时期的思想史》，三联书店2009年版，第10页。

② 　李泽厚：《中国古代思想史》，人民出版社1986年版，第86—87页。

在西周以来逐步发展了一种思想，即认为子现行的政治秩序之后还有一个道德法，政治运行必须合于某种道德要求，否则就必然导致失败。……可以说，中国文化早期价值理性的建立，首先是通过三代政治对政治道德的迁调而开始实现的，是以这样一种与政治密切相关的方式在政治文化领域里滋养起一种精神气质（ethos），而逐步建立起来的。①

郑开认为，西周以来的政治美德传统酝酿并且构建了绵延近三千年的、深厚的德治主义政治传统，同时也开启了道德伦理的主要类型、模式和系谱，“德”的内涵经过长时段发展，“不断地从制度层面（政治、社会、种族）中脱落出来，逐渐内面化、精神化，从而渗透在各种德目(例如孝、亲、惠、敬、柔）之中，并且在儒家思想的主导下日益收敛于仁义，同时在道家、阴阳家的传统中保留并且发展了性（本质）、自然法则和精神体验的复杂含义。”② 可以认为，早期“德”主要是与中国古代社会相适应的具有正面价值的政治统治原则，具备了西方之政治“正义”类似的内涵，逐渐有内化为内在德性和具体化为个人道德行为的内涵。德治包括两个方面，既把统治者具备“德”作为权力正当性的标准，又要求用“德”这样的政治统治原则来治理国家。

中国古代德治观念，在春秋末之前发展成熟，其主要理念是由周公奠定的。《尚书·洪范》第五畴较好地阐释了周公之前的德治理念：

> 五、皇极：皇建其有极，敛时五福，用敷锡厥庶民。惟时厥庶民于汝极，锡汝保极。凡厥庶民，无有淫朋；人无有比德，惟皇作极。凡厥庶民，有猷有为有守，汝则念之。不协于极，不罹于咎；皇则受之。而康而色，曰“予攸好德。”汝则锡之福。时人斯其惟皇之极。无虐茕独，而畏高明。人之有能有为，使羞其行，而邦其昌。凡厥正人，既富方谷，汝弗能使有好于而家，时人斯其辜。于其无好德，汝虽锡之福，其作汝用咎。无偏无陂，遵王之义；无有作好，遵王之

---

① 陈来：《古代宗教与伦理：儒家思想的根源》，三联书店 1996 年版，第 297—298 页。
② 郑开：《德礼之间：前诸子时期的思想史》，三联书店 2009 年版，第 12—14 页。

道；无有作恶，遵王之路。无偏无党，王道荡荡；无党无偏，王道平平；无反无侧，王道正直。会其有极，归其有极。曰皇极之敷言，是彝是训，于帝其训。凡厥庶民，极之敷言，是训是行，以近天子之光。曰天子作民父母，以为天下王。(《尚书·洪范》)

《洪范》传为周克商后两年，就夏商二代治国经验，箕子应对武王问的回答记录。第五畴主要强调君王要树立统治原则最高标准，这个标准从后面阐述来看就是"德"，以此理念治理天下即为德治。这一"德"观念，一是赐福人民，聚集"寿、富、康宁、攸好德、考终命"这五福赐予百姓。二是赏善宽刑，奖赏道德高尚的人民，对不符合君王制定的准则而没有陷入罪恶的人，则宽容雅量。三是对人民一视同仁，对显赫的贵族无所畏惧，对孤苦无告的人要体恤帮助而不能虐待。四是任贤使能，重用有才能有作为的贤能之士，凭他们做出的善政匹配适当的爵禄。五是中道公正，不要只顾私人爱好，不要为非作歹，不要偏私结党，不要反动邪淫。把以德为中心的圣王至高准备作为天下人民的行动法则，就是顺从了上帝的旨意，承恩天子的光华，这样以德为治的天子才是人民的父母，顺天应人地做好天下的君王。

2. 刑与法治

再看"法"与"法治"。法的繁体字为"灋"，《说文解字》："灋，刑也。平之如水，故从水。廌所以触不直者去之，故从廌去。"又："廌，解廌兽也，似牛，一角，古者决讼，令触不直者。象形，从豸省。"廌，古同"獬豸"，古代传说中的独角神兽，秉性公正，能辨是非曲直。段注："刑者，罚罪也。易曰：利用刑人，以正法也。引申为凡模范之称。木部曰：模者，法也。竹部曰：范者，法也。土部曰：型者，铸器之法也。""法"与"刑"古代可通用，如《尚书·吕刑》："苗民弗用灵，制以刑，惟作五虐之刑曰法。"又如战国早期法家人物李悝制定战国时期最有影响的成文法《法经》，《晋书·刑法志》记载：

悝撰次诸国法，著《法经》。以为王者之政莫急于盗贼，故其律始于《盗》、《贼》；盗贼须劾捕，故曰《网》、《捕》两篇，其轻狡越城、

博戏、借假不廉、淫侈逾制，以为《杂律》一篇；又以其律具其加减，是故所著六篇而已。然皆罪名之制也。(《晋书·刑法志》)

故古代有"刑治"而无"法治"，说"法治"只是权宜说法，特指秦汉法家思想为统治指导原则的国家治理方法，而非今之所谓"法治"，后者可参照 1959 年"国际法学家会议"通过的《德里宣言》总结的"法治"三条原则：

1. 根据"法治原则"，立法机关的职能就在于创设和维护得以使得每个人保持"人类尊严"的各种条件。

2. 法治原则不仅要对制止行政权的滥用提供法律保障，而且要使政府能有效地维护法律秩序，借以保证人民具有充分的社会和经济生活条件。

3. 司法独立和律师业自由是实施法治原则必不可少的条件。

可见法家思想中主张的统治原则实质上与今之所谓"法治"是不同的概念。法家的"法"，除了"刑法"之外，还有法度、法式或方法，如"以法治国"、"垂法而治"、"缘法而治"等，这个意思可以用孔子的"导之以政，齐之以刑"中的"政"来对应，表示用为政法度、政治手段来规制人民。若勉强名之为"法治"，那也只是将错就错，权宜地指称古代统治者把反对德治、以"政"、"刑"相结合的手段作为主要治理方法的国家统治方式。

因而，通常指称的中国古代"法治"，主要特指在春秋萌芽、以秦政为顶峰的刑法之治。孔子关于"德礼政刑"之评论，正是因郑子产铸刑书有感而发，当时晋大夫叔向为此也劝诫过子产：

三月，郑人铸刑书。叔向使诒子产书，曰：始吾有虞于子，今则已矣。昔先王仪事以制，不为刑辟，惧民之有争心也。犹不可禁御，是故闲之以义，纠之以政，行之以礼，守之以信，奉之以仁；制为禄位，以劝其从；严断刑罚，以威其淫。惧其未也，故诲之以忠，耸之以行，教之以务，使之以和，临之以敬，莅之以强，断之以刚，犹求圣哲之上、明察之官、忠信之长、慈惠之师，民于是乎可任使也，而不生祸乱。民知有辟，则不忌于上。并有争心，以征于书，而徼幸以成之，弗可为矣。夏有乱政，而作禹刑；商有乱政，而作汤刑；周有乱政，而作九刑：三辟之兴，皆叔世也。今吾子相郑国，作封洫，立谤政，制参辟，铸刑书，将以靖民，不亦难乎？诗曰："仪式刑文王之德，日靖四方。"又曰："仪刑文王，万邦作孚。"如是，何辟之有？民知争端矣，将弃礼而征于书，锥刀之末，将尽争之。乱狱滋丰，贿赂并行。终子之世，郑其败乎？肸闻之，"国将亡，必多制"，其此之谓乎！复书曰：若吾子之言——侨不才，不能及子孙，吾以救世也。既不承命，敢忘大惠！（《左传·昭公六年》）

子产执政郑国已是春秋晚期，周礼已经不足以规范宗法社会固有秩序，正是乱政的"叔世"，子产不得已顺应时势改革救世，叔向从古代刑法发展的历史规律，即"夏有乱政，而作禹刑；商有乱政，而作汤刑；周有乱政，而作九刑"的"叔世"创制刑法规律，因而忧虑子产铸刑书会是国家纷乱、衰败亡国的前兆。子产临终交代继任者的治国方略，更加强调宽猛相济：

郑子产有疾，谓子大叔曰："我死，子必为政。唯有德者能以宽服民，其次莫如猛。夫火烈，民望而畏之，故鲜死焉；水懦弱，民狎而玩之，则多死焉，故宽难。"疾数月而卒。

大叔为政，不忍猛而宽。郑国多盗，取人于萑苻之泽。大叔悔之，曰："吾早从夫子，不及此。"兴徒兵以攻萑苻之盗，尽杀之，盗少止。

仲尼曰："善哉！政宽则民慢，慢则纠之以猛。猛则民残，残则施之以宽。宽以济猛，猛以济宽，政是以和。诗曰：'民亦劳止，汔可小康；惠此中国，以绥四方'，施之以宽也。'毋从诡随，以谨无良；式遏寇虐，惨不畏明'，纠之以猛也。'柔远能迩，以定我王'，平之以和也。又曰'不竞不絿，不刚不柔，布政优优，百禄是遒'，和之至也。"（《左传·昭公二十年》）

子产的宽猛水火论，以刑去刑，强调刑法之治，与其铸刑书举措一起，成为战国"法治"兴起的前导。孔子之赞，实则有更进一步的发挥，认为"宽以济猛，猛以济宽，政是以和"，宽猛相济才是政通人和之道。

在《尚书·洪范》第六畴有类似思想论述：

> 六、三德：一曰正直，二曰刚克，三曰柔克。平康正直，强弗友
> 刚克，燮友柔克；沈潜刚克，高明柔克。惟辟作福，惟辟作威，惟辟
> 玉食，臣无有作福作威玉食；臣之有作福作威玉食，其害于而家、凶
> 于而国。人用侧颇僻，民用僭忒。（《尚书·洪范》）

"刚克"是对阴谋反抗者用刚强的方式战胜镇服，通过军警刑罚权力
来惩罚。"柔克"是对光明顺从者用怀柔的方式获得民心。而"作威作福
玉食"的权力，即赏赐和刑罚大权，只能由君王独掌，臣下不能拥有这些
权力，不然会犯上作乱。这一"刚柔相济"论和子产的宽猛水火论异曲同
工，也是战国法家和汉儒的主要思想来源。

3. 明德慎罚

周公在殷商之际更为深刻地阐释了"德"的统治原则。

一是"明德慎罚"。"惟乃丕显考文王，克明德慎罚，不敢侮鳏寡，庸
庸、祗祗、威威、显民。"（《尚书·康诰》）周公告诫康叔治理殷遗民要以
德为主，谨慎使用刑罚，不可欺侮孤苦无告的人，而是要敬畏人民，更要
敬畏那些有德行有名望的人。

二是敬德保民。"别求闻由古先哲王，用康保民，弘于天若。德裕乃
身，不废在王命。"（《尚书·康诰》）殷鉴不远，周公有着强烈的忧患意识，
"天命不于常"（《尚书·康诰》），所以告诫康叔要从先祖、殷人、古圣人
学习修身治国和"保民"方法，使得人民安乐地生活，这样才能弘扬上天
的大德，以德配天，不失去周王朝来之不易的天命。

三是勤政无逸。"君子所其无逸。先知稼穑之艰难，乃逸；则知小人
之依。相小人，厥父母勤劳稼穑，厥子乃不知稼穑之艰难，乃逸乃谚既
诞。"（《尚书·无逸》）周公教谕成王，作为君主不能贪图安逸，要知道物
力维艰，耕作艰难，才能体会民间疾苦，如果不知道务农辛苦，连惯于不
劳而获的农民孩子也要任性，甚至侮辱父母。"继自今嗣王，则其无淫于
观、于逸、于游、于田，以万民惟正之供。无皇曰：'今日耽乐。'乃非民
攸训，非天攸若，时人丕则有愆。无若殷王受之迷乱，酗于酒德哉！"（《尚

书·无逸》）周公以文王"自朝至于日中昃，不遑暇食，用咸和万民"的勤政故事，勉励成王不能姑息自己耽于玩乐，要尽力和万民共同推行政事，不能重蹈殷纣荒淫无度而亡国的覆辙。

四是任用贤德。"则罔有立政，用憸人，不训于德，是罔显在厥世。继自今立政，其勿以憸人，其惟吉士，用劢相我国家。"（《尚书·立政》）若用小人（憸人）为行政长官，则会导致社会道德败坏，只有任用贤德之士（吉士）才能推行社会道德教化，辅助国家治理太平。周公自身也是用贤榜样，"然我一沐三捉发，一饭三吐哺，起以待士，犹恐失天下之贤人。"（《史记·鲁周公世家》）

五是践行孝友。"元恶大憝，矧惟不孝不友。子弗祗服厥父事，大伤厥考心；于父不能字厥子，乃疾厥子。于弟弗念天显，乃弗克恭厥兄；兄亦不念鞠子哀，大不友于弟。"（《尚书·康诰》）罪大恶极的人，都是不孝不友的人。不孝则子不听父言，大丧父心。不友，则不恭不悌，兄弟不和。在西周宗法制等级社会，孝友是加强宗族凝聚力和维护统治有效性的核心道德规范。周公制礼作乐，把德治精神寓于宗法礼仪制度之中，从而成为立法后世的德治楷模。

战国法家的主要代表人物是商鞅和韩非子，秦政忠实地贯彻了他们的政治主张，实行严刑峻法的"法治"，其本质是反"德治"的。秦孝公时的商鞅变法，全国上下实行军事化法治管理，以奖励耕战、富国强兵为治理目标，实行庆赏刑罚专制统治，排斥仁义道德，崇信重刑酷法，把人民作为性恶取巧服力的愚民和达到国家功利目的的工具。"圣人之为国也，壹赏、壹刑、壹教。壹赏则兵无敌，壹刑则令行，壹教则下听上。"（《商君书·赏刑》）商鞅认为"夫人情好爵禄而恶刑罚"（《商君书·错法》），主张用赏罚两手，而罚主赏辅："赏一而罚九"（《商君书·开塞》），主张"刑用于将过"（《商君书·开塞》）、轻罪重罚、"以刑去刑"（《商君书·勒令》），以重刑威慑和惩治国民。为秦始皇取法和李斯贯彻于秦政的韩非子法家思想，继承商鞅重刑观，强调"皆自挟为心"、"趋利避害"的性恶论，全盘否定儒墨两家关于仁爱可以正人之性、止世之乱的德治主张，主张严刑重法："吾以是明仁义爱惠之不足用，而严刑重法治可以治国也。"（《韩非子·奸劫弑臣》）杀一儆百，以刑去刑。韩非综合战国法家人物慎到君主权位之"势"、申不害驾驭臣下之"术"、商鞅严刑重罚之"法"的思想，形成一套"抱法处势"的君主专制治国手段，对人民采取思想禁锢的愚民政治，"境内之民，其言谈者必轨于法。"（《韩非子·五蠹》）"是故禁奸之法，太上禁其心，其次禁其言，其次禁其事。"（《韩非子·说疑》）由此可知，以法家和秦政为代表的以严刑重罚、愚民驭民为特征的"法治"是彻底反"德治"和"礼治"的。

"法治"反"德治"，但"德治"并不排斥"刑法"的使用。《周礼》记载周公设立大司马之职掌兵政正四方："以九伐之法正邦国，冯弱犯寡则眚之，贼贤害民则伐之，暴内陵外则坛之，野荒民散则削之，负固不服则侵之，贼杀其亲则正之，放弑其君则残之，犯令陵政则杜之，外内乱，鸟兽行，则灭之。"（《周礼·夏官·大司马》）对不法不仁之徒用军队和大刑去制裁。又设立大司寇之职以刑邦国："大司寇之职，掌邦国之三典，以佐王刑邦国，诘四方：一曰刑新国用轻典，二曰刑平国用中典，三曰刑乱国用重典。"（《周礼·秋官·大司寇》）根据社会治理情况，运用不同程度的刑法，辅助"礼治"。在《周礼·司刑》和《尚书·吕刑》以及前引记载周公和穆王使用墨、劓、宫、刖（剕）、杀（大辟）等"五刑"。这些兵刑之措施都是周公德治实践的组成部分，而在其维护社会统治的礼制之中，起到了相当于现代法治的功能。《管子》主张用"礼、义、廉、耻"（《管子·牧民》）四维治国，也重视刑法的作用，但认识到"杀戮刑罚不足用也"（《管子·立政》），认为社会治理的关键是施德于民，威德相济，礼法并用，顺应民心。前引孔子语"宽以济猛，猛以济宽，政是以和"，也表达了德治需要刑法的辅助才能达到社会治理理想状态。荀子曾论刑法之治的必要性，可明德法之治贵在称当：

> 世俗之为说者曰："治古无肉刑而有象刑：墨黥；慅婴；共，艾毕；菲，对屦；杀，赭衣而不纯。治古如是。"是不然。以为治邪？则人固莫触罪，非独不用肉刑，亦不用象刑矣。以为人或触罪矣，而直轻其刑，然则是杀人者不死，伤人者不刑也。罪至重而刑至轻，庸人不知恶矣，乱莫大焉。凡刑人之本，禁暴恶恶，且惩其未也。杀人者不

死而伤人者不刑，是谓惠暴而宽贼也，非恶恶也。故象刑殆非生于治古，并起于乱今也。治古不然。凡爵列、官职、赏庆、刑罚，皆报也，以类相从者也。一物失称，乱之端也。夫德不称位，能不称官，赏不当功，罚不当罪，不祥莫大焉。昔者武王伐有商，诛纣，断其首，县之赤旆。夫征暴诛悍，治之盛也。杀人者死，伤人者刑，是百王之所同也，未有知其所由来者也。刑称罪则治，不称罪则乱。故治则刑重，乱则刑轻，犯治之罪固重，犯乱之罪固轻也。《书》曰："刑罚世轻世重。"此之谓也。（《荀子·正论》）

所以说，古之所谓"德治"，也很重视"法治"所用的政令刑法手段。政令刑法手段是为政治制度体系的德治总原则服务的，是良序社会治理方略的有机组成部分。但是好的政治体系是在德治原则指导下综合运用多种合理手段进行统治的，德礼在第一位，政刑在第二位，这一逻辑先后次序是不能颠倒的。

二、内圣外王

1. 为政以德

儒家学派创始人孔子所论为政之道，为儒家德治思想奠定了基调。"子曰：道之以政，齐之以刑，民免而无耻。道之以德，齐之以礼，有耻且格。"（《论语·为政》）孔子把为政之道分为两种，一种是政刑之治，一种是德礼之治。前者以法制禁令引导人民，以刑罚强迫百姓服从，这样的政治社会只会让老百姓苟免刑罚，而不懂得道德修养的价值，无羞耻感，明里不触犯刑法，仍然暗藏为恶之心，伺机为非作歹，这必定是一个道德堕落、动荡不安的乱世。后者为政以德，即实行周公奠定的"以德配天"、"敬德保民"、"明德慎罚"等为内涵的德治，礼背后的内在精神是德，通过礼乐文明教化来移风易俗，达至"刑错"和"无讼"的良序社会，这样的政治社会中老百姓有羞耻之心，自觉去除心中为恶念头，修身爱人，人人皆有士君子之风，这才是德治所期望的太平治世。

孔子生当礼坏乐崩的春秋晚期，周道衰微，礼乐征伐自诸侯出，大夫擅命，陪臣执国命，孔子一生的志愿，是期望继承周公，恢复周礼及其精神，即"克己复礼为仁"（《论语·颜渊》）。此"仁"即为周礼内在精神"德"的转化。孔子解"仁"根据情境随宜指点，有很丰富的含义，主要内涵是忠恕之道："己欲立而立人，己欲达而达人"（《论语·雍也》）、"己所不欲，勿施于人"（《论语·颜渊》）。孔子之"仁"总是不离开为政之"德"。

> 子张问仁于孔子，孔子曰："能行五者于天下，为仁矣。"请问之。曰："恭宽信敏惠。恭则不侮，宽则得众，信则人任焉，敏则有功，惠则足以使人。"（《论语·阳货》）

此处所解之"仁"是为政的五种德行"恭、宽、信、敏、惠"，都是与修己治人的德行。孔子称颂管子德政，也以"仁"赞之："管仲九合诸侯，不以兵车，管仲之力也。如其仁，如其仁！"（《论语·宪问》）又曰："管仲相桓公，霸诸侯，一匡天下，民到于今受其赐。微管仲，吾其披发左衽矣。岂若匹夫匹妇之为谅也，自经于沟渎，而莫之知也。"（《论语·宪问》）可见孔子之仁是德治的内在精神。

孔子实现德治的方法，首先在于正名。孔子要恢复周礼中的德治精神，认为只要人人遵循礼义制度的名分形式，天下就能大治，正名是德治的基础。

> 子路曰："卫君待子而为政，子将奚先？"子曰："必也正名乎。"子路曰："有是哉，子之迂也。奚其正？"子曰："野哉由也。君子于其所不知，盖阙如也。名不正则言不顺，言不顺则事不成，事不成则礼乐不兴，礼乐不兴则刑罚不中，刑罚不中则民无所措手足。故君子名之必可言也，言之必可行也。君子于其言，无所苟而已矣。"（《论语·子路》）

> 齐景公问政于孔子。孔子对曰："君君，臣臣，父父，子子。"公曰："善哉！信如君不君，臣不臣，父不父，子不子，虽有粟，吾得而食诸？"（《论语·颜渊》）

正名即正名分，名正则言顺，每个人按其本分行事，才能礼乐兴、刑法中，人们知善恶、辨是非，知道哪些应该做，哪些不应该做。反之则人民不知依违，手足无措。"子曰：'不在其位，不谋其政。'曾子曰：'君子思不出其位.'"(《论语·宪问》)每个人都忠于礼制规定的本份和职守，完成政治社会赋予他的社会职责和道德责任，君臣父子等政治社会和家庭内部的成员都各守其责、各尽其职，这样就能使以仁德为内核的礼成为维护社会秩序的纲纪，德治也因而可以顺利推行。

其次，孔子的德治原则要求在位统治者自身有德，然后才能施行德政。"政者正也，子帅以正，孰敢不正。"(《论语·颜渊》)以"正"训"政"，实行德治的政治，统治者要先正己，然后成为人民学习的楷模。"其身正，不令而行；其身不正，虽令不从。"(《论语·子路》)统治者身正，则上行下效，人民自觉走正道；反之，统治者身不正，就算严刑峻法威胁之下命令人民走正道，人民都不会服从。所以为政者应当自觉修身以匹配其位：

> 子路问君子。子曰："修己以敬。"曰："如斯而已乎?"曰："修己以安人。"曰："如斯而已乎?"曰："修己以安百姓。修己以安百姓，尧舜其犹病诸?"(《论语·宪问》)

"修己以敬"，是一个统治者立得住的最基本要求，在这个基础上，才有可能在公共领域中有所作为，这是尧舜这样的圣人都要终身勉力躬行的责任。故孔子提出为政以德："为政以德，譬如北辰，居其所，而众星共之。"(《论语·为政》)由此观之，德治是老百姓自觉自愿拥护有德者的德政，并且学习实践有德者的道德风范的政治统治模式。

再次，孔子德治思想中，把兵、刑等为政手段列为次要地位，把养民之德提高到更为重要的地位。

> 子贡问政，子曰："足食，足兵，民信之矣。"子贡曰："必不得已而去，于斯三者何先?"曰："去兵"，子贡曰："必不得已而去，于斯二者何先?"曰："去食。自古皆有死，民无信不立。"(《论语·颜渊》)
>
> 季康子问政于孔子曰："如杀无道，以就有道，何如?"孔子对曰："子为政，焉用杀。子欲善，而民善矣。君子之德风，小人之德草，草上之风，必偃。"(《论语·颜渊》)

孔子把为政之道的关键要素概括为"足食"，"足兵"和"民信"三者，在不得已而首先要去掉一种的话，那就是"去兵"。孔子反对以刑去刑，即使用"刑杀""无道者"的手段来保证民众"有道"也是不能，而是强调统治者培养德性，成为百姓学习仿效的楷模，自觉不去为恶，这与孔子德治宗旨"导之以德，齐之以礼"相一致的。孔子提出"父为子隐，子为父隐（《论语·子路》），保护亲人之间的"亲亲"之德不受刑法伤害，也是一种养民之德的表现。

最后，孔子实现德治的具体途径，是通过富而教民，敬德尊贤。"听讼，吾犹人也，必也使无讼乎。"（《论语·颜渊》）孔子追慕周公制礼作乐，德治天下，王道大化，"故成康之际，天下安宁，刑错四十余年不用。"（《史记·周本纪》）这是历史上真实出现过的"无讼"太平治世，孔子认为统治关键在于富而教之：

> 子适卫，冉有仆，子曰："庶矣哉。"冉有曰："既庶矣，又何加焉?"曰："富之。"曰："既富矣，又何加焉?"曰："教之。"（《论语·子路》）

统治者对待老百姓，要按照"仓廪实而知礼节，衣食足而知荣辱"（《管子·牧民》）的逻辑去要求，首先是让他们能在这片土地上解决温饱问题，然后让大家富裕起来，过上体面的、有尊严的生活，第三步是教育他们，使他们成为有德性和有知识的君子。如果没有"教"，那么让没有经过过硬军事训练的老百姓参与战争、使刑杀没有经过道德教化而犯法的老百姓，则"以不教民战，是谓弃之"（《论语·子路》）、"不教而杀谓之虐"（《论语·尧曰》），都是虐政、暴政的表现。

与此不同，对待统治者自身（士以上），则负有治理国家天下的责任，首先要有严格的道德要求。"举直错诸枉，则民服；举枉错诸直，则民不服。"（《论语·为政》）孔子的德政要求政府官员"直"，由品德高尚、正直公平的人来任职，才能使社会不良风气得到纠正，贪赃枉法的人改邪归正。

> 子张问于孔子曰："何如，斯可以从政矣?"子曰："尊五美，屏四恶，斯可以从政矣。"子张曰："何谓五美?"曰："君子惠而不费，劳而不怨，欲而不贪，泰而不骄，威而不猛。"子张曰："何谓惠而不费?"子曰："因民之所利而利之，斯不亦惠而不费乎? 择可劳而劳之，又谁怨? 欲仁得仁，又焉贪? 君子无众寡、无小大、无敢慢，斯不亦泰而不骄乎? 君子正其衣冠，尊其瞻视，俨然人望而畏之，斯不亦威

而不猛乎？"子张曰："何谓四恶？"子曰："不教而杀谓之虐，不戒视成谓之暴，慢令致期谓之贼，犹之与人也，出纳之吝，谓之有司。"（《论语·尧曰》）

"尊五美"、"屏四恶"是把上述德政思想更加具体化，既继承发展了周公德治传统，又启发了孟子的"仁政"、荀子贾谊的"礼治"和董仲舒的"德主刑辅"、"仁爱人、义正我"、养士教化等德治思想的新发展。

2. 由仁义行

孟子继承孔子以"仁"为内核的德治思想，主张行"仁政"的王道，反对行"力政"的霸道。"以力假仁者霸，霸必有大国，以德行仁者王，王不待大。汤以七十里，文王以百里。以力服人者，非心服也，力不赡也；以德服人者，中心悦而诚服也，如七十子之服孔子也。"（《孟子·公孙丑上》）霸道"以力假仁"，"以力服人"，这样的统治方式，人们为强权所迫，不得已而服从统治，并非心悦诚服，这样的世道，人们急功近利，夸诈喜功，违道干誉；王道"以德行仁"，推行仁爱于天下，故"以德服人"，人民对统治者心悦诚服，"民日迁善而不知为之者"（《孟子·尽心上》），王者也就可以垂拱而天下治，达致太平盛世。

孟子之"仁政"要推行的德治，是以仁义精神为主导，道德教化为主要治理手段。孟子的"仁政"是以"不忍人之心，行不忍人之政"（《孟子·公孙丑上》），这"不忍人之心"，即"恻隐之心"，用以指代"四端之心"："恻隐之心，仁之端也；羞恶之心，义之端也；辞让之心，礼之端也；是非之心，智之端也。"（《孟子·公孙丑上》）"四端之心"为人性本然之善，"仁、义、礼、智"等德目代表的道德价值和文明制度都是由它扩充而来。凡有四端于我者，知皆扩而充之矣，若火之始然，泉之始达。苟能充之，足以保四海；苟不充之，不足以事父母。"（《孟子·公孙丑上》）若能扩充之责"足以保四海"，不能扩充之则"不足以事父母"。"人之所以异于禽兽者几希，庶民去之，君子存之。舜明于庶物，察于人伦，由仁义行，非行仁义也。"（《孟子·离娄下》）"四端之心"就是这一点区别于动物的人类特性

"几希","存之则进于圣贤，失之则入于禽兽"①，君子加以存养，在日常人伦关系中"由仁义行"，由内心自觉自愿地实践道德法则，而非把"仁义"作为实现其他目的之工具。"亲亲而仁民，仁民而爱物。"(《孟子·尽心上》)本心扩充的过程是由己及人，由人及物的外推过程。

因此，实现德治，必然是通过道德教化培育和扩充人的"四端之心"：

> 仁言，不如仁声之入人深也。善政，不如善教之得民也。善政民畏之，善教民爱之；善政得民财，善教得民心。(《孟子·尽心上》)

> 设为庠序学校以教之：庠者，养也；校者，教也；序者，射也。夏曰校，殷曰序，周曰庠，学则三代共之，皆所以明人伦也。人伦明于上，小民亲于下。有王者起，必来取法，是为王者师也。(《孟子·滕文公上》)

道德说教和政令刑法是德治之末，德治之本在于"仁声"和"善教"，即通过礼乐教化，培育和扩充人的"四端之心"，达之天下："人之所不学而能者，其良能也；所不虑而知者，其良知也。孩提之童，无不知爱其亲者；及其长也，无不知敬其兄也。亲亲，仁也；敬长，义也。无他，达之天下也。"(《孟子·尽心上》)"良知"、"良能"即为"四端之心"，需要通过学校教育和社会教化驾驭培育，逐渐从家庭开始，扩充良知本心而达之天下，则德治也就实现了。

就德治的实施原则而言，孟子主张"义先利后"和"德主刑辅"的原则。孟子强调"仁义"统治原则，反对以"利"为先，"上下交征利，则国危也"(《孟子·梁惠王上》)，强调"义"、"德"为先。但是，孟子并没有否定"利"、"力"、"刑"，孟子反对霸道却在一定程度上肯定霸道，认为虽然"五霸者，三王之罪人"(《孟子·告子下》)，但齐桓公尊王攘夷，"葵丘之会诸侯"提出"五禁"，在乱世间一定程度上维护了当时社会正义。当时孟子也并不反对刑法。"国家闲暇，及是时，明其政刑。"(《孟子·公孙丑上》)"徒善不足以为政，徒法不能以自行。"(《孟子·离娄上》)但这样的刑法是在德治原则之下的政治制度组成部分。

---

① （南宋）朱熹撰：《四书章句集注》，中华书局1983年版，第135页。

孟子的"仁政"，在政治统治上强调君王要仁义身正、尊贤使能、爱民如子。君王或天子之德行关系整个国家天下的命运，必须要仁、义、正："君仁莫不仁，君义莫不义，君正莫不正。一正君而国定矣。"（《孟子·离娄上》）反之，若不仁，则家国天下都要遭诣："三代之得天下也以仁，其失天下也以不仁。国之所以废兴存亡者亦然。天子不仁，不保四海；诸侯不仁，不保社稷；卿大夫不仁，不保宗庙；士庶人不仁，不保四体。恶死亡而乐不仁，是犹恶醉而强酒。"（《孟子·离娄上》）所以仁政要尊贤使能、爱民如子：

> 孟子曰："尊贤使能，俊杰在位，则天下之士皆悦而愿立于其朝矣。市廛而不征，法而不廛，则天下之商皆悦而愿藏于其市矣。关讥而不征，则天下之旅皆悦而愿出于其路矣。耕者助而不税，则天下之农皆悦而愿耕于其野矣。廛无夫里之布，则天下之民皆悦而愿为之氓矣。信能行此五者，则邻国之民仰之若父母矣。率其子弟，攻其父母，自生民以来，未有能济者也。如此，则无敌于天下。无敌于天下者，天吏也。然而不王者，未之有也。（《孟子·公孙丑上》）

"仁政"是通过在政治人事上尊贤使能、在工商政策上低税收、在农业政策上薄敛赋等对社会各阶层的尊德惠民措施，让天下老百姓感受到统治者爱民如子，心悦诚服地前来归顺，从而成就仁者"无敌于天下"的王道理想。"民为贵，社稷次之，君为轻。"（《孟子·尽心下》）为政之道处处体现了孟子的民本思想。

孟子的"仁政"提出了很多切实可行的德治措施，尤其突出表现社会经济政策上。"王如施仁政于民，省刑罚，薄税敛，深耕易耨。壮者以暇日修其孝悌忠信，入以事其父兄，出以事其长上。"（《孟子·梁惠王上》）这与孔子"庶"、"富"、"教"的德治三部曲是一致的。

> 夫仁政，必自经界始。经界不正，井地不钧，谷禄不平。是故暴君污吏必慢其经界。经界既正，分田制禄可坐而定也。夫滕壤地褊小，将为君子焉，将为野人焉。无君子莫治野人，无野人莫养君子。请野九一而助，国中什一使自赋。卿以下必有圭田，圭田五十亩。余夫二十五亩。死徙无出乡，乡田同井。出入相友，守望相助，疾病相

扶持，则百姓亲睦。方里而井，井九百亩，其中为公田。八家皆私百亩，同养公田。公事毕，然后敢治私事，所以别野人也。此其大略也。（《孟子·滕文公下》）

尽管这里提到的古代"井田制"不一定就适合当时社会现实，但孟子主张统治者实行合理的土地政策，轻赋税，省刑罚，恤鳏寡，使人民过上有保障、有尊严的生活。孟子提出一个重要的社会经济发展方案即"制民之产"：

无恒产而有恒心者，惟士为能。若民，则无恒产，因无恒心。苟无恒心，放辟，邪侈，无不为已。及陷于罪，然后从而刑之，是罔民也。焉有仁人在位，罔民而可为也？是故明君制民之产，必使仰足以事父母，俯足以畜妻子，乐岁终身饱，凶年免于死亡。然后驱而之善，故民之从之也轻。今也制民之产，仰不足以事父母，俯不足以畜妻子，乐岁终身苦，凶年不免于死亡。此惟救死而恐不赡，奚暇治礼义哉？王欲行之，则盍反其本矣。五亩之宅，树之以桑，五十者可以衣帛矣；鸡豚狗彘之畜，无失其时，七十者可以食肉矣；百亩之田，勿夺其时，八口之家可以无饥矣；谨庠序之教，申之以孝悌之义，颁白者不负戴于道路矣。老者衣帛食肉，黎民不饥不寒，然而不王者，未之有也。（《孟子·梁惠王上》）

孟子深知德治的落实最终体现在百姓的农业生产和日常生活上。统治者要设法制定适宜的社会经济政策，让老百姓拥有一定的经济产业，不仅在生活上丰年过上好日子，即便灾荒之年也能温饱，免于死亡；不仅解决日常生活吃穿问题，使老百姓在从事劳动生产之余，有余暇接受礼义教育和道德教化，笃行仁义，孝悌忠信，尊老爱幼。这些措施围绕着人民的经济发展、道德教化和事业发展，这样的"仁政"是孟子心目中的德治社会。

3. 隆礼重法

荀子的德治，因为有着与孟子不同的人性论假设，从而呈现出不同的实现路径。与孟子的"性善论"不同，荀子主张"性恶"，"性者，天之就也"（《荀子·正名》），认为"性"是天然禀赋，其自然倾向是"恶"：

　　人之性恶，其善者伪也。今人之性，生而有好利焉，顺是，故争夺生而辞让亡焉；生而有疾恶焉，顺是，故残贼生而忠信亡焉；生而有耳目之欲，有好声色焉，顺是，故淫乱生而礼义文理亡焉。然则从人之性，顺人之情，必出于争夺，合于犯分乱理而归于暴。故必将有师法之化，礼义之道，然后出于辞让，合于文理，而归于治。用此观之，然则人之性恶明矣，其善者伪也。(《荀子·性恶》)

荀子认为人之"性"天生"好利"、"疾恶"、"好声色"，任其发展，只会"争夺"、"残贼"、"淫乱"，出现霍布斯所说的狼与狼的战争状态。所以需要后天的"师法之化、礼义之道"，经过教化而知辞让、文理、归治，所以"善"是后天人为之"伪"。而师法、礼义来自哪里呢？"故圣人化性而起伪，伪起而生礼义，礼义生而制法度。"(《荀子·性恶》)先知先觉的圣人、圣王首先化性起伪，从而有了礼义制度文章，使得天下苍生能够摆脱邪恶的争夺暴乱状态：

　　故古者圣人以人之性恶，以为偏险而不正，悖乱而不治，故为之立君上之埶以临之，明礼义以化之，起法正以治之，重刑罚以禁之，使天下皆出于治，合于善也。是圣王之治，而礼义之化也。(《荀子·性恶》)

荀子把"人之性恶"作为故圣王化性起伪、制定礼义法度的现实起因，使人为善的办法是双管齐下，明礼义以教化和制刑法以禁治，这也就是荀子提出"隆礼重法"王道思想的依据。

　　至道大形，隆礼至法则国有常，尚贤使能则民知方，篆论公察则民不疑，赏克罚偷则民不怠，兼听齐明则天下归之。然后明分职，序事业，材技官能，莫不治理，则公道达而私门塞矣，公义明而私事息矣。如是，则德厚者进而佞说者止，贪利者退而廉节者起。(《荀子·君道》)

荀子提出的"隆礼重法"思想，既继承孔子德治思想中重视礼治的一面，也是战国后期时势所迫而提出的救世之道。其中的"隆礼"能致王道，"重法"能致霸道，虽然荀子更推崇前者，但两者都是荀子所赞赏的，而不齿者为"权谋、倾覆、幽险"的亡道。隆礼之要，在师法圣哲、"尚贤使能"，退而求其次，崇礼并自觉以约束自身；"至法"即重法，是在尚贤隆礼的前提下，对不能自觉以礼法自约的奸猾之徒用庆赏、刑罚等手段引导，若仍然不可挽救，才予放弃而用重刑。

荀子的隆礼重法，有两个重要的前提，一是君王必须修身为仁足为天下仪法，二是君王必须尊圣贵贤、尚贤使能。一方面，君王的特殊地位产生的影响力，使其言行举止必须符合道德礼义，因为，"君者，仪也，仪正而景正；君者，盘也，盘圆而水圆；君者，盂也，盂方而水方。君射则臣决"（《荀子·君道》），故君王是天下的道德楷模，所做作为要成为臣民的规矩。另一方面，能否尊圣贵贤、尚贤使能，是事关王霸存亡的国家大事。"故尊圣者王，贵贤者霸，敬贤者存，慢贤者亡，古今一也。故尚贤使能，等贵贱，分亲疏，序长幼，此先王之道也。"（《荀子·君子》）先王之道都体现在对圣贤的"尊"、"贵"、"敬"之中。先具备两个前提，才可以进一步谈得隆礼重法的德治社会实现。

荀子的"隆礼重法"，实则为"礼义之治"和"君子之法"，是国家礼义制度的总称。"礼者，人之所履也，失所履，必颠蹶陷溺。所失微而其为乱大者，礼也。礼之于正国家也，如权衡之于轻重也，如绳墨之于曲直也。故人无礼不生，事无礼不成，国家无礼不宁。"（《荀子·大略》）荀子把礼看作是人和国家不可或缺的工具。而荀子所说的"重法"，其根据为"君子"，其实行者也在于"君子"，故可称之为"人治"，与法家所说的"法治"是迥然不同的。

> 有乱君，无乱国；有治人，无治法。羿之法非亡也，而羿不世中；禹之法犹存，而夏不世王。故法不能独立，类不能自行，得其人则存，失其人则亡。法者、治之端也；君子者，法之原也。故有君子则法虽省，足以遍矣；无君子则法虽具，失先后之施，不能应事之变，足以乱矣。不知法之义而正法之数者，虽博，临事必乱。（《荀子·君道》）

荀子强调君子是治法的灵魂，有了贤能者当政，则"法虽省，足以遍"；若无君子，法虽然很完备，但用法执法"失先后之施，不能应事之变"，只会造成乱世。法家则注重形式化的刑法之治，不顾仁义人性，用赏罚二柄驱使人民，把人民当作实现君主功利目的的工具，一断于法。法家之法，正是荀子所说的无君子之法，其国用之则社稷必危。"庶人安政，然后君子安位。传曰：'君者，舟也；庶人者，水也；水则载舟，水则覆舟。'"（《荀子·王制篇》）荀子的君子之法，是以其民本思想相一致的，庶人是君王的政权正当性来源，其位既可与之，亦可绝之。

荀子把强国裕民、以义克利作为德治的重要内容。"足国之道，节用裕民，而善藏其余。"（《荀子·富国》）国家富强之道，在于节省开支和使人民富裕，而善于积累府库财物和藏富于民。荀子承认人们利欲追求的合理性，而提出与孟子类似"制民之产"的社会经济和道德教化措施："不富无以养民情，不教无以理民性。故家五亩宅，百亩田，务其业而勿夺其时，所以富之也。立大学，设庠序，修六礼，明十教，所以道之也。"（《荀子·大略》）此外，荀子提出"使其欲利不克其好义"（《荀子·大略》）的义利原则，指出"义"的优先性，"义胜利者为治世，利克义者为乱世"，提出"从士以上皆羞利而不与民争业，乐分施而耻积藏"（《荀子·大略》），统治者不与民争利，才能使"民不困财"，而达到强国富裕民的德治目的。

先秦儒家德治的正义原则，主要有以德配位、德主刑辅和不与民争业。德治的实现途径大略有三，首先，君王提高德性修养，并尊敬圣贤，任贤使能；第二是通过仁政和礼治，推行王道政治；最后，对人民富而教之，制民之产，强国裕民。先秦德治可以用"内圣外王"模式来概括，其根本是"修身为本"的内圣，其发用是"推己及人"的外王。通过先秦数百年的发展，儒家德治思想逐步完善，孔子强调"为政以德"，以"为仁由己"的道德自觉作为为政的基石，曾子和子思提炼出清晰的"内圣外王"德治模式，孟子强调"内圣"，荀子注重"外王"，从而完整地发展出"内圣"为体、"外王"为用的先秦德治范式。

三、德主刑辅

1. 仁义之施

刘邦以平民得天下而蔑视儒术，陆贾谏之曰："马上得之，宁可以马上治乎？且汤武逆取而以顺守之，文武并用，长久之术也。昔者吴王夫差、智伯极武而亡；秦任刑法不变，卒灭赵氏。乡使秦以并天下，行仁义，法先圣，陛下安得而有之？"（《汉书·郦陆朱刘叔孙传》）从此揭开了反思秦政速亡而刘汉兴起的反思潮流，到董仲舒乃证立"德主刑辅"统治原则。汉初以陆贾、贾谊、贾山之议论比较突出，而其核心论点都与德刑之辩有关。

陆贾总结秦政之败，在于不并仁义和不任圣贤，而任用刑罚和奸佞：

> 夫谋事不并仁义者后必败，殖不固本而立高基者后必崩。故圣人防乱以经艺，工正曲以准绳。德盛者威广，力盛者骄众。齐桓公尚德以霸，秦二世尚刑而亡。（《新语·道基》）

> 秦以刑罚为巢，故有覆巢破卵之患，以李斯、赵高为杖，故有顿仆跌伤之祸，何者？所任者非也。故杖圣者帝，杖贤者王，杖仁者霸，杖义者强，杖谗者灭，杖贼者亡。（《新语·辅政》）

基于这样的历史教训，陆贾认为"故刑立则德散，佞用则忠亡。"（《新语·述事》）主张用德政教化为治理原则：

> 仁者道之纪，义者圣之学。学之者明，失之者昏，背之者亡。陈力就列，以义建功，师旅行阵，德仁为固，仗义而强，调气养性，仁者寿长，美才次德，义者行方。君子以义相褒，小人以利相欺，愚者以力相乱，贤者以义相治。《穀梁传》曰："仁者以治亲，义者以利尊。万世不乱，仁义之所治也。"（《新语·道基》）

> 是以君子尚宽舒以褒其身，行身中和以致疏远；民畏其威而从其化，怀其德而归其境，美其治而不敢违其政。民不罚而畏，不赏而劝，渐渍于道德，而被服于中和之所致也。（《新语·无为》）

虽然是继承孔子德治思想，陆贾的德治也带有汉初黄老道家的特有色彩，强调清静无为。不过与黄老道家的消极放任不同，陆贾的无为而治是建立在统治者行仁义之政和兴礼乐教化的基础之上的，下面一段论述比较能代表陆贾的德治主张：

> 夫形重者则心烦，事众者则身劳；心烦者则刑罚纵横而无所立，身劳者则百端回邪而无所就。是以君子之为治也，块然若无事，寂然

若无声，官府若无吏，亭落若无民，间里不讼于巷，老幼不愁于庭，近者无所议，远者无所听，邮无夜行之卒，乡无夜召之征，犬不夜吠，鸡不夜鸣，耆老甘味于堂，丁男耕耘于野，在朝者忠于君，在家者孝于亲；于是赏善罚恶而润色之，兴辟雍庠序而教诲之，然后贤愚异议，廉鄙异科，长幼异节，上下有差，强弱相扶，大小相怀，尊卑相承，雁行相随，不言而信，不怒而威，岂待坚甲利兵、深牢刻令、朝夕切切而后行哉？（《新语·至德》）

贾谊秦政反思的著名论断"仁心不施，而攻守之势异也"（《新书·过秦上》），虽与陆贾的观点都落在"仁义"上，也在论述"取与、攻守不同术也"和兼取儒家黄老之旨，但贾谊之德治特别强调礼治、民本、太子教化，为其独到之处。

贾谊主张只有通过礼治才是汉王朝治理之要，认为"故仁人行其礼，则天下安，而万理得矣"（《新书·礼》）。礼与刑法之不同，在于礼禁于前而防犯心，而法制于后而怨恨不绝。"夫礼者禁于将然之前，而法者禁于已然之后，是故法之所用易见，而礼之所为生难知也。……以礼义治之者，积礼义；以刑罚治之者，积刑罚。刑罚积而民怨背，礼义积而民和亲。"（《汉书·贾谊传》）礼制一定，则人伦之序可当法令之用。"卑尊已著，上下已分，则人伦法矣。"（《新书·服疑》）贾谊继承管子礼义廉耻四维思想，提议汉应早定经制，恢复礼仪制度，革除秦政四维不张之弊。

> 故道德仁义，非礼不成；教训正俗，非礼不备；分争辩讼，非礼不决；君臣上下父子兄弟，非礼不定；宦学事师，非礼不亲；班朝治军，莅官行法，非礼威严不行；祷祠祭祀，供给鬼神，非礼不诚不庄。是以君子恭敬撙节退让以明礼。（《新书·礼》）

> 夫立君臣，等上下，使父子有礼，六亲有纪，此非天之所为，人之所设也。夫人之所设，弗为不立，不植则僵，不循则坏。秦灭，四维不张，故君臣乖而相攘，上下乱僭而无差，父子六亲殃僇而失其宜，奸人并起，万民离畔，凡十三岁而社稷为墟。今四维犹未备也，故奸人冀幸，而众下疑惑矣。岂如今定经制，令主主臣臣，上下有差，父子六亲，各得其宜，奸人无所冀幸，群众信上，而不疑惑哉。

此业一定，世世常安，而后有所持循矣。若夫经制不定，是犹渡江河无维楫，中流而遇风波也，船必覆矣。(《新书·俗激》)

贾谊的民本思想深刻揭示民在政治中的根本性地位。"夫民者，万世之本也，不可欺。凡居于上位者，简士苦民者是谓愚，敬士爱民者是谓智。"(《新书·大政上》)"闻之于政也，民无不为本也。国以为本，君以为本，吏以为本。故国以民为安危，君以民为威侮，吏以民为贵贱，此之谓民无不为本也。"(《新书·大政下》)同样，民无不为命、为功、为力，故政之成败得失，皆取决于民。"故夫战之胜也，民欲胜也；攻之得也，民欲得也；守之存也，民欲存也。"(《新书·大政下》)因而祸福取决于士民。"故夫蓄与福也，非粹在天也，必在士民也。"(《新书·大政下》)"刑罚不可以慈民，简泄不可以得士。"(《新书·大政上》)士民之是否得和治，可以反映是否君明和吏贤。"故君明而吏贤矣，吏贤而民治矣。故见其民而知其吏，见其吏而知其君矣。故君功见于选吏，吏功见于治民。"(《新书·大政下》)

贾谊鉴于秦政败亡一大过失在于太子之教，而特别提出，以引起天子注意。而太子即将即位为天子，教育又贵在从小开始，故在《傅职》中列举三代太子之教。有在《保傅》具体论述太子之教的道理和方法。

天下之命，县于太子。太子之善，在于蚤谕教与选左右。心未滥而先谕教，则化易成也。夫开于道术，知义之指，则教之功也。若其服习积贯，则左右而已矣。夫胡越之人，生而同声，嗜欲不异，及其长而成俗也，累数译而不能相通，行有虽死而不相为者，则教习然也。臣故曰："选左右蚤谕教最急。"夫教得而左右正，则太子正矣，太子正而天下定矣。(《新书·保傅》)

实际上，太子之教是士民教化的一个特例，也是最好的教育典范，略加调整，推而广之，则是社会教化、成圣成贤的一个绝佳教材。

2. 笃行礼义

贾山也得出不能笃行礼义是秦政之败的原因。"秦以熊罴之力，虎狼之心，蚕食诸侯，并吞海内，而不笃礼义，故天殃已加矣。"(《汉书·贾邹枚路传》)故贾山提出的"笃礼义"的德政方略，一是广开言路，二是尊德礼贤，三是改善吏德士风。

> 臣闻忠臣之事君也，言切直则不用而身危，不切直则不可以明道，故切直之言，明主所欲急闻，忠臣之所以蒙死而竭知也。地之硗者，虽有善种，不能生焉；江皋河濒，虽有恶种，无不猥大。昔者夏、商之季世，虽关龙逢、箕子、比干之贤，身死亡而道不用。

> 文王之时，豪俊之士皆得竭其智，乌菀采薪之人皆得尽其力，此周之所以兴也。故地之美者善养禾，君之仁者善养士。雷霆之所击，无不摧折者；万钧之所压，无不糜灭者。今人主之威，非特雷霆也；势重，非特万钧也。开道而求谏，和颜色而受之，用其言而显其身，士犹恐惧而不敢自尽，又乃况于纵欲恣行暴虐，恶闻其过乎！震之以威，压之以重，则虽有尧、舜之智，孟贲之勇，岂有不摧折者哉？如此，则人主不得闻其过失矣；弗闻，则社稷危矣。

> 古者圣王之制，史在前书过失，工诵箴谏，瞽诵诗谏，公卿比谏，士传言谏，庶人谤于道，商旅议于市，然后君得闻其过失也。闻其过失而改之，见义而从之，所以永有天下也。天子之尊，四海之内，其义莫不为臣。然而养三老于大学，亲执酱而馈，执爵而酳，祝饐在前，祝鲠在后，公卿奉杖，大夫进履，举贤以自辅弼，求修正之士使直谏。

> 故以天子之尊，尊养三老，视孝也；立辅弼之臣者，恐骄也；置直谏之士者，恐不得闻其过也；学问至于乌菀者，求善无餍也；商人庶人诽谤已而改之，从善无不听也。(《汉书·贾邹枚路传》)

这些古代制度，都是关于民间舆论监督和朝廷谏议制度，不仅是天子要像文王那样"开道而求谏，和颜色而受之"(《汉书·贾邹枚路传》)，还要形成言论自由的社会风气和制度保障。不仅要有像子产不毁乡校的胆略，还要"养三老于大学"、"举贤以自辅弼，求修正之士使直谏"。这是在今天都没有做到的广开言路、自由议政，贾山能够总结历史经验而建议天子实行，难能可贵。胡秋原认为，"汉人所谓明堂太学，确有将此一古制，变为一种议会政治的意思。申公弟子们进行这一运动没有成功。直到后来，王吉，刘向，蔡邕，都很向往。他们不仅托之古圣王之道，而且托之于远。"①"托之于远"即远托大秦（罗马）之"五宫之说"："城有五宫，王者游一宫，听事五日，常使一人持囊随王车，言事著以书投囊，退而理其枉直。置三十六将，皆会议国事。其王无有常人，皆简立贤者。国家有灾异，废而更立，受放者不怨，其人长大平正，有类中国，故曰大秦。"（《后汉书·西域传》、《魏略·西戎传》）。胡秋原认为这是假托罗马制度，而罗马制度实非如此，"五宫之说"，不过是明堂九室的简省版。

> 故古之贤君于其臣也，尊其爵禄而亲之；疾则临视之亡数，死则往吊哭之，临其小敛大敛，已棺涂而后为之服锡衰麻绖，而三临其丧；未敛不饮酒食肉，未葬不举乐，当宗庙之祭而死，为之废乐。故古之君人者于其臣也，可谓尽礼矣；服法服，端容貌，正颜色，然后见之。故臣下莫敢不竭力尽死以报其上，功德立于后世，而令闻不忘也。（《汉书·贾邹枚路传》）

尊德礼贤的建议，皆缘古圣王故事，孔子有言："君使臣以礼，臣事君以忠。"（《论语·八佾》）贾山这一尊德礼贤建议是孔子君臣相互对待关系的具体化。

> 今功业方就，名闻方昭，四方乡风，今从豪俊之臣，方正之士，直与之日日猎射，击兔伐狐，以伤大业，绝天下之望，臣窃悼之。诗曰："靡不有初，鲜克有终。"臣不胜大愿，愿少衰射猎，以夏岁二月，定明堂，造太学，修先王之道。风行俗成，万世之基定，然后唯陛下所幸耳。古者大臣不媟，故君子不常见其齐严之色、肃敬之容。大臣不得与宴游，方正修洁之士不得从射猎，使皆务其方以高其节，则群臣莫敢不正身修行，尽心以称大礼。如此，则陛下之道尊敬，功业施于四海，垂于万世子孙矣。诚不如此，则行日坏而荣日灭矣。夫士修之于家，而坏之于天子之廷，臣窃愍之。陛下与众臣宴游，与大臣方正朝廷论议。夫游不失乐，朝不失礼，议不失计，轨事之大者也。（《汉书·贾邹枚路传》）

---

① 胡秋原：《古代中国与中国知识分子》，中华书局 2010 年版，第 290 页。

汉初贵族和官吏渐长田猎奢靡之风，贾山提出的端正官吏风气之策很有针对性。尤其是"定明堂，造太学，修先王之道。"的建议，借风俗而起大议，"定明堂"则改善民主议政，集思广益、合理决策，"造太学"则改革教育制度，养士进贤，都是德治教化的重要政治措施。

3. 任德不任刑

董仲舒继承上古三代、先秦儒家和汉初诸儒的德治思想，明确提出德主刑辅主张，并在其新儒学体系中予以反复论证。"天人三策"中有典型的论证：

> 臣谨案《春秋》之文，求王道之端，得之于正。正次王，王次春。春者，天之所为也；正者，王之所为也。其意曰，上承天之所为，而下以正其所为，正王道之端云尔。然则王者欲有所为，宜求其端于天。天道之大者在阴阳。阳为德，阴为刑；刑主杀而德主生。是故阳常居大夏，而以生育养长为事，阴常居大冬，而积于空虚不用之处。以此见天之任德不任刑也。天使阳出布施于上而主岁功，使阴入伏于下而时出佐阳，阳不得阴之助，亦不能独成岁。终阳以成岁为名，此天意也。王者承天意以从事，故任德教而不任刑。刑者不可任以治世，犹阴之不可任以成岁也。为政而任刑，不顺于天，故先王莫之肯为也。今废先王德教之官，而独任执法之吏治民，毋乃任刑之意与！孔子曰："不教而诛谓之虐。"虐政用于下，而欲德教之被四海，故难成也。（《汉书·董仲舒传》）

董仲舒的德刑关系论证，上溯到天意，通过《春秋》大义阐释王道之端在奉天意而行，而天意之重要体现在于阴阳之道。"阳为德，阴为刑；刑主杀而德主生。"这样就在宇宙论意义上赋予了阴阳以特定的道德含义，而使得道德价值有了天经地义的结实根据。接着又以"四时"与"阴阳"配合，说明道德价值正当性和及其所处地位，证明德在阳位，常居大夏，其功能在于生养，处于主导地位，而刑在阴位，常居大冬，常处空虚不用，所以是辅助地位。成岁功寓意达王道，阳主成岁之功，故德为主，独阳不成岁，必阴辅其功，故刑为辅。这样，德主刑辅、任德不任刑是王道之治的结论也就顺理成章。最后还提到，德主要指德政和教化，刑主要是指"任执法之吏治民"，即牢狱刑罚之治。

在《春秋繁露》中，董仲舒还有多处论证德主刑辅主张。下面材料是一个更为严密的论证，把天志、阴阳、五行、四时和人情、尊卑、主次、礼制等联系起来：

> 春，爱志也，夏，乐志也，秋，严志也，冬，哀志也，故爱而有严，乐而有哀，四时之则也。喜怒之祸，哀乐之义，不独在人，亦在于天；而春夏之阳，秋冬之阴，不独在天，亦在于人。……故曰：天乃有喜怒哀乐之行，人亦有春秋冬夏之气者，合类之谓也。匹夫虽贱，而可以见德刑之用矣。是故阴阳之行，终各六月，远近同度，而所在异处。阴之行，春居东方，秋居西方，夏居空右，冬居空左，夏居空下，冬居空上，此阴之常处也，阳之行，春居上，冬居下，此阳之常处也。阴终岁四移，而阳常居实，非亲阳而疏阴，任德而远刑与！天之志，常置阴空处，稍取之以为助，故刑者，德之辅，阴者，阳之助也，阳者，岁之主也，天下之昆虫随阳而出入，天下之草木随阳而生落，天下之三王随阳而改正，天下之尊卑随阳而序位，幼者居阳之所少，老者居阳之所老，贵者居阳之所盛，贱者居阳之所衰，藏者言其不得当阳，不当阳者，臣子是也，当阳者，君父是也。故人主南面以阳为位也，阳贵而阴贱，天之制也。礼之尚右，非尚阴也，敬老阳而尊成功也。（《春秋繁露·天辨在人》）

此外，有单从阴阳之成岁之功论证的，如："阳之出，常县于前，而任岁事；阴之出，常县于后，而守空虚；阳之休也，功已成于上，而伏于下；阴之伏也，不得近义，而远其处也。天之任阳不任阴，好德不好刑，如是。"（《春秋繁露·天道无二》）"阴阳二物，终岁各壹出，壹其出，远近同度而不同意，阳之出也，常县于前而任事，阴之出也，常县于后而守空处，此见天之亲阳而疏阴，任德而不任刑也。"（《春秋繁露·基义》）也有从天志好仁恶戾论证的，如："天志仁，其道也义，为人主者，予夺生杀，各当其义，若四时；列官置吏，必以其能，若五行；好仁恶戾，任德远刑，若阴阳；此之谓能配天。"（《春秋繁露·天地阴阳》）

有以天道四时论证政刑之必要性及其合宜运用的，如："天之道，春暖以生，夏暑以养，秋清以杀，冬寒以藏，暖暑清寒，异气而同功，皆天之所以成岁也。圣人副天之所行以为政，故以庆副暖而当春，以赏副暑而当夏，以罚副清而当秋，以刑副寒而当冬，庆赏罚刑，异事而同功，皆王者之所以成德也。庆赏罚刑，与春夏秋冬，以类相应也，如合符，故曰：王者配天，谓其道。天有四时，王有四政，若四时，通类也，天人所同有也。庆为春，赏为夏，罚为秋，刑为冬。庆赏罚刑之不可不具也，如春夏秋冬不可不备也；庆赏罚刑，当其处不可不发，若暖暑清寒，当其时不可不出也；庆赏罚刑各有正处，如春夏秋冬各有时也。"（《春秋繁露·四时之副》）有从阴阳、经权、方位、本末、贵贱、前后来证明德刑关系的，如："是故天以阴为权，以阳为经；阳出而南，阴出而北；经用于盛，权用于末；以此见天之显经隐权，前德而后刑也。"（《春秋繁露·阳尊阴卑》）还有从《春秋》微言大义来论证："考意而观指，则春秋之所恶者，不任德而任力，驱民而残贼之；其所好者，设而勿用，仁义以服之也。"（《春秋繁露·竹林》）

要之，董仲舒的宇宙论吸纳了人们自古以来积累的知识和经验，形成一套有着精密构思的逻辑系统，对德教优先性的论证具有很强的说服力。"教，政之本也，狱，政之末也，其事异域，其用一也，不可不以相顺，故君子重之也。"（《春秋繁露·精华》）董仲舒在强调德教为本的时候，同时也说明刑狱的必要性，两者不可偏废，是在不同的领域和角度相互协调的。

第二节 德礼之辨

一、德礼道法

1. 礼与礼治

我们先看"礼"和"礼治"的含义。《说文解字》："禮，履也，所以事神致福也，从示从豊。"又："示，天垂象，见吉凶，所以示人也。从二。三垂，日月星也。观乎天文，以察时变。示神事也。"又："豊，行礼之器也，从豆，象形。"王国维从豊的甲骨文字形象双玉放置器皿之中，训豊为"盛玉以奉神人之器。"从而"推之而奉神人之酒醴亦谓之醴，又推之而奉神人之事谓之礼"[①]，即礼指称一切祭祀圣灵之事。关于礼的起源，杨宽认为可以追溯到原始社会：

> "礼"的起源很早，远在原始氏族公社中，人们已经惯于把重要行动加上特殊的礼仪．原始人常以具有象征意义的物品，连同一系列的象征性动作，构成种种仪式，用来表达自己的感情和愿望．这些礼仪，不仅长期成为社会生活的传统习惯，而且常被用作维护社会秩序、巩固社会组织和加强部落之间联系的手段。进入阶级社会后，许多礼仪还被大家沿用着，其中部分礼仪往往被统治阶级所利用和改变，作为巩固统治阶级内部组织和统治人民的一种手段。我们西周以后贵族所推行的周礼，就是属于这样的性质。[②]

陈来认为现存《仪礼》、《周礼》和《礼记》三礼体系为代表、周代传为周公制礼作乐形成的礼是指一套制度与文化的结构，是一个无所不包的文化体系。他认为礼的发展是从团体活动秩序中逐渐发展出来的，礼从狭义的礼仪逐渐扩大为政治生活和日常生活：

> "礼"在后来的发展，并非直接继承了祭祀仪式意义上的礼，更重要的是原始社会中祭祀乃是团体的活动，而团体的祭祀活动具有一定的团体秩序，包含着种种行为的规定。礼一方面继承了这种社群团体内部秩序规定的传统，一方面发展为各种具体行为规范和各种人际关系的行为仪节。[③]

孔子曾经论述礼发展是一个世代传承损益的过程：

> 子张问："十世可知也?"子曰："殷因与夏礼，所损益，可知也。周因于殷礼，所损益，可知也。其或继周者，虽百世，可知也。"(《论

---

① 王国维:《观堂集林》第一册，中华书局1991年版，第291页。
② 杨宽:《古礼新探》，中华书局1965年版，第234页。
③ 陈来:《古代宗教与伦理:儒家思想的根源》，三联书店1996年版，第244页。

语·为政》）

　　子曰："夏礼吾能言之，杞不足征也。殷礼吾能言之，宋不足征也。文献不足故也。足，则吾能征之矣。"（《论语·八佾》）

　　子曰："周监于二代。郁郁乎文哉，吾从周。"（《论语·八佾》）

　　颜渊问为邦。子曰："行夏之时，乘殷之辂，服周之冕，乐则韶舞。放郑声，远佞人。郑声淫，佞人殆。"（《论语·卫灵公》）

　　由是而知，孔子之时殷商之礼皆能言之，又知"郁郁乎文哉"之周礼，如何从夏商因革损益而来，前代礼乐制度之遗存仍然为孔子津津乐道。王国维作（《殷周制度论》），赞叹殷周变革美在制度："中国政治与文化之变革，莫剧于殷周之际。……殷周间之大变革，自其表言之，不过一姓一家之兴亡与都邑之转移；自其里言之，则旧制度废而新制度兴，旧文化废而新文化兴；又自其表言之，则古圣人之所以取天下及所以守之者，若无以异于后世之帝王；而自其里言之，则其制度文物与其立制之本意，乃出于万世治安之大计，其心术与规模迥非后世帝王所能梦见也。"《礼记·明堂位》记载周公制礼作乐盛况，且列举虞夏商周四代结构之同和细节之差异。然而，王国维从这些差异中看出周礼之非常意义，在于注入制度以道德之旨：

　　周人制度之大异于商者，一曰立子立长之制。由是而生宗法及丧服之制，并由是而有封建子弟之制，君天子臣诸侯之制。二曰庙数之制。三曰同姓不婚之制。此数者皆周之所以纲纪天下，其旨则在纳上下于道德，而合诸侯卿大夫士庶民以成一道德之团体。①

　　周代日益完善的礼制体系，是维护周初分土建国以来形成的血缘关系为基础的宗法社会政治统治秩序原则和日常行为规则。"礼，经国家，定社稷，序人民，利后嗣也。"（《左传·隐公十一年》王国维在《殷周制度论》中阐述周礼制度的精髓：

　　由是制度，乃生典礼，则经礼三百、曲礼三千是也。凡制度典礼

　　① 王国维：《殷周制度论》，载氏著：《王国维考古学文辑》，凤凰出版传媒集团、凤凰出版社 2008 年版，第 52 页。

所及者，除宗法、丧服数大端外，上自天子诸侯，下至大夫士止，民无与焉，所谓'礼不下庶人'是也。若然，则周之政治，但为天子诸侯卿大夫士设，而不为民设乎？曰：非也。凡有天子诸侯卿大夫士者，以为民也。有制度典礼以治天子诸侯卿大夫士，使有恩以相洽，有义以相分，而国家之基定，争夺之祸泯焉。民之所求者，莫先于此矣。且古之所谓国家者，非徒政治之枢机，亦道德之枢机也。使天子诸侯大夫士各奉其制度典礼，以亲亲、尊尊、贤贤明男女之别于上，而民风化于下，此之谓治，反是则谓之乱。是故天子诸侯卿大夫士者，民之表也；制度典礼者，道德之器也。①

礼制的目的是"使有恩以相洽，有义以相分，而国家之基定，争夺之祸泯焉"，所以一切礼仪制度是"表"和"器"，其背后的精神实质则是"化民"和"道德"。可以说，周代德治的表现形式为"礼治"。周礼是完备的宗法礼仪制度及其制度精神"道德"的综合体，周代"礼治"的精神实质是"德治"。

2. 礼与德治

由以上论述，我们可以得出初步结论，德与礼、德治与礼治是内容和形式、手段和目的的关系。礼是手段，德是目的，如以手指月，手为手段，月为目的，不可见手而不见月，更不可视手以为月。郑开认为，德为礼的意义结构："无论是从制度设计角度说还是从现实实践层面看，'礼'都贯穿、体现着'德'的理念和价值，而古代经传关于礼的意义结构的阐述，主要诉诸'德的话语'。"②故以周代"礼治"的实质是以周礼之精神"德"为统治原则运作的一整套礼仪制度。是礼之精神和意义所在，礼以昭德，为德之载体和表像。德若在西周时，德治表现形式为周礼之治；若非西周时，德治之表现形式则不同于周礼，而其德治之原则乃可继承周礼之精神"德"。在西周时期，礼治与德治是比较统一的，但在殷商及以前

---

① 王国维：《殷周制度论》，载氏著：《王国维考古学文辑》，凤凰出版传媒集团、凤凰出版社 2008 年版，第 60 页。

② 郑开：《德礼之间：前诸子时期的思想史》，三联书店 2009 年版，第 87 页。

的礼治不一定就是德治。同样地，在春秋及以后，礼崩乐坏，以德治为精神的周礼已经形式化，甚至被任意僭越和破坏，已经不足以作为治理天下的手段，所以虽然还有礼仪制度，但其精神也往往不再遵从"德治"原则。法家也有其礼仪制度安排，如秦制规模，不可谓不可观，但特意排斥"德治"，崇信"政令刑罚"之治，故秦代虽有礼仪制度之治，却已经不能称之为"礼治"。故以"德治"、"法治"为统治原则的国家王朝，皆有其礼义制度的形式，不同的是内在原则，不可皆称之为"礼治"。所以实质性的"礼治"特指西周为顶峰、东周逐渐衰微的特定时期"德治"形式，其余"礼治"提法皆为理论上对西周"礼治"楷模时期的倾慕、模仿和借鉴。

春秋时代，王室衰微，礼坏乐崩，孔子称之为无道之世：

> 孔子曰："天下有道，则礼乐征伐自天子出；天下无道，则礼乐征伐自诸侯出。自诸侯出，盖十世希不失矣。自大夫出，五世希不失矣。陪臣执国命，三世希不失矣。天下有道，则政不在大夫。天下有道，则庶人不议。"（《论语·季氏》）

孔子不满意当时日益增加的僭越和破坏礼制的情况，故志在"克己复礼为仁"（《论语·颜渊》），但是他也只能表示一种担忧和谴责而已。"孔子谓季氏：'八佾舞于庭，是可忍也，孰不可忍也！'"（《论语·八佾》）周礼规定天子八佾，诸侯六佾（鲁国作为周公封国，成王念周公功德，特赐可用天子之礼仪，故鲁公可用八佾），诸侯国大夫四佾，鲁国政在大夫，执政大夫季氏僭越礼制，孔子只有谴责而已。春秋末年，周礼逐渐失去了社会制约作用和个人道德规范力量，原先互动共制、融为一体的德礼体系开始分离。孔子面对德礼分离现实，只有提倡形式化的礼背后的内在精神，并称之为"仁"的德：

> 子曰："人而不仁，如礼何！人而不仁，如乐何！"（《论语·八佾》）

> 子曰："礼云礼云，玉帛云乎哉？乐云乐云，钟鼓云乎哉？"（《论语·阳货》）

子夏在"绘事后素"提问之后反问"礼后乎"，正道中了礼的内在精神是仁、德。如果失去了仁、德的精神，不再实施和规范公平的权利分配和良好的社会秩序，那么繁琐的礼仪、行礼所用的玉帛钟鼓，就成了徒具形式的仪式，失去了礼的社会价值和道德意义。

德礼分离的原因是多方面的。首先，西周中期以来周礼体系逐渐系统化和制度化，整个统治系统对制度统治的依赖性增强，而周公的"皇天无亲，惟德是辅"（《左传·僖公五年》引自《周书》）那样的忧患意识在减弱，而兵甲武力、庆赏刑罚等统治手段日益忽视，于是统治者之"德"望下降，尤其经过幽厉之衰，平王东迁，王室威望已失，仅存象征性而无实际约束诸侯的能力，以周礼系统对诸侯的统治已经失去直接作用，却再也没有有效的统治措施予以弥补。其次，周礼体系是建立在宗法血缘系统的封土建国基础之上，经过几百年的延续，宗族力量衰落而卿大夫势力崛起，世卿世禄制度受到挑战，宗法政治结构的优势渐失，难以适应宗教、政治、经济、社会和文化变化产生的社会变革需求，而周礼系统的自身利益维护导致的保守性很难推动自身变革，于是新的政治力量兴起而取代公族，并逐渐改革政治为核心的社会统治体系势在必行。第三，随着周代社会数百年的变迁，尤其是铁器的使用、小农经济模式的确立、诸侯兼并战争的增加、华夏民族的融合，以及王官之学流落民间导致的士阶层逐渐兴起，使得繁琐不堪的周礼体系难以适应社会文化生活实际状况，礼逐渐政治化和伦理化。"所谓礼的政治化，就是指，'礼'由礼乐文明的体系愈来愈被理解为、强调为政治的合理性秩序，强调为伦理的原则和规范。"[①] 而起着社会教化作用的其他领域之礼日益简弃，原先周礼体系的价值内核"德"也逐渐抽象化、内在化为社会伦理价值和个人道德修养。春秋战国时期，随着宗法政治社会体系的解体，德礼分离在所难免。

3. 道法之治

应对德礼分离导致的东周统治危机，春秋末年出现了改制变法潮流。前685年，管仲在齐国"作内政而寄君令"、"相地而衰征"，首先改革兵

---

① 陈来：《古代思想文化的世界：春秋时代的宗教、伦理和社会思想》，三联书店2009年版，第253页。

制和田制；前 645 年，晋国"作爰兵"、"作州兵"；前 594 年，鲁国"初税亩"；前 548 年，楚国改革兵制和田制；前 543 年起，郑国子产相继"作封恤"、"作丘赋"、"作刑书"；前 531 年起，赵简子"铸刑鼎"、改革爵制。改革田制即改变了周礼中经济制度的核心——井田制。公开刑书，打破了周礼系统中 贵族"议事而制，不为刑辟"、"民可使由之，不可使知之"的法律垄断和"礼不下庶人，刑不上大夫"的免刑特权。孔子曾评论晋铸刑鼎：

> 晋其亡乎！失其度矣。夫晋国将守唐叔之所受法度，以经纬其民，卿大夫以序守之，民是以能尊其贵，贵是以能守其业。贵贱不愆，所谓度也。文公是以作执秩之官，为被庐之法，以为盟主。今弃是度也，而为刑鼎，民在鼎矣，何以尊贵？贵何业之守？贵贱无序，何以为国？且夫宣子之刑，夷之搜也，晋国之乱制也，若之何以为法？（《左传·昭公二十九年》）

孔子的晋亡预言果然效验——前 403 年赵、魏、韩三家分晋，然而列国政治改革之趋势不可遏制，时势所迫，能否成功变法成为国家社稷存亡命脉所系。战国初期，魏用李悝，楚用吴起，秦用商鞅，通过变法富国强兵。其中商鞅变法彻底改革宗法政治社会结构，政治制度上推行"二十等爵"和"郡县制"，封功臣而不封宗室子弟；在庆赏刑法上，重典严刑，贵贱同法，鼓励耕战，重农抑商；在文化政策上，移风易俗，以吏为师"、"燔诗书而明法令"，用刑法力政而不行德教；在经济上，"开阡陌封疆而赋税平"（《史记·商鞅列传》），改革税制，统一度量衡。"这些变法措施与制度创新又反过来有力地构建了民德、民俗、道德、伦理和文化精神。"[1]政治意义上的周礼在战国时期逐渐退出，演化为治国之道的德治（王道、霸道）或法治，社会意义上的礼沉潜到民间礼俗之中继续存在，成为文化传统传承和乱世社会重构时"礼失求诸野"的思想资源。

德礼分离导致的政治统治价值理性精神空缺，战国时期逐渐由道法来

---

① 郑开：《德礼之间：前诸子时期的思想史》，三联书店 2009 年版，第 405 页。另外本节有关论述较多参考该书有关内容。

填补，而汉初亦以综合道法的黄老道术为治。

> 天下大乱，贤圣不明，道德不一，天下多得一察焉以自好。譬如耳目鼻口，皆有所明，不能相通。犹百家众技也，皆有所长，时有所用。虽然，不该不遍，一曲之士也。判天地之美，析万物之理，察古人之全，寡能备于天地之美，称神明之容。是故内圣外王之道，暗而不明，郁而不发，天下之人各为其所欲焉以自为方。悲夫，百家往而不反，必不合矣！后世之学者，不幸不见天地之纯，古人之大体，道术将为天下裂。(《庄子·天下》)

庄子仍然推崇六艺之学体系中的内圣外王之道，痛心原先"天地之纯"、"古人之大体"的道术，都被功利的时代割裂为各种"百家众技"，偏重工具理性而忽略价值理性。在残酷的战国兼并战争时代，各诸侯国急功近利，富国强兵，而百家争鸣中的各学派游士，为求用世而迎合诸侯国的需要，多以道法刑名之术见用。稷下道家及黄老道术，都是以道法刑名为主，吸收各家思想中有利用价值的部分，以便政治权术的有效运用。到秦政之时，彻底排斥信仰和价值理性，丢弃文化传统和道德教化，"无书简之文，以法为教"、"无先王之语，以吏为师"(《韩非子·五蠹》)，又焚书坑儒，道法之治走向功利化和工具化之极端。秦政速亡，使继乱世的刘汉王朝惊醒反思。

> 由是，刘汉新王朝走向现实、走向超越，走出工具理性、功利计度，走向价值信念乃至宗教信仰，就成为不可避免的趋向。亦可以说，先秦思想史上工具理性的张扬到了韩非和秦王这里，由于极力排斥价值信仰而表现出了一种极端性。作为"反动"，刘汉政权更有取于价值信仰甚至以宗教支撑这种信仰，便是必然之事。①

正是秦汉之际这样的历史教训，虽然代表价值信仰和仁义精神的儒学还没有获得主导的地位，但是取得存活和发展的空间。不过汉初六十多年，政治统治的主要指导思想还是经过改头换面的黄老道术，司马谈曾以

---

① 冯达文：《中国古典哲学略述》，广东省出版集团、广东人民出版社 2009 年版，第 138 页。

尊崇的态度申说之：

> 道家使人精神专一，动合无形，赡足万物。其为术也，因阴阳之
> 大顺，采儒墨之善，撮名法之要，与时迁移，应物变化，立俗施事，
> 无所不宜，指约而易操，事少而功多。(《史记·太史公自传》)

秦汉之际黄老道术以道、法两家为基础，综合儒、墨、名、阴阳四家
可以利用的成分，以"与民休息，清静无为"为主旨而成为汉初思想主流
和统治指导方针。宗法等级封建制逐渐向中央集权郡县制过渡，新的政治
体制要求新的道德伦理规范。黄老吸收的各家理念，也在一定程度上顺应
了汉初形势要求，譬如，墨家提出"尚同"、"尚贤"等，针对宗法社会的
孝和亲亲，主张忠君（尊尊）和任人惟贤（贤贤）政治伦理规范，以适应
道法社会。儒家除了荀子强调忠君和重法等新政治主张外，传为战国儒家
新制的《孝经》，把"忠"、"孝"这两个分别属于道法社会和宗法社会的
伦理规范，统一在家国天下体系之中："夫孝，始于事亲，中于事君，终
于立身。"(《孝经·开宗明义章》)这与战国法家强调君为臣纲，以加强中
央集权领导统治的正当性和有效性，都是顺应时势的伦理观念变革。然而
经过汉初的生息积累和变革酝酿，道法之治渐渐失去其存在合理性，礼义
之治成为政治变革的方向。

> 黄老的"君人南面之术"，其策划、谋略和权术的方面，决不是
> 足以向社会民众发动号召、宣传的那种东西。它以"道"为本，遂使
> 仁、爱、孝、义等等社会基本价值丧失了"本"的至上意义。其反人
> 文或反文明的倾向，又大大降低了它充分利用文化影响和思想论辩之
> 力量的可能性。而儒家思想就大不相同了，尤其是董仲舒的天地人庞
> 大体系，不仅满足了社会通过无所不包的体系把握人、社会、自然、
> 宇宙的内在要求，也满足了社会维系基本道义价值的需求；并且，它
> 还充分地动员了文化、文明的力量，将其理想关注于高度精致化了
> "诗书"、"礼乐"形态之中，并且是通过"诗书"、"礼乐"之教来有
> 效实现的。①

---

① 阎步克：《士大夫政治演生史稿》，北京大学出版社 1996 年版，第 319 页。

儒家的政治理想是实现王道，但从孔子开始，齐桓晋文之霸道，也是儒家能够接受的等而次之的现实政治选择。即便是王道，也离不开刑政的辅助："故礼以道其志，乐以和其声，政以一其行，刑以防其奸。礼、乐、刑、政，其几一也，所以同民心而出治道也。……礼节民心，乐和民声，政以行之，刑以防之。礼乐刑政，四达而不悖，则王道备矣。"(《礼记·乐记》) 道家的"无为而无不为"思想，也被董仲舒吸收到"君逸臣劳"的君臣观中，如此等等，等到汉武帝"推明孔氏，抑黜百家"时，儒术已经是经过董仲舒改造的，以原始儒家思想为内核，综合包括道、法在内的百家之长的综合性学问，已经对先秦思想和汉初诸子思想成果创造性转化的新儒学体系。宣帝云："汉家自有制度，本以王、霸、道杂之，奈何纯仁德教，用周政乎?"(《汉书·元帝纪》) 董仲舒"德主刑辅"为正义原则的新儒学政治哲学，本来就是以儒为主，兼综道、墨、名、法、阴阳各家，在一定意义上是把司马谈《论六家要旨》中的"儒"和"道"的地位做了一次置换。

二、克己复礼

1. 为仁由己

在德礼分离的春秋战国时代，恢复周礼及其德的精神，一直是儒家的理想，但是道法社会大势所趋，一直没有儒家的用武之地。秦政虐民而迅速覆亡，刘汉王朝的兴起，使人民反思认识到道法体系的缺陷和德礼体系的好处，儒家也在适合德礼体系重建的新土壤中与王权合作，在融合先秦思想成果和实践经验基础上，建构了新的儒家德礼体系，成为刘汉王朝及嗣后 2000 年历代王朝的政治统治系统主干。

孔子以知礼闻名于当世，追慕尧舜三王礼乐政教，自觉担当文化使命，"文王既没，文不在兹乎"(《论语·子罕》) 一生志愿在恢复周礼。"子贡曰：'见其礼而知其政，闻其乐而知其德。由百世之后，等百世之王，莫之能违也。自生民以来，未有夫子也。'"(《孟子·公孙丑上》) 孔子之礼，乃包涵礼乐文明教化的政教合一之礼，故也精通乐道。"子在齐闻韶，三月不知肉味。曰：'不图为乐之至于斯也。'"（《论语·述而》）"子曰：'吾自卫反鲁，然后乐正，雅颂各得其所。'"（《论语·子罕》）孔子周游列国而不得用世，乃退而述作六经，守先待后，而其核心宗旨，则为"克己复礼为仁"六字：

> 颜渊问仁。子曰："克己复礼为仁。一日克己复礼，天下归仁焉。为仁由己，而由人乎哉？"颜渊曰："请问其目。"子曰："非礼勿视，非礼勿听，非礼勿言，非礼勿动。"颜渊曰："回虽不敏，请事斯语矣。"（《论语·颜渊》）
>
> 子曰："兴于诗，立于礼，成于乐。"（《论语·泰伯》）
>
> 子曰："莫我知也夫！"子贡曰："何为其莫知子也？"子曰："不怨天，不尤人，下学而上达，知我者其天乎！"（《论语·宪问》）

在周礼德礼分离的情况下，孔子不见用于诸侯以恢复周礼，只有寄希望于"下学而上达"，通过有志者君子人格的养成，修身以俟命，等待恢复德礼合一的理想社会实现的那一天到来。所以本来是王者政教合一的德礼体系，现在礼失求诸野，只能"为仁由己"，通过民间个人的努力去保存礼的精神不至于亡失，等待后圣师范用世。

孟子把"礼"视作人之为人的四端之心的一个方面。"恻隐之心，仁之端也；羞恶之心，义之端也；辞让之心，礼之端也；是非之心，智之端也。人之有是四端也，犹其有四体也。"（《孟子·公孙丑上》）实际上，孟子已经把周礼之精神"德"分述为四个方面，其源头还是礼乐文明教化的礼义精神。"孟子曰：'仁之实，事亲是也；义之实，从兄是也。智之实，知斯二者弗去是也；礼之实，节文斯二者是也；乐之实，乐斯二者，乐则生矣；生则恶可已也，恶可已，则不知足之蹈之、手之舞之。'"（《孟子·离娄上》）"仁、义、礼、智、乐"，皆礼乐精神的各个侧面，然而德礼既然已经分离，而又要使之重新统一，不得已而强调五德以明一礼。在孟子那里，礼是与信仁贤和政事同等重要、不可或缺的为政之道。"不信仁贤，则国空虚。无礼义，则上下乱。无政事，则财用不足。"（《孟子·尽心下》）然而生当乱世，礼乐不兴，孟子只有强调君子以礼义自律。"夫义，路也；礼，门也。惟君子能由是路，出入是门也。"（《孟子·万章下》）

"仁义礼智，非由外铄我也，我固有之也，弗思耳矣。故曰：'求则得之，舍则失之。'"（《孟子·告子上》）仅仅自律不足以激励君子循礼，故孟子以圣人之性说法，以道德法则的无条件性来明性，至于能否德福、德位一致，则为谁也说不准的时命，君子惟有修身俟命而已。孟子曰："尧舜，性者也；汤武，反之也。动容周旋中礼者，盛德之至也；哭死而哀，非为生者也；经德不回，非以干禄也；言语必信，非以正行也。君子行法，以俟命而已矣。"（《孟子·尽心下》）

孟子曾经力主滕文公行三年之丧。在诸侯兼并战争频仍、臣子弑君专政司空见惯的战国乱世，滕定公三年之丧对滕国来说无疑是一场巨大的冒险，然而在孟子的两度劝说下，滕定公终于力排众议实行三年之丧。

> 孟子曰："然。不可以他求者也。孔子曰：'君薨，听于冢宰。歠粥，面深墨。即位而哭，百官有司，莫敢不哀，先之也。'上有好者，下必有甚焉者矣。'君子之德，风也；小人之德，草也。草尚之风必偃。'是在世子。"然友反命。

> 世子曰："然。是诚在我。"五月居庐，未有命戒。百官族人可谓曰知。及至葬，四方来观之，颜色之戚，哭泣之哀，吊者大悦。（《孟子·滕文公上》）

孝"无他求"、"诚在我"，此君子之道德义务。"上有好者，下必有甚焉者矣"，此有位者必修德行之现实考虑。无论事先论礼，还是事后效验，滕文公及其臣民都心悦诚服，这一复礼事件，在战国乱世可以算是一大了不起的成就。

2. 以礼行法

荀子主张"隆礼重法"，把礼看作国家兴废之道。"礼者，治辨之极也，强国之本也，威行之道也，功名之总也。王公由之，所以得天下也；不由，所以陨社稷也。故坚甲利兵不足以为胜，高城深池不足以为固，严令繁刑不足以为威，由其道则行，不由其道则废。"（《荀子·议兵》）所著《礼论》和《乐论》，阐述了礼乐政教的深刻原理。

荀子认为，礼的起源在于人之"性恶"，本性有欲有求而趋于争论，所以圣王制礼义养而别之。"先王恶其乱也，故制礼义以分之，以养人之欲，给人之求，使欲必不穷乎物，物必不屈于欲，两者相持而长，是礼之所起也。"(《荀子·礼论》)"故礼者，养也。君子既得其养，又好其别。曷谓别？曰：贵贱有等，长幼有差，贫富轻重皆有称者也。"(《荀子·礼论》)乐与礼相互配合，教化人心。"乐者，圣人之所乐也，而可以善民心，其感人深，其移风易俗。故先王导之以礼乐而民和睦。"(《荀子·乐论》)养人之欲、分别上下的礼和感化人心、移风易俗的乐，礼治外，乐治内，共同承担"化性起伪"的作用，使天下大治，各得其宜，各得其乐。

　　荀子把天地、先祖、君师作为礼的三大本原或根本。"礼有三本：天地者，生之本也；先祖者，类之本也；君师者，治之本也。无天地恶生？无先祖恶出？无君师恶治？三者偏亡焉，无安人。故礼上事天，下事地，尊先祖而隆君师，是礼之三本也。"(《荀子·礼论》)"天地，生之本也"，就为礼找到了宇宙生成论依据。而先祖和君师，则为"亲亲"、"尊尊"的原则。"故先王案为之立文，尊尊亲亲之义至矣。"(《荀子·礼论》)敬天祭祖先因此具有非凡的意义。"故曰：祭者，志意思慕之情也，忠信爱敬之至矣，礼节文貌之盛矣，苟非圣人，莫之能知也。"(《荀子·礼论》)就亲亲而言，"礼者，谨于治生死者也。生，人之始也；死，人之终也；终始俱善，人道毕矣。"(《荀子·礼论》)故荀子特别重视丧礼，认为"终始具而孝子之事毕，圣人之道备矣"（荀子·《礼论》）。"故死之为道也，一而不可得再复也，臣之所以致重其君，子之所以致重其亲，于是尽矣。"(《荀子·礼论》)

　　秦亡汉兴，为恢复德礼统一、政教合一的礼仪制度创造了历史机遇。秦汉统一天下之后，时移势异，不再像战国诸侯依靠武力争雄，庞大的帝国需要制度、人才和教化的综合运用方可治理得好，急需用新的和平治国方略来转化战争状态的权宜统治方法。秦政不能及时调整治国方式而速亡，刘汉王朝对此多有反思，对周礼秦政有因有革，怎样恢复礼制也一直是其重点。刘汉复礼改制，始于孙叔通定仪法：

　　　　汉兴之初，庶事草创，唯一叔孙生略定朝廷之仪。若乃正朔、服
　　色、郊望之事，数世犹未章焉。至于孝文，始以夏郊，而张仓据水

德，公孙臣、贾谊更以为土德，卒不能明。孝武之世，文章为盛，太初改制，而兒宽、司马迁等犹从臣、谊之言，服色数度，遂顺黄德。彼以五德之传从所不胜，秦在水德，故谓汉据土而克之。(《汉书·郊祀志》)

然而汉代改制几经周折，到东汉章帝时，班固犹叹礼乐未备："今大汉继周，久旷大仪，未有立礼成乐，此贾谊、仲舒、王吉、刘向之徒所为发愤而增叹也。"(《汉书·礼乐志》)

贾谊曾上书阐明礼义制度之重要，草拟礼制改革方案，内容不得而知，盖稍后博士诸生所作《王制》多有所取，文帝深许之，然而未得权臣支持而作罢。

至文帝时，贾谊以为："汉承秦之败俗，废礼义，捐廉耻，今其甚者杀父兄，盗者取庙器，而大臣特以簿书不报，期会为故，至于风俗流溢，恬而不怪，以为是适然耳。夫移风易俗，使天下回心而乡道，类非俗吏之所能为也。夫立君臣，等上下，使纲纪有序，六亲和睦，此非天之所为，人之所设也。人之所设，不为不立，不修则坏。汉兴至今二十余年，宜定制度，兴礼乐，然后诸侯轨道，百姓素朴，狱讼衰息。"乃草具其仪，天子说焉。而大臣绛、灌之属害之，故其议遂寝。(《汉书·礼乐志》)

文帝十四年，召建议"宜改正朔，服色上黄"的鲁人公孙臣拜为博士，"与诸生申明土德，草改历、服色事。""次年而使博士诸生刺《六经》中作《王制》，谋议巡狩封禅事。"(《汉书·郊祀志》)因新桓平被告发言诈而被诛，改制之事又作罢。武帝即位时又有兴礼改制之议，因窦太后阻挠而废：

武帝初即位，尤敬鬼神之祀。汉兴已六十余岁矣，天下艾安，缙绅之属皆望天子封禅改正度也，而上乡儒术，招贤良。赵绾、王臧等以文学为公卿，欲议古立明堂城南，以朝诸侯，草巡狩封禅、改历、服色事，未就。窦太后不好儒术，使人微伺赵绾等奸利事，按绾、臧，绾、臧自杀，诸所兴为皆废。(《汉书·郊祀志》)

廖平认为《王制》是今文学礼制的纲领："《春秋》因时救弊，春秋有志之士，皆欲改周之文，如今之言治者莫不改弦更张。《王制》所言，皆素王新制，改周从质。周末积弊多，继周当改，故寓其事于《王制》。"①（《今古学考》）盖《王制》为贾谊所领导的汉初儒生改制运动之成果，"其中言封建、授田，巡守、朝觐、丧祭、学校、刑政，皆王者之大经大法，然独封禅不见于篇中，岂二戴之所删去与？汉人采辑古制，盖将自为一代之典，其所采以周制为主，而亦或杂有前代之法，又有其所自为损益，不纯用古者。"②后来的董仲舒建议汉武帝更化改制以及太初改制，贾谊等儒生已经做了很好的铺垫。

3. 德礼合一

董仲舒应对汉武帝的"天人三策"，除了前问所述提出新王改制更化建议深得武帝之意外，现存董著《春秋繁露》有许多关于复礼改制的具体论述。虽然董仲舒最后也与先儒一样把礼乐同陶冶性情、教化人心连在一起的，譬如："夫礼，体情而防乱者也，民之情不能制其欲，使之度礼，目视正色，耳听正声，口食正味，身行正道，非夺之情也，所以安其情也。"（《春秋繁露·天道施》）但与其以宇宙论为基础的新儒学体系相适应，董仲舒的礼论也带有浓重的宇宙论色彩：

> 礼者，继天地、体阴阳，而慎主客、序尊卑、贵贱、大小之位，而差外内、远近、新故之级者也，以德多为象，万物以广博众多历年久者为象。其在天而象天者，莫大日月，继天地之光明莫不照也；星莫大于大辰，北斗常星，部星三百，卫星三千，大火二十六星，伐十三星，北斗七星，常星九辞，二十八宿，多者宿二十八九，其犹著百茎而共一本，龟千岁而人宝，是以三代传决疑焉。其得地体者，莫如山阜，人之得天得众者，莫如受命之天子，下至公侯伯子男，海内之心，悬于天子，疆内之民，统于诸侯，日月食并告凶，不以其行。（《春秋繁露·奉本》

---

① 参见蒙文通：《经学抉原》，上海世纪出版集团2006年版，第266页。
② （清）孙希旦：《礼记集解》，中华书局1989年版，第309页。

北方者水，执法，司寇也，司寇尚礼，君臣有位，长幼有序，朝廷有爵，乡党以齿，升降揖让，般伏拜谒，折旋中矩，立则磬折，拱则抱鼓，执衡而藏，至清廉平，赂遗不受，请谒不听，据法听讼，无有所阿，孔子是也；为鲁司寇，断狱屯屯，与众共之，不敢自专，是死者不恨，生者不怨，百工维时以成器械，器械既成，以给司农。司农者，田官也，田官者木，故曰水生木。（《春秋繁露·五行相生》）

上述关于礼的论述，把礼之来源、性质、意义及其结构原理分别与天地、阴阳、五行、方位结合对应起来。同样，《官制象天》将"三公、九卿、二十七大夫、八十一元士，凡百二十人"与宇宙论之天数比附，《春秋繁露》五行诸篇，把礼仪制度及其功能、特征与五行、四时互相模拟联系。

在董仲舒的宇宙论中最尊为"天"，在人间最尊为"天子"，故特重郊祭之礼。

郊义：春秋之法，王者岁一祭天于郊，四祭于宗庙，宗庙因于四时之易，郊因于新岁之初，圣人有以起之，其以祭，不可不亲也。天者，百神之君也，王者之所最尊也，以最尊天之故，故易始岁更纪，即以其初郊，郊必以正月上辛者，言以所最尊首一岁之事，每更纪者，以郊郊祭首之，先贵之义，尊天之道也。"（《春秋繁露·郊义》）

并且把天子与天比作子之事父，又阐释孔子语"君子有三畏"：

畏天命，畏大人，畏圣人之言"为郊祭乃敬天命承天意之途径。"由是观之，天殃与主罚所以别者，闇与显耳，不然其来逮人，殆无以异，孔子同之，俱言可畏也。天地神明之心，与人事成败之真，固莫之能见也，唯圣人能见之，圣人者，见人之所不见者也，故圣人之言亦可畏也，奈何如废郊礼？郊礼者，人所最甚重也，废圣人所最甚重，而吉凶利害在于冥冥不可得见之中，虽已多受其病，何从知之！"（《春秋繁露·郊语》）

然而董仲舒的复礼改制不止于此。其用心之处，正在于德礼分离之后，重新使礼中之德复位，完成孔子未竟的损益周礼、政教合一的历史使命。

三、文质三教

1. 文质之辩

董仲舒的复礼改制之主旨，其大略已在"天人三策"提出，汉王朝继周秦乱世之后要"救溢扶衰"，通过更化改制由"文"返"忠"：

> 臣闻夫乐而不乱复而不厌者谓之道；道者万世无弊，弊者道之失也。先王之道必有偏而不起之处，故政有眊而不行，举其偏者以补其弊而已矣。三王之道所祖不同，非其相反，将以救溢扶衰，所遭之变然也。故孔子曰："亡为而治者，其舜乎！"改正朔，易服色，以顺天命而已；其余尽循尧道，何更为哉！故王者有改制之名，亡变道之实。然夏上忠，殷上敬，周上文者，所继之救，当用此也。孔子曰："殷因于夏礼，所损益可知也；周因于殷礼，所损益可知也；其或继周者，虽百世可知也。"此言百王之用，以此三者矣。夏因于虞，而独不言所损益者，其道如一而所上同也。道之大原出于天，天不变，道亦不变，是以禹继舜，舜继尧，三圣相受而守一道，亡救弊之政也，故不言其所损益也。繇是观之，继治世者其道同，继乱世者其道变。今汉继大乱之后，若宜少损周之文致，用夏之忠者。《汉书·董仲舒传》

这一段论述含有丰富而深刻的德礼体系文质互救思想，不仅历史地总结和统摄了古代政治统治原则在德礼体系中的转化规律，而且为汉代如何继承传统、改革礼义制度而定位、立法。何谓文质？何谓尧道、夏忠、殷敬、周文？何谓救溢扶衰？因其论述用意深远、思想通达，需要从文质三教说、三统四法循环等角度，史论结合说明董仲舒蕴涵其中的深意。

"文"，"错画也，象交文。"（《说文解字》）朱芳圃《殷周文字释丛》："文即文身之文，象人正立形，胸前之丿、乂……即刻画之文饰也。"《礼记·王制》："被发文身"。《易传·系辞下》："物相杂，故曰文。"《易传·系辞上》："参伍以变，错综其数，通其变，遂成天下之文。"《周易·贲》："观乎天文，以察时变；观乎人文，以化成天下。"可知文之本义，乃人身上之纹身和装饰，引申为交错刻画，再而引申为纹理、条理和自然界或人类社会某些带规律性的现象。动词则有掩饰、熏陶和成就之义，如："小人之过也必文。"（《论语·子张》）"文之以礼乐，亦可以为成人矣。"（《论语·宪问》）就社会意义上而言，文则引申为礼乐仪制和法令条文，如："簠簋俎豆制度文章，礼之器也。升降上下周旋裼袭，礼之文也。"（《礼记·乐记》）"文王既没，文不在兹乎?"（《论语·子罕》）而在文质对应的语境里，文形容礼乐仪节形式及其华丽、善美、繁盛之义，如："礼自外作故曰文。"（《礼记·乐记》）"周监乎二代，郁郁乎文哉，吾从周。"（《论语·八佾》）

"质"，"质，以物相赘。"（《说文解字》）段注："质赘双声，以物相赘，如春秋交质子也。引申其义为朴也，地也。"礼记·曲礼上》："行修言道，礼之质也。"《礼记·乐记》："中正无邪，礼之质也。"可知质之本义是抵押，引申为质朴、质地、本质、本性、内在精神。在文质语境中，质描述礼之质朴内容或精神实质。如："其质也，道德仁义；其文也，诗书礼乐。"（（唐）皮日休《原化》）

文质关系就德礼体系而言，可理解文为形式和外在礼仪行为，质为内容和内在精神价值。孔子曾经有一个经典的文质阐释：

> 子曰："质胜文则野，文胜质则史，文质彬彬，然后君子。"（《论语·雍也》）

> 子夏问曰："'巧笑倩兮，美目盼兮，素以为绚兮'，何谓也?"子曰："绘事后素。"曰："礼后乎?"子曰："起予者商也，始可以言《诗》已矣。"（《论语·八佾》）

> 林放问礼之本。子曰："大哉问！礼，与其奢也，宁俭，与其易也，宁戚。"（《论语·八佾》）

质多文少，则鄙陋粗野。质少文多，则繁文缛节虚饰其表，失却礼之内在精神。唯有文质兼备有机融合，方为明德知礼之君子。后面两个语境说明文质地位又有不同。先有"素"之粉地美质，后加"绘"的描画颜色，然后有"巧笑倩兮，美目盼兮"之文质彬彬，故质先文后。为了保有礼内在之质，宁可舍弃形式化的奢华仪节和熟练行礼，而使用能够反礼之本、达人之情的简朴之礼，故文质不得兼顾时，宁野而勿史，质多而文少。也即是说，若德礼分离，宁可保德而去礼。

先秦儒家代表人物孟荀也有文质之论。"大人者，言不必信，行不必果，惟义所在"（《孟子·离娄上》）义是礼之质，"言必信、行必果"是礼之文，为了礼之质可以不履行礼之文，这在德礼分离的情况下，是与孔子一致的文质观。荀子也有精彩的文质关系论述："凡礼，始乎梲，成乎文，终乎悦校。故至备，情文俱尽；其次，情文代胜；其下，复情以归大一也。"（《荀子·礼论》）"梲"，在《史记·礼书》作"脱"，疏略之义。"终乎悦校"，在《大戴礼·三本篇》作"终于隆"，隆者盛美貌。礼的发展是一个从疏略到周备到盛隆的过程。情，情实，即质义。情文俱尽，即文质彬彬；情文代胜，即"质胜文则野，文胜质则史"等两种情况；"复情以归大一"，即"始于梲"阶段，在经过隆礼阶段之后，当德礼分离时，对德质的一种回归，这是质朴的情文合一，社会和自然和谐融合，即天人合一的境界。

2. 文质四法

传为子思所作的《表记》有比较详细的文质论述：

> 子曰：夏道尊命，事鬼敬神而远之，近人而忠焉，先禄而后威，先赏而后罚，亲而不尊。其民之敝，蠢而愚，乔而野，朴而不文。殷人尊神，率民以事神，先鬼而后礼，先罚而后赏，尊而不亲，其民之敝。荡而不静，胜而无耻。周人尊礼尚施，事鬼敬神而远之，近人而忠焉，其赏罚用爵列，亲而不尊，其民之敝，利而巧，文而不惭，贼而蔽。

> 子曰：夏道未渎辞，不求备，不大望于民，民未厌其亲。殷人未渎礼，而求备于民。周人强民，未渎神，而赏爵刑罚穷矣。

> 子曰：虞夏之道，寡怨于民；殷周之道，不胜其敝。

> 子曰：虞夏之质，殷周之文，至矣。虞夏之文不胜其质；殷周之质不胜其文。

> 子言之曰：后世虽有作者，虞帝弗可及也已矣；君天下，生无私，死不厚其子；子民如父母，有憯怛之爱，有忠利之教；亲而尊，安而

敬，威而爱，富而有礼，惠而能散；其君子尊仁畏义，耻费轻实，忠而不犯，义而顺，文而静，宽而有辨。《甫刑》曰："德威惟威，德明惟明。"非虞帝其孰能为此乎？（《礼记·表记》）

上引材料和战国《邹子》和《逸周书》有关论述，被认为是董仲舒的质文四法和三教论的参考思想资源。[1]《汉书·严安传》引述邹衍语："臣闻《邹子》曰：'政教文质者，所以云救也，当时而用，过则舍之，有易则易之。'"《逸周书·周月解》也有精到的文质三统之论："其在商汤，用师于夏，除民之灾，顺天革命，改正朔，变服殊号，一文一质，示不相沿，以建丑之月为正，易民之视，若天时大变，亦一代之事。亦越我周王致伐于商，改正易械，以垂三统。"徐复观认为后者可能是在阴阳之说盛行的战国末年之作，为董仲舒所本。[2]

现在我们可以来看董仲舒的商夏文质四法经典论述：

何谓再而复，四而复？春秋郑忽何以名？春秋曰："伯子男一也，辞无所贬。"何以为一？曰：周爵五等，春秋三等。春秋何三等？曰：王者以制，一商一夏，一质一文，商质者主天，夏文者主地，春秋者主人，故三等也。

主天法商而王，其道佚阳，亲亲而多仁朴；故立嗣予子，笃母弟，妾以子贵；昏冠之礼，字子以父，别眇夫妇，对坐而食；丧礼别葬；祭礼先臊，夫妻昭穆别位；制爵三等，禄士二品；制郊官，明堂员，其屋高严侈员，惟祭器员，玉厚九分，白藻五丝，衣制大上，首服严员；鸾舆尊，盖法天列象，垂四鸾，乐载鼓，用锡舞，舞溢员；先毛血而后用声；正刑多隐，亲戚多讳；封禅于尚位。

主地法夏而王，其道进阴，尊尊而多义节，故立嗣与孙，笃世子，妾不以子称贵号；昏冠之礼，字子以母，别眇夫妇，同坐而食；丧礼合葬；祭礼先亨，妇从夫为昭穆；制爵五等，禄士三品；制郊官，明堂方，其屋卑污方，祭器方，玉厚八分，白藻四丝，衣制大下，首

---

① 参见阎步克：《士大夫政治演生史稿》，北京大学出版社1996年版，第304—305页。
② 参见徐复观：《两汉思想史》（卷二），台北：学生书局1976年版，第349页。

服卑退；鸾舆卑，法地周象载，垂二鸾，乐设鼓，用纤施舞，舞溢方；先亨而后用声，正刑天法；封坛于下位。

主天法质而王，其道佚阳，亲亲而多质爱，故立嗣予子，笃母弟，妾以子贵；昏冠之礼，字子以父，别眇夫妇，对坐而食；丧礼别葬，祭礼先嘉疏，夫妇昭穆别位；制爵三等，禄士二品；制郊官，明堂内员外椭，其屋如倚靡员椭，祭器椭，玉厚七分，白藻三丝；衣长前衽，首服员转；鸾舆尊，盖备天列象，垂四鸾，乐程鼓，用羽钥舞，舞溢椭，先用玉声而后烹；正刑多隐，亲戚多赦；封坛于左位。

主地法文而王，其道进阴，尊尊而多礼文，故立嗣予孙，笃世子，妾不以子称贵号；昏冠之礼，字子以母，别眇夫妻，同坐而食；丧礼合葬，祭礼先柜邑，妇从夫为昭穆；制爵五等，禄士三品；制郊官，明堂内方外衡，其屋习而衡，祭器衡同，作秩机，玉厚六分，白藻三丝；衣长后衽，首服习而垂流，鸾舆卑，备地周象载，垂二鸾，乐县鼓，用万舞，舞溢衡；先烹而后用乐，正刑天法，封坛于左位。（《春秋繁露·三代改制质文》）

关于"一商一夏，一质一文"四法，如何与三统说、三教说结合呢？四法实际上只有文质二种。"商者质，殷号也。"（《史记·三代世表》）"文，德之至也，德不至则不能文。商者，常也，常者质，质主天。夏者大也，大者文也，文主地。故王者一商以夏，再而复者也，正朔三而复者也。味尚旨，声尚宫，一而复者。故三王术如循环。"（《说苑·修文篇》）如此看来，为汉立法的《春秋》，继周文则反质无疑也。"然则《春秋》之序道也，先质而后文"（《春秋繁露·玉杯》）"此《春秋》之教文以质也。"（《春秋繁露·王道》）"承周文而反之质，一指也。"（《春秋繁露·十指》）所以，董仲舒把文质循环说成四法，实为虞、夏、殷、周四代巧为立说，而为夏、殷、商三代转化为三统说做好铺垫。

3.三教循环

董仲舒为何要设三教之论呢？"今汉继大乱之后，若宜少损周之文致，用夏之忠者。"《汉书·董仲舒传》按四法循环，夏为文，这和《春秋》及汉反质之说矛盾，又如何解释？《礼记·表记》所论，与天人三策所论同，即："今汉继大乱之后，若宜少损周之文致，用夏之忠者。"《汉书·董仲舒传》但与四法之论异，也因为是这一矛盾。传问学于董生的司马迁在自传中有述："太史公曰：夏之政忠。忠之敝，小人以野，故殷人承之以敬。敬之敝，小人以鬼，故周人承之以文。文之敝，小人以僿，故救僿莫若以忠。三王之道若循环，终而复始。周秦之间，可谓文敝矣。秦政不改，反酷刑法，岂不缪乎？故汉兴，承敝易变，使人不倦，得天统矣。朝以十月。车服黄屋左纛。葬长陵。"（《史记·高祖本纪》）这也同于"天人三策"汉用夏忠之说，不像四法那样文质交替，而是直承《表记》，把夏作为"质胜文则野"的"忠"，把殷当做"文胜质则史"的"敬"，把周当做文质彬彬的"文"，忠敬文三教循环。《白虎通义》继承董仲舒三教学说，论述精详：

> 王者设三教者何？承衰救弊，欲民反正道也。三正之有失，故立三教，以相指受。夏人知王教以忠，其失野，救野之失莫如敬。殷人之王教以敬，其失鬼，救鬼之失莫如文，以相指受。周人之王教以文，其失薄，救薄之失莫如忠。继周尚黑，制与夏同。三王者如顺连环，周而复始，穷则反本。……三教所以先忠何？行之本也。三教一体而分，不可单行，故王者行之有先后。何以言三教并施，不可单行也，以忠、敬、文无可去者也。教所以三何？法天地人。内忠，外敬，文饰之，故三而备也。即法天地人各何施？忠法人，敬法地，文法天。人道主忠，人以至道教人，忠之至也，人以忠教，故忠为人教也。地道谦卑，天之所生，地敬养之，以敬为地教也。（《白虎通义·三教》）

其三教论述在司马迁基础上有进一步发挥，并与通三统结合起来，借鉴了荀子情文三阶段循环说。"内忠"对应"复情以归大一"，"外敬"对应"情文代胜"，"文饰之"对应"情文俱尽"。"情文俱尽"之周，逐渐文烦而失质，秦政把礼的政治化走向极端，即专行刑法律令为治，文之敝到了极致，故汉用夏之忠，乃"复情以归大一"，宁保质而少文，"承衰救弊"，重建文质兼备、德礼统一的统治体系。

董仲舒借阐释《春秋》微言大义，"《春秋》之论事，莫重于志"（《春秋繁露·玉杯》)，特别强调"重志"，即为重视礼背后的德，礼之文背后原本具有的礼之质。孔子重视礼乐文明之质——即内在精神的文质观："先质而后文，右志而左物。"(《春秋繁露·玉杯》)在德礼分离的情况下，重志即重德，"宁有质而无文"，"先质而后文"，"明其贵志以反和，见其好诚以灭伪"，"明其贵志以反和"，皆孔子为汉所立王法之要领。

第三节　德治原则

一、正义之道

1. 真价值

董仲舒阐释的以德治为内容的政治统治原则，可以借助亚里士多德正义论思想的参照比较而深入阐明。

亚里士多德的正义包括配得和应得两种。一是分配正义，简称"配得"，是以真价值标准来衡量的几何比例上的平等。二是交易正义和矫正正义，简称"应得"，是以货币媒介来衡量的回报的平等和法律判决来衡量的算术比例上的平等。第一种平等"配得"实现的关键在于其分配标准真价值的确定，第二种平等"应得"实现的关键，是要有健全的司法机构和良好的法律体系来保障。真价值就是配得的衡量标准和分配依据：

> 人们都同意，分配的公正要基于某种配得，尽管他们所要（摆在第一位）的并不是同一种东西。民主制依据的是自由身份，寡头制依据的是财富，有时也依据高贵的出身，贵族制则依据德性。[1]

真价值可以是身份、出身、财富等，也可以是才华、贡献、德性等，或者他们之间几个的某种组合。分配正义涉及一个国家社会各阶层每一个人的地位、荣誉、职位、经济利益等各种权利（罗尔斯称之为 goods，韩水法译为善品）的适宜分配，其正当性取决于真价值的正当性。货币和法

---

① 亚里士多德：《尼各马可伦理学》，廖申白译注，商务印书馆 2003 年版，第 135 页。

律是应得的中介和保障，在交易领域，"货币是使得所有物品可以衡量和可以平等化的唯一尺度。因为，若没有交易就没有社会，没有平等就没有交易，而没有衡量的尺度也就没有平等。尽管对千差万别的事物不可能衡量，对它们却完全可以借助于需要来衡量。这里必须要有个尺度，一个约定而成的尺度（所以它才被称为流通物）。"① 法律是矫正正义的保障。"法律只考虑行为造成的伤害。它把双方看作是平等的。它只问是否其中一方做了不公正的事，另一方受到了不公正的对待；是否一方做了伤害的行为，另一方受到了伤害。既然这种不公正本身就是不平等，法官就要努力恢复平等。"② 通过法律的公正裁决，使得发生不公正案件的双方恢复到事前的平等状态，或者按平均分配的方式分割财务达到公允的平常。

在中国传统政治哲学中，正义真价值标准的确立也即墨子所谓"必立仪"（《墨子·非命上》）。古代社会的宗教改革"绝地天通"，把宗教权收归统治者手中，这时候的真价值是地位和身份。在禅让时代，王位继承依据的真价值是德性、贡献和人民的认可，在三代社会，王位继承变为父传子受或兄终弟及，诸侯公卿世卿世禄，王官垄断知识和教育，"礼不下庶人，刑不上大夫"，其真价值依据在于出身和地位。到了东周，"天命靡常"，臣子弑君，出现士大夫和家臣执政现象，王官之学散落民间，"下学而上达"，"学而优则仕"，逐渐打通上下社会阶层流动途径，这个时代的真价值是德性、知识、才干和贡献，出身退居其次。对正义原则的检验，战国时期的《墨子》和《中庸》，提出了著名的真价值衡量办法，对后世具有重要参考作用：

> 子墨子曰：必立仪，言而毋仪，譬犹运钧之上而立朝夕者也，是非利害之辨，不可得而明知也。故言必有三表，何谓三表？子墨子言曰：有本之者，有原之者，有用之者。于何本之？上本之古者圣王之事。于何原之？下原察百姓耳目之实。于何用之？废以为刑政，观其中国家百姓人民之利。此所谓言有三表也。（《墨子·非命上》）

---

① 亚里士多德：《尼各马可伦理学》，廖申白译注，商务印书馆2003年版，第145—146页。

② 亚里士多德：《尼各马可伦理学》，廖申白译注，商务印书馆2003年版，第137页。

《墨子》的三表法，从古圣王之事、百姓耳目之实、国家人民百姓之利三个方面的真价值，来判断正义原则的正当性，颇有当代"实践是检验真理的唯一标准"之意味，只是其标准内容更为丰富，既有古代圣王贤哲间接经验的检验，继承和发展古代优良传统，如孔子"祖述尧舜、宪章文武"。又有当下百姓直接经验的检验，譬如人自身的尊严、自由、发展等各方面的真实体会和对统治方式、社会平等、道德风气等的切身感受，然后才是国家、百姓、人民的具体利害这些功利性的诉求。

> 王天下有三重焉，其寡过矣乎！上焉者虽善，无征。无征，不信。不信，民弗从。下焉者虽善，不尊。不尊，不信。不信，民弗从。故君子之道，本诸身，征诸庶民，考诸三王而不缪，建诸天地而不悖，质诸鬼神而无疑，百世以俟圣人而不惑。质鬼神而无疑，知天也。百世以俟圣人而不惑，知人也。是故君子动而世为天下道，行而世为天下法，言而世为天下则。远之，则有望；近之，则不厌。诗曰："在彼无恶，在此无射；庶几夙夜，以永终誉。"君子未有不如此，而蚤有誉于天下者也。（《礼记·中庸》）

《中庸》的"王天下有三重"，朱子引吕大临注曰："三重，位仪礼、制度、考文。惟天子行之，则国不异政，家不殊俗，而人得寡过也。"（《四书章句集注》）与三表法相比，《中庸》的六大真价值标准中，"考诸三王而不缪"相当于"上本之古者圣王之事"，"征诸庶民"相当于"下原察百姓耳目之实"。而"废以为刑政，观其中国家百姓人民之利。"似代之以"百世以俟圣人而不惑。"评价当下政治社会的真价值标准，从自我评价改为让后人去评估，就如古代的"谥法"，是后一代对已故的前一代人德行政绩总体评估后，盖棺论定，给出一个客观的评价而定其谥号，后人通过谥号即知其生前功德何如。因为并不是每一个人或执政者都有自知之明和诚实之德，当下自我评价总有合理化倾向或自我掩饰的成分，容易自欺欺人。《中庸》增加了"本诸身"、"建诸天地而不悖"、"质诸鬼神而无疑"等三个标准，则为儒家崇德性、敬天命和重祭祀传统的体现。"动而世为天下道，行而世为天下法，言而世为天下则"，则是儒家心怀天下、为万事开太平理想的体现。孔子《春秋》立法后世之说，可与此《中庸》六法印证。

在秦政统治的范围，"一断于法"，依靠庆赏刑罚二柄驭人，其真价值为地位、守法、才干和贡献，德性没有位置。到了董仲舒所在的初汉，开国皇帝刘邦和开国功臣大多出身卑微，历任帝王任贤使能，与民生养休息，力行德政，其真价值为德性、贤能、贡献和地位。而董仲舒正要建立更为合理的真价值标准，即政治统治正义原则和社会秩序建构原则。

2. 公利见义

仅仅这样叙述古代真价值的流变，未免过于粗疏，亚里士多德关于以注重公共利益和统治者利益来区分正当政体和变态政体的思想，可以进一步阐释董仲舒其真价值原则的意义。亚里士多德认为，作为政治学终极目的的"至善"，就是正义（公正），正义以公共利益为依归，以城邦整个利益以及全体公民的共同善业（为之图谋优良生活）为依据。"政治的公正是自足地共同生活、通过比例达到平等或在数量上平等的人们之间的公正，公正只存在于其相互关系可由法律来调节的人们之间。"[①] 一个城邦所采取的政体是否正当，就看该政体及其统治者是否正义，即是否以公共利益为依归。"依绝对正义的原则评判，凡照顾到公共利益的各种政体就都是正当或正宗的政体；而那些只照顾统治者们的利益的政体就都是错误的政体或正宗政体的变态（偏离）。这类变态政体都是专制的［他们以主人管理其奴仆那种方式施行统治］，而城邦却正是自由人所组成的团体。"[②] 分别以一人、多数人和群众为统治者，凡能照顾全邦人民利益的是正宗政体，分别称为王制（君主政体）、贵族（贤能）政体和共和政体，其变态政体分别为僭主政体、寡头政体、平民政体。"僭主政体以一人为治，凡所设施也以他个人的利益为依归；寡头（少数）政体以富户的利益为依归；平民政体则以穷人的利益为依归。三者都不照顾城邦全体公民的利益。"[③] 亚里士多德认为，主奴管理模式不是政治的公正。"主人和奴隶间以及父亲

---

① 亚里士多德：《尼各马可伦理学》，廖申白译注，商务印书馆2003年版，第137页。
② 亚里士多德：《政治学》，吴寿彭译，商务印书馆1965年版，第135页。
③ 亚里士多德：《政治学》，吴寿彭译，商务印书馆1965年版，第137页。

和子女间的公正不是政治的公正，而只是与它类似。因为，对于属于自己的东西不存在严格意义上的不公正。一个人的一份动产，以及他的尚未成年而独立的孩子就好比是他自己身体的一部分，没有人会愿意伤害他自己，一个人对于他自己也不可能不公正。所以，在这些关系中表现不出政治的公正或不公正。因为，政治的公正或不公正如我们看到的是依据法律而言的，是存在于其相互关系可以由法律来调节的、有平等的机会去治理或受治理的人们之间。所以，公正在丈夫同妻子的关系中比在父亲同子女或主人同奴隶的关系中表现得充分些。这种公正是家室的公正。"[①] 在实现奴隶制的古希腊城邦门，有公民权利的自由人才拥有民主参政的机会，妇女、儿童、奴隶和外乡人都没有公民权，因而门内之治是家室的公正，和门外之治的政治的公正有性质的区别。尤其奴隶被视为和动物一样的主人资产，只是为人们日常生活供应劳役的工具。而最优良的政体就该由最优良的人们为之治理的政体，能够实现城邦为优良生活和促进善德而存在的目的。

亚里士多德以公共利益的关注与否作为判断政体是否正当的思想，对于省察中国古代社会政治统治原则的正当性富有启示意义。在德礼一体的西周宗法社会，其统治原则是"敬德保民"，其礼治包含了照顾到"公共利益"的德治原则，可以算做"贵族（贤能）政体"。东周时期，礼坏乐崩，德礼分离，诸侯各行力政，争霸称雄，秦政则摈弃道德，以法为治，视民为国家功利目的之奴役工具，天下皆奉一人之私，是为君主制的变态僭主制。刘汉王朝吸取秦政教训，西汉初期任贤使能，生养休息，其政体为郡县封国混合制中央君主集权制度，可称为王制（君主政体）和贵族（贤能）政体的某种中间状态，钱穆称之为萌芽中的"士治政府"。董仲舒试图恢复德礼体系"明德慎罚、敬德保民"的德治原则作为汉王朝统治正义原则，而又要与汉王朝新的统治背景相协调做出适宜的改革。

在统治正义原则的阐释上，除了前文提到的"德主刑辅"和"损周文用夏忠"外，这里要补充董仲舒的"义利之辩"。"夫仁人者，正其谊不

---

① 亚里士多德：《政治学》，吴寿彭译，商务印书馆 1965 年版，第 148—149 页。

谋其利，明其道不计其功。"（《汉书·董仲舒传》）"谊"通"宜"、"义"。"人者仁也，亲亲为大；义者宜也，尊贤为大。亲亲之杀，尊贤之等，礼所生也。"（《礼记·中庸》）正义明道，即为尊德乐义，任贤使能，敬德保民，构建顾及全民利益而非仅仅统治集团私利的良序社会。"不谋其利"、"不计其功"，是要在确保顾及公共利益和全民生活的德治原则前提下，恰当地处理分配正义和事功建设，而不能为了个人或统治团体的局部利益或个人欲望谋取私利。"作南门，刻桷丹楹，作雉门及两观，筑三台，新延厩，讥骄溢不恤下也。"（《春秋繁露·王道》）不体恤百姓生活，大兴土木，建设奢华的亭台楼阁，这就违背了仁义原则。孔子先仁义而后功利："子曰：'放于利而行，多怨。'""子曰：'君子喻于义，小人喻于利。'"（《论语·里仁》）孟子也曾告诫统治者要仁义为先，功利为后：

> 孟子见梁惠王。王曰："叟不远千里而来，亦将有以利吾国乎？"
>
> 孟子对曰："王何必曰利？亦有仁义而已矣。王曰'何以利吾国'？大夫曰'何以利吾家'？士庶人曰'何以利吾身'？上下交征利而国危矣。万乘之国弑其君者，必千乘之家；千乘之国弑其君者，必百乘之家。万取千焉，千取百焉，不为不多矣。苟为后义而先利，不夺不餍。未有仁而遗其亲者也，未有义而后其君者也。王亦曰仁义而已矣，何必曰利？"（《孟子·梁惠王上》）

没有道德前提的功利，会导致"上下交征利而国危"的败政，也即会使正当政体变态。如果言功利能在德治的前提下进行，那么不仅是仁义的，而且作为敬德保民的政治措施还要积极去实施和改革。

3. 正其谊不谋其利

董仲舒曾就汉承秦弊而存在的经济社会问题，向汉武帝提出改革土地政策、废除奴隶制、减省严刑峻法，减轻税赋徭役等建议：

> 古者税民不过什一，其求易共；使民不过三日，其力易足。民财，内足以养老尽孝，外足以事上共税，下足以畜妻子极爱，故民说从上。至秦则不然，用商鞅之法，改帝王之制，除井田，民得卖买，富者田连阡陌，贫者亡立锥之地。又颛川泽之利，管山林之饶，荒淫

越制，逾侈以相高，邑有人君之尊，里有公侯之富，小民安得不困？又加月为更卒，已复为正，一岁屯戍，一岁力役，三十倍于古；田租口赋，盐铁之利，二十倍于古。或耕豪民之田，见税什五。故贫民常衣牛马之衣，而食犬彘之食。重以贪暴之吏，刑戮妄加，民愁亡聊，亡逃山林，转为盗贼，赭衣半道，断狱岁以千万数。汉兴，循而未改，古井田法虽难卒行，宜少近古，限民名田，以澹不足，塞并兼之路。盐铁皆归于民。去奴婢，除专杀之威。薄赋敛，省繇役，以宽民力，然后可善治也。（《汉书·食货志》）

其所言皆国计民生，其原则皆仁义德政，政府敛聚民财不能太急，给人民生活有喘息和孝养的机会，此建议即为"正其谊不谋其利，明其道不计其功"的一个注脚和正解。

董仲舒重新解释仁和义，认为仁为爱人，义为正己，统治者务必端正自身德行，方可推恩于天下。"是故《春秋》为仁义法，仁之法在爱人，不在爱我；义之法在正我，不在正人；我不自正，虽能正人，弗予为义；人不被其爱，虽厚自爱，不予为仁。"（《春秋繁露·仁义法》）统治"义"修己，然后推己及人，修己而安百姓。"仁者，人也，义者，我也，此之谓也。君子求仁义之别，以纪人我之间，然后辨乎内外之分，而著于顺逆之处也，是故内治反理以正身，据礼以劝福，外治推恩以广施，宽制以容众。"（《春秋繁露·仁义法》）这是仁义阐释和义利之辩相结合的一种新解。"仁而不智，则爱而不别也；智而不仁，则知而不为也。故仁者所爱人类也，智者所以除其害也。"（《春秋繁露·必仁且智》）董仲舒把仁进一步延伸仁智兼备，爱而有别，明是非而知爱憎，把除害作为爱人的一项内涵。

在天人三策中，董仲舒向汉武帝提出"不与民争利"的主张：

故受禄之家，食禄而已，不与民争业，然后利可均布，而民可家足。此上天之理，而亦太古之道，天子之所宜法以为制，大夫之所当循以为行也。……尔好谊，则民乡仁而俗善；尔好利，则民好邪而俗败。由是观之，天子大夫者，下民之所视效，远方之所四面而内望也。近者视而放之，远者望而效之，岂可以居贤人之位而为庶人行哉！夫皇皇求财利常恐乏匮者，庶人之意也；皇求仁义常恐不能化民

者，大夫之意也。(《汉书·董仲舒传》)

上之所好，下必甚焉。"尔好谊，则民乡仁而俗善；尔好利，则民好邪而俗败。"自士以上，行为都是老百姓的楷模，自应恪尽职守，"正其谊不谋其利，明其道不计其功"，做好领导社会的本分，本不应该做那些投机取巧、以权谋私的败行。另外，其爵号俸禄，已足以尽其尊荣和称其生活，更加没有必要与民争利。孔子曾明为政者之责任：

> 樊迟请学稼，子曰："吾不如老农。"请学为圃，曰："吾不如老圃。"樊迟出，子曰："小人哉，樊须也。上好礼，则民莫敢不敬；上好义，则民莫敢不服；上好信，则民莫敢不用情。夫如是，则四方之民，襁负其子而至矣。焉用稼?"(《论语·子路》)

樊迟不问礼义忠信之道(士之职责如果得到贯彻履行，禄位已经都在其中，没有必要再做副业)，却问稼穑园圃之事，在"学而优则仕"、"加忧心于天下"的孔门，是舍本求末之举。何况那些在其为政之位的天子诸侯公卿大夫士，怎么可以不去做修德勤政的本分，却要争夺百姓维持生计的那点利益呢? 还让不让疲于奔命的老百姓活得下去啊? 是故孟子有"民贵君轻"之高论："民为贵，社稷次之，君为轻。是故得乎丘民而为天子，得乎天子为诸侯，得乎诸侯为大夫。诸侯危社稷，则变置。牺牲既成，粢盛既洁，祭祀以时，然而旱干水溢，则变置社稷。"(《孟子·尽心下》)荀子有"君为民立"之新说："天之生民，非为君也。天之立君，以为民也。故古者列地建国，非以贵诸侯而已；列官职，差爵禄，非以尊大夫而已。"(《荀子·大略》)而董子又有"不与民争利"之严辞。

> 孔子曰："不患贫而患不均。"故有所积重，则有所空虚矣。大富则骄，大贫则忧，忧则为盗，骄则为暴，此众人之情也。圣者则于众人之情，见乱之所从生，故其制人道而差上下也，使富者足以示贵而不至于骄，贫者足以养生而不至于忧，以此为度而调均之，是以财不匮而上下相安，故易治也。今世弃其度制，而各从其欲，欲无所穷，而俗得自恣，其势无极，大人病不足于上，而小民羸瘠于下，则富者愈贪利而不肯为义，贫者日犯禁而不可得止，是世之所以难治也。(《春秋繁露·度制》)

董仲舒建议汉武帝实行"均调"经济政策，其原则也是"不与民争利"，上下相安，防止两极分化而导致民不聊生，维护社会公平和分配正义。

二、德福配当

德福一致问题是人类面临的共同困惑，它关系到人类道德行为的必要性和激励问题。德性和幸福之间的关系是什么？我们通常所说的"善有善报、恶有恶报"具有必然性吗？如果道德行为不必然导致幸福的话，我们如何证明道德的必要性？我们可以通过怎样的途径和在什么意义上实现德福一致？

古今中外思想家一直在思索和试图解决"德福一致"这一难题。因为中西哲学传统背景的不同，使得中西对这个问题有不同的思考模式和解决方案。在西方，古希腊的亚里士多德和近代德国的康德对德福一致问题有着深刻的代表性论述；在中国古代，从先秦到董仲舒逐步发展成熟的早期儒家德福观，代表了中国古代传统德福观的主流。

1. 德福一致

亚里士多德认为，幸福是最高善，是受崇敬的、完善的事物，是完善的和自足的，是所有活动的目的。自足是指一事物自身便使得生活值得欲求且无所缺乏，而人的善就是灵魂的合德性的实现活动。因而，"幸福是灵魂的一种合乎完满德性的实现活动。"[1] 幸福也是政治学的目的。"政治学的目的是最高善，它致力于使公民成为有德性的人、能做出高尚[高贵]行为的人。"[2]可以说，亚里士多德的幸福观，在定义中就包含了德性。而且他认为运气对德福关系不是决定性的。

> 因为，幸福和不幸并不依赖于运气，尽管我们说过生活也需要运气。造成幸福的是合德性的活动，相反的活动则造成相反的结果。……

---

[1]　亚里士多德：《尼各马可伦理学》，廖申白译注，商务印书馆 2003 年版，第 32 页。
[2]　亚里士多德：《尼各马可伦理学》，廖申白译注，商务印书馆 2003 年版，第 26 页。

因为，合德性的活动具有最持久的性质。它们甚至比科学更持久。在这些活动中，最高级的活动就更加持久。因为那些最幸福的人把他们的生命的最大部分最持续地用在这些活动上。……所以，幸福的人拥有我们所要求的稳定性，并且在一生中幸福。因为，他总是或至少经常在做着和思考着合德性的事情。他也将最高尚［高贵］地、以最适当的方式接收运气的变故，因为他是"真正善的"、"无可指责的"。①

但厄运也是可能毁灭幸福的，尽管一个人的将来不可预见，亚里士多德仍然认为，"可以在活的人们中间，把那些享有并将继续享有我们所说的那些善事物的人称为至福的人，尽管所说的是属人的至福。"②只有属神的至福才不受运气影响，也不需要外在的东西，因而是永恒完满的，而人的幸福毕竟因未来的不可预测性和需要外在的东西（如有健康的身体、拥有闲暇和得到食物及其他的照料）而变得有局限性，是属人的至福。亚里士多德澄清幸福不是消遣，而在于努斯［心灵］的实现活动即沉思，不在于外在的东西有多富足。"因为，自足与实践不存在于最为丰富的外在善和过度之中。做高尚［高贵］的事无需一定要成为大地或海洋的主宰。只要有中等的财产就可以做合乎德性的事。"③亚里士多德还有幸福暗中受神关照的某种意味。

努力于努斯的实现活动、关照它、使它处于最好状态的人，似乎是神所最爱的。因为，如果神像人们所认为的那样对人有所关照，它们似乎会喜爱那些最好、与它们自身（即努斯）最相似的人们。它们似乎会赐福于最崇拜努斯并且最使之荣耀的人们。因为，这些人所关照的是神所爱的东西，并且，他们在做着正确和高尚［高贵］的事情。所有这些都在智慧的人那里最多，这毋庸置疑。所以，智慧的人是神所最爱的。而这样的人可能就是最幸福的。这便表明了，智慧的人是最幸福的。④

---

① 亚里士多德：《尼各马可伦理学》，廖申白译注，商务印书馆2003年版，第28页。
② 亚里士多德：《尼各马可伦理学》，廖申白译注，商务印书馆2003年版，第29页。
③ 亚里士多德：《尼各马可伦理学》，廖申白译注，商务印书馆2003年版，第310页。
④ 亚里士多德：《尼各马可伦理学》，廖申白译注，商务印书馆2003年版，第311页。

亚里士多德引入了神的爱、关照和人的幸福之间的关系，尽管带有猜测成分，使用不甚肯定的语气，但已经透露了幸福并不是天然地与德性统一的，换言之，幸福包含了德性，但有德性并不必然幸福。

康德对德福一致有更为深入的思索。德福一致是纯粹实践理性的先天对象"至善"的题中要义，至善包括德性和幸福，德性是第一位的，幸福是第二位的，两者不可或缺。德性作为个人的价值和得到幸福的配当，是自足的无上的善。幸福自身不是绝对地和在所有方面善的，而是在任何时候都以道德上合乎法则的举止为先决条件。"两种必然地联结在一个概念里的规定必定是作为根据和结果连接在一起的，尽管这种统一性或者依照同一性法则而被看作分析的（逻辑的连接），或者依照因果性法则而被看作综合的(实在的联结)。"① 前者德福本来是一致的；后者德福是不同的东西，德行为原因，幸福为后果。古希腊的伊壁鸠鲁派和斯多亚派依照同一性规则寻求原则的统一性。"斯多亚派主张，德行是整个至善，幸福仅仅是意识到拥有德行属于主体的状态。伊壁鸠鲁派主张，幸福是整个至善，德行仅仅是谋求幸福的准则形式，亦即合理地应用谋求幸福的手段的准则形式。"② 幸福和德性是至善的两种在种类上完全相异的元素，所以这两派不加区分，解决不了问题。德性和幸福"虽然同属一个至善而使之成为可能，却在同一主体之中竭力相互限制，相互妨碍。于是，无论迄今为止一切结盟的努力如何，至善在实践上是如何可能的？这个追问始终还是一个未解决的任务。"③ 所以只有另一种可能，"通过意志自由产生至善，这是先天地（在道德上）必然的；因此至善可能性的条件也必定依赖于先天的认识根据。"④ 纯粹实践理性二律背反的情形中，第一个命题即追求幸福产生了有德行的意向的根据，是绝对虚妄的，但是，"第二个命题：德行意向必然产生幸福，不是绝对虚妄的，而只是在这种意向被视作感觉世界中的因果性形式的范围内，从而在我认定这个世界的此在为理性存在者实存

---

① 康德：《实践理性批判》，韩水法译，商务印书馆 1998 年版，第 122 页。
② 康德：《实践理性批判》，韩水法译，商务印书馆 1998 年版，第 123 页。
③ 康德：《实践理性批判》，韩水法译，商务印书馆 1998 年版，第 124 页。
④ 康德：《实践理性批判》，韩水法译，商务印书馆 1998 年版，第 124 页。

的唯一方式的范围内，才是虚妄的，因而它仅仅是有条件地虚妄的。"①于是康德认为，解决纯粹实践理性的二律背反带来如下结论：

> 在实践原理里面，德性意识和对作为其后果而与之比配的幸福的期望之间一种自然的和必然的联结，至少可以思想为可能的（但当然并不因此就是可以认识和洞见到的）；另一方面，谋求幸福的种种原理不能够产生德性：于是至上的善（作为至善的第一条件）是德性，反之，幸福虽然构成了至善的第二元素，却仍然是如此：他是前者以道德为条件的、却依旧必然的后果。只有在这样一种隶属次序之下，至善才是纯粹实践理性的整个客体，纯粹实践理性必须把这个至善表像为可能的，因为竭尽可能促进至善的实现，是纯粹实践理性的一个命令。②

为了保证至善的实现，康德设定了纯粹实践理性的三个公设：灵魂不朽、意志自由和上帝存在。"所谓公设，我理解的是一种理论的、但在其本身不可证明的命题，它不可分离地附属于无条件有效的先天实践法则。"③灵魂、意志、上帝原先是思辨理性的三个理念，不能够超验地运用，公设赋予一般思辨理性的理念（凭借它们与实践领域的关联）以客观实在性，并且证明思辨理性有正当理由持有这些概念。"第一个公设滥觞于与道德法则的完整实现相切合的持续性这个实践的必然条件；第二个公设滥觞于对于感性世界的独立性、以及依照理智世界的法则决定存在者意志的能力，即自由这个必然的先决条件；第三个公设滥觞于如下条件的必然性：这样一个理智世界通过设定独立不依的至善，亦即上帝的此在而成为至善。"④如此，至善即德福一致就被定言命令表像为必然的。"若非设定三个理论概念（因为它们是单纯的纯粹理性概念，无法为自身觅得相应的直观，从而无法以理论的方式自身觅得客观实在性），即自由，不朽和上帝，这个至善就是不可能的。"康德的德福一致最终寄希望于纯粹实践的理性信仰。

---

① 康德：《实践理性批判》，韩水法译，商务印书馆1998年版，第126页。
② 康德：《实践理性批判》，韩水法译，商务印书馆1998年版，第130—131页。
③ 康德：《实践理性批判》，韩水法译，商务印书馆1998年版，第134页。
④ 康德：《实践理性批判》，韩水法译，商务印书馆1998年版，第144页。

2. 大德受命

儒家政治哲学坚持德治作为政治正义原则，儒家的德治理念中，德位一致、德福一致本来不是一个问题，而是一种信念：

> 子曰："舜其大孝也与！德为圣人，尊为天子，富有四海之内。宗庙飨之，子孙保之。故大德必得其位，必得其禄，必得其名，必得其寿。故天之生物，必因其材而笃焉。故栽者培之，倾者覆之。《诗》曰：'嘉乐君子，宪宪令德。宜民宜人，受禄于天。保佑命之，自天申之。'故大德者必受命。"（《礼记·中庸》）

这是儒家创始人孔子继承周公"敬德配天"理念的一种儒家表达。东周德礼体系逐渐分离解体，当礼逐渐为法所替代，德淡出正义真价值标准的时候，出现了一个重大的哲学难题，即德福一致或德位一致的问题。一个突出的例子，是孔子德为圣人，却不能得到天子之位，或者像伊尹、周公那样见用于世。残酷的现实与信念相冲突的时候，是放弃信念，随波逐流，还是另谋出路，曲通理想？而后世儒家传人又如何在信念、理想和现实之间协调这一哲学难题呢？

德福一致是有道社会的一个基本特征，儒家恢复德治传统的不懈努力，正是要恢复"德福一致"的正义社会。在德礼分离、德福不一致的时代，孔子称之为无道的社会。在有道社会不能德福一致，说明是没有德性，是一种耻辱。在无道社会中，幸福不是因为有德而导致的，不是通过德性而获得的幸福或官位，孔子也认为是一种耻辱：

> 子曰："笃信好学，守死善道。危邦不入，乱邦不居，天下有道则见，无道则隐。邦有道，贫且贱焉，耻也。邦无道，富且贵焉，耻也。"（《论语·泰伯》）

> 宪问耻。子曰："邦有道，谷。邦无道，谷，耻也。"（《论语·宪问》）

在德礼分离、德福不一致的东周叔世，孔子忧心天下，"知其不可而为之"（《论语·宪问》），企图实现德福一致的有道社会。被朱熹认为孔子作经曾子记之的《大学》经文，强调通过"明明德"之根本工夫，而推己及人，达致内圣外王、德福并至：

　　大学之道，在明明德，在亲民，在止于至善。……古之欲明明德于天下者，先治其国；与治其国者，先齐其家；欲齐其国者，先修其身，欲修其身者，先诚其意，欲诚其意者，先致其知；致知在格物。……自天子以至于庶人，壹是皆以修身为本。（《礼记·大学》）

　　基于"修身为本"的理念，孔子期待在位君王有德，或有德君子能致其位。"孔子欲君子之以德致位。"①孔子一方面周游列国，游说诸侯国君实行王道，实现君王德位一致，臣民德福一致。另一方面激励有志君子自觉自律，修德为仁，坚守气节，而不能以道从人、同流合污。"仁远乎哉？我欲仁，斯仁至矣。"（《论语·述而》）"为仁由己，而由人乎哉？"（《论语·颜渊》）首先树立自由的道德自我，确立德性修养对于福、位的优先性。"不患无位，患所以立。不患莫己知，求为可知也。"（《论语·里仁》）用心于"下学而上达"、"克己复礼为仁"，等待见用的机会："如有用我者，吾其为东周乎！"（《论语·阳货》）孔子晚年见道不行于世，于是修六经载其道，寄望传法于后世，以俟圣王取法，而为万世王师。

　　孟子也有与孔子类似的两种德福一致的努力方向。一是坚持力劝在位君王由仁义行，施行仁政。"惟仁者宜在高位"（《孟子·离娄上》），"务引其君以当道，志于仁而已"（《孟子·告子下》）。他相信君王有仁心、行仁政，则一国皆仁，一国皆德福一致："惟大人为能格君心之非。君仁莫不仁，君义莫不义，君正莫不正，一正君而国定矣。"（《孟子·离娄上》）另一方面，孟子也有担当意识，在前一条路走不通的时候，主张修身俟命，诚如谚语"命运总是照顾有准备的人"，他相信必有圣王出来担负使命，而这个人未必就不是当下每一个修身俟命者"我"：

　　五百年必有王者兴，其间必有名世者。由周而来，七百有余岁矣。以其数则过矣，以其时考之则可矣。夫天，未欲平治天下也；如欲平治天下，当今之世，舍我其谁也？（《孟子·公孙丑下》）

　　孟子曰："尽其心者，知其性也。知其性，则知天矣。存其心，养其性，所以事天也。殀寿不贰，修身以俟之，所以立命也。"（《孟

────

①　萧公权：《中国政治思想史》，新星出版社2005年版，第63页。

子·尽心上》)

孟子认为德性是操之在我的内在之乐，经过个人努力是必然可以拥有的，而幸福是得之有命的外在偶然事件。现实上的德福、德位经常不一致，孟子的诉求是按人性应然而行，通过尽心（存心）、知性（养性）到知天（事天）的路径，达致天人合一的最高善，超越了世俗的德福一致。孟子的天爵人爵之辩，很好地表达了儒家德福观的基调：

> 孟子曰："有天爵者，有人爵者。仁义忠信，乐善不倦，此天爵也；公卿大夫，此人爵也。古之人修其天爵，而人爵从之。今之人修其天爵，以要人爵；既得人爵，而弃其天爵，则惑之甚者也，终亦必亡而已矣。"(《孟子·告子上》)

天爵即为"天命之谓性"的德性，人爵则为"公卿大夫"这些世俗高官厚禄的幸福，在一个有道社会（古之人所在的社会），德福、德位应当是一致的，人人用心修身提高德性，有了德性就配当幸福，"由仁义行"，幸福是自然而然随之而来。"求则得之，舍则失之，是求有益于得也，求在我者也。求之有道，得之有命，是求无益于得也，求在外者也。"(《孟子·尽心上》) 而在一个无道的社会，德福背离，世人假仁假义，虚伪地"行仁义"，目的是骗取幸福，利益既得，则原形毕露，连假仁假义也不愿意去做了。前者是定言命令，后者是假言命令。

> 曰："尊德乐义，则可以嚣嚣矣。故士穷不失义，达不离道。穷不失义，故士得己焉；达不离道，故民不失望焉。古之人，得志，泽加于民；不得志，修身见于世。穷则独善其身，达则兼善天下。"(《孟子·尽心上》)

> 孟子曰："尧舜，性者也；汤武，反之也。动容周旋中礼者，盛德之至也；哭死而哀，非为生者也；经德不回，非以干禄也；言语必信，非以正行也。君子行法，以俟命而已矣。"(《孟子·尽心下》)

在德礼分离的时代，这种坚守德性、行法俟命的德福观，一方面在不遇时命的时候能够达观超然，坚定信念，寄希望于可能实现德福一致的未来，另一方面已经把德性视为完善自足的，而且也把具备德性也当作一种幸福了。"仰不愧于天，俯不怍于人，二乐也。"(《孟子·尽心上》) 孟子的君子三乐中，即有德性之乐。在春秋末年处于艰难生活境况的时候，孔子和他的弟子们还能自得于"孔颜之乐"，也属于这种乐。孟子有著名的"义命之辩"："孔子进以礼，退以义，得之不得曰'有命'。"（《孟子·万章上》）焦循引张尔歧《嵩庵闲话》语解之："人道之当然而不可违者义也，天道之本然而不可争者命也。"① 德取之于义，求则得之，君子存心焉；福取决于命，君子修身俟命，志在造福天下苍生，义之不可，即以为命所不有。君子以义安命，坦荡泰然；小人则不然，以智、力争命，怨天尤人。儒家德福观中，德即仁者"修己而安百姓"这一"德福一致"道德理想的实现过程，接近亚里士多德的德性目的论，幸福即是德性的目的，也包含在实现德性的过程之中。

荀子也肯定德性圆满可以超越世俗的幸福。"志意修则骄富贵，道义重则轻王公，内省则外物轻矣。"（《荀子·修身》）这种内在之德的自足和对外在之福的超越是对个体修身而言的，而对现实正义秩序而言，荀子主张应该德福相称：

> 礼者，贵贱有等，长幼有差，贫富轻重皆有称者也。故天子袾裷衣冕，诸侯玄裷衣冕，大夫裨冕，士皮弁服。德必称位，位必称禄，禄必称用。由士以上则必以礼乐节之，众庶百姓则必以法数制之。（《荀子·富国》）

这是一个德福相配的等级礼法社会，不仅德与位、位与禄、禄与贡献相称，而且由德决定的尊卑贵贱不同的等级，士以上和众庶百姓是截然不同的两个社会，前者"以礼乐节之"，后者"以法数制之"，即所谓"礼不下庶人，刑不上大夫"（《礼记·曲礼》），其分际亦在于德性之不同。对于现实中德福不一致的现象，荀子用"时命"来解释：

> 夫贤不肖者，材也；为不为者，人也；遇不遇者，时也；死生者，命也。今有其人不遇其时，虽贤，其能行乎？苟遇其时，何难之有！故君子博学、深谋、修身、端行以俟其时。（《荀子·宥坐》）

可见荀子的德福观与孔子和孟子一脉相承，对个人修身而言，德性具

---

① （清）焦循撰，沈文倬点校：《孟子正义》，中华书局1987年版，第657页。

有优先性和超越性；对社会正义秩序而言，都强调德福、德位相配，同时希望以德致位；在现实中碰到有德无位的困惑时，都用"时"、"命"来解释，并主张君子修身俟命或俟时。从强调修德为先、修己造福于人、以德俟时俟命的一贯义理来看，先秦儒家德福观属于德性自足论、时命论和德福配当论的综合。

3. 德福一体

董仲舒继承了先秦儒家的德福观，同时在形式上采取了宇宙论以加强儒家德福观的神圣性，在内容上根据西汉政治改革和儒家理念现实化的需要，做了很多理想和现实的协调接轨工作。先秦儒家的政治理想是"大德者必受命"（《礼记·中庸》），而且主张当君德败坏时可废位易位。孟子以德抗位，"君有大过则谏，反复之而不听，则易位"（《孟子·万章下》），荀子"从道不从君"（《荀子·臣道》），而董仲舒主张君圣合一，在郡县制中央集权制之中，一国不可有二君，汉初多次诸侯王叛乱，贾谊强干弱枝思想早已为朝野认同，故受命之君只能是当朝天子，除非天子因桀纣之行为天下所弃，君王之德过得去的话，臣民只有选择与天子合作，共同构建相对正义的良序社会。故董仲舒提出"屈民而伸君，屈君而伸天"（《春秋繁露·玉杯》），一方面万民尊君以维护大一统稳定的政治秩序，另一方面以天意来限制君王德行，避免桀纣之行的出现。

首先，董仲舒把德福位一体解释为天意。"臣闻天者群物之祖也。故遍覆包函而无所殊，建日月风雨以和之，经阴阳寒暑以成之。故圣人法天而立道，亦溥爱而亡私，布德施仁以厚之，设谊立礼以导之。春者天之所以生也，仁者君之所以爱也；夏者天之所以长也，德者君之所以养也；霜者天之所以杀也，刑者君之所以罚也。繇此言之，天人之征，古今之道也。"（《汉书·董仲舒传》）天意本仁爱，要让人间德福一致，通过有德圣王实行本于天意的王道，保证人间德福一体。

> 天子受命于天，诸侯受命于天子，子受命于父，臣妾受命于君，妻受命于夫，诸所受命者，其尊皆天也，虽谓受命于天亦可。（《春秋繁露·顺命》）

> 天志仁，其道也义，为人主者，予夺生杀，各当其义，若四时；列官置吏，必以其能，若五行；好仁恶戾，任德远刑，若阴阳；此之谓能配天。（《春秋繁露·天地阴阳》）

从天子到庶人都是天命所受，君臣、父子、夫妇的人伦关系也是如天与天子那样的天命授受关系，一个人在社会的福、位，都是天赐的。天意本于仁义，一个本于天意的正义社会，君王以德配天，奉天意而施仁，其统治天下若四时那样"各当其义"，世俗幸福和爵禄官位，也是以贤能配当，就如五行之运作，而整个社会的正义原则，是任德远刑，如阴阳之道，故而顺天意而运作的正义社会是可以保证德福一体、德位一体的。

其次，董仲舒强调君圣合一，保证天子的德位一致。"古之造文者，三画而连其中，谓之王；三画者，天地与人也，而连其中者，通其道也，取天地与人之中以为贯，而参通之，非王者庸能当是。是故王者唯天之施，施其时而成之，法其命而循之诸人，法其数而以起事，治其道而以出法，治其志而归之于仁。"（《春秋繁露·王道通三》）董仲舒通过文字训诂，把"王"阐释为天地人之道的参通者和天意的实施者，而通天意者为圣人，故王奉天意而君圣合一。从天的哲学阐释中，董仲舒把君主和圣人合为一体，法天立道，博爱施仁，建立德礼一体的礼义制度管理社会。

君圣合一的王者，以德配位，通过正己而正天下，可以把德福一致普遍化为天下共业。

> 臣谨案《春秋》谓一元之意，一者万物之所从始也，元者辞之所谓大也。谓一为元者，视大始而欲正本也。《春秋》深探其本，而反自贵者始。故为人君者，正心以正朝廷，正朝廷以正百官，正百官以正万民，正万民以正四方。四方正，远近莫敢不壹于正，而亡有邪气奸其间者。是以阴阳调而风雨时，群生和而万民殖，五谷孰而草木茂，天地之间被润泽而大丰美，四海之内闻盛德而皆徕臣，诸福之物，可致之祥，莫不毕至，而王道终矣。（《汉书·董仲舒传》）

在君圣合一的前提下，人君是人间正义秩序之本，是王道的元和始，天下之师表，王一旦正本心、慎大始，就可以正天下人事万物。因此，天子的角色对天下治道非常关键，必须具有相配的德行才能受命，承天意治理天下，维护人间正义。

君圣合一的天子，其德行和政治得失由天意监督，天子也通过理解灾异表达的天意调整自身德行和统治方式。"国家将有失道之败，而天乃先出灾害以谴告之，不知自省，又出怪异以警惧之，尚不知变，而伤败乃至。以此见天心之仁爱人君而欲止其乱也。自非大亡道之世者，天尽欲扶持而全安之，事在强勉而已矣。"（《汉书·董仲舒传》）万一君王实行王道不到位，天将出灾异谴告，提醒、敦促天子反省改正，反复警告不改就转移天命，败亡其位。天子只要在天意谴告后能通过德政救变其失，那么仍然不失为德位一致的受命之君。

最后，董仲舒还从现实化角度，主张通过依据天意建立的制度来保证德福一体。在董仲舒天人相符的社会秩序逻辑中，礼作为社会的正义秩序安排，是象天而设的："礼者，继天地、体阴阳，而慎主客、序尊卑、贵贱、大小之位，而差外内、远近、新故之级者也，以德多为象，万物以广博众多历年久者为象。"（《春秋繁露·奉本》）具体官制也是法天数而成：

> 王者制官：三公、九卿、二十七大夫、八十一元士，凡百二十人，而列臣备矣。吾闻圣王所取，仪金天之大经，三起而成，四转而终，官制亦然者，此其仪与！三人而为一选，仪于三月而为一时也；四选而止，仪于四时而终也。三公者、王之所以自持也，天以三成之，王以三自持，立成数以为植，而四重之，其可以无失矣，备天数以参事，治谨于道之意也，此百二十臣者，皆先王之所与直道而行也。（《春秋繁露·官制象天》）

社会秩序和政治制度都是君圣合一的王者根据天意和天数而设置，其中包含了天命所赋予的仁义原则，而德福一致是天意为仁落实到人间的现实必然取向。

在现实政治制度安排上，董仲舒提出君无为而臣有位的虚君思想，让有德君子或王者之师，或为辅助天子施行王道。"名号异声而同本，皆鸣号而达天意者也。天不言，使人发其意；弗为，使人行其中。名则圣人所发天意，不可不深观也。"（《春秋繁露·深察名号》）圣人阐释天意，君王奉行天意。"夫王者不可以不知天，知天，诗人之所难也，天意难见也，其道难理，是故明阳阴入出、实虚之处，所以观天之志；辨五行之本末、顺逆、小大、广狭，所以观天道也。"（《天地阴阳》）关于孔子德位一致问题，董仲舒提出素王受命改制说予以曲通，让孔子作为汉立法的王者之师。董仲舒把天子（人主）定位为法天之行，把人臣定位为法地之道。天子尊位圣明，仁爱无私，任用群贤，无为而治；人臣忠信有为，竭情悉力，勤政爱民，不负天子所托，不失百姓之望。君臣各得其所，各行其宜。又以人体系统为比喻，说明君贤臣忠、君静臣劳的道理。董仲舒一生着力阐发天意和孔子《春秋》微言大义，得君行道，为王者师，使汉武帝有所取法，实行王道于现实社会，其自身定位概莫外此。

从以上论述可知，西方代表性的德福观和早期儒家德福观之间有同有异，我们可以从中更加清晰地了解中西德福观的各自内在理路，发现相互沟通的可能性。

中西德福观之间有一定意义上的相通性和具体理解上的差异性。亚里士多德主张德福一致论，但其德福观是通过"德性"概念本身的定义而推导出来的，在德福一致的实现上，还需要外部善的必要条件，在实践中德福一致的最终现实化，除了自身努力、必要的外部善之外，尚需神爱的辅助。康德的至善论，通过对两种代表性的西方德福观传统即斯多亚派的德性主义和伊壁鸠鲁派的幸福主义的深刻反思，在纯粹实践理性批判的基础上，试图通过德福一致贯通本体和现象两重世界，最终诉诸三大道德公设，除了纯粹实践理性保证的道德自由以外，设置了灵魂不朽和上帝存在前提，以时间永恒和无上原因来克服人在现实存在中的有限性对德福一致实现的障碍。他们与先秦儒家的德福观比较而言，都强调德福一致的道德应当性，都承认德性对幸福的优先性。但在德福一致的实现上，表现出的理解和诉求有所不同。亚里士多德和康德的德福一致实现都有外在善条件和神学的最终保障，具有宗教性诉求。而先秦儒家重视现世德福一致的努力，希望以德致位或得君行道，而且追求的是君王、圣贤和天下所有苍生的德福一致，具有人间性和现世性诉求。如果有生之年不能实现德福一致的愿望，则还有"修身以俟命"的时命论和"穷则独善其身"的德性自足论。不过通过道法的思想传承类似于康德说的"灵魂不朽"，用意在保证人间德福一致的"天命"和随时反映天意的"民意"又类似于康德的"上帝存在"，而德性自足论则几乎是亚里士多德和儒家的共同取向，这是中西德福观的异中之同。

董仲舒通过德福顺天、君圣合一、德福一体的正当性论成和制度性保障，使得德福一致成为天经地义的天意，而按天意安排的人间正义秩序，必然是一个德福一致的有道社会。天下治乱、礼义制度、君民德行，其道德价值和正义秩序通过董仲舒的自然秩序化，使其成为天经地义的道德法则和秩序原则。冯达文把董仲舒宇宙论这一创造称为"价值存在化"，肯定其符合人类文化发展的基本路向，直接赋予物理—事实世界以价值和意义，继孔孟老庄为中国文化开出"价值—意义世界"之后，再开出事实和价值一体的又一重世界。"在这一重世界里，由于价值是由存在的普遍必然性来确保的，所以有德必有福，德与福、价值与事实获得了完全的一致性。"① 董仲舒的德福一体观，在诉诸宇宙论和天意的道德保障上，有似于亚里士多德和康德的宗教性诉求特点，在通过君臣民修德致福的现实努力方向上，又有着先秦儒家的现世性诉求特点。董仲舒德福一体观，把亚里士多德和康德的德福一致实现从天上拉回人间，把先秦儒家的悬置未来的修身俟命落实到当下现实。董仲舒的德福一体观标志着早期儒学德福观发展的成熟，给后人留下了有关德福关系的丰厚思想资源。

三、立法俟命

董仲舒的素王改制论认为，孔子所作《春秋》乃当一王之法，在通三统中继周而为后世立王道之法。经过董仲舒对《春秋》微言大义的阐释，孔子立法之内容都有什么法则呢？在论述《春秋》立法之前，先来看一下

---

① 冯达文：《中国古典哲学略述》，广东省出版集团、广东人民出版社 2009 年版，第 164—165 页。

亚里士多德、康德有关立法的思考。

1. 立法学

亚里士多德的立法学是和正义维护及德性的培养联系起来的。矫正正义的代表是法律和法官，当不正义的事情方式，人们就找法官，通过法律寻求平等，维护和恢复正义。同时，亚里士多德还把立法学作为城邦和家庭教化的关键，通过确立好的法律（不论是成文的还是不成文的）建立好的制度，通过一个良好的共同制度来正确地关心公民的成长，培养良好的德性，以配当优良的生活。"如果说仅仅知道德性是什么还不够，我们就还要努力地获得它、运用它，或以某种方式成为好人。"[1] 人可以自觉地根据知道的德性知识去拥有和运用德性，成为好人吗？"但是事实上，逻各斯虽然似乎能够影响和鼓励心胸开阔的青年，使那些生性道德优越、热爱正确行为的青年获得一种对于德性的知识，它却无力使多数人去追求高尚［高贵］和善。因为，多数人都只知恐惧而不顾及荣誉，他们不去做坏事不是出于羞耻，而是因为惧怕惩罚。"法律代表正义，是表达某种明智与努斯的罗各斯，更重要的是具有强制的力量。仅凭逻各斯和教育尚不足以让所有人成为有德性的人，还需要让人在健全的法律下成长，青少年的哺育与教育要在法律指导下进行，使人们不得不听从逻各斯和教育的指引，接受正确的德性。不仅是青少年，成年之后还要继续这种学习并养成习惯。"一个立法者必须鼓励趋向德性、追求高尚［高贵］的人，期望那些受过良好教育的公道的人们会接受这种鼓励；惩罚、管束那些不服从者和没有受到良好教育的人；并完全驱逐那些不可救药的人。"[2] 亚里士多德所说的立法，其对象包括成文的和不成文的，也包括公共性的城邦和私人性的家庭。关于立法学的建立和立法的办法，亚里士多德的论述很有启发性：

> 由于以前的思想家们没有谈到过立法学的问题，我们最好自己把它与政制问题一起来考察，从而尽可能地完成对人的智慧之爱的研

---

① 亚里士多德：《尼各马可伦理学》，廖申白译注，商务印书馆 2003 年版，第 312 页。
② 亚里士多德：《尼各马可伦理学》，廖申白译注，商务印书馆 2003 年版，第 313 页。

究。首先，我们将对前人的努力做一番回顾。然后，我们将根据所搜集的政制汇编，考察哪些因素保存或毁灭城邦，哪些因素保持或毁灭每种具体的政体；什么原因使有些城邦治理良好，使一些城邦治理糟糕。因为在研究了这些之后，我们才能较好地理解何种政体是最好的，每种政体在各种政体的优劣排序中的位置，以及它有着何种法律与风俗。①

这一段立法学的论述，堪比孔子作《春秋》为后世立法的方法和意图：

春秋论十二世之事，人道浃而王道备，法布二百四十二年之中，相为左右，以成文采，其居参错，非袭古也。是故论春秋者，合而通之，缘而求之，五其比，偶其类，览其绪，屠其赘，是以人道浃而王法立。以为不然，今夫天子踰年即位，诸侯于封内三年称子，皆不在经也，而操之与在经无以异，非无其辨也，有所见而经安受其赘也，故能以比贯类，以辨付赘者，大得之矣。（《春秋繁露·玉杯》）

春秋明得失，差贵贱，本之天王之所失天下者，使诸侯得以大乱之说，而后引而反之，故曰：博而明，深而切矣。《春秋繁露·重政》

仲尼之作《春秋》也，上探正天端，王公之位，万民之所欲，下明得失，起贤才，以待后圣，故引史记，理往事，正是非，见王公，史记十二公之间，皆衰世之事，故门人惑，孔子曰："吾因其行事，而加乎王心焉，以为见之空言，不如行事博深切明。"（《春秋繁露·俞序》）

亚里士多德通过独立的城邦所用的法律和政制、风俗之间的关系，比较研究良法和恶法及其效应，从而为政体和法律的优劣排序，为后世立法。而孔子是通过鲁国史记的删削褒贬，以王者之心加诸衰世行事博切深明者，寄寓人道和王道于《春秋》之中，以德治为内涵的王道之法。

所以，《春秋》所立之法，乃德礼一体之法，在某种意义上更是道德仁义之法，是在德礼分离之后欲使德性归位礼制的努力。《十指》从十个方面论述了这些道德法则的立法原则：

————————

① 亚里士多德：《尼各马可伦理学》，廖申白译注，商务印书馆 2003 年版，第 318 页。

春秋二百四十二年之文，天下之大，事变之博，无不有也，虽然，大略之要，有十指。十指者，事之所系也，王化之所由得流也。举事变，见有重焉，一指也；见事变之所至者，一指也，因其所以至者而治之，一指也；强干弱枝，大本小末，一指也；别嫌疑，异同类，一指也；论贤才之义，别所长之能，一指也；亲近来远，同民所欲，一指也；承周文而反之质，一指也；木生火，火为夏，天之端，一指也；切刺讥之所罚，考变异之所加，天之端，一指也。举事变，见有重焉，则百姓安矣；见事变之所至者，则得失审矣；因其所以至而治之，则事之本正矣；强干弱枝，大本小末，则君臣之分明矣；别嫌疑，异同类，则是非著矣；论贤才之义，别所长之能，则百官序矣；承周文而反之质，则化所务立矣；亲近来远，同民所欲，则仁恩达矣；木生火，火为夏，则阴阳四时之理相受而次矣；切刺讥之所罚，考变异之所加，则天所欲为行矣。统此而举之，仁往而义来，德泽广大，衍溢于四海，阴阳和调，万物靡不得其理矣。说春秋凡用是矣，此其法也。（《春秋繁露·十指》）

在"大一统"的前提下，实行王道的德治原则，施行仁义，德泽流播四海，天下万物无不各得其宜，董仲舒阐释的《春秋》十指基本概括了其王法大要。

2. 为自由立法

康德的自由和自然，作为一个彼此交互关联的整体中，是在同一个纯粹理性的能力之中考察这些部分。"于是在这种方式之下，心灵两个能力，即认识能力和欲求能力的先天原则从现在起就被查明了，它们应用的条件、范围和界限也就得到了规定，不过，稳固的基础也因此为作为科学的、成体系的理论哲学和实践哲学奠立起来了。"① 康德的理论哲学和实践哲学分别论述人的理性的两个部分即思辨理性和实践理性，分别揭示"人为自然立法"和"人为自由立法"的性质。"无论在理论哲学之中，还是

---

① 康德：《实践理性批判》，韩水法译，商务印书馆1998年版，第9—10页。

在实践哲学之中，法则都具有中枢的位置。纯粹理性的认识能力和实践能力都必然要通过法则实现出来，而这里最为特殊的一个特征就是，无论在自然领域还是在自由领域，纯粹理性都通过作为理性存在者的人在颁布法则，人既为自然立法，亦为人自己的实践活动立法。然而，在实践哲学里面，纯粹理性的一切实践能力都是围绕法则而展开的，并且由于自由与道德法则事实上具有一而二的关系，而意志自律、定言命令都要通过道德法则才能实现，因此相对于自然领域的法则，道德法则在实践领域具有重要得多的作用和意义。"[1] 纯粹理性的认识能力是用时间、空间、范畴等先天的形式，将经验的质料转化成为知识，但只能认识现象界的自然规律，而不能超验地运用到物自体领域。纯粹理性的实践能力则可以在物自体的地盘即道德领域确立普遍的自由法则。纯粹实践理性的基本法则是："这样行动：你意志的准则始终能够同时用作普遍立法的原则。"[2] 这样的道德法则是纯粹实践理性的自己立法，是理性的绝对命令和道德自律，是自由意志按照可以普遍化的道德律令作为义务付诸实践。康德还从中得出一个实践命令："你的行动，要把你自己人身中的人性，和其他人身中的人性，在任何时候都同样看作是目的，永远不能只看做手段。"[3] 即人是目的，这一点同时构成康德的实践哲学的出发点和终点。这意味着人既是德性王国的立法者，也是德性王国的臣民，是道德法则的根据、主体和目的。

康德在《道德形而上学》建立的法哲学体系中，把自由扩展到外在的自由，而上述道德哲学根据的自由相对而言称为内在自由。内在自由是行为的决定根据直接来自人所颁发的道德法则本身，此外再无其他根据，也不以行为的可能结果为目的。外在自由对人的行为是否合法的判断，取决于人的实际行为，而无关乎人的动机和目的。外在自由通过外在立法确定的自由意愿行为的范围，使其中人的行为不受他人妨碍，这就是法权。法权的普遍法则为："如此外在地行动，使你的任性的自由应用能够与任何

---

① 韩水法：《康德的〈实践理性批判〉》，载氏著：《批评的形而上学：康德研究文集》，北京大学出版社 2009 年版，第 117—118 页。

② 康德：《实践理性批判》，韩水法译，商务印书馆 1998 年版，第 31 页。

③ 康德：《道德形而上学原理》，苗力田译，上海世纪出版集团 2005 年版，第 48 页。

人根据一个普遍法则的自由共存。"①在法哲学中，人的自由意愿，也即人的外在行为，替代了道德哲学中的道德法则，成为人的外在行为合法性的根据。在实践领域中，伦理的立法是内在的立法，理性存在者通过自由直接为自己颁布道德法则；而法律的立法是外在的立法，也是一种普遍的立法，但根源于外在的自由，其实质在于每一个人彼此之间的自由意愿契合并存而不相互妨碍，具有外在强制性，即为了保护外在自由相互契合而对妨碍法权的任何行为进行普遍的强制。外在自由所立之法，有直接从内在自由颁发的道德法衍生出来的自然法和完全外在制定颁发的成文法或实证法。康德的法哲学内容有处理自然状态中我的和你的法权的私法和处理公民社会法权的公法，两者都只能在公民社会才能实现。自然状态是没有分配正义的状态，公民社会是分配正义之下的法的状态。

> 法的状态就是人们彼此之间的这样一种关系，它包含着每个人只有在其下才能享受权利［法］的条件，而从一个普遍立法意志的理念来观察，这种关系的可能性的形式原则，称为公共正义，后者依照法则在相关于对象（作为意愿的质料）占有的可能性，或者现实性，或者必然性，能够被划分为保护的正义、相互获得的正义和分配的正义。②

康德的公法学说，是一种社会契约学说和个人权利［法］的综合。"他（康德）坚持将社会契约论和权利［法］学说贯彻于任何一种有关人的政治共同体的学说里面，也就是说从国家构成一直到世界性联盟的建立，都必须以个人权利为主导原则。"③公法包括三个领域，即相当于国家法的人民法［权利］、相当于国际法的万民法［权利］和世界范围的世界公民法

---

① 康德：《康德著作全集》（第6卷），李秋零译，中国人民大学出版社2007年版，第239页。韩水法在《康德的法哲学》中译为："在外在方面要这样行动：你意愿的自由应用依照一条普遍的法则要与任何其他人的自由并存。"载氏著：《批评的形而上学：康德研究文集》，北京大学出版社2009年版，第153页。

② 康德：《道德形而上学》，转引韩水法：《康德的法哲学》，载氏著：《批评的形而上学：康德研究文集》，北京大学出版社2009年版，第163页。

③ 韩水法：《康德的法哲学》，载氏著：《批评的形而上学：康德研究文集》，北京大学出版社2009年版，第164页。

[权利]，三者缺一不可，一损俱损，紧密地结合为一体，成为世界人民共同努力实现永久和平的目标。

董仲舒阐释的《春秋》微言大义，是孔子通过《春秋》为后世所立之法。其中有康德所说的内在自由的道德法则，也有相当于法哲学中外在自由的私法和公法（夷夏之辩）。孔子言论中本来就有被称为"道德金律"的道德法则："己所不欲，勿施于人。"（《论语·颜渊》）"己欲立而立人，己欲达而达人。"（《论语·雍也》）而且同时兼顾了内在自由和外在自由。孟子对道德自律和外在自由也有很精彩的论述："仁义礼智，非由外铄我也，我固有之也，弗思耳矣。"（《孟子·告子上》）"人之所不学而能者，其良能也；所不虑而知者，其良知也。孩提之童，无不知爱其亲者；及其长也，无不知敬其兄也。亲亲，仁也；敬长，义也。无他，达之天下也。"（《孟子·尽心上》）而董仲舒的阐释要揭示的是孔子立法的普遍性和真理性，这也可由孔子自己的话为证："殷因于夏礼，所损益，可知也。周因于殷礼，所损益，可知也。其或继周者，虽百世，可知也。"（《论语·为政》）

3.《春秋》立法

董仲舒阐释的《春秋》微言大义非常丰富。"春秋赴问数百，应问数千，同留经中，翻援比类，以发其端，卒无妄言，而得应于传者。"（《玉杯》）难于详举，则明其要领，本节择其正义思想中"经"、"常"方面的正义思想，下一节通过董仲舒的权变思想角度论述董仲舒的正义思想。

首先，《春秋》重视正名，使德礼能够统一，维护礼义制度的正当性和神圣性。

> 名者，所以别物也，亲者重，疏者轻，尊者文，卑者质，近者详，远者略，文辞不隐情，明情不遗文，人心从之而不逆，古今通贯而不乱，名之义也。男女犹道也，人生别言礼义，名号之由，人事起也，不顺天道，谓之不义，察天人之分，观道命之异，可以知礼之说矣。……万物载名而生，圣人因其象而命之，然而可易也，皆有义从也，故正名以名义也，物也者，洪名也，皆名也，而物有私名，此物也非夫物。故曰：万物动而不形者，意也，形而不易者，德也，乐而

不乱，复而不厌者，道也。（《春秋繁露·天道施》）

名号就是就是用来辨别事物的，别亲疏尊卑，辨轻重文质，缘亲原心，慎微重始，皆从名义生发。名号的实质就是道义，来自天道和人道，若名号与道义背离，那么就是不正义的。正名，就是正礼义的文质相符之本，正善恶得失之源，正天人秩序之道。圣人法天而立道，维系人间正义的办法，就是通过正名号来达到正人间秩序之义，即所谓以天道正人道、由人道达天道。

> 治天下之端，在审辨大；辨大之端，在深察名号。名者，大理之首章也，录其首章之意，以窥其中之事，则是非可知，逆顺自著，其几通于天地矣。是非之正，取之逆顺；逆顺之正，取之名号；名号之正，取之天地；天地为名号之大义也。古之圣人，謞而效天地，谓之号，鸣而施命，谓之名。名之为言鸣与命也，号之为言謞而效也，謞而效天地者为号，鸣而命者为名，名号异声而同本，皆鸣号而达天意者也。天不言，使人发其意；弗为，使人行其中，名则圣人所发天意，不可不深观也。受命之君，天意之所予也。（《春秋繁露·深察名号》）

上引内容是正名的著名论述。董仲舒从宇宙论、文字训诂以及古代礼制安排，阐明名号之原理及其重大意义。天地是名号之大义，圣人效法天地大义而命名天下事物以名号，故天地之大义寄寓名号之中。天命授予天子施行天意。"天不言，使人发其意；弗为，使人行其中。"圣人代天阐发天意，天子代天行天道，故圣人和天子有分工有合作，圣人是天意的解释者，天子是天意的实施者。天子、诸侯、大夫、士、民，都有其名号及与之相匹配的德性和本分：

> 故号为天子者，宜视天为父，事天以孝道也；号为诸侯者，宜谨视所候奉之天子也；号为大夫者，宜厚其忠信，敦其礼义，使善大于匹夫之义，足以化也；士者，事也，民者、暝也；士不及化，可使守事从上而已。（《春秋繁露·深察名号》）

作为逻辑学和伦理学的结合，董仲舒分析了号与名的区别。号相当于大全的总称"凡"，名相当于详尽的细分"目"，也叫"散名"。这些名号都有天意在其中，事顺名，名顺天，则天人合一，伦理井然，天下和洽，道德大全。

　　五号自赞，各有分，分中委曲，曲有名，名众于号，号其大全。名也者，名其别离分散也，号凡而略，名详而目，目者，遍辨其事也，凡者，独举其大也。享鬼神者号一，曰祭；祭之散名：春曰祠，夏曰礿，秋曰尝，冬曰烝。猎禽兽者号一，曰田，田之散名：春苗、秋搜、冬狩、夏狝；无有不皆中天意者。物莫不有凡号，号莫不有散名如是。是故事各顺于名，名各顺于天，天人之际，合而为一。同而通理，动而相益，顺而相受，谓之德道。（《春秋繁露·深察名号》）

因此，《春秋》之微言大义，首先要辨别名号，正名实之义。

　　《春秋》慎辞，谨于名伦等物者也。是故小夷言伐而不得言战，大夷言战而不得言获，中国言获而不得言执，各有辞也。有小夷避大夷而不得言战，大夷避中国而不得言获，中国避天子而不得言执，名伦弗予，嫌于相臣之辞也。是故大小不踰等，贵贱如其伦，义之正也。（《春秋繁露·精华》）

　　"大小不踰等，贵贱如其伦"，即为名号顺天、德礼合一的礼义制度的理想社会现实化，也就是通常所说的正义社会秩序。正名为《春秋》立法奠基，为新王改制和正义秩序确定了坐标。

　　其次，尊王攘夷。在董仲舒的《春秋》阐释中，尊王攘夷是微言大义中的要义，与《春秋》"大一统"理念和刘汉郡县制君主中央集权制度的统治需要相适配。

　　《春秋》立义，天子祭天地，诸侯祭社稷，诸山川不在封内不祭。有天子在，诸侯不得专地，不得专封，不得专执天子之大夫，不得舞天子之乐，不得致天子之赋，不得适天子之贵。君亲无将，将而诛，大夫不得世，大夫不得废置君命。立适以长不以贤，立子以贵不以长，立夫人以适不以妾，天子不臣母后之党，亲近以来远，未有不先近而致远者也。故内其国而外诸夏，内诸夏而外夷狄，言自近者始也。（《春秋繁露·王道》）

　　这一段论述《春秋》所揭示的大一统格局下尊王的礼制要义。严格区分天子和诸侯、大夫天子和诸侯祭祀之礼，规定诸侯不得做专地、专封、执王室大夫、舞天子之乐等违背礼制的事情。臣子不能有反叛天子的意图，大夫不能世卿世禄，天子、诸侯立世子和夫人都有严格的规定。要严华夷之辨，施君恩由近及远，达致天下："是以知明先，以仁厚远，远而愈贤，近而愈不肖者，爱也，故王者爱及四夷，霸者爱及诸侯，安者爱及封内，危者爱及旁侧，亡者爱及独身，独身者，虽立天子诸侯之位，一夫之人耳，无臣民之用矣，如此者，莫之亡而自亡也。"(《春秋繁露·仁义法》)对尊王攘夷的模范齐桓公和晋文公，孔子大之，《春秋》大之。对弒君灭国等违背王制的事情，董仲舒从《春秋》中读出孔子的悲愤之情和除患决心：

> 至意虽难喻，盖圣人者，贵除天下之患，贵除天下之患，故春秋重而书天下之患遍矣，以为本于见天下之所以致患，其意欲以除天下之患，何谓哉？天下者无患，然后性可善，性可善，然后清廉之化流，清廉之化流，然后王道举，礼乐兴，其心在此矣。传曰："诸侯相聚而盟。"君子修国，曰："此将率为也哉！"是以君子以天下为忧也，患乃至于弒君三十六，亡国五十二，细恶不绝之所致也。辞已喻矣，故曰立义以明尊卑之分，强干弱枝，以明大小之职；别嫌疑之行，以明正世之义；采摭托意，以缫失礼；善无小而不举，恶无小而不去，以纯其美；别贤不肖，以明其尊，亲近以来远，因其国而容天下，名伦等物，不失其理，公心以是非，赏善诛恶，而王泽洽，始于除患，正一而万物备，故曰：大矣哉其号，两言而管天下，此之谓也。(《春秋繁露·盟会要》)

除患即扫除尊王攘夷的障碍，能够使社会风气清廉而出现大一统的局面，然后举王道、兴礼乐而致天下太平。"春秋慎辞，谨于名伦等物者也。是故小夷言伐而不得言战，大夷言战而不得言获，中国言获而不得言执，各有辞也。有小夷避大夷而不得言战，大夷避中国而不得言获，中国避天子而不得言执，名伦弗予，嫌于相臣之辞也。是故大小不踰等，贵贱如其伦，义之正也。"(《春秋繁露·精华》)严华夷之辨也是维护天子权威，正大一统之义。"礼者，继天地、体阴阳，而慎主客、序尊卑、贵贱、大小之位，而差外内、远近、新故之级者也。"(《春秋繁露·奉本》)尊王攘夷，维护大一统，最终目的是恢复德礼一体、政教合一的礼秩正义社会，虽然经过时代损益建立起来的礼义制度未必就是原来的周礼。

第三，敬贤重民。敬贤是为了提倡尊德乐义，重民是为了突出德教爱民，褒奖天下之正义，体现了《春秋》在德礼分离的情况下由文反质的努力。

> 春秋尊礼而重信，信重于地，礼尊于身。何以知其然也？宋伯姬疑礼而死于火，齐桓公疑信而亏其地，春秋贤而举之，以为天下法。（《春秋繁露·楚庄王》）

> 以所任贤，谓之主尊国安，所任非其人，谓之主卑国危，万世必然，无所疑也。其在易曰："鼎折足，覆公餗。"夫鼎折足者，任非其人也，覆公餗者，国家倾也。是故任非其人，而国家不倾者，自古至今，未尝闻也。故吾按春秋而观成败，乃切悁悁于前世之兴亡也，任贤臣者，国家之兴也。夫知不足以知贤，无可奈何矣；知之不能任，大者以死亡，小者以乱危，其若是何邪？以庄公不知季子贤邪？安知病将死，召而授以国政；以殇公为不知孔父贤邪？安知孔父死，己必死，趋而救之，二主知皆足以知贤，而不决，不能任，故鲁庄以危，宋殇以弑，使庄公早用季子，而宋殇素任孔父，尚将兴邻国，岂直免弑哉！此吾所悁悁而悲者也。（《春秋繁露·精华》）

宋伯姬在发生火灾的时候，说："妇人夜出，傅母不在，不下堂。"（《王道》）宁死而尊礼，《春秋》贤而大之；齐桓公要盟而不失信，《春秋》贤而大之；"故曾子、子石盛美齐侯，安诸侯，尊天子，霸王之道，皆本于仁，仁，天心，故次之以天心。"（《春秋繁露·俞序》）齐桓公尊王攘夷，皆本于仁，春秋贤而大之；宋襄公曰："不鼓不成列，不阨人。"宋襄公在战争中不半渡而击，不在敌人混乱时出击，都是本于礼仪，怀有仁心，故春秋贤而大之，敬贤"以为天下法"。鲁庄公和宋殇公知贤而不能用贤，以至于危身遭弑，《春秋》恶之以警告后人。

> 春秋之常辞也，不予夷狄，而予中国为礼，至邲之战，偏然反之，何也？"曰："春秋无通辞，从变而移，今晋变而为夷狄，楚变而为君子，故移其辞以从其事。夫庄王之舍郑，有可贵之美，晋人不知

其善，而欲击之，所救已解，如挑与之战，此无善善之心，而轻救民之意也，是以贱之，而不使得与贤者为礼。秦穆侮蹇叔而大败，郑文轻众而丧师，春秋之敬贤重民如是。是故战攻侵伐，虽数百起，必一二书，伤其害所重也。"（《春秋繁露·竹林》）

《春秋》重民，故战必书，因为战争死伤惨重，又破坏经济和礼义，不仁之至，所以贱之。"且《春秋》之法，凶年不修旧，意在无苦民尔；苦民尚恶之，况伤民乎！伤民尚痛之，况杀民乎！故曰：凶年修旧则讥，造邑则讳，是害民之小者，恶之小也；害民之大者，恶之大也，今战伐之于民，其为害几何！考意而观指，则春秋之所恶者，不任德而任力，驱民而残贼之；其所好者，设而勿用，仁义以服之也。"（《春秋繁露·竹林》）荒灾之年修葺宫室，是为劳民伤财，令民困苦，《春秋》恶之，何况战争伤民杀民，故有所谓《春秋》无义战。然而《春秋》还是有区别地看待战争的性质，不埋没其中的闪光点。

若春秋之于偏战也，善其偏，不善其战，有以效其然也。春秋爱人，而战者杀人，君子奚说善杀其所爱哉！故春秋之于偏战也，犹其于诸夏也，引之鲁，则谓之外，引之夷狄，则谓之内，比之诈战，则谓之义，比之不战，则谓之不义，故盟不如不盟，然而有所谓善盟；战不如不战，然而有所谓善战；不义之中有义，义之中有不义；辞不能及，皆在于指，非精心达思者，其庸能知之！（《春秋繁露·竹林》）

偏战，即摆好阵势符合礼仪的战役，指宋襄公在僖公二十二年与楚人战于泓之阳，"不鼓不成列，不阸人。"《春秋》爱人，不善战，但肯定其尊礼重信的一面。其他各种战争和会盟也是如此退而求其次，褒其可褒，贬其当贬，都是为了发掘可为后世所法的敬贤爱民的仁义精神。

实际上，我们还可以举出很多这样的《春秋》立法内容。因为孔子之《春秋》是一个开放的文本，而阐释者董仲舒以其前见、情境和思考模式，有着无限的阐释空间，难以一一列举。然而我们需要注意的是，《春秋》所立之法，并不是普遍主义的放之四海而皆准的真理之法，也不是特殊主义的自设门坎的固守家法。《春秋》立法是非普遍主义的立法，是在具体情境中总可能对的"时中"，即其立法是立"经权"之法。在下一节我们将从经权角度论述董仲舒借《春秋》阐释所揭示的正义思想。

第四节　通权达变

《春秋》立法，立的是情境中的"时中"之法。张祥龙认为儒家思想是一种非普遍主义和非特殊主义的思想。"普遍主义是指这样一种思想方式和行为方式，它主张最有价值的东西，不管是认知的、伦理的、宗教的、经济的、政治的，还是其他的什么价值，都可以作为命题而得到直接表达，这是第一层意思。什么叫命题？命题被认为是有真假可言的语言表达式，一般说来就是 proposition 或 statement，是一种关于某个事态的主张或陈述。……第二层意思，普遍主义还主张这命题承载的那种价值总可以并且总应该被普遍地推广，或者叫做被普遍化。"① 非普遍主义不认为有终极价值的东西可以被独立的命题充分表达，有的只是"强为之名"、"方便说法"的权宜立法。"因为有终极价值的东西总是和具体的变化过程有内在的关联，所以它们总须要在历时的或历史的情境中合乎时机地被实现出来，不断被构成、生成，使它成真。一定是'成'真的，而不是现成字那儿就真了；不能按照某个号称是普遍有效的现成标准被制造和推广。"② 特殊主义则认为，最真实的东西只是一个一个特殊的个体。普遍主义和特殊主义有着共同的前提："它们表达的那个东西能够被充分地对象化，或者对象化为一条普遍的标准、一个可以普遍化的实体，或者被对象化为一个具体的个体，清清楚楚就在哪儿，可以用专名来指称它。"③ 张祥龙认为儒家是一种深刻意义上的非普遍主义者，并不否认具体情境中的真理，而

① 张祥龙：《先秦儒家哲学九讲：从〈春秋〉到荀子》，广西师范大学出版社 2010 年版，第 15 页。
② 张祥龙：《先秦儒家哲学九讲：从〈春秋〉到荀子》，广西师范大学出版社 2010 年版，第 17 页。
③ 张祥龙：《先秦儒家哲学九讲：从〈春秋〉到荀子》，广西师范大学出版社 2010 年版，第 18 页。

且相信这些终极的真理，不认为自己说的是刚性必然的、普遍的、可充分对象化地对，却可以认为自己说的总可能是对的，不是现成地按照某个标准对，而是被历时情境一再地构成，使之成真。"子绝四：毋意、毋必、毋固、毋我。"（《论语·子罕》）儒家开山鼻祖孔子一开始就开创了这样一种非普遍主义的基调。

一、权衡时中

1. 允执其中

儒家这种非普遍主义的态度，也可以叫"中庸"，是古训"允执其中"（《论语·尧曰》）的运用，是情境中成真的"时中"："君子之中庸也，君子而时中。"（《礼记·中庸》）这样一种态度或方式，不是固定的模式，而是在正义原则之下见机行事、随遇而安的智慧。

> 子曰："不得中行而与之，必也狂狷乎！狂者进取，狷者有所不为也。"（《论语·子路》）

> 子曰："吾有知乎哉？无知也。有鄙夫问于我，空空如也，我叩其两端而竭焉。"（《论语·子路》）

> 逸民，伯夷、叔齐、虞仲、夷逸、朱张、柳下惠、少连。子曰："不降其志，不辱其身，伯夷、叔齐与？"谓柳下惠、少连："降志辱身矣。言中伦，行中虑，其斯而已矣。"谓虞仲、夷逸："隐居放言，身中清，废中权。""我则异于是，无可无不可。"（《论语·微子》）

中行即中庸、中道，如果在现实的情境中，没有中庸之行的现实条件，可以退而求其次，做适宜那个情境的狂者或狷者，孔子弟子中，子张为狂者，子夏为狷者："师也过，商也不及。"（《论语·先进》）孔子自己早年进取，周游列国以求用世，是为狂者，晚年有所不为，退居授徒，述作六经，是为狷者，此皆情境中的权衡，关键在"时中"。孟子也论及这些圣人之智慧，自称"无可无不可"的孔子被誉为集大成的"圣之时者"：

> 非其君不事，非其民不使；治则进，乱则退，伯夷也。何事非君，何使非民；治亦进，乱亦进，伊尹也。可以仕则仕，可以止则

止，可以久则久，可以速则速，孔子也。皆古圣人也，吾未能有行焉；乃所愿，则学孔子也。(《孟子·公孙丑上》)

孟子曰："伯夷，圣之清者也；伊尹，圣之任者也；柳下惠，圣之和者也；孔子，圣之时者也。孔子之谓集大成。集大成也者，金声而玉振之也。金声也者，始条理也；玉振之也者，终条理也。始条理者，智之事也；终条理者，圣之事也。智，譬则巧也；圣，譬则力也。由射于百步之外也，其至，尔力也；其中，非尔力也。"(《孟子·万章下》)

朱熹注曰："愚谓孔子仕、止、久、速，各当其可，盖兼三子之所以圣者而时出之，非如三子之可以一德名也。……三子侔行，各极其一偏；孔子之道，兼全于众理。所以偏者，由其弊于始，是以缺于终；所以全者，由其知之至，是以行之尽。三子犹春夏秋冬之各一其时，孔子则如大和元气之流行于四时也。"[1]孔子善始慎终，力巧俱全，随遇而权，因时而中，可谓"尊德性而道问学，致广大而尽精微，极高明而道中庸"(《礼记·中庸》)的典范。

孔子这种高明的境界，通过"权"来达到。"可与共学，未可与适道。可与适道，未可与立；可与立，未可与权。"(《论语·子罕》)孔子把"与权"视为比"共学"、"适道"、"与立"都要高明的方法，不轻许人。中国古代"经权"并举。《说文解字》："经，织从丝也，从系坙声。"徐灏笺："纬，织横丝也。"即经之本义，为织布机上的纵线，后来引申为法则和恒常(如《玉篇》："经，义也""经，常也")或指历来被尊奉为典范的著作。《说文解字》："权，南华木，从木，雚声。一曰反常。""权"或指秤锤，《广雅·释器》："锤谓之权"。中国古代普遍使用的秤具上通过调节秤锤在秤杆上的位置，来度量所称货物的重量，故权引申为度量、权衡、权宜。在"经权"连用的情况下，经是指正常情况下人们应当遵守的道德准则，是不能随意改变的一些原则性的标准。权是指权衡是非轻重而因事制宜，并与具有普遍权威性的"经"相对，灵活变通处理"经"在具体情境下出现

---

① (南宋)朱熹撰：《四书章句集注》，中华书局1983年版，第315—316页。

的缺陷和不足。孔子早年的理想是"克己复礼为仁"(《论语·颜渊》),其损益周礼,即是行权,提取仁的精神实质作为经的最高原则,根据时势通权达变,而不拘泥于礼仪刻板的外在形式。譬如,"麻冕,礼也,今也纯,俭,吾从众"(《论语·子罕》),"礼与其奢也,宁简;丧,与其易也,宁戚"(《论语·八佾》)。孟子继承发展了孔子权的思想。"执中无权,犹执一也。所恶执一者,为其贼道也,举一而废百也。"(《孟子·尽心上》)原则性(执中)和灵活性(权)要兼顾。"嫂溺不援,是豺狼也。男女授受不亲,礼也;嫂溺援之以手者,权也。"(《孟子·离娄上》)在具体情境中发生礼与义的冲突时,适度行权以维护"义"。"夫大人者,言不必信,行不必果,惟义所在"(《孟子·离娄下》)。把握了义的根本而行权,才可谓贤者。"夫道二,常之谓经,变之谓权,怀其常道而挟其变权,乃得为贤。"(《孟子·尽心下》)公羊传的经权思想中,经是不能随便改变的原则,但是在特定情况下,拘泥经的形式去做会与经的内在精神冲突时,不得已而予以变通,采取不同于经的形式而更好地维护了经的内在精神原则。"权者何?权者,反于经然后有善者也。"(《春秋公羊传·桓公十一年》)董仲舒继承发展了孔子、孟子和公羊传的经权思想,把行权作为立经和正经的途径,把王道理想和时势现实、内圣根据和外王运用在实践层面得以落实。

2. 公道与权

亚里士多德的"公道"概念,与"权"有着类似的涵养。权对应的是经,公道对应的是公正(正义)。公正(正义)是总体的德性,是其他各种德性的基础,是人所必须具有的伦理底线和政治生活的前提。公道与公正(正义)既不完全是一回事,又不根本不同。"公道优越于一种公正,本事就公正;另一方面,公道又不是与公正根源上不同而比它优越的另一类事物。所以公正和公道是一回事,两者都是善,公道更好些。困难的根源在于,公道虽然公正,却不属于法律的公正,而是对法律公正的一种纠正。"[1] 这是因为法律的普施性往往不能顾及所有的具体情况,考虑到通常

---

① 亚里士多德:《尼各马可伦理学》,廖申白译注,商务印书馆2003年版,第160页。

的情况而不能面面俱到，因为人的行为的性质和内容是很难精确说明的。"法律制订一条规则，就会有一种例外。当法律的规定过于简单而有缺陷和错误时，由例外来纠正这种缺陷和错误，来说出立法者自己如果设身处地会说出的东西，就是正确的。"① 这一纠正法律错误的例外就是公道。因此，虽然公道是公正且优越于公正，但并非优越于总体的公正，而仅仅优越于公正（即由法律代表的公正）由于一般性而带来的缺陷和错误。公道犹如法律在具体案例中的判决，既根据具体情况具体情境作出恰当的公正的判决，又避免和纠正了法律条文某些不足。公道是一种和公正同类的质量，而在对权衡具体情境纠正普遍公正原则的不足方面优越于公正。"公道的人出于选择和质量而做公道的事，虽有法律支持也不会不通情理地坚持权利，而愿意少取一点的人。这样一种质量就是公道。"②

亚里士多德把体谅和公道的含义紧密联系起来。"体谅，即我们说某人善于体谅别人或原谅别人时所指的那种质量，也就是对于同公道相关的事情作出正确的区分。这可以由以下事实得证：我们都认为公道的人最能原谅别人，并且在某些情况下，公道就在于原谅别人。但是，原谅是对公道的事情作出正确的区分的体谅。"③ 因此，亚里士多德认为体谅、原谅和公道这些质量都是同一个东西。亚里士多德认为，公道是一个人生来就有的质量，和其他德性相伴随，只是是否在实践中去现实化。也可以说，一个人可以选择做一个公道的人或好人，因为一个人天生有此本质。"所谓公道或谅解，就是受损害的一方对于自己受损害的、法律裁定多得者应该归还给自己的利益，鉴于多得者有些地方还是情有可原的，可以谅解他一点，少要回一点。在亚里士多德看来，这种在体谅的态度下合理地少收回一点自己的利益的公道质量是正义的一个必要的补充。因为正义有时比较僵化，考虑不了那么多的情况，没有那么大的灵活性，这就需要靠公道的态度来进行补充。所以公道尽管不是正义，却是更高的德性，并且合于正

---

①　亚里士多德：《尼各马可伦理学》，廖申白译注，商务印书馆2003年版，第161页。
②　亚里士多德：《尼各马可伦理学》，廖申白译注，商务印书馆2003年版，第161页。
③　亚里士多德：《尼各马可伦理学》，廖申白译注，商务印书馆2003年版，第184—185页。

义。"①通情达理地愿意少取一点，这与公正的分配、矫正和交易三个方面的内涵有所不同。公正要求对不公正进行矫正，恢复到不公正发生之前的公正状态，而公道却要考虑具体情况有所退让和放弃部分利益。"在民法（或平衡法）中，它一般是指利益上受损的当事人在自己的权利得到法律支持的情况下，体谅对方的情况而自愿放弃一部分应得的补偿权利的做法。"②

　　由于亚里士多德的公正理论不限于经济领域，还包括政治领域的权利的公正，如享受同等教育、从政的机会等，故公道也相应地在政治领域有着相应的运用范围。在论证哪种政体更好的时候，亚里士多德提到，凡是不凭感情因素治事的统治者总比感情用事的人们较为优良，而法律是没有感情的，人类的本性难免有感情。然而一旦通则所不能解决的特殊事例时，还得让个人较好的理智进行较好的裁决。这也即上述公道的纠正作用。这样的裁决到底是求诸最好的个人还是求诸全体人民呢？亚里士多德通过雅典民主实践经验说明，人多力量大，群众比任何一个人又可能做较好的裁决，若干好人（公道的人）的集体比一个好人较不易于腐败，许多好人（公道的人）在一起也不致发生内讧。所以若干好人（公道的人）所共同组织的政府即贵族政府要比一人为治的君主政体要优良。什么才是最优良的政体呢？"最优良的政体就该是最优良的人们为之治理的政体。这一类型的政体的统治者或为一人，或为一宗族，或为若干人，他或他们都具有出众的才德，擅于为政，而且邦内受治的公众都有志于，也都适宜于，人类最崇高的生活。"③亚里士多德的优良政体和政治正义最终落实在公道的人身上，希望通过成德达善的教育和习惯的训练，培养优良的政治家和优良的君主。因此，在政治制度上，公道是共和政治、民主制和其他正常政体的内在精神。

---

　　① 廖申白：《论西方主流正义概念发展中的嬗变与综合》，《伦理学研究》2002 年第 2 期。

　　② 亚里士多德：《尼各马可伦理学》，廖申白译注，商务印书馆 2003 年版，第 160 页脚注。

　　③ 亚里士多德：《尼各马可伦理学》，廖申白译注，商务印书馆 2003 年版，第 177 页。

公正是权利和利益的合乎适当比例的分配和交换，现实中以法律为公正原则的代表。公道是对以法律为代表的公正原则在处理具体案例时所存在的缺陷和错误给予适当的纠正和裁决。在政治制度上，公道是共和政治、民主制和其他正常政体的内在精神。在亚里士多德的正义思想中，公道是一个不可或缺的概念。没有公道，公正不仅是完整的，因而也很难成就其他德性。公道不仅是正义的调节和补充，而且寄寓在其他如友爱、谅解、幸福等德目之中，调节着各种德目在特殊情境下的合宜表现，促成适度的中道原则在德目中的实现。公道不仅在私人德目中起着重要的作用，而且在公共政治中担负关键的角色，这一方面表现在具体法律裁决和公正在具体情境中实现，另一方面则表现在任何政体的领导人是否公道的人决定了政体的好坏。公正和公道的关系，类似于中国古代伦理和政治中的经权之辩，因而与董仲舒的经权思想具有可比性。

3. 明智和反思平衡

"明智"即实践智慧，是选择正确的手段实现善之目的的能力。"明智是一种同善恶相关的、合乎逻各斯的、求真的品质。"[1]明智使得一个人能在与人有关的事务中辨别善恶，又值得人们信任去实现人可获得的最大的善。明智除了通常理解的同一个人自己相关外，还包括理财学、立法学和政治学，政治学又包括考虑的明智和裁决的明智。因此，明智不是青年人的特点，需要日积月累的经验，在具体情境中的考虑和裁决。"德性使得我们的目的正确，明智则使我们采取实现哪个目的的正确的手段。"[2]明智的人必定已经具备了德性的前提，首先是一个好人，有着高尚的目的，然后才是运用高明的手段实现这些高尚的目的。"离开了明智就没有严格意义上的善，离开了道德德性也不可能有明智。……一个人如果有了明智的德性，他就有了所有的道德德性。……德性使我们确定目的，明智使我们选择实现目的的正确的手段。"[3]亚里士多德阐明的德性与明智之间的

---

① 亚里士多德：《尼各马可伦理学》，廖申白译注，商务印书馆 2003 年版，第 173 页。
② 亚里士多德：《尼各马可伦理学》，廖申白译注，商务印书馆 2003 年版，第 187 页。
③ 亚里士多德：《尼各马可伦理学》，廖申白译注，商务印书馆 2003 年版，第 190 页。

关系，可以很好地用来说明"经"与"权"之间的关系。经是权的前提，若无经，则权成为随心所欲、肆无忌惮，而不成其为权；权是实现经的手段，若无权，则经成了死的教条，而不成其为经。权使我们像明智那样选择实现经的正确的手段。

　　正义是社会商品的分配在亚里士多德那里称为"公正"、"正义"，指分配或原则性，在董仲舒这样称之为"经"、"常"、"道"、"义"等指称原则的概念。这是与政治哲学的人类共通性是直接相关的。"所谓政治就是指在一个共同体内强制而普遍地分配社会善品的行动。换言之，以分配社会善品为根本目的的政治始终是在一定的共同体之中按照一定的原则通过一定的制度而普遍地实现的。"① 所谓社会善品，指从权利、财富、地位一直到环境、教育等等社会之中为每个人所必需、所追求和所尊崇的东西。"抽象来说，正义是对政治行为或活动的一种积极的评价，或者用形而上学式的术语来说，是指政治行为或活动的某种性质。正义判断总是以某种相应的观念、规范或原则为标准和前提的。于是，从哲学上来说，政治哲学的主题就是正义。因为政治哲学并非提供一种政治行为规范，而是要构造和确证某种正当的或对的政治行为及其规范。政治哲学在这个意义上也就可以称为正义哲学。"② 在此意义上，董仲舒的"经"概念，相当于亚里士多德的"公正"概念；董仲舒的"权"概念，相当于亚里士多德的"公道"概念。

　　罗尔斯的正义两原则是以美国这样的民主社会为背景的良序社会立法，其运用的方法，一是运用反思平衡的方法，设定模拟康德善良意志的原初状态，推导出外在自由的普遍法则。在某种意义上说，原初状态根据正义两原则去定制其前提，定制的方法是反思平衡，以保证定制的原初状态能够推导出自身，并保证自身为社会基本结构所采用和落实。这很像是自圆其说的循环论证。"原初状态和构成过程才真正成就了罗尔斯所说的

---

　　① 　韩水法：《什么是政治哲学》，《中共中央党校学报》第 13 卷，2009 年第 1 期，第 32 页。
　　② 　韩水法：《什么是政治哲学》，《中共中央党校学报》第 13 卷，2009 年第 1 期，第 33 页。

那些构成的前提，前提和以之为前提的那个活动是同时实现的。"① 反思的平衡（reflective equilibrium）是原则和深思熟虑之间的相互调整过程。"在寻求对这种原初状态的最可取描述时，我们是从两端进行的。开始我们这样描述它，使它体现那些普遍享有和弱得可取的条件，然后我们看这些条件是否足以强到产生一些有意义的原则。如果不能，我们就以同样合理的方式寻求进一步的前提。"② 这样不断寻求前提和条件，修正不相符合的地方，或者修改对原初状态的解释，或者修改现时的判断，这样来回往复，直到达到预期足以产生正义原则的原初状态。反思平衡的方法，就它使得原则与判断达到和谐而言，是平衡的；就它让我们知道判断符合什么原则及在什么前提得出的而言，是反思性的。同时它还是一种不稳固的动态平衡，随着对契约及得出契约情境的考察深入而不断调整。原初状态所假设的正义环境"休谟的中等匮乏条件"、无知之幕、相互漠然、人们应该知道社会基本善、人们有大致相近的需求和利益而又能有各自的生活计划等等前提和条件，都是反思平衡具体运用的结晶。

罗尔斯的反思平衡方法，与亚里士多德的"在适当的地点适当的时间采取适当的方法"的"中道"实践智慧和孔子"叩其两端而取其中"的中庸之道有异曲同工之妙，也类似于"公道"之于"正义（公正）"、"权"之于"经"。反思平衡也是不断地与正义原则协调，不断地在否定和肯定之间明晰正义社会需要的原则，运用"明智"或时中之"权"维护正义的精神实质，反过来设定能够推导出体系这种精神的正义原则的原初状态。公道和权通过具体情境之中的时中，不仅没有违反正义和经的精神，而且更好地修正和维护了正义和经的精神实质，伸张和推进了正义和经要表达的精神层次和思想境界。

> 是以君子以天下为忧也，患乃至于弑君三十六，亡国五十二，细恶不绝之所致也。辞已喻矣，故曰立义以明尊卑之分，强干弱枝，以明大小之职；别嫌疑之行，以明正世之义；采撷托意，以缀失礼，善

---

① 韩水法：《政治构成主义的悬空状态》，《云南大学学报》2003 年第 1 期，第 14 页。
② 罗尔斯：《正义论》（修订版），何怀宏、何包钢、廖申白译，中国社会科学院出版社 2009 年版，第 16 页。

无小而不举，恶无小而不去，以纯其美；别贤不肖，以明其尊；亲近以来远，因其国而容天下，名伦等物，不失其理，公心以是非，赏善诛恶，而王泽洽，始于除患，正一而万物备，故曰：大矣哉其号，两言而管天下，此之谓也。（《春秋繁露·盟会要》）

两言即褒贬，《春秋》立义，运用类似于"公道"、"明智"、"反思平衡"的"权"，以代表正义和至善目的之"经"为准绳，来辨别春秋各种具体事件的善恶，表达赏善诛恶的褒贬态度，立王道之法以俟后世圣王取用。

二、反经行权

1. 知轻重之分

《春秋》立法，既立经常之法，也立权变之法。若只有经而没有权，则会走上普遍主义的路向，变成刻板的教条主义甚至恐怖的集权主义。只有权而没有经，则"小人而无忌惮"（《礼记·中庸》），成为"德之贼"的乡愿。"春秋有经礼，有变礼。为如安性平心者、经礼也；至有于性虽不安，于心虽不平，于道无以易之，此变礼也。"（《春秋繁露·玉英》）为了不违背礼之内在本质"道"，在拘泥"经礼"形式会伤害更核心的仁义原则的特殊情境中，退而求其次，反经行权，采取"变礼"以不害内在道义精神，此即权变之道。

与受命改制论相呼应，董仲舒强调作为正义原则的"经"（道、常、礼）的恒常性和神圣性，又强调以权维护经的必要性。在董仲舒看来，王道之经是受之天命和先王之法，其精神实质是不可更易的，"道之大原出于天，天不变，道亦不变。"（《汉书·董仲舒传》）道是千古不易的，所以王者没有变道的事实。"故圣者法天，贤者法圣，此其大数也；得大数而治，失大数而乱，此治乱之分也；所闻天下无二道，故圣人异治同理也，古今通达，故先贤传其法于后世也。春秋之于世事也，善复古，讥易常，欲其法先王也。"（《春秋繁露·楚庄王》）新王改制，不过是应天命"徙居处，更称号，改正朔，易服色"，而非改变"大纲、人伦、道理、政治、教化、习俗、文义"等大道（经）：

今所谓新王必改制者，非改其道，非变其理，受命于天，易姓更王，非继前王而王也，若一因前制，修故业，而无有所改，是与继前王而王者无以别。受命之君，天之所大显也；事父者承意，事君者仪志，事天亦然；今天大显已，物袭所代，而率与同，则不显不明，非天志，故必徙居处，更称号，改正朔，易服色者，无他焉，不敢不顺天志，而明自显也。若夫大纲、人伦、道理、政治、教化、习俗、文义尽如故，亦何改哉！故王者有改制之名，无易道之实。（《春秋繁露·楚庄王》）

董仲舒在肯定天不变道也不变的同时，又区分了继治世和继乱世。在禅让时代，尧舜禹治世相继，道毋需损益："禹继舜，舜继尧，三圣相受而守一道，亡救弊之政也，故不言其所损益也。"（《汉书·董仲舒传》）但是汤武革命之后是继乱世，所继的是失道的弊政，所以要有所损益："先王之道必有偏而不起之处，故政有眊而不行，举其偏者以补其弊而已矣。三王之道所祖不同，非其相反，将以救溢扶衰，所遭之变然也。"（《汉书·董仲舒传》）所以继治世和继乱世是大有区别的，继乱世要"救溢扶衰"，改革乱世失道的弊政，恢复到"乐而不乱复而不厌"的正道："继治世者其道同，继乱世者其道变。今汉继大乱之后，若宜少损周之文致，用夏之忠者。"（《汉书·董仲舒传》）董仲舒提出汉继周秦乱世，需要救文以忠以质，而救溢扶衰、举偏补弊的办法，则要通过"权"来损益乱世弊政，这是《春秋》立法的题中之义，刘汉要从中取法更化。

因为董仲舒的道（经）是以德治为内容的正义原则，所以董仲舒把经权关系与德刑关系联系起来，强调"尚德不尚刑"的同时，也强调经是本权是末，先经而后权：

是故推天地之精，铉阴阳之类，以别顺逆之理，安所加以不在？在上下，在大小，在强弱，在贤不肖，在善恶，恶之属尽为阴，善之属尽为阳，阳为德，阴为刑，刑反德而顺于德，亦权之类也，虽曰权，皆在权成。是故阳行于顺，阴行于逆；逆行而顺，顺行而逆者，阴也。是故天以阴为权，以阳为经；阳出而南，阴出而北；经用于盛，权用于末；以此见天之显经隐权，前德而后刑也。故曰：阳，天之德，阴，天之刑也，阳气暖而阴气寒，阳气予而阴气夺，阳气仁而阴气戾，阳气宽而阴气急，阳气爱而阴气恶，阳气生而阴气杀。是故阳常居实位而行于盛，阴常居空位而行于末，天之好仁而近，恶戾之变而远，大德而小刑之意也，先经而后权，贵阳而贱阴也。(《春秋繁露·阳尊阴卑》)

按经本权末的道理，凡事本应按照德治之经而行。但是德礼分离之后，很多经礼已经形式化，甚至不适应时势变迁而违背了原本经礼的原则，故在特殊情况下就要反经行权，由文反质，落实经礼的精神实质。譬如，当时汉初沿袭秦代严刑酷法，动辄犯刑的情况很普遍，在特定刑法案例中需要不得已行权而去维护尚德正义原则。

春秋有经礼，有变礼。为如安性平心者、经礼也；至有于性虽不安，于心虽不平，于道无以易之，此变礼也。是故昏礼不称主人，经礼也；辞穷无称，称主人，变礼也。天子三年然后称王，经礼也；有故，则未三年而称王，变礼也。妇人无出境之事，经礼也；母为子娶妇，奔丧父母，变礼也。明乎经变之事，然后知轻重之分，可与适权矣。难者曰："春秋事同者辞同，此四者，俱为变礼，而或达于经，或不达于经，何也？"曰："春秋理百物，辨品类，别嫌微，修本末者也。是故星坠谓之陨，蠫坠谓之雨，其所发之处不同，或降于天，或发于地，其辞不可同也。今四者俱为变礼也同，而其所发亦不同，或发于男，或发于女，其辞不可同也。是或达于常，或达于变也。"(《春秋繁露·玉英》)

"两害相权取其轻，两利相权取其重。"洞明经变的深刻道理，才能在遇到特殊情况下形式和精神矛盾时，知轻重，达权变，迅速判断事物的性质，寻求不违背经礼原则的适当解决办法。由此看来，作为大纲大法的道、经、常，是神圣而不可轻易变动的，只有在特殊情况下，当经与其本来的精神相冲突的时候，通过行权维护正义。

2. 可以然之域

行权反经的特殊情况，必须是在"可以然之域"，即合乎经之原本道义的情况。在这个范围内行权是合法的，超过了这个范围，则虽死弗为：

> 器从名，地从主人之谓制，权之端焉，不可不察也。夫权虽反经，亦必在可以然之域，不在可以然之域，故虽死亡，终弗为也，公子目夷是也。故诸侯父子兄弟，不宜立而立者，春秋视其国，与宜立之君无以异也，此皆在可以然之域也；至于郯取乎莒，以之为同居，目曰莒人灭郯，此在不可以然之域也。故诸侯在不可以然之域者，谓之大德，大德无踰闲者，谓正经；诸侯在可以然之域者，谓之小德，小德出入可也；权谲也，尚归之以奉钜经耳。故春秋之道，博而要，详而反一也。公子目夷复其君，终不与国，祭仲已与，后改之，晋荀息死而不听，卫曼姑拒而弗内，此四臣事异而同心，其义一也。目夷之弗与，重宗庙；祭仲与之，亦重宗庙；荀息死之，贵先君之命；曼姑拒之，亦贵先君之命也。事虽相反，所为同，俱为重宗庙，贵先帝之命耳。（《春秋繁露·玉英》）

关于“莒人灭郯”，见于《春秋·襄公六年》经文。襄公五年《春秋》经文：“叔孙豹、郯世子巫如晋。”公羊传曰：“外相如不书，此何以书？为叔孙豹率而与之俱也。叔孙豹则曷为率而与之俱？盖舅出也。莒将灭之，故相与往殆乎晋也。莒将灭之，则曷为相与往殆乎晋？取后乎莒也。其取后乎莒奈何？莒女有为郯夫人者，盖欲立其出也。”（《春秋公羊传·襄公五年》）“同居”，俞樾认为是“司君”之误，司嗣古通用。郯子爱后夫人而无子，立外孙为世子，这是在“不可以然之域”，不合乎经礼。“莒人灭郯”不是通过兵灭，而是指郯子立异姓莒人为嗣君，《春秋》经文言灭，贬其以异姓为后。

公子目夷和祭仲都是有立不可立之君的行为，但是《春秋》却贤之善权。“公子目夷复其君，终不与国”，事见《春秋公羊传》：“宋公与楚子期以乘车之会，公子目夷谏曰：‘楚，夷国也，强而无义，请君以兵车之会往。’宋公曰：‘不可。吾与之约以乘车之会，自我为之，自我堕之，曰不可。’终以乘车之会往，楚人果伏兵车，执宋公以伐宋。宋公谓公子目夷曰：‘子归守国矣。国，子之国也。吾不从子之言，以至乎此。’公子目夷

复曰：'君虽不言国，国固臣之国也。'于是归设守械而守国。楚人谓宋人
曰：'子不与我国，吾将杀子君矣。'宋人应之曰：'吾赖社稷之神灵，吾国
已有君矣。'楚人知虽杀宋公，犹不得宋国，于是释宋公。宋公释乎执，
走之卫。公子目夷复曰：'国为君守之，君曷为不入？'然后逆襄公归。"
公子目夷是宋桓公庶子，其立为君守国，是在国家危难之时不得已而为
之，乃为"重宗庙"，事后又公子目夷还位给宋桓公，其所为前后都是合
乎道义的，虽然是"不宜立而立者"，违反了经礼的规定，但在"可以然
之域"，所以《春秋》通过"权"给这一事件定性，"与宜立之君无以异也。"
(《春秋公羊传·僖公二十一年》)"祭仲已与，后改之"，事见《春秋·桓
公十一年》。公子忽与公子突都是郑庄公的儿子，庄公死后，祭仲立忽为
君，即昭公，宋国人捕捉途经宋国的祭仲，要挟他废昭公而立突为君，祭
仲被迫与宋人结盟，最终昭公出奔到卫国，祭仲立子突为厉公。公羊传认
为祭仲知权："祭仲不从其言，则君必死、国必亡；从其言，则君可以生易
死，国可以存易亡。少辽缓之，则突可故出，而忽可故反，是不可得则
病，然后有郑国。古人之有权者，祭仲之权是也。权者何？权者反于经，
然后有善者也。权之所设，舍死亡无所设。行权有道，自贬损以行权，不
害人以行权。"(《春秋公羊传·桓公十一年》)祭仲在国家危亡之际，能够
善于权衡利弊，化险为夷，虽立不宜立之君，却保国保君，故在"可以然
之域"，《春秋》褒其能权。两者都是国家危难之时为了"重宗庙"而行权，
事后都恢复到经礼之中，始终合乎道义，故都在可以然之域。

荀息和曼姑都是受先帝之命立不当立君者，然而也被认为都在可以然
之域行权。"晋荀息死而不听"，事见《春秋·僖公十年》。《春秋》经文
曰："晋里克弑其君卓子及其大夫荀息。"公羊传曰："及者何？累也。弑君
多矣，舍此无累者乎？曰：有，孔父、仇牧皆累也。舍孔父、仇牧无累者
乎？曰：有。有则此何以书？贤也。何贤乎荀息？荀息可谓不食其言矣。
其不食其言奈何？奚齐、卓子者，骊姬之子也，荀息傅焉。骊姬者，国色
也。献公爱之甚，欲立其子，于是杀世子申生。申生者，里克傅之。献公
病将死，谓荀息曰：'士何如则可谓之信矣？'荀息对曰：'使死者反生，生
者不愧乎其言，则可谓信矣。'献公死，奚齐立。里克谓荀息曰：'君杀正

而立不正，废长而立幼，如之何？愿与子虑之。'荀息曰：'君尝讯臣矣，臣对曰：使死者反生，生者不愧乎其言，则可谓信矣。'里克知其不可与谋，退，弑奚齐。荀息立卓子，里克弑卓子，荀息死之。荀息可谓不食其言矣！"（《春秋公羊传·僖公十年》）荀息虽立不可立之君，然而可《春秋》嘉其死守忠信之道，故以为其权在可以然之域。"卫曼姑拒而弗内"，事见《春秋·哀公三年》。《春秋》经文曰："春，齐国夏、卫石曼姑帅师围戚。"公羊传曰："齐国夏曷为与卫石曼姑帅师围戚？伯讨也。此其为伯讨奈何？曼姑受命乎灵公而立辄，以曼姑之义为固，可以距之也。辄者曷为者也？蒯聩之子也。然则曷为不立蒯聩而立辄？蒯聩为无道，灵公逐蒯聩而立辄。然则辄之义可以立乎？曰：可。其可奈何？不以父命辞王父命，以王父命辞父命，是父之行乎子也；不以家事辞王事，以王事辞家事，是上之行乎下也。"（《春秋公羊传·哀公三年》）曼姑受卫灵公之命立逃亡太子蒯聩的儿子辄，"以王事辞家事"，是因公废私，《春秋》认为这种"权"是可行的。两者都是"贵先君之命"，"荀息曼姑之所得为义也。"（《春秋繁露·玉英》）

公子目夷、祭仲"重社稷"，荀息、曼姑"贵先君之命"，虽然都立了不宜立之君，但"事异而同心，其义一也"，都是在可以然之域合法地行权。"权谲也，尚归之以奉钜经耳。"行权是情境中的时中，变化多端，变化莫测，但是万变不离其宗，小德服从大德，小节服从大节，小道理服从大道理，小原则服从大原则，最终是由谲归正，更好地维护经礼原本应有的根本原则。

3. 所以然之故

《春秋》注重追究特殊事件的发生原因和当事人的动机，在此基础上行权褒贬，发明微言大义，以期除患和立法。"春秋之好微与，其贵志也。春秋修本末之义，达变故之应，通生死之志，遂人道之极者也。"（《春秋繁露·玉杯》）"微"可指事情发生的开端和原因，也可指微言大义。"志"为事件当事人的动机和事件整个过程遵循经礼的情况。皮锡瑞曾解"微言大义"："《春秋》大义，有微言，有大义，大义在诛乱臣贼子，微言子为后王立法。"① 诛乱臣贼子即为除患，除患方可拨乱反正，为后世立法。董仲舒认为要防患于未萌状态："爱人之大者，莫大于思患而豫防之。"（《春秋繁露·俞序》）而要预防祸患，就要"本于见天下之所以致患"（《春秋繁露·盟会要》）。

> 春秋记天下之得失，而见所以然之故，甚幽而明，无传而著，不可不察也。夫泰山之为大，弗察弗见，而况微眇者乎！故按春秋而适往事，穷其端而视其故，得志之君子、有喜之人，不可不慎也。（《春秋繁露·竹林》）

"见所以然之故"，即考察祸患或者特殊事件所以发生的原因和当事人的动机，以找出除患的对策和为后世立法的根据。"见其指者，不任其辞，不任其辞，然后可与适道矣。"（《春秋繁露·竹林》）知道了事件发生的原因和当事人的动机，就看清楚事情的性质，这样褒贬就有分寸，行权就可以恰到好处地合乎道义。下面举鲁文公丧娶和司马子反专擅两事论述好微重志的行权情况。

鲁文公丧娶事见《春秋·文公二年》。这年八月，"公子遂如齐纳币"（《春秋·文公二年》）。《公羊传》曰："纳币不书，此何以书？讥。何讥尔？讥丧娶也。娶在三年之外，则何讥乎丧娶？三年之内不图婚。吉禘于庄公，讥。然则曷为不于祭焉讥？三年之恩疾矣，非虚加之也，以人心为皆有之。以人心为皆有之，则曷为独于娶焉讥？娶者，大吉也，非常吉也。其为吉者主于己，以为有人心焉者，则宜于此焉变矣！"（《春秋公羊传·文公二年》）对这一事件，董仲舒做了进一步发挥：

> 春秋之论事，莫重于志。今取必纳币，纳币之月在丧分，故谓之丧取也。且文公秋禘祭，以冬纳币，皆失于太蚤，春秋不讥其前，而顾讥其后，必以三年之丧，肌肤之情也，虽从俗而不能终，犹宜未平于心，今全无悼远之志，反思念取事，是春秋之所甚疾也，故讥不出三年，于首而已讥以丧取也，不别先后，贱其无人心也。缘此以论礼，礼之所重者，在其志，志敬而节具，则君子予之知礼，志

① 皮锡瑞：《经学通论》，中华书局1995年版，第19页。

和而音雅，则君子予之知乐；志哀而居约，则君子予之知丧。故曰非虚加之，重志之谓也。志为质，物为文，文著于质，质不居文，文安施质；质文两备，然后其礼成；文质偏行，不得有我尔之名；俱不能备，而偏行之，宁有质而无文，虽弗予能礼，尚少善之，介葛卢来是也；有文无质，非直不予，乃少恶之，谓州公寔来是也。然则春秋之序道也，先质而后文，右志而左物……是故孔子立新王之道，明其贵志以反和，见其好诚以灭伪，其有继周之弊，故若此也。(《春秋繁露·玉杯》)

对文公丧娶之讥贬，在于追究其志之邪。志即意图、动机、目的、德性、出发点，志为礼之质；而礼仪器物形式则为礼之文，礼器衣服文采修饰动作仪态容貌谓之文。"志为质，物为文，文著于质，质不居文，文安施质；质文两备，然后其礼成；文质偏行，不得有我尔之名；俱不能备，而偏行之，宁有质而无文，虽弗予能礼，尚少善之。"这是文质之权的典型模式。

司马子反专擅事见《春秋公羊传·宣公十五年》。这年楚庄王带兵围攻宋国，夏五月宋国断粮，致人相食，宋将华元夜见楚将司马子反，告以实情，子反顿生恻隐之心，也告知楚军只剩七日军粮的军情，盟而退军，于是公羊传认为"大其平乎己"，强调他们是自己讲和的。具体地看，司马子反的做法"为君使，废君命，与敌情，从其所请，与宋平，是内专政，而外擅名也。专政则轻君，擅名则不臣"(《春秋繁露·竹林》)，违反了为臣之道。春秋却要赞扬这件事，董仲舒这是认为"为其有惨怛之恩，不忍饿一国之民，使之相食。推恩者远之为大，为仁者自然为美。今子反出己之心，矜宋之民，无计其间，故大之也。"(《春秋繁露·竹林》)人在通常情况下是要循经行事的，但是在特殊情况下，当按照经的做法会与经背后的仁义精神相违背的时候，则要见机行权，改变具体形式而保全仁义精神。

春秋之道，固有常有变，变用于变，常用于常，各止其科，非相妨也。今诸子所称，皆天下之常，雷同之义也；子反之行，一曲之变，独修之意也。夫目惊而体失其容，心惊而事有所忘，人之情也；通于惊之情者，取其一美，不尽其失。诗云："采葑采菲，无以下体。"此之谓也。今子反往视宋，闻人相食，大惊而哀之，不意之至于此也，是以心骇目动，而违常礼。礼者，庶于仁，文质而成体者也。今使人相食，大失其仁，安著其礼，方救其质，奚恤其文，故曰："当仁不让。"此之谓也。春秋之辞，有所谓贱者，有贱乎贱者，夫有贱乎贱者，则亦有贵乎贵者矣。今让者，春秋之所贵，虽然，见人相食，惊人相爨，救之忘其让，君子之道，有贵于让者也，故说春秋者，无以平定之常义，疑变故之大，则义几可谕矣。(《春秋繁露·竹林》)

《春秋》贵让，即让美于君内臣子之道，但在见人相识的特殊情境之下，仁义之心比让更为可贵，故"当仁不让"而行权。《春秋》就是根据各种特殊情境的权衡褒贬，阐明礼之经和权的限度及其可能。"所闻诗无达诂，易无达占，春秋无达辞。从变从义，而一以奉人。"(《春秋繁露·精华》)董仲舒的经权观中，诸如此类特殊事件中不得已而适当反经行权，不仅无害于大经大道，而且更好地保全了经背后本来应有的精神实质，实际上在更高层次上维护经的精神和权威。

三、春秋决狱

1. 原心定罪

董仲舒用《春秋》微言大义决狱，将经权思想运用到政治分析和法律判决，成为西汉法律实践的一大特色。董仲舒开启以《春秋》"微言大义"作为判断罪之有无、罪之轻重的依据，罪之轻重、有无之先例，"原心定罪"成为西汉的一种政事和法律案件的处理原则。

《春秋》决狱的一个重要特点就是原心定罪。董仲舒总结了很多《春秋》褒贬义例，可以作为法律案件处理的依据，就如英美的判例法。

《春秋》之听狱也，必本其事而原其志。志邪者，不待成；首恶者，罪特重；本直者，其论轻。是故逢丑父当斩，而辕涛涂不宜执，鲁季子追庆父，而吴季子释阖庐，此四者，罪同异论，其本殊也。俱欺三军，或死或不死；俱弑君，或诛或不诛，听讼折狱，可无审耶！故折狱而是也，理益明，教益行；折狱而非也，闇理迷众，与教相妨。教，政之本也，狱，政之末也，其事异域，其用一也，不可不以相顺，故君子重之也。（《春秋繁露·精华》）

"春秋之义，原心定罪。"（《汉书·薛宣传》）《春秋》听狱与决狱同，都是原心定罪。"君亲无将，将而诛。"（《王道》）如果"志邪"，即有谋逆的意图，不等谋逆行为败露，就要诛灭。"首恶"即主犯，因为主犯是罪恶发生的开始和源头，论罪特别加罪于首恶，只诛首恶，是董仲舒反对连坐之法的思想。"闻恶恶止其人，疾始而诛首恶，未闻什伍之相坐。"（《盐铁论·周秦篇》）"本直"，即其意图是仁义善良的，这样的反经，论罪轻微，甚至赦免和嘉奖。何休注《春秋》经文"及，我欲之。暨，不得已也"，释曰："举及、暨这，明当随意善恶而原之。欲之者，善重恶深；不得已者，善轻恶浅，所以原心定罪。"（《春秋公羊传注疏·隐公元年》）

董仲舒所举的"欺三军"和"弑君"各两义例，其事都见于《春秋公羊传》，都是原心定罪的著名案例。关于"逢丑父当斩"，公羊传曰："君不行使乎大夫，此其行使乎大夫何？佚获也。其佚获奈何？师还齐侯，晋郤克投戟逡巡再拜稽首马前。逢丑父者，顷公之车右也。面目与顷公相似，衣服与顷公相似，代顷公当左。使顷公取饮，顷公操饮而至，曰：'革取清者。'顷公用是佚而不反。逢丑父曰：'吾赖社稷之神灵，吾君已免矣。'郤克曰：'欺三军者，其法奈何？'曰：'法斩。'于是斩逢丑父。"（《春秋公羊传·成公二年》）关于"辕涛涂不宜执"，经文曰："齐人执陈袁涛涂。"公羊传曰："涛涂之罪何？辟军之道也。其辟军之道奈何？涛涂谓桓公曰：'君既服南夷矣，何不还师滨海而东，服东夷且归？'桓公曰：'诺。'于是还师滨海而东，大陷于沛泽之中。顾而执涛涂。执者曷为或称侯？或称人？称侯而执者，伯讨也。称人而执者，非伯讨也。此执有罪，何以不得为伯讨？古者周公东征则西国怨，西征则东国怨。桓公假涂于陈而伐楚，则陈人不欲其反由己者，师不正故也。不修其师而执涛涂，古人之讨，则不然也。"（《春秋公羊传·僖公四年》）关于"鲁季子追庆父"，公羊传曰:"公薨何以不地?隐之也。何隐尔?弑也。孰弑之?庆父也。杀公子牙,今将尔,季子不免。庆父弑二君,何以不诛?将而不免,遏恶也;既而不可及,缓追逸贼,亲亲之道也。"(《春秋公羊传·闵公二年》)关于"吴季子释阖庐",事见《春秋公羊传·襄公二十九年》。公羊传曰:"阖庐曰:'先君之所以不与子国而与弟者,凡为季子故也。将从先君之命与,则国宜之季子者也;如不从先君之命与,则我宜立者也,僚恶得为君乎?'于是使专诸刺僚,而致国乎季子。季子不受,曰:'尔弑吾君,吾受尔国,是吾与尔为篡也。尔杀吾兄,吾又杀尔,是父子兄弟相杀,终身无已也。'去之延陵,终身不入吴国。"(《春秋公羊传·襄公二十九年》)董仲舒认为逢丑父枉正以存君,可谓之忠,但以贱道辱其君,不中义而失权,故当斩:"故欺三军,为大罪于晋,其免顷公,为辱宗庙于齐,是以虽难,而春秋不爱。……由法论之,则丑父欺而不中权,忠而不中义。"(《春秋繁露·竹林》)而齐桓公不是正义之师,故辕涛涂欺三军而不宜执。阖庐弑君,吴季子为亲亲之道而不诛。庆父弑君,鲁季子"追"则明诛意,"缓追"则免贼,也是亲亲之道的表现。邹阳论之曰:"公子庆父使人杀子般,狱有所归。季子不探其情而诛焉。庆父亲杀闵公,季子缓追免贼,《春秋》以为亲亲之道也。"(《汉书·邹阳传》)

从这些《春秋》决狱的例子,董仲舒阐明"本其事而原其志"的决狱方法,贯穿儒家仁义精神作为决狱论罪的正义原则,并且阐发《春秋》决狱对为政和教化的重要意义。"故折狱而是也,理益明,教益行;折狱而非也,闇理迷众,与教相妨。"《春秋》决狱相当于把刑法之治转化为政教合一的一种教化方式,除患的同时也在教化,寓教化于决狱,两者殊途同归,相辅相成,裨益王道治化。"教,政之本也,狱,政之末也,其事异域,其用一也,不可不以相顺。"因此,强调德主刑辅的董仲舒特别重视并发明了《春秋》决狱之法,专著《〈春秋〉决事》供人参考,实际上也是在实行教化。

2.《春秋》决事

董仲舒发明春秋决狱,并在生前有相关著作问世。《汉书·艺文志·六艺略》载"《公羊董仲舒治狱》十六篇"。《后汉书·应劭传》载:"故胶西相董仲舒老病致仕,朝廷每有政议,数遣廷尉张汤亲至陋巷,问其得失,于是作《春秋决狱》二百三十二事,动以经对,言之详矣。"①《隋书·经籍志》在经部春秋类中载:"《春秋繁露》十七卷(汉胶西相董仲舒撰),《春秋决事》十卷(董仲舒撰)。"现原著已佚,《汉学堂丛书》辑录了《董仲舒公羊治狱》,北京师范大学图书馆馆藏《玉函山房辑佚书》马国翰辑录了董仲舒《春秋决事》八事,我们可以从这八事中管窥董仲舒春秋决狱的特点。

第一例为"父为子隐"的判例:

　　时有疑狱,曰:甲无子,拾道旁弃儿乙,养之以为子。及乙长,有罪杀人,以状语甲,甲藏匿乙。甲当何论?仲舒断曰:"甲无子,振活养乙,虽非所生,谁与易之?诗云:'螟蛉有子,蜾蠃负之。'春秋之义,父为子隐。甲宜匿乙,而不当坐。"②(《通典》卷六十九)

"父为子隐",义理据孔子所言:"吾党之直者异于是,父为子隐,子为父隐,直在其中矣。"(《论语·子路》)董仲舒认为"父为子隐"属于《春秋》微言大义,父甲与养子乙,义同父与亲生之子,所以甲藏匿乙不当判死刑。

第四例为感母恩而纵麑的判例:

　　君猎得麑,使大夫持归。大夫道见其母随而鸣,感而纵之。君愠,议罪未定,君病恐死,欲托孤幼。乃觉之大夫其人乎!遇麑以恩,况人乎!乃释之以为子傅,于议何如?仲舒曰:"君子不麛不卵,大夫不谏使持归,非义也。然而中感母恩,徙之可也。"③(白居易《六帖》卷二十六)

按照经礼,大夫本应该遵君命持归,或先谏之由君纵之,归美于君。但"君子不麛不卵",大夫根据仁义原则,感麑母恩,反经而权,放了小鹿,顾全大义,董仲舒认为是权的表现,应该肯定其行为合乎道义,只要

---

① (南朝宋)范晔:《后汉书》,中华书局1965年版,第1612页。

② 袁长江主编:《董仲舒集》,学苑出版社2003年版,第412页。

③ 袁长江主编:《董仲舒集》,学苑出版社2003年版,第412—413页。

调职处理就可以了。这个案例可以联系楚司马子反因宋人被围饥而相食，动了恻隐之心专擅与宋议和退兵。子反见人相食而不忍，大夫为动物的母恩所感，都是《春秋》行权所重之志即仁义精神。

第六例为子救父而误伤父的判例：

> 甲父乙与丙争言相斗，丙以佩刀刺乙，甲即以杖击丙，丙误伤乙，甲当何论？或曰："殴父也当枭首。"论曰："臣愚以为父子至亲也，闻其斗莫不有怵怅之心。扶杖而救之，非所以欲诟父也。《春秋》之义，许止父病进药于其父而卒，君子原心赦而不诛。甲非律所谓殴父，不当坐。"① （《太平御览》卷六百四十）

本案例中，按照法律行为结果事实来说，"殴父也当枭首。"但董仲舒追究甲的动机，乃为父亲受到刀刺攻击时救父，殴父为误伤。关于伤父的法律事实，董仲舒引用许止进药父卒的春秋故事来解释，原心定罪而赦之。《春秋公羊传·昭公十九年》经载："夏五月戊辰，许世子弑其君买。……冬，葬许悼公。"公羊传曰：

> 贼未讨，何以书葬？不成于弑也。曷为不成于弑？止进药，而药杀也。止进药而药杀，则曷为加弑焉尔？讥子道之不尽也。其讥子道之不尽奈何？曰："乐正子春之视疾也，复加一饭则脱然愈，复损一饭则脱然愈，复加一衣则脱然愈，复损一衣则脱然愈。"止进药而药杀，是以君子加弑焉尔，曰："许世子止弑其君买，是君子之听止也。葬许悼公，是君子之赦止也。"赦止者，免止之罪辞也。（《春秋公羊传·昭公十九年》）

公羊传认为加许子弑父之名，是讥刺许没有尝药是没有尽人子之孝道的嫌疑，但是考虑到许子并没有弑父动机，进药致使其父病卒乃为失误，所以又赦免了弑父之罪。董仲舒认为："《春秋》之好微，与其贵志也。……夫名为弑父，而实免罪者，已有之矣；……犹子之宜为父尝药也；子不尝药，故加之弑父，……故赦止之罪，以传明之；……许止嫌无子罪，《春秋》为人不知恶，而恬行不备也，是故重累责之，以矫枉世而直之，矫者不过

---

① 袁长江主编：《董仲舒集》，学苑出版社 2003 年版，第 413 页。

其正弗能直，知此而义毕矣。"(《春秋繁露·玉杯》)《春秋》立义是要"矫枉过正"，伸张大义，又从贵志的角度，判决许止虽有未尽孝道之嫌疑而无弑父之罪。这一《春秋》故事，正与上述甲救父而误殴父的案例相符，所以董仲舒决狱时赦免了甲殴父之罪、枭首之刑。

　　通过这三个判例分析，可知董仲舒决狱，是本着仁义精神减轻严刑峻法的秦汉刑律给人民带来的痛苦，完全不同于残酷无情的酷吏治狱。另外五例也是如此，第二判例说甲生乙而不能养而送丙收养，乙长大后，甲酒后称乙为其子，乙感到被侮辱而打了甲一顿，甲告乙殴父但判死刑，董仲舒认为甲不能养乙，父子之义已绝，此事不能以子殴父论处，故不当判死刑。第三判例说妻甲夫乙殴母，甲见此而杀乙，董仲舒认为甲是为了保护公婆并讨公道，犹如武王为天命诛讨暴君殷纣，天经地义，故应赦免。第五判例是武库卒盗强弩，弦与弩不放在一起，按律盗武库当弃市，董仲舒认为："谁与弩异处，不得弦不可谓弩，矢射不中与无矢同，不入与无镞同。"故不按盗武库、而按普通盗窃案论罪。第七判例说甲夫出海溺亡未葬，四个月后甲母丙即嫁甲，有人认为夫死未葬法毋许嫁，甲当以私为人妻而弃市，董仲舒认为此事性质同于《春秋·文公十八年》所载"夫人姜氏归于齐。"文公死后，其子被杀，姜氏作为齐共室之女归齐，终老于齐国，按《春秋》之义，夫死可以改嫁。甲顺从母命嫁人，和归是一样的，非私为人妻，故无罪。第八判例说武帝外事夷狄而民去本，荒废了农业生产，董仲舒向武帝谏曰："春秋他古不书，至于麦禾不成则书之，以此见圣人五谷最重粟麦。"[1] 此同见于汉书："《春秋》它谷不书，至于麦禾不成则书之，以此见圣人于五谷，最重麦与禾也。今关中俗不好种麦，是岁失《春秋》之所重，而损生民之具也。愿陛下幸诏大司农，使关中民益种宿麦，令毋后时。"(《汉书·食货志》)此判例更是关注国计民生，与刑狱无关。故沈家本叹曰："今观决狱之论极为平恕，迥非张汤赵禹之残酷可比，使武帝时治狱者皆能若此，《酷吏传》何必作哉?"[2]

---

①　袁长江主编:《董仲舒集》，学苑出版社 2003 年版，第 414 页。
②　沈家本:《历代刑法考》，中华书局 2006 年版，第 1771 页。

3. 儒化政典

中国古代的刑罚是非常严酷的。"大刑用甲兵，其次用斧钺；中刑用刀锯，其次用钻凿；薄刑用鞭扑。大者陈诸原野，小者致之市朝。"（《汉书·刑法志》）若幸有明君治国，尚能"先行敬让博爱之德"，若行桀纣暴虐之政，则滥用刑罚，民苦不堪言。

以周秦的刑法为例：

> 昔周之法，建三典以刑邦国，诘四方：一曰，刑新邦用轻典；二曰，刑平邦用中典；三曰，刑乱邦用重典。五刑：墨罪五百，劓罪五百，宫罪五百，刖罪五百，杀罪五百，所谓刑平邦用中典者也。凡杀人者踣诸市，墨者使守门，劓者使守关，宫者使守内，刖者使守囿，完者使守积。其奴，男子入于罪隶，女子入舂稾。凡有爵者，与七十者，与未龀者，皆不为奴。

> 周道既衰，穆王眊荒，命甫侯度时作刑，以诘四方。黑罚之属千，劓罚之属千，髌罚之属五百，宫罚之属三百，大辟之罚其属二百。五刑之属三千，盖多于平邦中典五百章，所谓刑乱邦用重典者也。

> ……陵夷至于战国，韩任申子，秦用商鞅，连相坐之法，造参夷之诛；增加肉刑、大辟，有凿颠、抽胁、镬亨之刑。至于秦始皇，兼吞战国，遂毁先王之法，灭礼谊之官，专任刑罚，躬操文墨，昼断狱，夜理书，自程决事日县石之一。而奸邪并生，赭衣塞路，囹圄成市，天下愁怨，溃而叛之。（《汉书·刑法志》）

到秦统一中国后严刑峻法之酷烈，已经令人发指，然而汉承秦制，沿用秦法。"于是相国萧何攈摭秦法，取其宜于时者，作律九章。"（《汉书·刑法志》）后来逐渐减省酷刑，但大体不变，诛连九族的连坐法这样的恶法都一直存在。"及至孝武即位，外事四夷之功，内盛耳目之好，征发烦数，百姓贫耗，穷民犯法，酷吏击断，奸轨不胜。于是招进张汤、赵禹之属，条定法令，作见知故纵、监临部主之法，缓深故之罪，急纵出之诛。其后奸猾巧法，转相比况，禁罔浸密。律、令凡三百五十九章，大辟四百九条，千八百八十二事，死罪决事比万三千四百七十二事。文书盈于几阁，典者不能遍睹。是以郡国承用者驳，或罪同而论异。奸吏因缘为市，所欲活则傅生议，所欲陷则予死比，议者咸冤伤之。"（《汉书·刑法志》）

《春秋》决狱就在这样的西汉政治法律背景下由董仲舒发明。宋艳萍认为，《春秋》决狱是对严酷法律的自觉抵制，是汉代士人对严刑酷法有效的调节方式，也是对王权的自觉抵制。"礼与刑相结合是汉代经学史及法治史的一大特色，这一思想起源于董仲舒。"①汉初政坛流行黄老刑名之学，后来汉政也一致带有这一特点，"汉家自有制度，本以霸、王、道杂之。"（《汉书·元帝纪》）董仲舒顺应这一时代背景，在创建的新儒学体系有所吸收和通融，《春秋》决狱的用语也带有刑名之学的印记。"志善而违于法者免，志恶而合于法者诛。故其治狱，时有出入于律之外者。"（《盐铁论·刑德》）但其《春秋》决狱判断事物性质的原则不再是黄老刑名的主张，而是置换为儒家仁义精神。

董仲舒只诛首恶、反对连坐的思想，也被用到"见知故纵、监临部主之法"之中，是《春秋》决狱以仁义精神缓解秦法酷急的一个明证。汉武帝时制定的这一法律规定，见知而故纵是重罪，见知非故纵而不报是轻罪、不见不知则无罪。而按照秦律，三者都是重罪。"智（知）而弗举论，是即明避主之明法也，……为人臣亦不忠矣。若弗智（知），是即不胜任、不智也。智（知）而弗敢论，是即不廉也。此皆大罪也。"（《睡虎地秦墓竹简·语书》）《魏律序》云："律之初制，无免坐之文。张汤、赵禹始作监临部主、见知故纵之例。其见知而故不举劾，各与同罪，失不举劾，各以赎论，其不见不知，不坐也，是以文约而例通。"（《晋书·刑法志》）曹魏后来据以发展为《免坐律》。尽管司马迁认为《春秋》决狱仍为餐急："自公孙弘以春秋之义绳臣下取汉相，张汤用唆文决理为廷尉，于是见知之法生，而废格沮诽穷治之狱用矣。其明年，淮南、衡山、江都王谋反踪见，而公卿寻端治之，竟其党与，而坐死者数万人，长吏益惨急而法令明察。"（《史记·平准书》）但见知故纵、监临部主之法按董仲舒《春秋》决狱思想缓解了汉承秦法带来的酷烈，其功绩是不可磨灭的。

---

① 宋艳萍：《公羊学与汉代社会》，学苑出版社 2010 年版，第 226 页。

《春秋》决狱武宣之世即已风行天下。"凡朝廷决大疑，人臣有献替，必引《春秋》为断。"（唐晏《两汉三国学案》）董仲舒的学生吕步舒淮南治狱就是一个典型的例子。"步舒至长史，持节使决淮南狱，于诸侯擅专断，不报，以《春秋》之义正之，天子皆以为是。"[①]（《史记·儒林列传》）隽不疑用《春秋》大义来处理的一个案件，曾名动天下：

> 始元五年，有一男子乘黄犊车，建黄旐，衣黄襜褕，著黄冒，诣北阙，自谓卫太子。公交车以闻，诏使公卿、将军、中二千石杂识视。长安中吏民聚观者数万人。右将军勒兵阙下，以备非常。丞相、御史、中二千石至者并莫敢发言。京兆尹不疑后到，叱从吏收缚。或曰："是非未可知，且安之。"不疑曰："诸君何患于卫太子！昔蒯聩违命出奔，辄距而不纳，《春秋》是之。卫太子得罪先帝，亡不即死，今来自诣，此罪人也。"遂送诏狱。天子与大将军霍光闻而嘉之，曰："公卿大臣当用经术明于大谊。"由是名声重于朝廷，在位者皆自以不及也。（《汉书·隽不疑传》）

隽不疑用《春秋》"蒯聩违命出奔、辄距而不纳"的义例，处理了一件当时朝廷上下都束手无策的冒充卫太子事件，宣帝和霍光赞叹并号召用经术于大义。"武宣之世，时君信重其书，学士大夫诵说，用以断狱决事。虽万目未张，而大纲克正，过于春秋之时。其效亦可见矣。"（皮锡瑞《经学通论》卷四引胡安国言）

由于汉代政治的改革方向是德礼一体、政教合一的礼义制度，《春秋》经权之法不仅被用于决狱，也广泛运用于决政、决事和日常生活之中，成为汉代朝野人士为人处世必须通晓的基本义理。"为人君父而不通于《春秋》之义者，必蒙首恶之名。为人臣子而不通于《春秋》之义者，必陷篡弑之诛、死罪之名。"（《史记·太史公自序》）武帝一朝政议，多有登门求教于董仲舒。"故胶西相董仲舒老病致仕，朝廷每有政议，数遣廷尉张汤亲至陋巷，问其得失，于是作《春秋决狱》二百三十二事，动以经对，言之详矣。"[②]

---

① （西汉）司马迁：《史记》，中华书局 1959 年版，第 3129 页。
② （南朝宋）范晔：《后汉书》，中华书局 1965 年版，第 1612 页。

（《后汉书·应劭传》）董仲舒以《春秋》大义议政决狱、正身治人的做法，在帝王和公卿大夫的推崇和实践中，自汉武帝之后逐渐成为汉代政治社会的一种风气。

董仲舒通过《春秋》经权思想为儒家学者争取到政治和法律的话语权。在汉承秦法的严刑峻法残酷现实面前，这些决狱贯穿了动机追溯原则，通过"权"的方法为动辄犯案的人民辩护，在一定程度上减轻严酷刑法给人民造成的痛苦。"他（董仲舒）把《春秋》视为法律先例的汇编及其有关伦理原则的法典并加以运用，而汉代的各种官员则都效仿他的解读方式。就此而言，援引《春秋》以为法律之权威性渊源的做法已成为一种标准化的习惯性行为。……董仲舒对《春秋》的法律化解释使国法的功能更加人性化。"① 张涛认为，"就法律本身的发展而言，《春秋》决狱将儒家经义特别是其反复强调的道德原则引入司法实践，并进而通过'决事比'也就是判例法这种方式渗透到立法实践之中，由此开启了儒家经义、儒家道德法律化、法典化的进程。"②《春秋》决狱使儒生能够像法官之于法律、公道之于正义，在一定意义上象征着儒生掌握政治法律制度话语权，主导政治发展方向，也使汉武帝时期开始形成的士治政府更为有效地掌握德治政治实践。

小 结

本章从正义的维度，在历史地考察不同统治原则的基础上，阐释董仲舒政治哲学确立的政治统治原则。

首先，从传统政治社会统治原则的合理性或适宜性出发，历史地考察中国自古以来出现的德治、礼治、法治等三种治理模式的自身义理和现实困境。阐明忠实传承古代德治传统、"德礼合一"的儒家政治哲学传统的

---

① ［美］桂思卓：《从编年史到经典：董仲舒的春秋诠释学》，朱腾译，中国政法大学出版社 2010 年版，第 252 页。

② 张涛：《经学与汉代社会》，河北人民出版社 2001 年版，第 203 页。

合理性和优越性，以及在"礼坏乐崩"、"德礼分离"的东周叔世之后，经由汉初诸儒努力、董仲舒建议和汉武帝采纳的"推明孔氏，抑黜百家"、恢复儒家德治传统的重大历史意义。

其次，阐释董仲舒政治哲学的政治统治原则及其现实意义。董仲舒借助《春秋》公羊学义法阐释，坚守以孔子仁内礼外的德治思想内核，以继承周公、孔孟为代表的儒家王道政治理想为职志，综合先秦以来诸子百家智慧，建构以"德福一体"、"德主刑辅"、"正其谊（义）不谋其利"为正义原则的德治统治模式，在恰当的时机促成儒家思想成为中国现实政治指导思想，使儒学正统地位和历史文化主流地位得以确立。

最后，阐释董仲舒政治哲学的统治原则逻辑结构。一方面，分析董仲舒政治统治正义原则的真价值标准，及其德福一体的幸福配当和现实转化的内容。另一方面，揭示董仲舒政治哲学是"时中"之权而不是普遍主义和特殊主义，通过《春秋》立法的创造性阐释，董仲舒把儒家"仁义为本"、"德主刑辅"的德治原则转化为国家统治和法律治狱的原则，从而减低汉承秦制的酷律对人民的残害程度，加强君主中央集权制度的民本色彩，孕育了以道德政治和士治政府为特征的中国式民主。

董仲舒政治哲学确立的政治统治正义原则，其证立模式是宇宙论，其更为根源性的根据则为天命，而其具体规范则为伦理，亦即下一章要阐述的以道德伦常、社会教化和士治政府为特征的统治制度规范。以天命为根据，以正义为原则、以伦理为规范，董仲舒政治哲学的逻辑结构，论述至此已经大体确立、具体而微。

第三章　伦　理

伦理和道德两个概念，在中西都有类似的义项，但两者各有其微妙的侧重点。

现在常用的"伦理"一词是西语 ethics 的中文意译，在中国古代"伦理"二字也演变为类似的含义。伦理在西方语境中的本义是指一群人共居的地方，后来引申为共居的人们所形成的性格、气质以及风俗习惯，是人在社会生活中与他人相处而形成的某种习惯或品性。在中国古代，"伦理"合用始见于《礼记·乐记》："乐者，通伦理者也。"《说文解字》："伦，辈也。从人，仑声。一曰道也。""伦"，是辈、同类之中的不同等级，在指涉人类社会关系时，有伦常、纲纪等意思。"理"，原意为根据玉石的纹路"治玉"，"玉之未理者为璞，剖而治之，乃得其鰓理。"（《战国策》）前者指"分析精微"，后者指"纹路、秩序"。郑玄注《乐记》曰："理，分也。"伦理即群道，指的是在群居生活中人们所遵循的道理、习俗、规则，以及由此而形成的秩序。

西方的"道德"（morality）一词源于"风俗"（mores），而 mores 又是 mos（拉丁文"风俗、性格"）的复数，故也源自风俗习惯。而西哲中的"道"（logos），又有"道路"、"方法"、"言说"、"逻辑"、"规律"、"辩证法"等义项。《说文解字》："道，所行路也，从辵，从首，一达谓之道。"又曰："辵，乍行乍止也。""道"本义为道路，引申为取道、门类、辈分、方法、技艺、事理、规律、宇宙万物本原、政治主张或思想体系、政治局面或举措、道德或道义等义项，"德"之字源见第二章第一节考释，意指主体获得对"天道"、"人道"的体悟和肯认，从而能够行为合宜，并进一步内化为个人的内在品质和德行。"道德"连用，始见者有"和顺于道德而理于义"（《易传·说卦》）、"故学至乎礼而止矣，夫是之谓道德之极"（《荀子·劝学》），分别指行为合乎天地阴阳变化的规律，以及与此相类的各种社会关系的规范，即"道德"是指践履道之后所达到的精神境界和培养起来的道德品质。①

由以上考释可知，伦理和道德在中西方都是指群居生活中人们所必须遵循的规则和习惯，以及由于这种遵循所形成的道德或品质。②黑格尔"把精神发展描述为抽象法、道德（法）和伦理（法）三个环节。在他看来，'财产'是自由的外在表现，人在所有权中获得存在和自由；'道德'是'自由在内心中的实现'，它表现为良心；'伦理'是内在自由和外在自由的统一，它表现为一定的社会组织和关系。在黑格尔这里，道德主要强调的是人的内心自由，是人对自己的内心规范，而伦理是内在自由与外在自由的统一，是内在的道德表现在社会生活之中，表现在于其他人的交往之中。在他看来，伦理高于道德，是抽象法与道德法的综合与统一。"③康德则认为，道德是定言命令和无条件的义务，道德的价值是最高的价值。哈贝马斯认为，人类理性分为伦理理性和道德理性，前者解决"善"的问题，后者解决"公正"的问题。概而言之，"伦理"偏重于法律制度和政治社会的外部道德规范，而"道德"则侧重于个体内心修养和内在道德自律。

伦理作为人伦道德规范，全面体现在家庭、社会和政治生活之中。在西周德礼统一的宗法社会中，礼乐文明制度以宗法伦理规范社会人心，曾经出现无讼和囹圄空虚的成康道德盛世；然而在周王室衰微之后的春秋战国时代，德礼分离，争于霸力，诸侯以富国强兵为治国导向，道德价值和人文信仰跌落，到秦政采用排斥道德的刑法之治，其勃兴速亡使平民得天下的刘汉王朝能够深刻反思政治的道德性。汉初陆贾、贾谊和贾山的秦政反思先后得出正义社会应当仁义为治、道德教化的结论，汉王朝也提出"以孝治天下"的政治伦理教化原则，董仲舒继承先秦儒家伦理道德思想

① 参见张传有：《伦理学引论》，人民出版社2006年版，第2—5页。
② 参见张传有：《伦理学引论》，人民出版社2006年版，第2—5页。
③ 参见张传有：《伦理学引论》，人民出版社2006年版，第4—5页。

传统，反思秦汉之际伦理道德危机，提出以"三纲五常"为基础的家庭、社会和政治制度的伦理道德教化体系，并通过伦理制度化、民间自治和养士教化，建立德礼合一、德位一体的道德政治体系，奠定了传统伦理道德体系和士治政府治理模式的理论基础。

第一节　道德政治

一、政治价值

1. 道德和政治

政治伦理学作为政治哲学和伦理学的交叉学科，在以学科细分为特征的当代学术领域已成显学，然而政治伦理作为人类政治不可分离的题中应有之义，是人类政治社会产生之日起就有的历史事实。

> 所谓政治伦理，即社会政治共同体（主要是指国家，亦包括诸社会政治共同体之间）的政治生活，包括其基本政治结构、政治制度、政治关系、政治行为和政治理想的基本伦理规范及道德意义。一般而论，政治伦理可以大致地分为政治制度伦理、政治行为主体的关系伦理和政治美德、以及以国家政治意识形态为主导的社会政治理念和理想三大层面，亦可简称为制度、行为和观念（意识）三个层面。[①]

万俊人为政治伦理所做的定义，比较恰当地概括了政治伦理的主体，即社会政治共同体及其中的成员，在政治生活不同层面（制度、行为和观念）的伦理规范及其道德意义。依此定义，古代氏族社会作为原始的政治社会，就已经有了政治伦理，只是那时还没有成熟的语言文字表达记载，至多通过口头传说留存在人类记忆之中。在古代政治伦理传统中，万俊人认为有两大不同的政治伦理倾向，即道德的政治和无道德的政治[②]。道德

---

① 万俊人：《政治伦理及其两个基本向度》，《伦理学研究》2005年第1期。
② 万俊人：《政治伦理及其两个基本向度》，《伦理学研究》2005年第1期。

的政治强调政治和道德的同构性，政治目的和政治过程都是善的、合乎道德的；而无道德的政治强调政治是排斥道德的，政治是达到特定权力目的的手段，目的未必是善的，而过程则更是排斥道德、不择手段的。

在西方政治伦理传统中，古希腊政治伦理主流是道德的政治，中古以来的主流是政治和道德的两分。在古希腊，德谟克利特认为城邦起源于人们寻求安全和保护的需要，其成立前提在于对个人私利的控制，成熟的城邦政治制度应提供一种协调公民个人和共同体利益的有效形式。梭伦改革通过贵族向平民让渡部分特权，而使共同体每位公民实现自己最根本的需要而和谐发展。苏格拉底相信"美德就是知识"和"无人有意为恶"，认为城邦应该是一种为了某种善的目的而存在的包括全体公民的道德共同体。柏拉图的正义城邦通过制度性家庭财产安排和统一教育，保证公民个人利益与城邦利益高度一致，一个完善的城邦同时拥有智慧、勇敢、节制和正义四美德，城邦中分别由拥有智慧、勇敢和节制美德的人担任统治者、护卫者和劳动者，统治者要由最富于智慧和公正美德的哲学王配当，三种人各安其分，各司其职，劳动者服从护卫者和统治者，护卫者服从统治者，互不干扰，便是城邦的正义秩序。亚里士多德认为政体即政治制度是全城邦居民由以分配政治权利的体系，优良的城邦制度要实现的目的就是正义之善，是为了城邦全体公民的共同利益和优良生活即有德性的生活为最高目的，而且必须要有公道的人即有德性的好人来担任执政者。亚里士多德的伦理学从属于政治学，伦理学所研究的是如何成为一个道德高尚的人、如何培养一个好人；政治学研究的是如何建立一个好的国家、如何培养一个好的公民。可见古希腊政治伦理主流是道德的政治。

而从古罗马时代开始，一种基于自然法理论的国家律法主义观念逐渐占据上风。至文艺复兴时期，马基雅维利提出了一种绝对现实主义的政治哲学，被视为西方无道德政治理论的始作俑者，其所主张的非道德甚至是反道德的政治权术学，开启了西方政治与伦理两分的理论思维模式。此后尽管有康德、黑格尔为代表的德国古典哲学主张道德的政治，但西方政治伦理主流却是政治和道德分离的理解模式。万俊人指出：

政治与伦理的两分随着 20 世纪末罗尔斯《政治自由主义》一书的出版而被明确地理论化了。……罗尔斯的《政治自由主义》有三个基本命题：(1) 作为政治自由主义之核心理念的"作为公平的正义"是政治的，而不是形上学的或道德的；(2) 民主政治及其实施者民主政府必须保持政治中立，即它的基本政治原则或政治理念必须超越于各种"完备的宗教学说、哲学学说和道德学说"之外，不可基于其中任何一种价值学说或道德理念而确立；(3) 国家不是任何形式的伦理共同体，而是严格的政治组织，因而对于民主国家来说，具有头等重要性的是政治秩序或政治稳定性，而不是公民美德甚或个人的美德，更不是历史的文化传统。由这三个基本命题所引申出来的政治自由主义主张是：基本的政治理念"作为公平的正义"优先于基本的政治制度，而后者又优先于任何社会群体或个人的政治主张和道德目的，最终是国家政治优先于群体或个人的道德在国家政治本身的范畴内。……社会或国家的正义秩序与普遍正义原则始终优先于各群体和个人的价值目的或美德理想。①

罗尔斯的政治自由主义和与之类似的现代公共行政管理理论所主张的政治与伦理两分理解模式，在当代受到以列奥斯特劳斯为代表的另一种政治伦理理解模式的批评。由马克斯·韦伯官僚科层制理论发展而来的威尔逊公共行政理论，主张政治与行政两分，国家政治关乎价值立场，而政府行政则应保持价值无涉或价值中立，使政府行政成为纯专业技术型的职能管理机构和服务机构。其实这种观点在古希腊持政治术与道德分离的智者那里就已经存在，而从古希腊的柏拉图到当代的斯特劳斯、施米特和麦金太尔都系统地予以辩驳和批评，认为政治不可能保持价值中立，政府权力及其行为必然关涉国家价值和公共利益，罗尔斯的政治正义源自"作为公平的正义"，本色还是一种社会道义论，既是国家的价值目的，也是权力运作的道德依据。"简便起见，我们不妨把这一政治伦理理解模式称之为连贯整合式的政治—伦理模式，而把前面所述的新老自由主义和公共行政管

---

① 万俊人：《政治伦理及其两个基本向度》，《伦理学研究》2005 年第 1 期。

理理论的政治—伦理理解则看作是一种断裂分离式的政治—伦理模式。"①

中国古代政治伦理传统，虽也有类似的两种理解模式，但连贯整合式的政治伦理模式是绝对的主流。"与西方政治文化传统相比，中国政治文化传统显示了高度连贯和一致的政治伦理取向，就是说，在政治与道德伦理之关系的理解上，儒家主导的中国政治文化一直都以不同的政治方式或政治形式持守着原始儒家的"德治"理念，直到今天，这一政治伦理的理解路径都没有发生根本性的改变，尽管自孙中山领导辛亥革命以来，这一政治伦理传统同整个中国传统文化和文明一样经受了且仍在经受着"现代性"民主政治的考验。"② 除了排斥道德的法家思想及法家为主要政治指导思想的少数暴政时代，是属于断裂分离式的政治—伦理模式，自西周和儒家确立的德治思想和实践传统，尤其是自从董仲舒和汉武帝时代"推明孔氏"之后，中国政治伦理传统毋庸置疑是以"德治"为主流，道德的政治在中国人心中早已是理所当然的正当政治选择。

2. 价值理性、工具理性和生活世界

政治伦理的一个核心问题，就是价值理性和工具理性的协调问题。"政治伦理是以解决价值理性和工具理性的冲突为己任，通过对政治价值与事实的有机链接、沟通，从而使工具理性和价值理性达到有机协调与统一。"③ 而价值理性和工具理性的统一，需要在政治和道德之间的连贯、生活世界的交往和微观政治的渗透中去实现。

价值理性与工具理性概念由韦伯提出，法兰克福学派因之转出"工具理性"作为西方现代性危机批评的重要概念。韦伯在《社会学基本概念》中提出社会行为的四种理想类型，一是目标合理的行为，即以最为有效的手段达到最为适当的目标的定位；二是价值合理的行为，即由于对一个特定行为本身的无条件的内在价值的信仰而采取的行为，而不论它是伦理的、美学的、宗教的或可做任何其他解释的价值；三是由当下情绪引发

---

① 万俊人：《政治伦理及其两个基本向度》，《伦理学研究》2005 年第 1 期。

② 万俊人：《政治伦理及其两个基本向度》，《伦理学研究》2005 年第 1 期。

③ 冉小平：《政治伦理的理论旨趣及其现代架构》，《衡水学院学报》2010 年第 5 期。

的情绪性行为；四是出自约定俗成习惯的传统的行为。韩水法认为，韦伯的价值理性继承了康德的定言命令或绝对命令，道德价值是行为决定性动机，而不顾及产生的效果，是必然的道德命令。而工具理性则来自康德的假言命令，包括或然的技术命令和实然的明智命令，行为只是达到其他目的的手段或工具而已，行为本身没有价值。责任伦理其实是假言命令和工具理性，当前许多台湾学者恰恰建立在错误理解的基础上误用了这一概念。①"韦伯根据两种合理化来分析西方近代文明史，即行为的合理化和思想的合理化。前者主要涉及工具理性，即有意把手段用于目的。这表现在官僚化、现代技术和追求利润最大化的资本主义上。思想的合理化首先是指现代科学，它通过技术助长了行为的合理化。"②思想的合理化导致世界的"除魅"，科学的世界观把自然视为非道德的、不具有客观价值的，而合理化的行为或效率的主要结果，是个人的自由和自主。

法兰克福学派把韦伯的"目的合理的行为"转化为批评理论核心概念"工具理性"，批判西方启蒙理性导致的现代性危机即工具理性膨胀问题。法兰克福学派三驾马车霍克海默、阿多诺、马尔库塞以批判西方社会工具理性专制为己任，在《工具理性批评》（霍克海默）、《启蒙辩证法》（霍克海默、阿多诺）和《单向度的人》（马尔库塞）等著作中，反思近代启蒙给西方社会带来的灾难性后果，从培根"知识就是力量"开始，价值无涉的知识理性或技术理性逐渐成为社会宰制性力量，实证主义大行其道，真与善、科学与伦理、事实与价值被强制分割，宇宙失去了价值和神性的支撑，自然科学、社会科学乃至文化工业都参与了这场剔除和扼杀价值理性的共谋。在政治上则出现国家极权主义和技术统治社会的恶果，其代表是法西斯主义、苏联极权主义和战后复兴的资本主义。由启蒙理性发展而来的现代西方社会，其文化是一种科学文化，也是一种生产力的文化，科学是用来宰制自然的工具，又因科学技术为强势集团提供了保护和运用其权力的手段，而成为宰制人的工具。马尔库塞反对"科学的宇宙观"把自然

---

①　参见韩水法：《韦伯》，台北：东大图书公司1998年版，第83—104页。

②　[美]莱斯诺夫：《二十世纪的政治哲学家》，冯克利译，商务印书馆2001年版，第358页。

当做可计算的物体、受控制的原料，没有内在的目的和价值，因而给这个作为整体的宇宙造成致命的伤害，启蒙理性导致的人类中心主义，随意支配、残暴对抗和无情开发自然，导致土壤破坏、森林消失、生态失衡、大气环境恶化。而科学技术工具扩大生活舒适度和提高劳动生产率的同时，也受着生产工具的技术和商品消费的规则之支配和奴役，人本身的生产和发展也被工具化，人因为价值理性被技术社会抑制导致精神萎缩，成为受工具理性奴役的"单向度的人"。霍克海默进一步指出，正是因为启蒙理性造就的技术宰制文明社会，使现代人屈从于文明的权威及其包含的对人类本性的压制，法西斯主义和纳粹主义借助于人性本能的反叛而肆意发泄，本性的反叛意味着压制性因素一开始就适合用作反动目标的工具。①

哈贝马斯用交往理性来协调工具理性和价值理性的紧张。哈贝马斯认为人类是语言的动物，人类的行为以一种特殊的具体方式和语言表达联系在一起，从而与可批判的正确主张联系在一起。任何有目的的行为都取决于一定的事实信念或有关这个世界的信念，如果它们是正确的，便能够使行为成为合理的。一个理性的人，必须致力于根据有关的证据捍卫或修改自己的事实信念，于是合理性同达成一致和共识联系在一起。人类行为是发生在兼有规范和事实的背景之中，既包括着规范性正确主张，也包含真实性主张，即内在地可以进行批评并要求提供合理理由的主张。事实是不能批评的，而批判的只能是规范，合理的行动者或说话者也是在主张他据以行动的规范是正确的。合理性因而也就是普遍的共识取向或意愿，取得一致或取得理解是交往行为和人类语言的内在的终极目标。②

、哈贝马斯还借用胡塞尔的"生活世界"概念，来阐释交往合理性的合理化历史过程。哈贝马斯认为社会包括社会制度和生活世界两个方面。"生活世界是交往行为得以落实的基础，是交往行为得以进行的界面。它包含着一组社会成员皆视为当然的有关世界、社会等事物的'共同的基本信

---

① 参见［英］莱斯诺夫：《二十世纪的政治哲学家》，冯克利译，商务印书馆2001年版，第39—76页。

② 参见［英］莱斯诺夫：《二十世纪的政治哲学家》，冯克利译，商务印书馆2001年版，第347—379页。

念'，以及一些得到普遍接受的解释，它们促进并形成了构成交往行为的取得理解和一致的过程。"① 语言和文化是为了生活世界而形成，而对新情况的解释，要通过继承下来的生活世界的文化内容，在解释和理解中确认新情况的传统理念和形成新的合理化共识。除了历史地分析生活世界的合理化，哈贝马斯还分析了生活世界和制度之间的关系的历史，认为现代性是两大历史力量之间的对抗，我们的得救依赖于两者的平衡。哈贝马斯把古代社会的生活世界描述为建立在对世界的神秘主义理解上，神话履行着世界观的整合功能，未能做出必要的区分，如对动物和人、自然和文化以及语言和世界的区分，因而可以进行批评的正确主张阐释不足，而缺乏交往合理性。哈贝马斯把早期人类社会的生活世界描述为建立在"神的权威"之上，而神的权威是这种社会的道德或原始道德规则的来源。"最初由礼仪的实践所履行的社会整合和社会表达的功能，过渡到了交往行为；神的权威逐渐被取得的共识的权威所取代。这意味着交往行为摆脱了受着神祇保护的规范背景。"② 在这一生活世界及其世界观的合理化历史过程中，还有一个"神的语言化"的中间阶段，即经过宗教的发展，正是经过这样的阶段，宗教世界观与交往行为建立关系，传统的正确性基础从礼仪行为转移到交往行为，逐渐从神的权威转移到共识基础，但权威化仍然取决于宗教世界观的正确落实。启蒙运动的许诺最终把共识建立于理性之上。话语伦理依靠交往的合理性，通过道德论证以共识的手段解决行为冲突，为一代人提供正确的道德规范的程序。

3. 公共领域与私人领域

哈贝马斯在论述社会进化的问题上，把生活世界和制度作为社会的两个方面结合起来讨论。哈贝马斯用制度来指某些具体的社会互动类型，即社会

---

① ［英］莱斯诺夫：《二十世纪的政治哲学家》，冯克利译，商务印书馆 2001 年版，第 364 页。

② 哈贝马斯：《交往行为的理论》第 2 卷：《生活世界和制度》，tr. T. McCarthy, Heinemann, London, 1987. p.77. 转引自莱斯诺夫：《二十世纪的政治哲学家》，冯克利译，商务印书馆 2001 年版，第 365 页。

行动者对其他社会行动持策略的而非交往的态度的互动，比如资本主义市场和官僚政治。社会进化既是生活世界的合理化过程，又是生活世界和制度的分化和离散的过程，是制度的范围和适应性不断扩大的过程。日益独立的组织通过非语言的交往媒介相互联系在一起，比如货币这样的制度化机制，开启了一个与规范和价值没有多少联系的社会交流过程。制度拥有太大的权力，甚至会协助权力在许多领域内摆脱适当的规范性限制。生活世界因制度的殖民化而技术化，其交往过程也被限制和扭曲，这种病态社会的例子，包括不受控制的资本主义的发展所造成的都市环境的破坏，以及教育制度的过度官僚化。一个道德正确的社会，应当把制度限制在恰当的位置上。

哈贝马斯因而区分了公共领域和私人领域，以限制制度的支配领域。在《交往行为的理论》第二卷中，私人领域包括家庭生活、邻里关系和志愿社团。哈贝马斯在其早期著作《公共领域的结构转型》中指出，公共领域观念出现在18世界的西欧，是一种资产阶级制度，因资产阶级的某些需要和愿望而产生。资产阶级对经济信息的需要，使消息变成商品，上层资产阶级推动公共现象并随时成为公众，国家政权优先发展商品经济政策，利用公共传媒发布公共信息、政令和从事宣传，使公众意识到自己是国家的对手，即公民社会这一新兴公共领域中的公众。发展到一定程度，对公民社会领域的公共关切不再局限于政府，而是被臣民们认为也是和他们有关的领域。新兴的公共领域的社会结构，包括18世纪英国城市中著名的咖啡馆、法国著名的沙龙和德国的餐会，作为讨论社会、政治、文学和知识问题提供了场所帮助，使资产阶级同贵族和知识领袖有了不分身份的社会交往，私人就政治问题展开的理性的批判的公共辩论，目的是反对甚至控制国家权力的支配，英国报业此时也摆脱了书报检查和其他限制，随着议会逐渐确定对国王的权力，公共舆论取得了势力。但是好景不长，资产阶级公共领域内的合理讨论的规则，并不适应工人阶级的民主要求，冲突的解决更多地依靠暴力，而非讨论。原来的公共领域仅仅被经济活动的私人领域所取代，而这个经济领域日益和国家或制度一起，在社会中成为主宰。公共领域退化为消费领域，成为受市场驱动的活动，迎合一种无批评精神、不关心政治的大众文化，又操纵着这种文化。公共关系现象是公共领域退化的一个迹象，这是制度化的掌权者受策略行为驱动的事业，与公共性概念截然对立。福利国家则可视为制度对生活世界殖民化的楷模，把公民变成了救济对象，使没有独立性和政治参与的状况变得能够接受。在 1992 年出版的《事实与规范之间》中，哈贝马斯提出依靠更广阔的公共领域、建立高度参与性的协商民主的思想，认为民主就是通过一种保障每个人在立法过程中的平等参与权的权利制度，使论证的理论制度化，只有在讨论的立法过程中得到所有公民赞同的法规才有合法性。民主立法和一个具体的政治共同体联系在一起，因此不仅可以公正地作用于普遍性规范，而且也作用于集体目标和价值。①

　　阿伦特对公共领域和私人领域的严格划分，以及她对公共领域的创造性新解，令人不得不重新审视公共领域中政治的重大价值。1958 年出版的《人的境况》，纠正柏拉图以来哲学家的反政治偏见，重估为"沉思的生活"所鄙夷的"行动的生活"和"政治动物"，使政治重新获得尊严。她把行动的生活区分为三种基本活动：劳动、工作和行动。劳动和工作都是人类在自然环境中采取的活动模式，属于私人领域，而行动是人类之间的互动关系，属于公共领域。劳动是一种生物功能，为了维持生命，必须利用自然环境，消费环境中的物品，就像机器一样只能适应自然的必然性。劳动的范围与经济活动的范围相吻合，包括一切以消费为目的的生成，是创造性的工具使用和艺术创作，人类通过工作创造了一个"人为的"世界，把自然改造成人工世界、人类家园，为人提供了一个提供安慰、稳定和意义的"家"。然而作为创造性的人的工具主义或功利主义，却威胁着意义的存在，倾向于把一切事物视为手段，一个目的一旦达到，就变成新目的的手段。其悲剧在于，"技艺人，就他只是一个创造者而言，就他只是从直接源于他的工作活动的手段和目的角度来考虑问题而言，他没有理解意义的能力。正如劳动动物没有理解工具性的能力一样，"②然而工作

　　① 参见［英］莱斯诺夫：《二十世纪的政治哲学家》，冯克利译，商务印书馆2001年版，第347—379页。

　　② ［美］汉娜·阿伦特：《人的境况》，王寅丽译，上海世纪出版集团2009年版，第118页。

却有另一个积极的方面，即在私人领域和公共领域之间架起了一座桥梁。工作本身是一种私人活动，甚至可以是一个孤独工作者的活动，但它所创造的东西却不是私人的，而是公共的，是人类居住的一个共同世界。工作还创造了一个它自己的公共领域——市场，用来从事交换他们的商品。工作是一个有着更多自由的领域，但活动的搭档却是受着必然规律支配的自然，没有完全摆脱必然性。人类最高的自由出现在相互作用之中，其中所有的人都是自由的人，他们的活动就是"行动"。"行动与人的诞生性境况联系最为紧密；我们能在世界上感触到诞生内在具有的新的开端，仅仅因为新来者具有全新地开展某事的能力，也就是行动的能力。在这一创新的意义上，行动的要素(因而也是诞生性的要素)内含在所有人类活动之中。而且，既然行动是最出色的政治活动，那么诞生性而非有死性，就是政治思想的中心范畴(有死性乃思想的中心范畴)"① 政治是人类自由至高无上的场所，是人类行动以及人类多样性的最高体现。政治不是暴力的领域，而是个说服的领域，政治权力来自相互协作中行动的个人。

阿伦特严格区分政治领域和非政治领域、公共领域和私人领域、城邦和家庭以及行动、工作和劳动，认为其关系重大。以亚里士多德为代表的古希腊思想因为没有做劳动、工作和行动的区分，但有城邦和家庭的区分，劳动和工作者被排除在政治之外，政治还有其地位。但自柏拉图开始推崇沉思生活，而贬低了以政治为中心的行动生活，是古希腊对劳动、工作和行动不加区分造成的一个不良后果。西方的基督教化更是变本加厉，失落了对行动生活内部进行区分的意义。现代经验科学的兴起和胜利，是劳动的动物的胜利，导致只关心经济消费的社会，即一个只管挣钱谋生的职业社会，政治被非政治因素即劳动的动物及其利益篡夺，生产不是去建立一个世界，而是完全受消费的左右，完全受经济利益支配的腐败的政治，一心只想着经济消费带来的方便，只关心与私人领域而不是公共领域有关的事务，整个社会可悲地失去了政治的能力。正是因为忽视或贬低政治，导致了广泛的政治冷漠症，助长了极权主义运动。极权主义运动是原

---

① [美]汉娜·阿伦特：《人的境况》，王寅丽译，上海世纪出版集团2009年版，第2页。

子化、孤独的个人组成的群众组织，那些坚信并只关心个人在无情竞争中成败而不关心公共事务的人，成了希特勒这样的极权主义运动的成员、追随者和支持者。阿伦特提醒这个忘却政治责任、对公共事务冷漠的职业化社会，作为天生政治动物的人类，其实可以在政治行动和政治哲学思考中重新学会理解意义的能力和政治能力。

二、制度伦理

1. 宏观政治与微观政治

政治伦理的视域除了前述的价值理性和工具理性、公共领域和私人领域的区分和辨析之外，还有一个重要的区分，就是宏观政治和微观政治。阿尔都塞、福柯、德勒兹等人的后现代微观政治学开始对微观政治现象和微观权力结构的自觉关注，借助他们的研究新视角，我们可以更好地发现和阐释中国传统政治哲学中宏观政治制度和微观政治系统合二而一的精微运作机制。

衣俊卿认为，宏观政治主要表现为理性化的权力运作和制度安排，而微观政治既包括不同形式的知识权力，也包括自发的文化权力。"一般来说，政治哲学是对人类社会的政治现象或政治事务的本质规定性和政治体制的合法性基础进行形而上的反思，对政治体制的建构和政治活动的开展进行价值判断，并提供理念基础的哲学反思活动。政治具有丰富的内涵，但他的主要功能是调节人与人之间的关系，通过不同形式的制度安排调控社会秩序，因此，政治的核心是权力和控制。所谓宏观政治是指国家制度的安排、国家权力的运作等宏观的、中心化的权力结构和控制机制；而所谓微观政治是指内在于所有社会活动和日常生活层面的弥散化的、微观化的权力结构和控制机制。"[①] 衣俊卿认为传统政治哲学以及传统史学、社会学等都以宏观政治哲学的研究范式为主导，而忽略社会生活各层面边缘化

---

① 衣俊卿：《论微观政治哲学的研究范式》，载赵剑英、陈晏清主编：《马克思主义政治哲学：阐释与创新》，社会科学文献出版社 2007 年版，第 387 页。

的权力结构和日常生活领域中的微观控制机制，或者将这些微观权力视作被宏观权力决定的，微不足道的附属物，因而否认或忽略了多元差异、分散化的微观权力和宏观权力之间的多元互动机制。他引述文德尔班在《哲学史教程》中的论断，即西方哲学史自古希腊以来，一致存在两种不同的哲学范式，一种是追求普遍性知识的、思辨的理论哲学或意识哲学范式，一种是关注生命的价值和意义的实践哲学或文化哲学范式。前者的理论意义主要指向严密的理性逻辑、普遍的真理和知识体系，表现为形而上学和认识论；后者是由苏格拉底和智者派开辟的实践哲学范式，其理论意义主要指向人的天职和使命、正当生活的价值和意义，表现为伦理学或道德哲学、社会哲学、美学、宗教哲学等。因此，属于实践哲学范式的政治哲学本应该反对理性思辨的过分普遍化特征，展示人类社会和生活世界的丰富内涵，而传统政治哲学却受自然科学化的理论哲学或意识哲学范式的支配，习惯于抽象掉内在于社会生活各个层面和日常生活世界中的多态化、多样性的、边缘性的、微观的权力结构和控制机制，把一种理性化的政治权力或经济权力放大为人类社会历史运动的普遍的、绝对的规律和力量。衣俊卿认为我们应当充分认识微观政治哲学范式的意义和微观政治现象或微观权力结构在人类社会运行中的重要作用，从而形成微观视域和宏观视域相结合的政治哲学形态。

中国传统政治更是宏观权力结构和微观权力结构相辅相成的一个整体。在以自然经济为基础的中国传统社会，"微观权力主要表现为日常生活世界中的各种控制机制，例如氏族、家庭、家族、宗族、血缘网络、乡里制度、民间组织，以及与此相适应的家规家法、习俗习惯、乡规民约、道德纲常等自发的规范体系。这些控制机制既表现为政治权力，也表现为文化权力。"[1] 中国传统社会是以家庭为本位、"家国同构"的宗法社会政治制度，整个社会从体制到具体运行都表现为围绕家庭而形成的血缘关系、亲属关系、宗法关系等日常控制机制的扩大，由此形成一个超稳定的

---

① 衣俊卿：《论微观政治哲学的研究范式》，载赵剑英、陈晏清主编：《马克思主义政治哲学：阐释与创新》，社会科学文献出版社 2007 年版，第 391 页。

国家政权和行政管理体系。中国古代政治之运作机制，正是通过宏观的政治理念和政治制度，配合微观的政治伦理、家庭伦理和道德理念来协调和运行的。

我们可以进一步地从传统政治伦理中理解中国传统政治社会对微观政治领域的建构和经营之重视。中国古代政治历来注重君王道德楷模作用，对传说时代的古代圣王尧、舜、禹、汤和辅助大臣，流传至今的文献记载都是道德圆满、德位相配的圣贤，即便是排斥道德的韩非子，也承认"上古竞于道德"（《韩非子·五蠹》）。周公强调"敬德保民"、"明德慎罚"、"敬德配天"，把君王的道德和代表政权正当性的天命直接关联在一起。周公制礼作乐，所建构的中国第一个成熟而精微的宗法礼乐文明制度，是既包括封土建国、王位继承、世卿世禄等宏观政治制度，也全面构建与名分等级制度相匹配的道德伦理要求和教育教化体系等微观政治系统。自西汉成为君主中央集权制度意识形态的儒家思想，在其创始人孔子那里开始，就强调君王道德楷模作用和家庭伦理道德建设对一个国家治理的奠基作用。

子曰："道千乘之国，敬事而信，节用而爱人，使民以时。"（《论语·学而》）

子曰：为政以德，譬如北辰，居其所，而众星拱之。（《论语·为政》）

季康子问政于孔子曰："如杀无道，以就有道，何如？"孔子对曰："子为政，焉用杀。子欲善，而民善矣。君子之德风，小人之德草，草上之风，必偃。"（《论语·颜渊》）

有子曰："其为人也孝悌而好犯上者，鲜矣。不好犯上而好作乱者，未之有也。君子务本，本立而道生。孝悌也者，其为仁之本与？"（《论语·学而》）

曾子曰：慎终追远，民德归厚矣。（《论语·学而》）

上引材料中，前三条强调君王要为政以德，才能取得人民的拥护，而且君王应当成为人民的道德榜样，带领人民走向有道的社会风尚和治理轨道。后两条是孔子两位高足有若和曾子关于家庭伦理道德对政治和社会的基础性作用，有若强调子女对父母的"孝"和弟对兄、年轻人对年长者的

"悌"，对维护社会秩序秩序的重要作用，因为能够做到孝悌的人，在政治生活和社会交往中都不会轻易犯上作乱。曾子强调丧礼和祭祀祖先，认为坚持这样的礼仪和风俗，可以使人民敬天崇祖，尊重传统，道德归于淳朴忠厚，因而会出现美好的社会风俗和道德风尚。

被朱熹认定为孔子授经、曾子传释的《大学》认为，"自天子以至于庶人，壹是皆以修身为本。"（《礼记·大学》）只有在"格物、致知、正心、诚意、修身"这五个方面的"明明德"内圣工夫做到家了，才可以推己及人，发用为"齐家、治国、平天下"这三方面的"亲民"外王事业。而一切外王事业的根基，都在齐家中具备了一切所需要的政治伦理道德基础。"故君子不出家而成教于国：孝者，所以事君也；弟者，所以事长也；慈者，所以使众也。……一家仁，一国兴仁，一家让，一国兴让，一人贪戾，一国作乱；其机如此。"（《礼记·大学》）家庭作为一个社会的基本微观单位，其微观运行机制已经蕴涵了宏观政治体系运作原理。

2. 制度的道德基础

正是作为微观政治单位的家庭对整个政治体系建构具有如此关键的奠基作用，儒家政治哲学特别重视对家庭伦理道德的培育和保护，亲亲互隐就是一个典型的例子。

> 叶公语孔子曰："吾党有直躬者，其父攘羊，而子证之。"孔子曰："吾党之直者异于是，父为子隐，子为父隐，直在其中矣。"（《论语·子路》）

叶公从通常法律的角度，认为有人偷羊，而去举报，乃公义，举报的对像是父亲，乃大义灭亲，于是认为这是一种正直之"直"。在孔子看来，父亲偷羊而子举报，是有经无权的教条主义做法，没有情境中的义理权衡，势必伤害了父子之情，而且子陷父于不义的境地，是大不孝的表现。在社会公义和父子亲情之间出现道德冲突的时候，儒家"权"的智慧做出的选择，是在一定的范围内以保护父子亲情为第一选择。"在儒家看来，每一个人都是父母所生、父母所养，因而对任何一个个体来说，父母都是我们的生命之根；而父子关系又是人伦社会中最根本的关系。所以，以自己立身行事的所谓直道向父子亲情让路，本身就是对我们生命之根、对人伦社会之基本关系的一种尊敬和维护。"①父子亲情，在儒家看来既是最高的根本性的家庭伦理道理，也是基于人伦纲常的社会秩序得以建立的最基础的伦理规范，自汉代起的中国历代君主中央集权社会，都把"以孝治天下"作为政治伦理的核心理念，汉代皇帝的谥号前还都加一个"孝"字，以表彰其能行孝道为天下表率。"孝"作为父子亲情的伦理规范，在中国古代社会是一个不能伤害的家庭伦理和政治伦理，是政治制度得以建构的道德基石。

中国古代人伦道德规范，都是双向定义的，而非单向的义务。"何谓人义？父慈，子孝，兄良，弟悌，夫义，妇听，长惠，幼顺，君仁，臣忠。"（《礼记·礼运》）父子、兄弟、夫妇、长幼、君臣，这是中国古代礼义制度的基本伦理关系，其道德规范都有相互对等的义务，任何一方不履行其道德义务都是不义的表现。如君臣之间的伦理关系：

定公问："君使臣，臣事君，如之何？"孔子对曰："君使臣以礼，臣事君以忠。"（《论语·八佾》）

陈子曰："古之君子何如则仕？"孟子曰："所就三，所去三。迎之致敬以有礼，言将行其言也，则就之；礼貌未衰，言弗行也，则去之。其次，虽未行其言也，迎之致敬以有礼，则就之；礼貌衰，则去之。其下，朝不食，夕不食，饥饿不能出门户。君闻之曰：'吾大者不能行其道，又不能从其言也，使饥饿于我土地，吾耻之。'周之，亦可受也，免死而已矣。"（《孟子·告子下》）

君臣相互都有相应的道德义务，君对臣要以礼相待，臣方可对君有尽忠的义务。君子出仕的基本前提是君王"迎之致敬而有礼"，除非是处于饥饿而死边缘的困境，且君王以之为耻辱的情境下，会将就一下。

父子亲情也是双向的，父慈、子孝是一种相互对待的伦理道德规范。孟子认为"君子不教子"，而应该"易子而教"，以免伤害父对子慈这一伦

---

① 丁为祥：《恕德、孝道与礼教——儒家所谓的三个"腐败"案例再诠释》，载郭齐勇主编：《儒家伦理争鸣集：以"亲亲互隐"为中心》，湖北教育出版社 2004 年版，第 218—219 页。

理道德业务：

> 公孙丑曰："君子之不教子，何也？"
>
> 孟子曰："势不行也。教者必以正；以正不行，继之以怒；继之以怒，则反夷矣。'夫子教我以正，夫子未出于正也。'则是父子相夷也。父子相夷，则恶矣。古者易子而教之。父子之间不责善。责善则离，离则不祥莫大焉。"（《孟子·离娄上》）

教育是一种矫正错误以走上正道的过程，如果父亲直接去教育自己的孩子，势必会对孩子责备求全，甚至怒斥体罚，造成父子反目，伤害了父慈之德，同时也造成子孝的困难，父子之恩义维持变得困难，家庭伦理的破坏和人伦秩序的动乱从中萌芽，这是家庭伦理和社会秩序最大的不祥。

古今中外的法律制度，都有"容隐制"来维护亲属容隐权力，以保护作为社会制度伦理基础的家庭伦理道德。秦律规定子告父母有罪："子告父母，臣妾告主，非公室告，勿听。而行告，告者罪。"（《云梦秦简·法律答问》）汉宣帝地节四年诏从法律和立法理由上肯定亲属双向容隐："父子之亲，夫妇之道，天性也。虽有祸患，犹蒙死而存之。诚爱结于心，仁厚之至也，岂能违之哉？自今子首匿父母，妻匿夫，大父母匿孙，罪殊死，皆上请廷尉以闻。"（《汉书·宣帝纪》）古希腊苏格拉底非难告发父亲杀人的正当性，认为应该为亲属隐罪，古罗马之后的西方法律，都有亲属容隐的详细法律规定。[1]

容隐制表面上似乎不利于国家，实质上却维护了国家政治制度的伦理道德基础，从而在根本上维护了国家长治久安，因而大有利于国家。范忠信认为，容隐制是一种授权，首先，授予人们一种即使在亲属做了坏事的情况下还袒护亲属的权利，这种权利是个人自治权，"对犯罪亲属的罪行进行检举揭发、拒绝藏匿、为期有罪作证等等'大义灭亲'行为，人们如果感到为难，情感上有所不忍，法律就不强迫你去做。法律通过容隐制的种种规定，给了你一个自由选择的空间。在大义灭亲与袒护亲属之间，你

---

[1] 参见范忠信：《中西法律传统中的"亲亲相为隐"》，郭齐勇主编：《儒家伦理争鸣集：以"亲亲互隐"为中心》，湖北教育出版社 2004 年版，第 601—635 页。

可以自行选择你自己认为适当的行为，以满足你自己的情感和利益。只有在法理上把人看作一定程度的独立自主的主体时，立法才有可能授予他一定程度的选择权。"①其次，授予家庭和亲属圈一种自治权，把一定的亲属圈视为与国家有一定程度的平等资格的主体。这个主体是广义的一种社会组织，是以亲情规则为宪法的自治体。这种自治权一是出于保护人类最早最基本最重要的团体内部稳定安宁和基本利益的必要，国家和政治不能危害社会得以维系的这个最基本的生活圈和生活秩序的权益和规则，"最根本的，就是亲属之间的荣辱利益连带性及与此相关的种种权利和义务，如果一进入国家状态就取消这些权益，把任何个人规定为法律上完全独立的、互不相关的个体，彻底瓦解血缘、姻缘的法律意义，既不可能，又非常有害。"②二是要限制国家的权力过分膨胀，确定家和国之间的分际或划定国家权力的最后疆域。这既是为了限制国家权力的过分扩张，也是为了维护家庭这种"社会"组织一定的尊严。"共和国里，父权对保存风俗有很大的作用。"（孟德斯鸠《论法的精神》）父权可理解为家自治权，容隐制并不一定导致罪犯不受国家惩罚，无大害于国，却让人们更加热爱家庭而使风俗敦美。

中国的家庭和家族是一个荣辱与共的社会基本组织，如无容隐制度，则会导致政治残暴和恶法滋长，无限制侵害人们的最后一个容身之所，而社会将会是一个残酷无情的人间地狱。中国古代法是"家族本位法"，"一人有功封父祖荫妻子，一人有罪株连三族，都是把家作为一个法律责任主体看待。家长不仅有个人责任，甚至还对家庭成员犯法负责，如《唐律》规定脱漏户口只罪家长，《晋律》规定'举家逃亡家长处斩'，明清律规定服舍违式罪坐家长、居丧之家男女混杂饮酒食肉者罪坐家长等等。这种财产一体、人格一体、权利一体的潜在意识每个人都有，故每每感觉荣辱与共，所以在亲属犯罪时要设法藏匿，在官方捕捉时要'漏泄其事及擿语

① 范忠信：《容隐制的本质与利弊：中外共同选择的意义》，郭齐勇主编：《儒家伦理争鸣集：以"亲亲互隐"为中心》，湖北教育出版社2004年版，第637页。
② 范忠信：《容隐制的本质与利弊：中外共同选择的意义》，郭齐勇主编：《儒家伦理争鸣集：以"亲亲互隐"为中心》，湖北教育出版社2004年版，第638—639页。

消息'使亲属逃脱。法律对这种人之常情不能不宽容。"① 亲属连带荣辱感既可以使家庭自觉维护国家权力无法到达的私密空间稳定安全，也可以加强家庭内部的成员责任感，不侵犯国家和他人生命和财产安全。"门内之治恩掩义，门外之治义断恩。"（《礼记·丧服四制》）家自治权为家庭美德和社会责任感的培育起到良好的作用，在"忠孝不能两全"之时，可以选择"弃忠全孝"，而国家鼓励这样的选择。"国家的长久利益就在于民众淳厚、社会和谐、百姓亲法，如此才能达到长治久安，要达到这一目的，法律必须立于人情，必不能悖逆众情众心，必不能强人所难。"② 一个鼓励亲属"告奸"的恶法，如商鞅变法后之秦法、苏联肃反暴法、"文革"亲属相告之法，固然可以多发现几个所谓的"犯罪分子"（国家的犯罪标准如果不正义，抓住的也许正是良民，而放走的却是恶棍），但逆于人情的苛刻之法为必犯之法，罚不胜罚而最终后果只能是流于形式，更恶劣的后果是如孟德斯鸠所说的"人民被法律腐化"，"这种迫令人们告发犯罪亲属为目的的重刑主义，结果必然是'以刑罚治之者积刑罚，刑罚积而民怨背'，必然是'驱之以法令，法令极而民风哀'。……秦始皇父子实践了此道，此即'速亡之道'。人们习惯于残暴，缺乏'不忍'之心，丧失廉耻感，正是国家败亡之道。"③ 所谓的"大义灭亲"，除了万里难得其一的稀少圣贤能做到恰如其分，普通人只会因此灭人情而害公义，成为卖亲求荣、没有廉耻、破坏社会基本道德的残暴之徒。

通过容隐制的上述探讨可知，国家和政治的根本基础正是家庭伦理道德以及由此引申的政治伦理规范。每一个人，首先是一个家庭成员，如果不能履行家庭伦理道德规范，这个人不仅不能为社会做贡献，而且只会破坏政治长治久安和社会道德风尚，"吾未闻枉己而正人者也，况辱己以正

---

① 范忠信：《容隐制的本质与利弊：中外共同选择的意义》，郭齐勇主编：《儒家伦理争鸣集：以"亲亲互隐"为中心》，湖北教育出版社 2004 年版，第 642—643 页。

② 范忠信：《容隐制的本质与利弊：中外共同选择的意义》，郭齐勇主编：《儒家伦理争鸣集：以"亲亲互隐"为中心》，湖北教育出版社 2004 年版，第 652 页。

③ 范忠信：《容隐制的本质与利弊：中外共同选择的意义》，郭齐勇主编：《儒家伦理争鸣集：以"亲亲互隐"为中心》，湖北教育出版社 2004 年版，第 653—654 页。

天下者乎？"（《孟子·万章上》）一个人忍心不顾亲情之爱，以大义灭亲求
得个人利益荣耀，怎么能期望这样的人去担当社会责任呢？他已经堕落到
可以忍心做落井下石、杀人越货、弑君卖国等等任何可怕的罪行了。故要
想有一个好的国家治理状况，要想建立良好的政治制度和法律系统，必然
要首先体察人情之微，重视保护家庭道德为基础的社会伦理道德规范。"尧
舜之道，孝弟而已矣。"（《孟子·告子下》）孝悌是一切道德的始基，孟子
把尧舜大同社会治理的关键，界定在伦理道德的初始点上，无外乎特别加
以强调政治的道德基础重要性。

3. 全景道德政治

在这里，我们借助亚里士多德的政治共同体、阿尔都塞的意识形态国
家机器和福柯的全景监狱等概念和思想，更好地理解中国传统政治作为道
德政治的事实及其意义。

亚里士多德把友爱看作把城邦联系起来的纽带，认为友爱和公正是共
同体的必备德性。亚里士多德认为，具有友爱关系的人之间组成各种共同
体，其中都有某种公正和友爱，各有其具体的利益。所有共同体都是政治
共同体的组成部分，政治共同体最初的设立和维系是为了利益，公正以公
共利益为依归。"一个政治制度原来是全城邦居民由以分配政治权利的体
系。"[1]基于友爱和公正的城邦，是以谋求全体公民的优良生活为旨归，即
以城邦整体利益以及全体公民的善业作为追求的平等的公正。

> 城邦是若干生活练好的家庭或部族为了追求自足而且至善的生
> 活，才行结合而构成的。……至于一个城邦的作用及其终极目的却是
> "优良生活"，而社会生活中的这些活动却只是达到这种目的的一些手
> 段而已。城邦为若干家庭和［若干家庭所集成的］村坊的结合，由此
> 结合，全城邦可以得到自足而至善的生活，这些就是我们所谓人类真
> 正的美满幸福。[2]

---

[1]　亚里士多德：《政治学》，吴寿彭译，商务印书馆1965年版，第111页。
[2]　亚里士多德：《政治学》，吴寿彭译，商务印书馆1965年版，第143页。

城邦的基本共同体是家庭和（若干家庭所集成的）村坊，友爱是基础和纽带，公正是过程和目的。亚里士多德把家庭关系推广为各种政体形式，认为父子关系具有君主制的形式（王制），丈夫同妻子的关系是贵族式的（贤能政体），兄弟间的关系类似于资产制（共和政体）。这些政体都是基于良好的友爱和公正，即照顾到公共利益和全体城邦公民的优良生活及其善德的促成。如果这些友爱和公正变质，统治者只顾及自身的利益，那么这些政体就会变态为专制的政体，分别变质为僭主制、寡头制和民主制（平民制）。"最优良的政体就该是有最优良的人们为之治理的政体。"①所以亚里士多德认为君主制和贵族制分别是最优良和次优良的政体，当时这两种的变态政体僭主制和寡头制相应地分别是最恶劣和次恶劣的政体。而平民政体（民主制）是三种变态政体中最可容忍的。

亚里士多德提倡的优良政体是体现混合政体原则、依据法律进行统治、根据民主原则处理基本政治事务的一种理想城邦，其运行机制为普通人能力所及，其中庸之道是中产阶级执政的政体。"我们所说的优良，不是普通人所不能实现的或必须具有特殊天赋并经过特殊教育才能达到的标准，也不是那些认为只有理想的政体才能达到的标准，我们是就大多数人所能实践的生活以及大多数城邦所能接受的政体，进行我们的研究。"中产阶级比相互藐视和妒恨的两个阶级即过富和过贫的阶级更加适合执掌政权，他们不会图谋他人财务，也不会引起穷人觊觎，既无阴谋也不自相残杀，"最好的政治团体必须由中产阶级执掌政权；凡邦内中产阶级强大，足以抗衡其他两个部分而有余，或至少比任何其他单独一个部分为强大——那么中产阶级占有举足轻重的地位，其他两个相对立的部分（阶级）就谁都不能主宰政权——这就可能组成优良的政体。所以公民们都有充分的资产，能够过小康的生活，实在是一个城邦的无上幸福。如其不然，有些人家财巨万，另些人则贫无立锥，结果就会各趋极端，不是成为绝对的平民政体，就是成为单纯的寡头政体；更进一步，有最鲁莽的平民政治或最强项的寡头政治，竟至一变而成为僭政。僭政常常出于两种极端政体，

---

① 亚里士多德：《政治学》，吴寿彭译，商务印书馆1965年版，第177页。

至于中产阶级所执掌而行于中道或近乎中道的政体就很少发生这样的演变。"①亚里士多德中产阶级执政的中庸之道为最优良政体，为其最能体现自然的友爱和平等的公正，认为与之越接近的政体越优良，越远离的政体越恶劣。

阿尔都塞认为，国家政权通过两种并立的形式进行统治，一种是镇压性国家机器，一种是意识形态国家机器。前者只有一个，属于公共领域，包括政府、行政机关、军队、警察、法庭、监狱等等，通过暴力发挥功能。后者却有许多，绝大部分属于私人领域，有各具特点的专门化机构形式呈现，包括教会、党派、工会、家庭、学校、报纸、文化事业等，还有同属于两者的法律，运用意识形态发挥功能。两者各有主导手段，同时也相互辅助实行。"任何一个阶级如果不在掌握政权的同时对意识形态国家机器并在这套机器中行使其领导权的话，那么它的政权就不会持久。"②生产关系的生成首先是通过生产和流通过程的物质性再生产出来的，在这些过程中直接存在着意识形态的关系。在很大程度上，生成关系的再生产是通过国家政权在国家机器——（镇压性）国家机器和意识形态国家机器两方面——中的运用来保证的。"意识形态是指某个人或某个社会集团的心理中占统治地位的观念和表述体系。"③正是占统治地位的意识形态这个中介，保证了镇压性国家机器与意识形态国家机器之间，以及不同意识形态国家机器之间的"和谐"。意识形态被赋予一种结构和功能，以至于变成了一种非历史的现实，即在历史上无所不在的现实，在包括社会各阶段在内的社会形态的整个历史中具有永远不变的形式。我们在意识形态中发现的、通过对世界的想象性表述所反映的东西，是人们的生存条件，即他们的实在世界，是这些个人同自己身处其中的实在关系所建立的想象的关系。而这种想象关系本身，通过观念、实践、仪式和意识形态机器赋予每

---

　　①　亚里士多德：《政治学》，吴寿彭译，商务印书馆 1965 年版，第 210 页。

　　②　[法] 阿尔都塞：《意识形态和意识形态国家机器》，陈越编：《哲学与政治：阿尔都塞读本》，吉林人民出版社 2003 年版，第 338 页。

　　③　[法] 阿尔都塞：《意识形态和意识形态国家机器》，陈越编：《哲学与政治：阿尔都塞读本》，吉林人民出版社 2003 年版，第 348 页。

一个人主体概念而成为物质的存在。"个人被传唤为（自由的）主体，为的是能够自由地服从主体的诫命，也就是说，为的是能够（自由地）接受这种臣服的地位。"① 阿尔都塞的意识形态理论，是马克思的阶级社会的阶级斗争理论的一种新的理论解释，认为意识形态国家机器主宰生产关系的再生产，以及有生产关系派生的其他关系的再生产，统治阶级的意识形态是通过意识形态国家机器的装备、实现和自我实现，而成为占统治地位的意识形态，从而赋予社会所有个体以主体的概念，使得每一个主体臣服于国家机器的统治。

福柯认为权力是一种无所不在的微观网络，渗透到各种社会关系和世界每个角落，通过话语、惩罚、规训等，改造和作用于我们的观念和身体。福柯将权力规定为一种行动方式，一种一些行动校正另一种行动的方式，行使权力就是建构可允许他人行动的领域。权力是自由主体的事情，而自由主体是有拒绝或反抗的可能性存在，奴役不是一种权力关系。权力关系不同于交往关系和客观能力，是动态的、不稳定的对抗关系。权力关系通过家庭、学校、医院、警察局、监狱等特定形式和程序化设置而合理化，并且把人制造成主体，人在权力关系网络中被定位为一定的权力角色。"不应忘记，当时（17世纪和18世纪的商业社会）还存在着一种将个人构成与权力和知识相关的因素的技术。个人无疑是一种社会的'意识形态'表像中的虚构原子。但是他也是我称之为'规训'的特殊权力技术所制作的一种实体。我们不应再从消极方面来描述权力的影响，如把它说成'排斥'、'压制'、'审查'、'分离'、'隐瞒'的。实际上，权力能够生成。他生成现实，生产对象的领域和真理的仪式。个人及从他身上获得的知识都属于这种生产。"② 福柯通过分析"全景敞视主义"的监狱规训形式来说明这种权力的生产性和创造性。这是一种由边沁提出的全景敞视建筑形式的监狱规训方法，一个圆环形建筑被分成许多小囚室，建筑中心是一个有着耀眼探视光照的瞭望塔，安排一个监督者，囚室互相隔离而只敞开

---

① ［法］阿尔都塞：《意识形态和意识形态国家机器》，陈越编：《哲学与政治：阿尔都塞读本》，吉林人民出版社2003年版，第372页。
② ［法］福柯：《惩罚与规训》，刘北成、杨远婴译，三联书店2007年版，第218页。

面向瞭望塔的一面，每个囚室关进一个疯子或一个病人、一个罪犯、一个工人、一个学生，每个囚室就像一个小笼子、小舞台，可以被详细观察，各具特色并历历在目。"这种形式在被囚禁者身上造成一种有意识的和持续的可见状态，从而确保权力自动地发挥作用。"① 这种神奇的机器逐渐被证实和认可为监视和试验、改造、规训人的优越场所，被广泛运用于改造犯人、医治病人、教育学生、禁闭疯人、监督工人、强制乞丐和游惰者劳动。"从总体上说，人们可以说一个规训社会在这种运动中形成了。这是一个从封闭的规训、某种社会'隔离区'扩展到一种普遍化的'全景敞视主义'机制的运动。"② 广泛流传的全景敞视主义使纪律或规训能在法律层面之下运转一种既宏大又细密的控制机制，尽管规训是一组物理—政治技术，人们却执意视之为低级但具体的道德形式。

三、道德社会

1. 天下为公和天下为家

《礼记·礼运》是先秦儒家对中国古代理想社会的构想，从中可见伦理道德与政治制度之间的密切关系。

孔子曾经描述"大同"和"小康"两种理想社会模式：

> 昔者仲尼与于蜡宾，事毕，出游于观之上，喟然而叹。仲尼之叹，盖叹鲁也。言偃在侧曰："君子何叹?"孔子曰："大道之行也，与三代之英，丘未之逮也，而有志焉。大道之行也，天下为公。选贤与能，讲信修睦，故人不独亲其亲，不独子其子，使老有所终，壮有所用，幼有所长，矜寡孤独废疾者，皆有所养。男有分，女有归。货，恶其弃于地也，不必藏于己；力，恶其不出于身也，不必为己。是故，谋闭而不兴，盗窃乱贼而不作，故外户而不闭，是谓大同。"（《礼记·礼运》）

---

① [法]福柯：《惩罚与规训》，刘北成、杨远婴译，三联书店2007年版，第226页。
② [法]福柯：《惩罚与规训》，刘北成、杨远婴译，三联书店2007年版，第242页。

孔子因为周礼衰微而伤感，而追怀唐虞三代天下治理之美盛，其中寄托了孔子心目中的理想社会模式。大同之世是传说中的五帝时代，尧舜之道是天下大道，公而无私。孙希旦注："天下为公者，天子之位，传贤而不传子也。选贤与能，诸侯国不传世，惟贤能者选而用之也。讲信者，谈说忠信之行。修睦者，修习亲睦之事。"①这样的社会里，君王禅让，贤能在位，人人以道德高尚为荣，以修养不足为耻，各尽其能，各尽其分，各取所需，各得其所，社会安宁，风俗和美，没有偷盗和纷争。如此美好的大同社会，恐怕是理想之极致了。乌托邦、天堂、极乐世界、共产主义社会等等各种理想社会的设想，往往有其相通之处。而孔子的大同社会一个重要特征，是其非常现实的人间性，社会充分就业，各种弱势人群的社会保障，政治继承和人才选举制度的安排，社会道德建设，社会治安问题，等等考虑，都是非常朴素的普通政治生活和日常生活问题，因都和自君王到百姓所有社会成员的道德修养密切相关，故可称之为道德圆满的理想社会。

> 今大道既隐，天下为家，各亲其亲，各子其子，货力为己，大人世及以为礼，城郭沟池以为固，礼义以为纪，以正君臣，以笃父子，以睦兄弟，以和夫妇，以设制度，以立田里，以贤、勇、知，以功为己。故谋用是作，而兵由此起。禹、汤、文、武、成王、周公，由此其选也。此六君子者，未有不谨于礼者也。以著其义，以考其信，著有过，刑仁讲让，示民有常。如有不由此者，在势者去，众以为殃，是谓小康。（《礼记·礼运》）

小康之世，是指夏商周三代的美政，以禹、汤、文、武、成王、周公作为礼义治天下的楷模"三代之英"。尧舜之道式微，各怀私心，互相防范。孙希旦注："天下为家，传子不传贤也。大人，诸侯也。父子曰世，兄弟曰及，为父传国于子，无子则传弟也。"②君王世袭，家庭为社会保障

---

① （清）孙希旦撰，沈啸寰、王星贤点校：《礼记集解》，中华书局1989年版，第582页。

② （清）孙希旦撰，沈啸寰、王星贤点校：《礼记集解》，中华书局1989年版，第583页。

自足单位，人人各有私利，社会治理主要通过礼义制度维持，通过等级名分制度来约束社会秩序，计算谋略、征伐兵争、礼法刑狱不可避免。孔子并不是谴责六君子之不行大道，而是对历史的一种意味深长的描述，树立理想社会楷模，为现实社会改革立法。"大道之隐，由暴君坏之也。然使尧、舜承桀、纣之后，亦当礼义以为纪。六君子居尧、舜之世，是亦大同之治也。以其袭乱，急于礼义，适得小康耳。"①如孔子真有此意，则可以推测，孔子即便不是惋惜自己有德无位难以正天下，也是希望如六君子之圣王能够在当时出现，继春秋乱世而行小康之治，仿效三代实行礼义治天下的美政。

孔子倾向于在春秋乱世行小康之治，是基于理想和现实的理性折中。"不得中行而与之，必也狂狷乎！狂者进取，狷者有所不为也。"(《论语·子路》)尧舜之道衰微之后，礼治可谓退而求其次的进取做法，"此六君子者，未有不谨于礼者也。以著其义，以考其信，著有过，刑仁讲让，示民有常。"在风气相对浇薄的三代，这些都是讲求道德秩序而又现实可行的做法。尧舜之道，以及更早的历史，孔子之时代除了《尚书》一些后代追记的材料之外，已经没有可靠文献可以考证，孔子"祖述尧舜"(《礼记·中庸》)，删订《尚书》之上限在尧舜之世，既有只取相对可靠历史的严谨态度，也有把当时所能设想的社会政治完美理想寄寓古人，意图以俟后来君子取法。孔子"宪章文武"(《礼记·中庸》)，才是他现实的政治追求目标。

　　子张问："十世可知也?"子曰："殷因与夏礼，所损益，可知也。周因于殷礼，所损益，可知也。其或继周者，虽百世，可知也。"(《论语·为政》)
　　子曰："夏礼吾能言之，杞不足征也。殷礼吾能言之，宋不足征也。文献不足故也。足，则吾能征之矣。"(《论语·八佾》)
　　子曰："周监于二代。郁郁乎文哉，吾从周。"(《论语·八佾》)

① (清)孙希旦撰，沈啸寰、王星贤点校:《礼记集解》，中华书局1989年版，第584—585页。

子曰："甚矣，吾衰也久矣！吾不复梦见周公。"（《论语·述而》）

颜渊问为邦。子曰："行夏之时，乘殷之辂，服周之冕，乐则韶舞。放郑声，远佞人。郑声淫，佞人殆。"（《论语·卫灵公》）

公山弗扰以费畔，召，子欲往，子路不说，曰："末之也已，何必公山氏之之也！"子曰："夫召我者岂徒哉！如有用我者，吾其为东周乎！"（《论语·阳货》）

孔子的毕生事业，一言而蔽之，"克己复礼为仁"（《论语·颜渊》），要恢复的礼，正是经过三代损益之周礼。孔子以知礼擅乐闻名当时，做过定礼正乐的专深工作，毕当时典章制度文献考察之功，以把握的礼乐文明制度的演变过程，而最为认可损益夏商的周礼之文，以梦见奠定周礼规模的周公为乐事。"我观周道，幽、厉伤之，吾舍鲁何适矣！鲁之郊、禘，非礼也，周公其衰矣！"（《礼记·礼运》）自幽、厉伤败周道之后，周公的封地鲁国是考察周礼最佳处所，周礼却也已经破坏严重，故孔子周游列国寻求诸侯重用以实现恢复周礼的事业，甚至连公山弗扰这样的叛逆家臣召之，竟然也有往意，期望能行周道于东方。

在《礼记·礼运》中的孔子，详细论述周礼为代表的理想礼乐文明制度之规模和"礼治"原理。"夫礼，先王以承天之道，以治人之情。故失之者死，得之者生。《诗》曰：'相鼠有体，人而无礼，人而无礼，胡不遄死！'是故夫礼必本于天，殽于地，列于鬼神，达于丧、祭、射、御、冠、昏、朝、聘。故圣人以礼示之，故天下国家可得而正也。"（《礼记·礼运》）礼达天道顺人情，体现在政治和社会生活的方方面面，遵循礼义则国家正而天下治，失去礼义则国危而亡。"故圣王修义之柄、礼之序，以治人情。故人情者，圣王之田也。修礼以耕之，陈义以种之，讲学以耨之，本仁以聚之，播乐以安之。"（《礼记·礼运》）这里以耕田为喻，说明礼治是本于人情，以礼为秩序，以义为精神，以教育和教化成人成己，以仁爱凝聚人心，以雅乐安顺人心。

故圣人乃以天下为一家，以中国为一人者，非意之也，必知其情，辟于其义，明于其利，达于其患，然后能为之。何谓人情？喜、怒、哀、惧、爱、恶、欲，七者，弗学而能。何谓人义？父慈，子

孝，兄良，弟弟，夫义，妇听，长惠，幼顺，君仁，臣忠，十者，谓
之人义。讲信修睦，谓之人利。争夺相杀，谓之人患。故圣人所以治
人七情，修十义，讲信修睦，尚辞让，去争夺，舍礼何以治之？饮食
男女，人之大欲存焉。死亡贫苦，人之大恶存焉。故欲恶者，心之大
端也。人藏其心，不可测度也，美恶皆在其心不见其色也，欲一以穷
之，舍礼何以哉？（《礼记·礼运》）

礼治本乎人情，培育仁义，是以伦理道德为基础、家国一体、天下
一家的社会政治体系。"四体既正，肤革充盈，人之肥也。父子笃，兄弟
睦，夫妇和，家之肥也。大臣法，小臣廉，官职相序，君臣相正，国之肥
也。天子以德为车，以乐为御。诸侯以礼相与，大夫以法相序。士以信相
考，百姓以睦相守，天下之肥也。是谓大顺。大顺者，所以养生送死事鬼
神之常也，故事大积焉而不苑，并行而不缪，细行而不失。深而通，茂而
有间。连而不相及也，动而不相害也，此顺之至也。故明于顺，然后能守
危也。"（《礼记·礼运》）这样美好的和谐社会理想图景，曾经在西周中
前期现实地存在过："故成康之际，天下安宁，刑错四十余年不用。"（《史
记·周本纪》）本乎孔子思想而记之于七十子之徒的小康礼治，在中国古
代社会是朴实而可行的政治制度方案。

王国维在《殷周制度论》盛赞周礼制度变革之美盛及其重大意义。"中
国政治与文化之变革，莫剧于殷周之际。……故夏、殷间政治与文物之变
革，不似殷、周间之剧烈矣。殷、周间之大变革，自其表言之，不过一姓
一家之兴亡与都邑之转移；自其里言之，则旧制度废而新制度兴，旧文化
废而新文化兴；又自其表言之，则古圣人之所以取天下及所以守之者，若
无以异于后世之帝王；而自其里言之，则其制度文物之本意，乃出于万世
治安之大计，其心术与规模迥非后世帝王所梦见也。"①王国维总结周礼变
革的意义："是故有立子之制，而君位定；有封建子弟之制，而异姓之势
弱，天子之位尊；有嫡庶之制，于是有宗法、有服术，而自国以至天下，

① 王国维：《殷周制度论》，载《王国维考古学文辑》，凤凰出版集团、凤凰出版社
2008年版，第51页。

合为一家；有卿大夫不世之制，而贤才得以进；有同姓不婚之制，而男女之别严。且异姓之国，非宗法之所能统者，以婚媾甥舅之谊通之。于是天下之国，大都王之兄弟甥舅，而诸国之间，亦皆有兄弟甥舅之亲。周人一统之策，实存于是。"[1] 关于"礼不下庶人"，王国维认为周之制度典礼皆为道德而设，治上即是为民。"凡有天子诸侯卿大夫者，以为民也。有制度典礼以治天子诸侯卿大夫士，使恩以相洽，有义以相分，而国家之基定，争夺之祸泯焉。民之所求者，莫先于此矣。且古之所谓国家者，非徒政治之枢机，亦道德之枢机也。使天子诸侯大夫士各奉其制度典礼，以亲亲、尊尊、贤贤明男女之别于上，而民风化于下，此之谓治，反是谓之乱。是故天子诸侯卿大夫士者，民之表也；制度典礼者，道德之器也。周人为政之精髓，实存于此。"礼之所去，刑之所加，周制刑是为了刑错，本于德治礼治，目的在于培育民彝以致太平。故王国维认为，殷周之兴亡，乃有德与无德之兴亡。总而言之，周道为全景的道德政治。

2. 小国寡民和天下一统

东周诸子时处传统的宗法制度逐渐解体，旧有宗法伦理难以维系人心，社会变革伴随着天灾人祸，他们尤其切身体察战争离乱之苦，于是根据各自深刻的反思设想了很多理想社会模式，有消极避世的，有主张大一统以弭兵安民的，构成东周中后期政治理想主张的两极。

一般认为生活在春秋末年的道家创始人老子，主张道法自然，不满于当时社会道德政治，希望回到人的本真状态，过小国寡民的理想生活。老子认为，利器法令这些严酷的社会制度和仁义礼智这些虚伪的道德律令之出现，说明了这个世界不由大道，不断侵害人的生存处境和身心人性：

> 五色令人目盲；五音令人耳聋；五味令人口爽；驰骋畋猎，令人心发狂；难得之货，令人行妨。（《老子·十二》）

> 大道废，有仁义；智慧出，有大伪；六亲不和，有孝慈；国家昏

---

[1]　王国维：《殷周制度论》，《王国维考古学文辑》，凤凰出版集团、凤凰出版社2008年版，第60页。

乱，有忠臣。(《老子·十八》)

　　故失道而后德，失德而后仁，失仁而后义，失义而后礼。夫礼者，忠信之薄而乱之首。(《老子·三十八》)

　　天下多忌讳，而民弥贫；民多利器，国家滋昏；人多伎巧，奇物滋起；法令滋彰，盗贼多有。故圣人云：我无为而民自化，我好静而民自正，我无事而民自富，我无欲而民自朴。(《老子·五十七》)

老子揭示社会治理状况的恶化在于人的欲望膨胀和智巧争夺造成的，仁义道德和礼乐制度的出现，正说明了社会风尚的堕落和国家治理的昏乱。老子所提倡的治国之道，是统治者无为、好静，而使老百姓回归为本真的人性；统治者无事、无欲，减少对老百姓的劳役和赋税等负担，这样人民自然会富裕起来、社会风俗自然会淳朴起来。因此，老子期待的理想人格是"见素抱朴"、理想社会是"小国寡民"：

　　绝圣弃智，民利百倍；绝仁弃义，民复孝慈；绝巧弃利，盗贼无有。此三者，以为文不足，故令有所属。见素抱朴，少思寡欲。(《老子·十九》)

　　知其雄，守其雌，为天下溪。为天下溪，常德不离，复归于婴儿。知其荣，守其辱，为天下谷。为天下谷，常德乃足，复归于朴。知其白，守其黑，为天下式。为天下式，常德不忒，复归于无极。朴散则为器，圣人用之则为官长，故大智不割。(《老子·二十八》)

　　小国寡民，使有什伯之器而不用；使民重死而不远徙。虽有舟舆，无所乘之，虽有甲兵，无所陈之。使民复结绳而用之。甘其食，美其服，安其居，乐其俗。邻国相望，鸡犬之声相闻，民至老死不相往来。(《老子·八十》)

在老子的理想社会里，人人如婴儿一样天真淳朴，少思寡欲，自由自在，社会风俗和乐，国家文明制度虚陈而不用，没有战争和纷乱，一派世外桃源的安宁生活。老子似乎有先见之明地觉察并警惕阿尔都塞所说的"意识形态机器"和福柯所说的"全景敞视主义"，设想了这样一个没有洗脑和规训的自由社会，它很像孔子的"大同社会"，都是寄托自由理想的乌托邦，虽然很难真正实现出来，但可以促使人们反思文明社会的种种病态，警醒于人性的异化和社会的荒谬，自我救赎和社会变革因此有了努力改善的方向。

庄子继承发展了老子道家思想，主张自本自根的哲学思想，对待社会的态度是消极避世，以保存生存的自由和人性的本真状态。庄子通过认知和精神上的超越而超凡脱俗，齐万物，泯是非，无贵贱，道通为一，不愿与人性支离破碎的流俗同流合污，而采取保持真性情的"逍遥"的精神自由状态。然而我们可以从庄子后学所作的《天下》篇中，可以窥见庄子其实是认同儒家治国理念的，有着大道一统的礼乐文明社会期待。

> 古之人其备乎！配神明，醇天地，育万物，和天下，泽及百姓，明于本数，系于末度，六通四辟，小大精粗，其运无乎不在。其明而在数度者，旧法、世传之史尚多有之；其在于《诗》、《书》、《礼》、《乐》者，邹鲁之士、缙绅先生多能明之。《诗》以道志，《书》以道事，《礼》以道行，《乐》以道和，《易》以道阴阳，《春秋》以道名分。其数散于天下而设于中国者，百家之学时或称而道之。（《庄子·天下》）

可见庄子视儒家之道为天下最为完整的理想道术，而不满意于"道术将为天下裂"、"天下大乱，贤圣不明，道德不一"（《庄子·天下》）的战国乱世，对"天下多得一察焉以自好"的"一曲之士"多有批评，惟无责于儒家道术。庄子的理想社会，是顺人天性、与自然和谐相处的人间乐园：

> 彼民有常性，织而衣，耕而食，是谓同德；一而不党，命曰天放。故至德之世，其行填填，其视颠颠。当是时也，山无蹊隧，泽无舟梁；万物群生，连属其乡；禽兽成群，草木遂长。是故禽兽可系羁而游，鸟鹊之巢可攀援而窥。夫至德之世，同与禽兽居，族与万物并，恶乎知君子小人哉！同乎无知，其德不离；同乎无欲，是谓素朴；素朴而民性得矣。及至圣人，蹩躠为仁，踶跂为义，而天下始疑矣；澶漫为乐，摘辟为礼，而天下始分矣。故纯朴不残，孰为牺尊！白玉不毁，孰为珪璋！道德不废，安取仁义！性情不离，安用礼乐！五色不乱，孰为文采！五声不乱，孰应六律！夫残朴以为器，工匠之罪也；毁道德以为仁义，圣人之过也。（《庄子·马蹄》）

　　庄子向往的"至德之世"，人心淳朴，天真善良，于鸟兽同伍，与万物共居，不知君子小人之别，无智巧寡欲望，出于素朴自然的本真状态。而圣人设礼义制度文章，分尊卑贵贱之别，在庄子看来是破坏了人的天性和道德，是人间秩序的一种堕落。其社会理想和人生情怀，与老子的"小国寡民"、孔子的"大同之世"，都是对最高理想社会的一种向往。

　　墨子的理想政治社会，是一个普遍博爱、简朴节用、任贤使能的君主中央集权统一国家，"兼爱"、"尚贤"、"尚同"最能体现其社会构想特色的政治主张。而墨子的兼爱是带有功利主义色彩的互惠互利、无差等的博爱，有别于儒家推己及人、爱有差等的道德业务"仁爱"。"故当是时，以德就列，以官服事，以劳殿赏，量功而分禄。故官无常贵，而民无终贱，有能则举之，无能则下之，举公义，辟私怨。"（《墨子·尚贤上》）墨子的"尚贤"，是一种不分亲疏贵贱、任人惟求贤能的公正平等的官吏选举任用原则，和以德性、能力、贡献为真价值的社会分配正义。"明乎民之无正长以一同天下之义，而天下乱也。是故选择天下贤良圣知辩慧之人，立以为天子，使从事乎一同天下之义。天子既以立矣，以为唯其耳目之请，不能独一同天下之义，是故选择天下赞阅贤良圣知辩慧之人，置以为三公，与从事乎一同天下之义。"（《墨子·尚同中》）"尚同"是选择"贤良圣知辩慧之人"作为天子，在他的统治下能够"一同天下之义"，消弭天下纷争战乱。但天子需要百官辅助，天子以"尚贤"原则选举各级"正长"官吏，辅助自己"一同天下之义"，而各级官吏的组织原则是下级对上级的绝对忠诚和服从。"凡闻见善者，必以告其上，闻见不善者，亦必以告其上。上之所是，必亦是之，上之所非，必亦非之，己有善傍荐之，上有过规谏之。尚同义其上，而毋有下比之心，上得则赏之，万民闻则誉之。意若闻见善，不以告其上，闻见不善，亦不以告其上，上之所是不能是，上之所非不能非，己有善不能傍荐之，上有过不能规谏之，下比而非其上者，上得则诛罚之，万民闻则非毁之。"（《墨子·尚同中》）这样的天下一统国家，其优势是贤者在位，政治稳定，社会和谐。但是这样的国家也是很危险的，很像霍布斯的"利维坦"，如果遇到君王或摄政大臣不是圣贤之辈，就会迅速走向极权专制主义的暴政。

孟子和荀子发展了孔子政治理想的两个方面，孟子"仁政"指向"大同"，荀子"隆礼重法"指向"小康"。孟子认为性本善，"人皆可以为尧舜"，主张君王由仁义行，遵循尧舜之道，先义后利，实行仁政，以民为本，制民之产，实现道德教化，扶养弱势群体，这样的理想社会构想正是"天下为公"的"大同"。荀子认为性本恶，天生好利多欲，善是后天之伪。圣人天性与常人没有区别，但通过努力修身积善而化性起伪，然后生礼义而制法度。"古者圣人以人之性恶，以为偏险而不正，悖乱而不治，故为之立君上之势以临之，明礼义以化之，起法正以治之，重刑罚以禁之，使天下皆出于治，合于善也。"（《荀子·性恶》）荀子的礼，是以政治制度的形式强制推行的，既有礼义精神，又有刑法推行。"隆礼重法，则国有常。"（《荀子·君道》）"礼之于正国家也，如权衡之于轻重也，如绳墨之于曲直也。故人无礼不生，事无礼不成，国家无礼不宁。君臣不得不尊，父子不得不亲，兄弟不得不顺，夫妇不得不欢。少者以长，老者以养。故天地生之，圣人成之。"荀子在主张"隆礼重法"的同时，提出"强国裕民"的王道思想，把富民作为治国的目的。"不富无以养民情，不教无以理民性。故家五亩宅，百亩田，务其业而勿夺其时，所以富之也。"（《荀子·大略》）荀子的政治社会构想是"一天下，财万物，长养人民，兼利天下"（《荀子·非十二子》），很接近孔子所说的"小康"社会，惟因荀子处于战国末年极乱之世，不得不顺应时势注重现实可行性，在倡导王道的同时兼用霸道，富国强兵以保证战乱年代的国家得以生存并实现统一天下大业。

法家的政治理想是一个去道德的法治社会。法家的"法治"不是现代西方的法治概念，而是指以刑法律令和帝王权术结合的国家治理方式。韩非子继承发展法家传统中"法"、"术"、"势"思想，把刑法律令作为社会唯一的行为规范和合法标准，人民只要"以吏为师"学法知法就可以了，批评儒墨的道德政治是过时的思想。"上古竞于道德，中世逐于智谋，当今争于气力。"（《韩非子·五蠹》）韩非子认为人性自私自利，"皆挟自为心"（《韩非子·外储说左上》），政治社会是一个非道德、无情感的世界，人和人之间只有利用和被利用的关系，君王毋需去化性起伪教化万民，反而通过巧妙利用人的"自为心"，用赏罚二柄操控臣民。富国强兵是扩大君王权势和强化国家军事力量的手段，通过奖励耕战，调动全国人民全力以赴从事农业生产和对外战争。秦始皇和李斯把法家理论全面贯彻到秦国政治实践之中，在战国兼并战争中所向披靡，军事统一天下，建立了"一法度、衡、石、丈尺，车同轨，书同文，行同伦"（《史记·秦本纪》）的郡县制君主中央集权国家，其功不可谓不巨。然而他们实现的是一个去道德、非价值的政治社会，把世界和人民都看作工具化、功利化的存在，无视人的道德关怀和意义世界需要，在战争中肆意坑杀数以百万计的降敌，通过政治暴力"焚书坑儒"，横征暴敛，草菅民命，犯下罪恶滔天的反人类和反文明罪行，其兴也浡，其亡也速，成为后人不断反思去道德政治的反面教材。

3. 清静无为与纲常制度

汉初反思秦政之失在于"仁义不施"，统治者过于"有为"而民无喘息之日，于是以"清静无为"为宗旨的黄老道家思想成为汉初政治指导方针，虽汉承秦制，但与民休息，适应了一家一户式小农经济的自由发展，出现经济繁荣、社会安宁的"文景之治"。汉武帝即位之时，旧制度已经不适应郡县制中央君主集权的大一统国家长治久安的需要，改革势在必行，董仲舒"推明孔氏，抑黜百家"的天人三策恰逢其时，为有着雄心壮志的汉武帝接受并运用于政治变革实践，推行以三刚五常作为伦理道德基础的政治制度重建，奠定了嗣后两千多年传统政治制度主流之规模。

黄老道家是托名黄帝和老子，以原始道家思想为主干，杂糅先秦儒、墨、法、阴阳、名家诸子思想，在汉初根据政治统治需要而建立的思想流派。该学派以"治道贵清静而民自定"（《史记·曹相国世家》盖公语）为政治统治要领，今存主要文献有《黄帝四经》、《淮南子》。刘邦的辅政大臣张良、陈平都信奉黄老道家。"时时前说称《诗》、《书》"的陆贾，反思秦政过于多事"有为"，提倡"无为"而"有为"，把黄老道术融进儒家思想：

　　道莫大于无为，行莫大于谨敬。何以言之？昔舜治天下也，弹五弦之琴，歌南风之诗，寂若无治国之意，漠若无忧天下之心，然而天下大治。周公制作礼乐，郊天地，望山川，师旅不设，刑格法悬，而四海之内，奉供来臻，越裳之君，重译来朝。故无为者乃有为也。

秦始皇设刑罚，为车裂之诛，以敛奸邪，筑长城于戎境，以备胡、越，征大吞小，威震天下，将帅横行，以服外国，蒙恬讨乱于外，李斯治法于内，事逾烦天下逾乱，法逾滋而天下逾炽，兵马益设而敌人逾多。秦非不欲治也，然失之者，乃举措太众、刑罚太极故也。（《新语·无为》）

以"清静无为"为治理要义的曹参被萧何荐为丞相。"举事无所变更，一遵萧何约束。"听说齐国盖公善治黄老言，"参于是避正堂，舍盖公焉"，厚币礼遇。"择郡国吏木讷于文辞，重厚长者，即召除为丞相史。吏之言文刻深，欲务声名者，辄斥去之。日夜饮醇酒。卿大夫已下吏及宾客见参不事事，来者皆欲有言。至者，参辄饮以醇酒，闲之，欲有所言，复饮之，醉而后去，终莫得开说，以为常。"百姓歌之曰："萧何为法， 若画一；曹参代之，守而勿失。载其清净，民以宁一。"（《史记·曹相国世家》）

文帝、景帝喜黄老刑名之术，窦太后尤好黄老，"窦太后好黄帝、老子言，帝及太子诸窦不得不读黄帝、老子，尊其术。"（《史记·外戚世家》）田叔、王生、黄生、隽不疑、汲黯、刘安等皆为名噪一时的黄老名家，黄老道家思想可谓武帝之前的西汉国家意识形态。

司马谈的学术史名著《论六家要旨》推崇道家，实为概括汉初黄老道家的思想宗旨和政治道术：

道家无为，又曰无不为，其实易行，其辞难知。其术以虚无为本，以因循为用。无成埶，无常形，故能究万物之情。不为物先，不为物后，故能为万物主。有法无法，因时为业；有度无度，因物与合。故曰"圣人不朽，时变是守。虚者道之常也，因者君之纲"也。羣臣并至，使各自明也。其实中其声者谓之端，实不中其声者谓之窾。窾言不听，奸乃不生，贤不肖自分，白黑乃形。在所欲用耳，何事不成。乃合大道，混混冥冥。光耀天下，复反无名。凡人所生者神也，所托者形也。神大用则竭，形大劳则敝，形神离则死。死者不可复生，离者不可复反，故圣人重之。由是观之，神者生之本也，形者生之具也。不先定其神〔形〕，而曰"我有以治天下"，何由哉？（《史

记·太史公自传》)

黄老道术"因阴阳之大顺，采儒墨之善，撮名法之要"，是汉初根据时势需要以道家为基础融合先秦诸子学术思想创新的产物。"无为而无不为"，无为于劳民、扰民、禁民，即是远离苛政严法，安定社会秩序，促进农业生产。黄老道术不是本身的思想有多高明，而是它"与时迁移，应物变化，立俗施事，无所不宜"，顺应了秦灭汉兴这段时期的历史发展需要，从而产生良好的社会经济效应。汉初以黄老治天下的情境，大有老子设想的理想社会"小国寡民"特色，不愧是政通民和的治世盛况。

然而伴随着汉初的"清静无为"国策，政治经济社会的许多弊端日益明显，并逐渐发展为威胁汉王朝生死存亡的重大问题。一是占全国土地三分之二以上的诸侯王国割据势力借以迅速发展，构成了对中央集权统治的严重威胁，弱干强枝，多次叛乱，景帝时的"七国之乱"几乎要覆灭中央政权。二是地方豪强势力急剧膨胀，武断乡里，鱼肉百姓，激化了地主与农民之间的矛盾。武帝继位的时候，"地主阶级于农民阶级的矛盾、中央政权于地方诸侯王国的矛盾、统治阶级当权集团与地方豪强地主之间的矛盾日益激化。黄老思想指导下的无为政治无力解决这些矛盾，其历史使命也就届临结束了。"[1] 同时，根据"必世而后仁"的历史发展规律，汉初六十多年的良性社会经济发展，使政治、经济和军事力量全面强盛，政治改革的时机业已成熟。曾经由贾谊提议、文帝支持的以儒术改革承秦弊之汉制的未竟事业，历史地落到董仲舒和汉武帝身上。

董仲舒在"天人三策"中提出、武帝采纳落实的政治改革方案，是顺应天命而改制更化，以儒家仁义思想作为国家意识形态，重建德礼合一、政教合一的礼义制度，全面实行以"三纲五常"伦理道德为基础的德治社会。董仲舒通过儒家受之天命的政权正当性思想和礼义制度的"亲亲、尊尊、贤贤"的统治原则，强调天子权威和"强干弱枝"的大一统体制之神圣性，并建议"推明孔氏，抑黜百家"，以国家提倡儒家经典教育的形式确立国家意识形态，从制度约束和思想教化上规训人们的行为，从而形成

---

① 田昌五、安作璋主编:《秦汉史》，人民出版社 2008 年版，第 638 页。

一个人人自觉以"三纲五常"作为政治行为和日常生活的伦理道德规范，有利于中央集权统治的良序道德社会。

董仲舒的新儒学思想，与秦汉之际思想学术合流的趋势相适应，是以儒家思想为主旨，综合道、墨、名、法、阴阳等先秦初汉百家之精华的思想体系。汉武帝"外儒内法"之说，如宣帝对元帝所言："汉家自有制度，本以霸王道杂之，奈何纯任德教，用周政乎！"（《汉书·元帝纪》）都和作为武帝以来汉代采用综合百家的董仲舒思想作为政治指导思想有很大关系。董仲舒的天命论、天谴说、通三统，有取于墨家"天志"说和阴阳家"五德终始"论；君逸臣劳的君臣关系定位，借鉴了原始道家和黄老道家的"无为而无不为"思想；"屈民而申君，屈君而申天"和三纲五常之说，源于墨子"尚同"主张和韩非子尊君之论；正名思想则吸取了墨家和名家论述……如此等等，不一而足。因此，董仲舒建议汉武帝独尊之儒术，是经过损益的新儒学体系，其中吸纳了自古以来政治思想文化传统的各种合乎时宜的有益成分，与中国政治新形势、地理经济特点和社会礼俗有机地结合起来，在经过社会动荡、斯文堕坏、道德衰微的秦汉之际动乱之后，为广土众民的大一统国家开创长治久安的太平治世奠定万世基业。汉武帝和董仲舒开启的正是这样一场伟大的思想文化复兴和政治体制改革运动。

第二节　伦理源流

一、观念发生

1. 伦理道德的萌芽

对殷代及以前的时代，伦理道德难以考证，我们只能予以猜测，殷周之际开始，我们才有确切的材料了解其制度伦理道德的萌芽。

西周之前的伦理道德观念，可以通过有关原始禁忌、宗教崇拜和生活理念去推测。原始禁忌即所谓原始社会中人的"部落习惯法"，是人类在文明社会之前漫长进化岁月中逐渐通过生活经验总结形成的个人自我规范和部落中普遍认可的原始思维。卡西尔曾对原始禁忌有精彩论述：

> 禁忌体系尽管有其一切明显的缺点，但却是人类迄今发现的唯一的社会约束和义务的体系。它是整个社会秩序的基石。社会体系中没有哪个方面不是靠特殊的禁忌来调节和管理的。①

> 个人还没有成为讨论的课题，人的感情、思想、活动，并不是从他自身出发的，而是被一种外在的力量印在他身上的。部落的每一个成员对部落习惯法的无意识服从，很长时间来被看成是构成研究原始秩序人们遵守法则之基础的基本公理。②

"性禁忌"是最早产生的原始禁忌之一。在中国先民的原始思维中，性禁忌表现为"同姓不婚"。"男女同姓，其生不蕃。"（《左传·襄公二十三年》）"同姓不昏，恐不殖也。"（《国语·晋语四》）这一禁忌，一方面是生理上的生育原因对自身后代繁衍的影响来考虑，这是通过经验总结归纳出的遗传学规律。另一方面，是从家族和政治伦理角度去考虑家族或部落的生存发展，从而严格禁止同姓婚：

> 异姓则异德，异德则异类。异类虽近，男女相及，以生民也。同姓则同德，同德则同心，同心则同志。同志虽远，男女不相及，畏黩敬也。黩则生怨，怨乱毓灾，灾毓灭姓。是故娶妻避其同姓，畏乱灾也。（《国语·晋语四》）

> 夫昏礼，万世之始也，娶于异姓，所以附远厚别也。（《礼记·郊特牲》）

同姓相及不仅于家族繁衍不利，而且会亵渎神灵导致灭姓毁宗的严厉惩罚。故"同姓不婚"的性禁忌，是为了个人、家族、宗族和部落的繁衍昌盛而禁止同姓乱伦和同族异性侵渎，后来逐渐发展为"男女有别"的伦理道德形式。

先民崇拜也是早期道德生活形式的萌芽。人民通过占卜、祭祀等活动向崇拜对象显示自己的弱小无助，引起同情，祈求帮助。"出于对一种异

---

① [德] 卡西尔：《人论》，甘阳译，上海译文出版社 1995 年版，第 138 页。
② [德] 卡西尔：《人论》，甘阳译，上海译文出版社 1995 年版，第 115 页。

于人的未知而友好的力量的尊重而对个人特权的限制，不管细节上对我们会显得如何琐碎和可笑，它们却包括着社会进步和道德秩序的活生生的原则。"①

> 有虞氏禘黄帝而郊喾，祖颛顼而宗尧。夏后氏亦禘黄帝而郊鲧，祖颛顼而宗禹。殷人禘喾而郊冥，祖契而宗汤。周人禘喾而郊稷，祖文王而宗武王。燔柴于泰坛，祭天也；瘗埋于泰折，祭地也；用骍犊，埋少牢于泰昭，祭时也；相近于坎坛，祭寒暑也。王宫，祭日也；夜明，祭月也；幽宗，祭星也；雩宗，祭水旱也；四坎坛，祭四时也。山林、川谷、丘陵，能出云为风雨，见怪物，皆曰神。（《礼记·祭法》）

从上述较为可靠的追述中，可见中国自古形成的主要崇拜形式，包括天帝崇拜、自然崇拜和祖先崇拜。殷人通过祭祀祖先和帝神崇拜，培育诚敬之心和质朴品格，可视之为"孝"的情感渊源。

"尊老"是先民们在生产实践和生活经验中逐渐形成的道德观念。古时候能长寿者不多，生产和生活知识靠经验积累的上古社会，老人意味着知识的传授者和智能的代表者，古代传说中的三皇五帝都是寿在百岁左右的德高年长者。尊老养老是西周之前一种为人称颂的美好品德，甚至是"受命之君"的依据之一。

> 西伯阴行善，诸侯皆来决平。于是虞、芮之人有狱不能决，乃如周。入界，耕者皆让畔，民俗皆让长。虞、芮之人未见西伯，皆惭，相谓曰："吾所争，周人所耻，何往为，祇取辱耳。"遂还，俱让而去。诸侯闻之，曰："西伯盖受命之君。"（《史记·周本纪》）

> 孟子曰："伯夷辟纣，居北海之滨，闻文王作，兴曰：'盍归乎来！吾闻西伯善养老者。'太公辟纣，居东海之滨，闻文王作，兴曰：'盍归乎来！吾闻西伯善养老者。'二老者，天下之大老也，而归之，是天下之父归之也。天下之父归之，其子焉往？诸侯有行文王之政者，七年之内，必为政于天下矣。"（《孟子·离娄上》）

---

① [德]卡西尔：《人论》，甘阳译，上海译文出版社1995年版，第136页。

西伯即周文王昌，以其"让长"、"善养老"，诸侯誉之为"受命之君"，伯夷、太公等贤者归之，孟子赞之为仁政，认为如此必可以七年而为政于天下，可见尊老养老是上古时代的社会普遍尊崇的道德观念。

> 昔者，有虞氏贵德而尚齿，夏后氏贵爵而尚齿，殷人贵富而尚齿，周人贵亲而尚齿。虞夏殷周，天下之盛王也，未有遗年者。年之贵乎天下，久矣，次乎事亲也。是故，朝廷同爵则尚齿。七十杖于朝，君问则席。八十不俟朝。君问则就之。弟达乎朝廷矣。行，肩而不并，不错则随。见老者则车徒辟，斑白者不以其任行乎道路，而弟达乎道路矣。居乡以齿，而老穷不遗，强不犯弱，众不暴寡，而弟达乎州巷矣。古之道，五十不为甸徒，颁禽隆诸长者，而弟达乎搜狩矣。军旅什伍，同爵则尚齿，而弟达乎军旅矣。孝弟发诸朝廷，行乎道路，至乎州巷，放乎搜狩，修乎军旅，众以义死之，而弗敢犯也。（《礼记·祭义》）

"齿"通"龄"，"尚齿"，即崇尚年龄较长的人，即尊老。一方面是年轻人知识和经验的传授者，一方面是社会道德教化的示范者和教育者，所以"尚齿"、"尊老"是先民的道德价值取向。尚齿尊老作为早期礼制的主要内容，在政治活动和日常生活中可谓无处不在，已经是社会普遍的、社会性的尊老养老风尚，成为后来"孝悌"观念得以产生的社会基础和重要来源。孟子的"三达尊"说，即为这一理念的肯认："天下有达尊三：爵一、齿一、德一。"（《孟子·滕文公下》）在尊老的传统社会中，老者一般是爵、齿、德三位一体的权威。高成鸢认为，中华尊老风尚的产生，是先社会而后家族，尊老在先，孝亲在后。"我们可以说对陌路老者的尊敬是由家族孝悌衍生而来，我们更可以说，在家族孝悌形成以前的上古，尊老风尚早已通行。如果说后来的礼制有强制性，那么上古的尊老全靠自觉。所以，尊老是中华精神中仁爱至性的本原。"[1]

综上所述，以性禁忌为代表的原始禁忌、以祖先崇拜为代表的原始崇拜和"让长"、"尊老"为代表的生活理念是古代本源性的伦理道德观念。

---

[1] 高成鸢：《中华尊老文化探源》，中国社会科学出版社 1999 年版，第 111 页。

2. 宗法制度伦理

西周的宗法制度、礼乐文明及其伦理道德观念，为中国古代制度和伦理道德奠定了基础。"周监乎二代，郁郁乎文哉，吾从周。"(《论语·八佾》)西周时代是孔子所向往的礼乐文明时代，孔子精通周礼，以梦到制礼作乐的周公为乐，毕生理想就是恢复周礼于当世，周礼及其伦理道德观念也随着儒家学说的兴起而成为中国传统文化精神的基础。

西周制度伦理的核心观念是"德"概念。如前文所述，尽管周代以前的甲骨文中有"德"字，但无"德"的概念。"是周人看到专恃天命的商代覆亡，感到'天命无常'，因而提出'德'来济天命之穷。"①《周书》中有这样的论述：

> 我不可不监于有夏，亦不可不监于有殷。我不敢知，曰，有夏受天命，惟有历年。我不敢知，曰，不其延，惟不敬厥德，乃早坠厥命。我不敢知，曰，有殷受天命，惟有历年。我不敢知，曰，不其延，惟不敬厥德，乃早坠厥命。今王嗣受厥命，我亦惟兹二国命，嗣若功。王乃初服。(《周书·召诰》)

周公认为夏殷失去天命皆因失"德"所致，故告诫成王吸取教训，敬德配天。德主要指高尚的品格和行为，如《尚书·皋陶谟》："行有九德，……宽而栗，柔而立，愿而恭，乱而敬，扰而毅，直而温，简而廉，刚而塞，强而义。"德也指具有高尚品格或行为的人，如《尚书·舜典》："舜让于德，弗嗣。""从《周书》和'周彝'看来，德字不仅包括主观方面的修养，同时也包括着客观方面的规范——后人所谓'礼'。……礼是由德的客观方面的节文所蜕化下来的，古代有德者的一切正当行为的方式汇集下来便成为后代的礼。"②周初"德"观念大量出现在《诗经》中，如"无念尔祖，聿修厥德"(《文王》)、"假乐君子，显显令德"(《假乐》)、"敬慎威仪，以近有德"(《民劳》)等。此外青铜器铭文中，有成王时期的《班簋》"显佳敬德"、康王时期的《大盂鼎》"敬雍威仪"等。王国维认为，"周之

---

① 顾颉刚、刘起釪：《〈盘庚〉三篇校释译论》，《历史学》1979 年第 2 期。
② 顾颉刚、刘起釪：《〈盘庚〉三篇校释译论》，《历史学》1979 年第 2 期。

制度典礼乃道德之器械，而尊尊、亲亲、贤贤、男女有别四者之结体也。"
(《殷周制度论》)，"殷周之兴亡，乃有德与无德之兴亡。"(《殷周制度论》)
夏、殷还没有明显的道德意识，直到西周开始才有了"德"概念和明确的
道德意识，道德德目也开始有许多分类和归纳，并且将"德"作为政权合
法性根据和政治统治原则。

　　与宗法制周礼相适应，西周亲属称谓的复杂化也说明了西周宗法社会
伦理关系的系统化和伦理道德观念的精细化。在殷周卜辞中，殷人在称谓
上有母和妻，但没有体现母姓宗族与妻姓宗族成员，没有反映"父"与"父
之兄弟"的差别，下一代仅有"子"与"妇"，没有"孙"的称谓。"卜辞
的亲称似乎既不重视 collaterlity 又不重视 bifurcation；换言之，父与其兄
弟之间，母与其姊妹之间，父之姊妹与母之姊妹之间，与父之兄弟与母之
兄弟之间，似乎都没有分别的倾向。"[1]根据金文资料，周代的称谓则分为
宗亲和姻亲，姻亲有外孙与外祖父母的关系和甥舅关系，宗亲则可按辈分
的不同分五类："第一类指祖及祖以上的称谓，如高祖、文祖、亚祖、家
祖、烈祖、皇文烈祖考、圣祖、皇祖、先祖、皇妣等；第二类指己身上及
一世的称谓，有文考、嫡考、皇考、烈考、穆考、父、文父、皇母、文
母、姑、先姑、文姑、公母等；第三类指与己身同辈平行的称谓，如妻、
妾、姊、妹、兄、弟；第四类指己身下及一世的称谓，有元子、庶子、少
子、长子、宗小子、嗣子、妇、宗妇；第五类指己身下及两世及两世以上
的称谓，有孙、群孙、曾孙、玄孙、元孙、圣孙。"[2]可见金文中所体现的
亲属关系已经有祖孙关系、父子关系、夫妇关系、兄弟关系、婆媳关系、
妯娌关系、姻亲关系，实际称谓远多于此。在宗法制的西周社会，亲属关
系直接关系到名分尊卑和财产继承分配，故严格区分了宗亲与姻亲、嫡与
庶、长与幼、直子与旁子，以便协调和规范亲属之间的伦理关系。亲属关
系细分与宗法制周礼伦理是一体的，西周人对天地祭祀、宗庙祭祀等传统
的宗教仪式，和冠、婚、丧、乡、射、朝聘等世俗礼仪活动，均体现出伦

---

[1]　张光直：《青铜时代》，三联书店1999年版，第176页。
[2]　张锡勤、柴文华主编：《中国伦理道德变迁史稿》，人民出版社2008年版，第48页。

理道德的含义。宗族和家庭内部及相互之间的社会秩序维护，也由之前的神的他律转变为宗法社会礼的他律。如宗庙之礼，"夫祭有昭穆，昭穆者，所以别父子、远近、长幼、亲疏之序。"（《礼记·祭统》）如丧服之制，按照宗族内部成员的宗法关系制定丧服系统。"服术有六：一曰亲亲，二曰尊尊，三曰名，四曰出入，五曰长幼，六曰从服。从服有六：有属从，有徒从，有从有服而无服，有从无服而有服，有从重而轻，有从轻而重。"（《礼记·大传》）这些礼的仪式和举行过程中强化的伦理道德含义，不断确认人们自身的伦理名分和道德规范，慢慢由外在规范内化为自觉道德要求。

西周时代"孝"、"友"是两个很突出的重要道德观念。孝与友在西周经常连用，如《诗经·六月》："张仲孝友。"下面是《尚书》中的典型论述：

> 元恶大憝，矧惟不孝不友。子弗祗服厥父子，大伤厥孝心；于父不在宇厥子，乃疾厥子。于弟弗念天显，乃弗克恭厥兄，兄亦不念鞠子哀，大不友于弟。（《尚书·康诰》）

殷人祖先崇拜是"孝"观念的本源，西周的祖先祭祀礼仪，把这种"孝"观念具象化。"祭者，所以追养孝也。"（《礼记·祭统》）"曼恭父作宝盨，用享孝宗室，其万年无疆，子子孙孙永宝用。"①"反祭祀之礼，本为感践霜露思亲，而宜设祭以存亲耳，非为就亲祈福报也。"（《礼记正义·礼器》孔颖达疏）通过祭祀对先祖的"追孝"、"享孝"，是一种思亲报本的纯真的道德情感，体现在社会生活中则逐渐演化为对宗法制度的忠诚和服从。《说文解字》："宗，尊祖庙也。"《尔雅·释亲》："父之党为宗族。""宗族即是指具有共同祖庙的父子亲族，明确的血缘关系联结宗族各成员之间的唯一纽带，共同的祖先和确然的传承关系成为了宗族的重要标志。"②"追孝"是通过祭祀追念和颂扬先祖恩德，通过社会行为继承和实践先祖美德和遗志。"夫孝也者，善继人之志，善述人之事者也。"（《礼记·中庸》）"享孝宗室"，可有两种理解，一是把"宗室"理解为"宗庙"，如此则意为在

---

① 中国社会科学院考古研究所：《殷周金文集成》第 9 册，中华书局 1984—1994 年版，第 4431 条。

② 张锡勤、柴文华主编：《中国伦理道德变迁史稿》，人民出版社 2008 年版，第 60 页。

宗庙之内奉献祭品祭祀祖先；二是把"宗室"理解为"宗子"或"大宗"，如此则把整个宗族或宗子、大宗为享孝对象，而宗子代表着包括始祖以来的列祖列宗一直到所有族人在内的整个宗族。"人道亲亲，亲亲故尊祖，尊祖故敬宗，敬宗，尊祖之义也。"（《礼记·大传》）西周也已经有了对在世父母行孝观念的萌芽，如《康诰》中的"子弗祗服父子，大伤厥孝心"，已经有对在世父亲之"孝"的意味，孝的内容为躬行其父之道、事，若不能，则伤父心，是为不孝。"肇牵车牛远服贾，用孝养厥父母；厥父母庆，自洗腆，致用酒。"（《尚书·酒诰》）这是用农事劳动所得到集市交换物品来孝养在世父母。

从《康诰》论述中可知，"友"观念主要调节兄弟之间的伦理关系。《说文解字》："同志为友，从二又相交。"段注："二又，二人也，善兄弟为友，亦取二人如左右手也。"《尔雅·释亲》："善父母为孝，善兄弟为友。"而实际上，西周之"友"，是对于宗族成员的称谓，泛指同宗兄弟、族人。《诗经·抑》："无言不雠，无德不报。惠于朋友，庶民孝子。"孔颖达疏："朋友，谓诸侯及卿大夫等，……诸侯亦可以兼群臣公卿也。"（《毛诗正义·大雅·抑》）因为在西周时代，同姓诸侯、卿、大夫等的政治地位和社会等级取决于其在宗法谱系中的地位和等级，异姓诸侯通过通婚也纳入了宗法体系之中，君臣关系从属于宗法关系，"友"和"孝"一样，既适用于宗族内部伦理规范，也同时适用于一般的君臣关系调节，成为西周政治和宗族统治有效的制度伦理道德规范。

3. 春秋制度伦理

西周中晚期之后王室逐渐衰微，昭穆南征而"王道微缺"，懿王之时"王室遂衰，诗人作刺"，孝夷之时"荒服不朝"。"夫周室衰而关雎作，幽厉微而礼乐坏，诸侯恣行，政由强国。"（《史记·儒林列传》）平王东迁洛邑，进入春秋时代，王室日益衰落，德力皆不足约束诸侯，以致礼乐征伐自诸侯出，周天子"天下共主"地位名存实亡。同时青铜等金属农具、牛耕等投入农业生产，私田开垦增加，井田制以及家族公社组织被打破，以地缘关系的农村社会组织开始出现。治铁手工业、商业得到发展。姬姓封国逐渐衰微，异姓封国齐、楚、宋、秦、越等国迅速崛起。五世而迁的宗法关系随着时间推衍血缘关系越来越疏远。西周以来严密的宗法体系在春秋时代被削弱了，嫡长子继承制为核心的宗法制度在春秋很难得到执行，弑君夺位现象层出不穷。在这样的时代背景中，社会制度及其伦理道德变迁势在难免。

"孝"作为社会人伦的重要观念在春秋时代有了很大的变迁。除了保留西周之"孝"以先祖、考妣为对象外，在世父母逐渐成为孝的重要对象，并且普及为平民道德观念。诸侯国在君父同位的情况下，孝父和忠君联结在一起。而"孝"观念成为社会一般道德规范，是基于春秋时期父母于子女人伦关系的确定这一重要前提的。在母子人伦关系上，尽管春秋时代还有"烝"、"报"等婚姻形式，但绝不发生在有血缘关系的生母与同胞姐妹，故人们对母子之伦的道德规范已经形成。父子人伦关系是在"孝祖"观念的基础上逐渐转化为"孝父"观念的。传作于两周之际的《蓼莪》诗表达了对父母之爱的感激之情：

> 蓼蓼者莪，匪莪伊蒿。哀哀父母，生我劬劳。蓼蓼者莪，匪莪伊蔚。哀哀父母，生我劳瘁。瓶之罄矣，维罍之耻。鲜民之生，不如死之久矣。无父何怙？无母何恃？出则衔恤，入则靡至。父兮生我，母兮鞠我。拊我畜我，长我育我，顾我复我，出入腹我。欲报之德，昊天罔极！南山烈烈，飘风发发。民莫不谷，我独何害！南山律律，飘风弗弗。民莫不谷，我独不卒！（《诗经·小雅·蓼莪》）

歌颂父母之爱，是以在世父母为孝对象的"孝"观念又逐步影响平民生活的表现之一。而这种影响是与"士"阶层的兴起及其对知识和道德的传播关系密切：

> 今夫士，群萃而州处，闲燕则父与父言义，子与子言孝，其事君者言敬，其幼者言弟。少而习焉，其心安焉，不见异物而迁焉。是故其父兄之教不肃而成，其子弟之为不劳而能。（《国语·齐语》）

士阶层在春秋时期处于贵族阶层和平民阶层之间，随着政治经济社会结构的上下流动，这一阶层成为道德和知识的活跃传播者，为原先作为贵族道德生活的父子之伦道德规范"义"、"孝"普及起到重要的作用，从而使以"孝"为中心的父母与子女的人伦道德规范明确化、普及化。"见有礼于其君者，事之，如孝子之养父母也；见无礼于其君者，诛之，如鹰鹯之逐鸟雀也。"（《左传·文公十八年》）"孝养"成为孝在世父母的一般道德。

到春秋末年，孔子对"孝"德的阐发提升了"孝"的丰富内涵和道德境界。

> 子曰：父在，观其志。父没，观其行。三年无改于父之道，可谓孝矣。（《论语·学而》）

> 子游问孝。子曰："今之孝者，是谓能养，至于犬马，皆能有养，不敬，何以别乎？"（《论语·为政》）

> 孟懿子问孝。子曰："无违。"樊迟御，子告之曰："孟孙问孝于我，我对曰无违。"樊迟曰："何谓也？"子曰："生，事之以礼，死，葬之以礼，祭之以礼。"（《论语·为政》）

> 子夏问孝。子曰："色难。有事，弟子服其劳，有酒食，先生馔，曾是以为孝乎？"（《论语·为政》）

> 宰我问："三年之丧，期已久矣。君子三年不为礼，礼必坏；三年不为乐，乐必崩。旧谷既没，新谷既升，钻燧改火，期可已矣。"子曰："食夫稻，衣夫锦，于汝安乎？"曰："安。""汝安则为之。夫君子之居丧，食旨不甘，闻乐不乐，居处不安，故不为也。今汝安，则为之。"宰我出，子曰："予之不仁也。子生三年，然后免于父母之怀。夫三年之丧，天下之通丧也。予也有三年之爱于其父母乎？"（《论语·阳货》）

孔子为"孝"提出了"养"之外更高的道德要求。一方面，孝养必须要有"敬"的道德情感，如果没有"敬"，孝父母就不能与养犬马区别开来。"色难"也是指孝养要有"敬"、"顺"的道德情感和和颜悦色。"孝子之有深爱者，必有和气。有和气者，必有愉色。有愉色者，必有婉容。"（《礼记·祭义》）另一方面，"无违"，在父亲生时继承父亲的志向，在父亲去世之后，三年无改于父母之道。生时事之以礼，死后葬之以礼、祭祀以时。孔子尤其强调子为父母服三年之丧，如果不能做到，孔子以为是不仁的表现，是对父母养育之恩的忘恩负义。

与"孝"对应，"忠"观念产生在春秋时期并具有多种内涵。"忠"在春秋时期的一般性道德含义是尽心的意思，是上下相互的行为规范。

> 忠信笃敬，上下同之，天之道也。（《左传·襄公二十二年》）

> 樊迟问仁。子曰："居处恭，执事敬，与人忠，虽之夷狄，不可弃也。"（《论语·子路》）

> 力有所能，无不为，忠也。（《国语·晋语二》）

这种真诚为人的道德品格，常被用来与"信"道德观念相提并论。"在'忠''信'连用的情况中，'忠'一般是指主体内心的真实无妄的道德情感和道德精神，而'信'则多指由这种道德情感和道德精神形之于外而产生的道德行为。"①

春秋时代的"友"观念逐渐从宗族性伦理道德观念转化为社会性的伦理关系，兄弟之伦则以"悌"道德观念来代替西周时的"友"，并春秋时期"信"被用作这一"朋友"伦理道德规范：

> 子夏曰："贤贤易色，事父母能竭其力，事君能致其身，与朋友交言而有信。"（《论语·学而》）

> 吾日三省吾身：为人谋而不忠乎，与朋友交而不信乎？传不习乎？（《论语·学而》）

> 主忠信，无友不如己者，过则不惮改。（《论语·学而》）

"忠"作为政治性含义，有"为公"、"兴利于民"、"为国尽力"等内涵，也开始把"忠"作为臣德。

> 季孙于鲁，相二君，妾不衣帛，马不食粟，可不谓忠乎？（《左传·成公十六年》）

> 临患不忘国，忠也。（《左传·昭公六年》）

> 定公问："君使臣，臣事君，如之何？"孔子对曰："君使臣以礼，臣事君以忠。"（《论语·八佾》）

可见春秋时代的忠，是比较宽泛的普遍道德规范，即便是"忠君"，也不是绝对化的，而是相互条件性的道德。除孔子提出"君使臣以礼"

---

① 张锡勤、柴文华主编：《中国伦理道德变迁史稿》，人民出版社 2008 年版，第 96 页。

的忠君条件外，晏子提出择君而事的主张。"君者择臣而使之，臣虽贱亦得择君而事之。"（《晏子春秋·问上》）君臣双方是相互性的权利义务关系。

"仁"在春秋时代成为调节社会伦理关系的重要道德规范，也是孔子思想体系的核心。春秋文献中大量出现"仁"字，有的地方以德的意义用仁，有的地方是一般道德规范，并且有抽象为最高道德原则的倾向。孔子总结在春秋时代"仁"观念的内涵发展和实践经验，提出仁为德之大全，是最高的德性。孔子把"爱人"（《论语·颜渊》）作为仁的本质规定，是真诚无妄、质朴无私的最高道德规范，把"推己及人"作为"仁"的逻辑构造，涵盖所有德目，是一切德目的最高终极原则。孔子毕生理想"克己复礼为仁"（《论语·颜渊》），即是期望在"礼坏乐崩"的春秋时代，通过外在教育和修身为己，培养君子人格，恢复以仁为内在原则的德礼一体的礼义制度。"礼者所尊，尊其义也。失其义，陈其数，祝史之事也。故其数可陈也，其义难知也。知其义而敬守之，天子之所以治天下也。"（《礼记·郊特牲》）子曰："人而不仁，如礼何！人而不仁，如乐何！"（《论语·为政》）仁是礼乐文明制度得以成立的伦理道德基础。

此外，春秋时代还有很多德目，其中个体性和社会性的德目大幅度增加，伦理关系和道德德目逐步规范化，德目分类及德目之间的内在关系逐渐规范化和系统化，后面有关德目有深入分析，需要时再回顾有关论述，兹不赘述。

二、体系构建

1. 伦理道德体系的成熟

战国时代，诸侯国兼并战争加剧，富国强兵成为第一要务，各国奖励耕战的变法活动提高了农业耕作技术和军事谋略水平，而战争频乃导致社会动荡，宗法制度体系遭到破坏，原有的道德观念已经不足以范围人伦德行，官守之学流落民间导致思想学术繁荣，诸子百家争鸣中提出了更高的伦理道德规范以期收拾人心。

具体而言，西周以来对维系社会秩序曾经起着重要作用的宗族结构和伦理道德观念，在战国时代在多方面予以分化和解构，因而演变为需要新的伦理道德规范的社会结构形式。就社会生产领域而言，铁制工具和牛耕技术的普及使用，都江堰、郑国渠等水利工程的修建，在生产条件上促进了农业生产发展。各国奖励耕战的变法活动，打破了原来的土地所有制关系和宗法制度，发生在战国早期的秦国商鞅变法是典型的例子。

> 商鞅变法，改帝王之制，除井田，民得卖买。富者田连阡陌，贫者无立锥之地。（《汉书·食货志》）

> 令民为什伍，而相牧司连坐。不告奸者腰斩，告奸者与斩敌首同赏，匿奸者与降敌同罚。民有二男以上不分异者，倍其赋。有军功者，各以率受上爵；为私斗者，各以轻重被刑大小。僇力本业，耕织致粟帛多者复其身。事末利及怠而贫者，举以为收孥。宗室非有军功论，不得为属籍。明尊卑爵秩等级，各以差次名田宅，臣妾衣服以家次。有功者显荣，无功者虽富无所芬华。（《史记·商君列传》）

在商鞅变法后的秦国，不再实行"井田制"，而实行授田制，土地自由买卖，生产者由奴隶变为隶农，土地私有，转变为小生产制，小规模个体家庭大量出现。通过耕种丰收和战功来改变身份和获得爵禄，世卿世禄宗法体制彻底瓦解。

另外，郡县制度的迅速发展也使宗法制日益解体。郡县制在春秋中叶已经开始实行。"郑伯肉袒牵牛以逆，曰：'使改事君，夷于九县，君之惠也。'"（《左传·宣公十二年》）原先卿大夫的采邑世代相袭，而郡县的长官、县大夫则是君主以功绩或贤能选任，可以经常更换。战国时郡县设立更加普遍。秦商鞅变法置三十一县："而令民父子兄弟同室内息者为禁。而集小乡邑聚为县，置令、丞，凡三十一县。为田开阡陌封疆，而赋税平。"（《史记·商君列传》）燕乐毅攻齐置郡县："昌国君乐毅为燕昭王合五国之兵而攻齐，下七十余城，尽郡县之以属燕。"（《战国策·燕策二》）到秦统一天下，"分天下以为三十六郡，郡置守、尉、监。"（《史记·秦本纪》）郡县长官或大夫掌握原封国之君的经济和军事权力。"大臣之禄虽大，不得藉威城市，党与虽众，不得臣士卒。"（《韩非子·爱臣》）郡县制的发展使战国时期的政治格局地缘主导化，削弱和淡化了以血缘关系为纽带的宗族生活，产生了新的社会伦理关系和道德规范需要。

战国时期，人们对社会伦理关系和伦理道德的选择和整理更为完整清晰，基本奠定了后世所见的伦理道德观念的规模。

> 父子有亲、君臣有义、夫妇有别、长幼有序、朋友有信。(《孟子·滕文公上》)

> 为人君者，中正而无私；为人臣者，忠信而不党。为人父者，慈惠以教；为人子者，孝悌以肃。为人兄者，宽裕以悔；为人弟者，比顺以敬。为人夫者，敦蒙以固；为人妻者，劝勉以贞。(《管子·五辅》)

> 七教：父子、兄弟、夫妇、君臣、长幼、朋友、宾客。(《礼记·王制》)

孟子提出的五伦，与《王制》的"七教"相比少了"兄弟"和"宾客"两伦，与汉代三纲六纪相比："三纲者何？谓君臣、父子、夫妇也。六纪者，谓诸父、兄弟、族人、诸舅、师长、朋友也。"(《白虎通义·纲纪》)"诸父、兄弟、族人、诸舅、师长"这五纪均可以"长幼"一伦概括。故可以说战国时主要社会伦理关系大体已备。而战国时代虽无"三纲"说法，但强调"君臣、父子、夫妇"三伦重要性的"三纲"观念也已经出现：

> 内则父子，外则君臣，人之大伦也。(《孟子·公孙丑上》)

> 男女居室，人之大伦也。(《孟子·万章上》)

> 若夫君臣之义、父子之亲、夫妇之别，则日切瑳而不舍也。(《荀子·天论》)

> 臣事君，子事父，妻事夫，三者顺则天下治，三者逆则天下乱，此天下之常道也。(《韩非子·忠孝》)

> 凡为治必先定分：君臣、父子、夫妇。君臣、父子、夫妇六者当位，则下不逾节而上不苟为矣，少不悍辟而长不简慢矣。(《吕氏春秋·处方》)

孟子强调"君臣、父子、夫妇"为"人之大伦"，荀子亦然。韩非子和《吕氏春秋》则强化三纲的伦常作用，甚至提高到天下治乱的关键、"天下之常道"这样的高度，使之成为政治制度的伦理道德基础。

战国时代接续孔子的伦理道德体系构建，对繁复的伦理道德德目的选择和归纳，逐渐简约为关键性的德目组合。

> 天下之达道五，所以行之者三。曰：君臣也，父子也，夫妇也，兄弟也，朋友之交也。五者，天下之达道也。知、仁、勇三者，天下之达德也。（《礼记·中庸》）

> 何谓四维？一曰礼，二曰义，三曰廉，四曰耻。礼不逾节，义不自进，廉不蔽恶，耻不从枉。故不逾节，则上位安。不自进，则民无巧诈。不蔽恶，则行自全。不从枉，则邪事不生。（《管子·牧民》）

> 由是观之，无恻隐之心，非人也；无羞恶之心，非人也；无辞让之心，非人也；无是非之心，非人也。恻隐之心，仁之端也；羞恶之心，义之端也；辞让之心，礼之端也；是非之心，智之端也。人之有是四端也，犹其有四体也。（《孟子·公孙丑上》）

《中庸》提出的五伦，除了"兄弟"一伦在孟子那里是"长幼"一伦，其他的四伦与孟子五伦一致，作为五伦之道德规范的"知、仁、勇"，则承自孔子："知者不惑，仁者不忧，勇者不惧。"（《论语·子罕》）与其政治哲学洞见"仓廪实，则知礼节。衣食足，则知荣辱"相匹配，《管子》提出的政治伦理规范"四维"（礼、义、廉、耻）具有很强的现实针对性。孟子的"仁、义、礼、智""四端之心"，规定人类的道德类特性，为后来董仲舒的"五常"（仁、义、礼、智、信）奠定了基础。根据出土文献，子思和孟子还有"五行"之说，传为子思之作的《郭店楚简·五行》所提出的"仁、义、礼、智、圣"五德，尤其是《马王堆·五行》后半部分似为孟子解释五行的"五行说"，荀子的批评可为佐证："略法先王而不知其统，犹然而材剧志大，闻见杂博。案往旧造说，谓之五行，甚僻违而无类，幽隐而无说，闭约而无解。案饰其辞而只敬之曰：此真先君子之言也。子思唱之，孟轲和之。"（《荀子·非十二子》）可以说"五行之德"和"四端之心"是思孟学派一脉相承的伦理道德学说。

2. "孝"与"忠"

随着宗法体系的崩溃和个体家庭的普遍化，战国时代的"孝"和"忠"两大观念及其关系发生了很大的变化。战国之前的"孝"观念以"先祖"和"考妣"为主要对象，战国时代"孝祖"意识的地位则退居其次，以在世父母为对象的"孝亲"意识随着个体家庭的兴起而成为"孝"观念的主要意义。

> 慈者，父母之高行也。……孝者，子妇之高行也。(《管子·形势解》)

> 世俗所谓不孝者五：惰其四支，不顾父母之养，一不孝也；博弈好饮酒，不顾父母之养，二不孝也；好货财，私妻子，不顾父母之养，三不孝也；从耳目之欲，以为父母戮，四不孝也；好勇斗很，以危父母，五不孝也。(《孟子·离娄下》)

> 孝子之事亲也，有三道焉：生则养，没则丧、丧毕则祭。养则观其顺也，丧则观其哀也，祭则观其敬而时也。凡此三道者，孝子之行也。(《礼记·祭统》)

孝是子女对在世父母以"顺"为要求的养，及对过世父母以"哀"为要求的丧礼和以"敬而时"为要求的祭祀。同时与孝相对应的，是父母之"慈"也。"为人子，止于孝；为人父，止于慈。"(《礼记·大学》)"请问为人父？曰：'宽惠而有礼。'请问为人子？曰：'敬爱而致恭'"(《荀子·君道》)父子关系是一种相互关系，甚至"孝"以"慈"为前提："父母者，子妇之所受教也，能慈仁教训而不失理，则子妇孝。……父母暴而无恩，则子妇不亲。"(《管子·形势解》)但从秦末扶苏所言"父而赐子死，尚安复请"(《史记·李斯列传》)可知，子对父命的绝对服从的"父为子纲"观念随着法家思想的深入推行已在秦代形成。

随着战国郡县制的逐步确立和君权加强，"忠"的观念向"忠君"的方面单向转变的趋势，由普遍道德转化为臣对君单向义务的臣德，"忠臣"成为战国文献的常见高频词汇。类似于父子关系、君臣关系在战国时期还是相互性的伦理关系，有相互的道德义务。

> 为人主必惠，为人臣必忠。(《墨子·兼爱下》)

主者，人之所仰而生也。能宽裕纯厚而不苛忮，则民人附。……臣下者，主之所用也，能尽力事上，则当于主。……主苛而无厚，则万民不附。（《管子·形势解》）

孟子告齐宣王曰："君之视臣如手足，则臣视君如腹心；君之视臣如犬马，则臣视君如国人；君之视臣如土芥，则臣视君如寇雠。"（《孟子·离娄下》）

齐宣王问曰："汤放桀，武王伐纣，有诸？"孟子对曰："于传有之。"曰："臣弑其君，可乎？"曰："贼仁者谓之贼，贼义者谓之残，残贼之人谓之一夫。闻诛一夫纣矣，未闻弑君也。"（《孟子·梁惠王下》）

从命而利君谓之顺，从命而不利君谓之谄；逆命而利君谓之忠，逆命而不利君谓之篡；不恤君之荣辱，不恤国之臧否，偷合苟容，以持禄养交而已耳，谓之国贼。君有过谋过事，将危国家、殒社稷之惧也，大臣父兄有能进言于君，用则可，不用则去，谓之谏；有能进言于君，用则可，不用则死，谓之争；有能比知同力，率群臣百吏而相与强君挢君，君虽不安，不能不听，遂以解国之大患，除国之大害，成于尊君安国，谓之辅；有能抗君之命，窃君之重，反君之事，以安国之危，除君之辱，功伐足以成国之大利，谓之拂。故谏、争、辅、拂之人，社稷之臣也，国君之宝也，明君所尊厚也，而暗主惑君以为己贼也。（《荀子·臣道》）

由上引材料可见，战国时代的君德是臣忠的前提。若君不道，孟子认为不仅臣可"不忠"，而且可效法汤武革命而诛杀"一夫"为民除害。荀子则以"逆命而利君"定义"忠"，把"谏、争、辅、拂之人"视为"社稷之臣也，国君之宝也"的忠臣。

战国后期法家及以其为意识形态的秦政，把"忠君"观念绝对化，视君臣为人身依附关系和利益计算关系。

明主在上，则人臣去私心行公义；乱主在上，则人臣去公义行私心。故君臣异心，君以计畜臣，臣以计事君，君臣之交，计也。害身而利国，臣弗为也；害国而利臣，君不为也。臣之情，害身无利；君

之情，害国无亲。君臣也者，以计合者也。(《韩非子·饰邪》)

　　贤者之为人臣，北面委质，无有二心。朝廷不敢辞贱，军旅不敢辞难；顺上之为，从主之法，虚心以待令，而无是非也。故有口不以私言，有目不以私视，而上尽制之。(《韩非子·有度》)

在君臣利益计算关系的认识下，韩非子从维护君权利益角度，单方面对人臣提出苛刻的顺从义务，甚至"人主虽不肖，臣不敢侵也"(《韩非子·忠孝》)，说明"君为臣纲"观念已经在周秦之际形成。

在春秋之前的宗法社会本来是一致的忠孝关系，在战国时代却因社会结构变化而渐渐出现了矛盾。

　　忠臣以事其君，孝子以事其亲，其本一也。(《礼记·祭统》)

　　其为人也孝弟，而好犯上者，鲜矣；不好犯上，而好作乱者，未之有也。君子务本，本立而道生。孝弟也者，其为人之本与？(《论语·学而》)

　　夫孝，始于事亲，忠于事君，终于立身。(《孝经·开宗明义章》)

　　不孝则不臣矣。(《管子·度地》)

　　事君不忠，非孝也。(《吕氏春秋·孝行览》)

以上材料都从忠孝合一的角度论述忠孝关系，这在宗法社会宗族秩序和政治秩序比较统一的西周和春秋时代，基本不成问题。但在宗法社会日益解构的战国时代，忠孝的方向不是天然的一致，甚至会出现尖锐的对立冲突。儒家以"孝"为一切伦理道德的始点，推己及人，发用到君臣关系上，则体现为"忠"，忠孝一体，但孝为忠的基础，若放弃"孝"，则"忠"也不成立，故"孝"优先于"忠"，在忠孝不能两全的情况下，惟有弃忠全孝，才符合情理和逻辑。孔子曾有"父为子隐，子为父隐"(《论语·子路》)的忠孝之辩，孟子也有相应的论辩：

　　桃应问曰："舜为天子，皋陶为士，瞽瞍杀人，则如之何？"孟子曰："执之而已矣。""然则舜不禁与？"曰："夫舜恶得而禁之？夫有所受之也。""然则舜如之何？"曰："舜视弃天下，犹弃敝蹝也。窃负而逃，遵海滨而处，终身䜣然，乐而忘天下。"(《孟子·尽心上》)

舜"窃负而逃"是一个设想中的忠孝不能两全的复杂案例的权宜之解。

"门内之治恩掩义，门外之治义断恩。"(《礼记·丧服四制》)本案例中，皋陶是天子舜正式任命的司法官，根据公共领域（门外之治）的公义（忠）首要原则，天子之父犯法与庶民同罪，舜父瞽瞍杀人，皋陶可以公正无私地将瞽瞍合法地缉拿归案。舜作为儿子，在父亲杀人之后，根据私人领域（门内之治）的父母之恩（孝）首要原则，应该去保护父亲，但不能动用公共领域的权力去徇私舞弊，故只好放弃天子之位以谢天下，背着父亲逃离法律可以管辖的范围之外行孝，做了"弃忠全孝"的选择。以皋陶之公正和才干，很可能不等舜窃负而逃就已经将杀人犯瞽瞍捉拿归案了。事实上，这只是一种假设的情况，孟子用以说明公共领域的忠和私人领域的孝在发生对立冲突的时候何者优先的问题。

儒家对待忠孝关系，还有更深一层的协调机制。儒家的忠君和孝父，都不是无原则的服从，"忠"之底线是"匡救其恶"，"孝"之底线是不让父亲"身不陷于不义"：

子曰："事父母几谏。见志不从，又敬不违，劳而不怨。"(《论语·里仁》)

曾子曰："若夫慈爱、恭敬、安亲、扬名，则闻命矣！敢问：子从父之令，可谓孝乎？"子曰："是何言与！是何言与！……父有争子，则身不陷于不义。故当不义，则子不可以不争于父，臣不可以不争于君。故当不义则争之，从父之令，又焉得为孝乎？"(《孝经·谏诤章》)

子曰："君子之事上也，进思尽忠，退思补过，将顺其美，匡救其恶，故上下能相亲也。《诗》云：'心乎爱矣！遐不谓矣！中心藏之，何日忘之。'"(《孝经·事君章》)

事亲有隐而无犯，左右就养无方，服勤至死，致丧三年。事君有犯而无隐，左右就养有方，服勤至死，方丧三年。(《礼记·檀弓上》)

父母有过，下气怡色，柔声以谏。谏若不入，起敬起孝，说则复谏；不说，与其得罪于乡党州闾，宁孰谏。(《礼记·内则》)

当父母之言行逾越社会公义时，"孝"的一项内容就是持义规劝父母改正不符公义之言行，以避免父母陷于不义的处境，只是规劝的方式是"有隐而无犯"，用不伤害亲情、父母能够接受的方式去劝说。孙希旦《礼记集解》疏云："几谏谓之隐，直谏谓之犯。"可见"隐"除了不在公共领域宣扬举报外，还有委婉规劝父母以及其他家庭成员改恶从善的道德义务。对言行有违或将会违背公义的父母，做子女的要和颜悦色、恭敬婉转地一再规劝，假如父母一时还不能接受，做子女的虽心中忧愁，但没有怨恨，但不能迁就，等到父母心情好一些时，再委婉劝谏。"不说，与其得罪于乡党州闾，宁孰谏。"只有到了不得已的时候，才对父母犯颜直谏，避免父母身陷不义。如果把门外之治的"公义"理解为"忠"，把门内之治的"私恩"理解为"孝"，那么"孝"的实现不仅为"忠"奠定基础，同时"孝"的内涵中即具"忠"的内容。故虽然"孝"优先于"忠"，但"孝"不是破坏而是更好地成全了"忠"，忠孝关系在根本上是一致的。①

3. 妇道

夫妇一伦，在战国时期被视为三大最重要的社会伦理关系之一，甚至被认为比父子、君臣两伦更为根本的社会基础和伦理规范。

> 有天地然后有万物，有万物然后有男女，有男女然后有夫妇，有夫妇然后有父子，有父子然后有君臣，有君臣然后有上下，有上下然后礼义有所错。夫妇之道不可以不久也，故受之以《恒》。（《周易·序卦》）

> 昏礼者，将合二姓之好，上以事宗庙，而下以继后世也，故君子重之。是以昏礼纳采，问名，纳吉，纳征，请期，皆主人筵几于庙，而拜迎于门外，入，揖让而升，听命于庙，所以敬慎重正昏礼也。父亲醮子，而命之迎，男先于女也。子承命以迎，主人筵几于庙，而拜迎于门外。婿执雁入揖让升堂，再拜奠雁，盖亲受之于父母也。降，出御妇车，而婿授绥，御轮三周，先俟于门外，妇至，婿揖妇以入，共牢而食，合卺而酳，所以合体同尊卑以亲之也。敬慎重正而后亲之，礼之大体，而所以成男女之别，而立夫妇之义也。男女有别，而

---

① 参见郭齐勇、陈乔见：《苏格拉底、柏拉图与孔子的"亲亲互隐"及家庭伦常观》，《社会科学》2009 年第 2 期。

后夫妇有义；夫妇有义，而后父子有亲；父子有亲，而后君臣有正。
故曰："昏礼者，礼之本也。"夫礼,始于冠，本于昏，重于丧祭，尊于
朝聘，和于乡射，此礼之大体也。（《礼记·昏义》）

夫妇是人伦的开始，以夫妇为核心的婚姻关系衍生出父子、君臣及其
他社会伦理关系，故古代非常重视婚礼和婚姻关系。除了"饮食男女，人
之大欲存焉"（《礼记·礼运》）的性欲和自身繁衍的需要，婚姻关系承载
着祭祀先祖、传续宗族、联姻不同家族的使命，是古代社会生活的基础。
所以把婚礼（昏礼）看作是"礼之本"，整个婚礼程序繁多，敬慎隆重，
每一个环节都有特殊的仪式象征意义和伦理道德含义。因而婚姻道德观念
是社会伦理观念中的重要组成部分，与古代整个社会伦理道德状况息息
相关。

中国上古社会婚姻观念曾经比较自由开放，随着社会经济的变化和家
庭结构的调整，逐渐形成比较稳定规范的婚姻道德观念。殷周时期，男女
交往和结合比较自由，互相大胆表达情爱，自由地择偶结合。西周时代，
统治者还为男女提供相会场所，允许"私奔"，鼓励自由恋爱结合，责罚
适婚而无故不结婚者。

媒氏掌万民之判。凡男女自成名以上，皆书年月日名焉。令男
三十而娶，女二十而嫁。凡娶判妻入子者，皆书之。仲春之月，令会
男女，于是时也，奔者不禁。若无故而不用令者，罚之。司男女之无
夫家者而会之，凡嫁子娶妻，入币纯帛，无过五两。（《周礼·媒氏》）

燕之有祖，当齐之社稷，宋之有桑林，楚之有云梦也，此男女之
属而观也。（《墨子·明鬼上》）

《墨子》所说的"男女之属观"盖为西周婚姻制度之遗留，春秋时期
的婚姻观念已经对男女婚姻方式有所限制和规范。首先，社会舆论和婚姻
观念不支持男女私自会面和"奔"，婚姻必须通过"媒"的方式结合。作
于春秋初期的《诗经》三百首诗中的诗句，均认为"媒"是婚姻的必要前
提："匪我愆期，子无良媒。将子无怒，秋以为期。"（《诗经·氓》）"取妻
如之何？匪媒不得。"（《诗经·南山》）"取妻如何？匪媒不得。"（《诗经·伐
柯》）其次，婚姻礼仪的程序有严格的规定，仪式繁琐，八个环节之后的

庙见举行之后，新娘才被男方家庭合法地接纳为正式成员。婚姻的形式除了正常的聘娶婚，还有媵妾婚和烝报婚等形式。最后，春秋时代对再婚比较宽容。"人尽夫也，父一而已，胡可比也。"(《左传·桓公十五年》)改嫁的例子在春秋时代很多且社会舆论并无非议。"声伯之母不聘，穆姜曰：'吾不以妾为姒。'生声伯而出之，嫁于齐管于奚，生二子而寡，以归声伯。声伯以其外弟为大夫，而嫁其外妹于施孝叔。郤犨来聘，求妇于声伯。声伯夺施氏妇以与之。妇人曰：'鸟兽犹不失俪，子将若何？'曰：'吾不能死亡。'妇人遂行。生二子于郤氏。郤氏亡，晋人归之施氏。"(《左传·成公十一年》)声伯之母被出改嫁，声伯之妹嫁施孝叔后又被迫改嫁给郤犨，郤犨死后又改嫁施孝叔，社会舆论并无责难，当事人皆不以为耻。

春秋时代婚姻伦理道德和贞节观念还比较淡泊，但有所萌芽。比较说明问题的是，"烝"(父死后继娶生母之外庶母)、"报"(兄长或叔叔死后继娶寡嫂或寡婶为妻)、"因"(孙娶祖母)的合法婚姻形式和"通"、"淫"的不合乎礼的各种男女性关系，在后世属于乱伦行为，在春秋时代却大量存在，《左传》中记载这样的事例很多。"齐桓公好妇人，妻姑姐妹，而国中多淫于骨肉。"(《新语·无为》)但春秋时代也已经有贞节观念的萌芽：

> 楚子如息，以食入享，遂灭息。以息妫归，生堵敖及成王焉。未言。楚子问之。对曰："吾一妇人，而事二夫，纵弗能死，其又奚言？"(《左传·庄公十四年》)
>
> 伯姬之舍失火，左右曰："夫人少辟火乎？"伯姬曰："妇人之义，傅母不在，宵不下堂。"左右又曰："夫人少辟火乎？"伯姬曰："妇人之义，保母不在，宵不下堂。"遂逮乎火而死。妇人以贞为行者也，伯姬之妇道尽矣！详其事，贤伯姬也。(《春秋谷梁传·襄公三十年》)
>
> 王将嫁季芈，季芈辞曰："所以为女子，远丈夫也。钟建负我矣。"以妻钟建，以为乐尹。(《左传·定公五年》)

息妫为一女事二夫感到羞耻，以至沉默寡言。伯姬嫁宋共公，七年后共公死，伯姬守寡三十多年，在一次火灾中仍坚守妇礼而死，受到时人高度评价，认为是贞行和尽妇道。楚昭王定公四年遇袭而逃，"钟建负季芈以从"(《左传·定公四年》)，楚昭王妹妹季芈被钟建背过而非钟建莫嫁。这几个事例可见春秋时代已经对女性提出了包括贞节在内的婚姻道德要求。

到了战国时代，人们进一步强化婚姻关系规范，"男女之别"成为社会普遍观念。"男女不杂坐"（《礼记·曲礼上》），"嫂不抚叔，叔不抚嫂"（《礼运·杂记》），"男女授受不亲"（《孟子·离娄上》），都是战国时代明男女之别以防止淫乱的普及化礼义观念。另外，战国时更加重视明媒正娶的婚姻正当性：

> 妇人之求夫家也，必用媒，而后家事成。……求夫家而不用媒，则丑耻而人不信也。故曰："自媒之女，丑而不信。"（《管子·形势解》）

> 丈夫生而愿为之有室，女子生而愿为之有家。父母之心，人皆有之。不待父母之命、媒妁之言，钻穴隙相窥，蹿墙相从，则父母国人皆贱之。（《孟子·滕文公下》）

> 闵王之遇杀，其子法章变姓名。为莒太史家庸夫。太史敫女奇法章之状貌，以为非常人，怜而常窃衣食之，与私焉。莒中及齐亡臣相聚，求闵王子，欲立之。法章乃自言于莒。共立法章为襄王。襄王立，以太史氏女为王后，生子建。太史敫曰："女无谋而嫁者，非吾种也，污吾世矣。"终身不睹。（《战国策·齐策六》）

没有"父母之命"、"媒妁之言"的婚姻，则"丑耻而人不信"、"国人皆贱之"、"污吾世"，在战国时代已经普遍认为是一件非常可耻的事情。

战国时代，男尊女卑观念流行，而且对婚姻中的女性提出了"从夫"、"贞节"等道德要求。"夫，至尊也"、"夫者，妻之天也"（《仪礼·丧服传》），强调婚姻中的男尊女卑观念。"妇人，从人者也；幼从父兄，嫁从夫，夫死从子。夫也者，夫也。夫也者，以知帅人者也。"（《礼记·郊特牲》）"三从"观念已经接近后世的"夫为妻纲"观念了。"忠臣不事二君，贞女不更二夫。"（《史记·田单列传》）"妇人贞吉，从一而终也。"（《周易·恒·象传》）"贞节"妇德观念已经明确完整地提出并为社会倡导。

三、耻本伦理

"耻"作为明确的中国古代社会德目之一，出现在春秋时代，但耻作为一种道德情感和道德基础，则一直根源于人类文化心理之中，在中国也自古有之，到春秋战国时期，儒家洞悉并阐发"耻"在伦理道德领域的根本性作用和根源性地位，发展为中国伦理道德体系的重要根基。

1."耻"与"四端之心"

"耻"的本义是因不善而羞愧。《说文解字》："恥，辱也。从心，耳声。"盖视听言动，将有或一有不善，则面红耳赤，心生愧疚。

"耻"字在甲骨文、金文资料中迄今未见。现有古文献中，伪古文尚书中有"无启宠纳侮，无耻过作非"（《尚书·说命中》）和"予弗克俾厥后惟尧、舜，其心愧耻，若挞于市"（《尚书·说命下》）两处出现，前者做掩饰解，后者描述伊尹因为未能辅助君王成为尧舜这样的大德圣王而心有愧疚，感到就像在公共场合被人鞭挞那样的羞耻。但因为伪古文尚书《说命》内容与先秦文献引用资料有出入，故不能确证殷商和西周有文字"耻"。而春秋时代有关文献中"耻"字已经很常见。

> 冬十一月己巳朔，宋公及楚人战于泓。宋人既成列，楚人未既济。司马曰："彼众我寡，及其未既济也，请击之。"公曰："不可。"既济而未成列，又以告。公曰："未可。"既陈而后击之，宋师败绩。公伤股，门官歼焉。国人皆咎公。公曰："君子不重伤，不禽二毛。古之为军也，不以阻隘也。寡人虽亡国之余，不鼓不成列。"子鱼曰："君未知战。勍敌之人，隘而不列，天赞我也；阻而鼓之，不亦可乎？犹有惧焉。且今之勍者，皆吾敌也。虽及胡耇，获则取之，何有于二毛？明耻、教战，求杀敌也。伤未及死，如何勿重？若爱重伤，则如勿伤；爱其二毛，则如服焉。三军以利用也，金鼓以声气也。利而用之，阻隘可也；声盛致志，鼓儳可也。"（《左传·僖公二十年》）

宋襄公在战场上遵循古代军事礼义和仁道"君子不重伤，不禽二毛"，不按"半渡而击"的兵家策略作战，也不趁敌人队伍未整时出击，这是春秋时代"耻"观念的表现，子鱼虽责怪襄公迂腐，但也肯定其"明耻"之德。

孔子把"耻"视为士之最高德性：

> 子贡问曰："何如斯可谓之士矣？"子曰："行己有耻，使于四方，不辱君命，可谓士矣。"曰："敢问其次。"曰："宗族称孝焉，乡党称悌焉。"曰："敢问其次。"曰："言必信，行必果，硁硁然小人哉，抑亦可以为次矣。"曰："今之从政者何如？"子曰："噫！斗筲之人，何足算也。"（《论语·子路》）

"耻"甚至是比之孝悌、诚信等根本性道德还要高阶的德目。在这一"耻"的语境中，首先是"行己有耻"，即"耻"作为一种个人德性，在没有外部约束的情况下，具有"耻"这样的道德自觉；其次是"使于四方，不辱君命"，即"耻"作为一种公共德性，能够在公共领域不仅不会违背公共伦理道德规范，而且在政治外交的场合能够维护社会公义、国家声誉和国际正义。

战国时代的孟子把"耻"看作关系重大的德目或道德情感："人不可以无耻。无耻之耻，无耻矣。"人不可以没有"耻"，有"耻"为人，无"耻"则为禽兽。"人之所以异于禽兽者几希，庶民去之，君子存之。舜明于庶物，察于人伦，由仁义行，非行仁义也。"（《孟子·离娄下》）"耻"的第一义就是人禽之辨的"几希"之别，以不去做低于人之为人的伦理底线的事情以区别于禽兽；而"耻"的第二义，则有更高的道德自觉，能够发自内心地以道德自律，"耻之于人大矣。为机变之巧者，无所用耻焉。不耻不若人，何若人有？"（《孟子·尽心上》）耻于"机变之巧"，不屑于别有目的地去做道德行为，而且"见贤思齐"，"耻不若人"，耻于不及圣贤德行，努力修为成就自身的君子人格。

《管子》的作者把"礼、义、廉、耻"列为四大国家伦理基础：

> 国有四维，一维绝则倾，二维绝则危，三维绝则覆，四维绝则灭。倾可正也，危可安也，覆可起也，灭不可复错也。何谓四维？一曰礼、二曰义、三曰廉、四曰耻。礼不踰节，义不自进，廉不蔽恶，耻不从枉。故不踰节，则上位安；不自进，则民无巧轴；不蔽恶，则行自全；不从枉，则邪事不生。（《管子·牧民》）

"耻"的逻辑机制，是"耻不从枉"、"不从枉，则邪事不生"，为政者和国民有"耻"者，不会从事不符合人道的不正当事情，从而不会发生歪门邪道的罪恶。缺少前三维，则"倾"、"危"、"覆"，但"倾可正也，危可安也，覆可起也"，还有转危为安和东山再起的可能；如果缺少了"耻"这一维，则"灭不可复错也"，到了万劫不复的地步，可见"耻"的是一个国家（包括为政者和国民、公民）不可逾越的基本伦理底线。

孟子的良知本心即"四端之心"，究竟而言之，即为"耻"：

> 由是观之，无恻隐之心，非人也；无羞恶之心，非人也；无辞让之心，非人也；无是非之心，非人也。恻隐之心，仁之端也；羞恶之心，义之端也；辞让之心，礼之端也；是非之心，智之端也。人之有是四端也，犹其有四体也。有是四端而自谓不能者，自贼者也；谓其君不能者，贼其君者也。凡有四端于我者，知皆扩而充之矣，若火之始然，泉之始达。苟能充之，足以保四海；苟不充之，不足以事父母。（《孟子·公孙丑上》）

朱熹注："羞，耻己之不善也，恶，憎人之不善也。耻者，吾所固有羞恶之心也。有之则进于圣贤，失之则入于禽兽，故所系甚大。"（《四书章句集注》）不仅是"羞恶之心"，恻隐之心、辞让之心、是非之心也都是"耻"的内涵，有之可"进于圣贤"，无之则"非人"而"入于禽兽"。"唯仁者能好人，能恶人。"（《论语·里仁》）作为"四端之心"的"耻"是人禽之别的关键，是区别人与动物的人类特性，它是人之为人的伦理底线，又是成圣成贤成为可能的道德动力。1927 年，梁漱溟先生写过一副对联："不为圣贤，便为禽兽；莫问收获，但问耕耘。"即化用"耻"义，勉励"行己有耻"。

"耻"在不同的民族文化中也许表现不同，却是人类有善恶观念以来共有的道德情感或德性，西方哲人亦多有高明的论述。亚里士多德认为，羞耻不能算是一种德性而是一种感情，是对耻辱的恐惧，类似于对危险的恐惧。"人们在感到耻辱时就脸红，在感到危险时就脸色苍白。这两者在一定程度上都表现为身体的某些变化。"[①] 羞耻可以帮助年轻人少犯错

---

① 亚里士多德：《尼各马可伦理学》，廖申白译注，商务印书馆 2003 年版，第 124 页。

误，但一个年长者不应该去做会引起羞耻的事情，因为他不应当做恶的事情，而羞耻是坏人的特点，是有能力做可耻的事情的人所特有的。他认为羞耻与感情相关，"还有一些适度的质量是感情中的或同感情相关的质量.因为尽管羞耻不是一种德性，一个知羞耻的人却受人称赞。……具有适度质量的人则是有羞耻心的。"[1] 而有时候，亚氏又认为羞耻感是一种德性，"它（真正的勇敢）是出于德性（即羞耻感）的，是出于对某种高尚［高贵］（即荣誉）的欲求和为着躲避某种受人谴责的耻辱的。"[2] 康德的自由意志为自我立法，普遍的意志立法这一原则就使每个意志作为自律的意志挺身而出，成为了义务的最终承担者，使得行动的主体具有了人格的尊严，并获得了"敬重"的道德情感，使得摆脱作为现象之身体的低级欲求成为可能。"耻"确立能够自律的道德自我，是与康德"敬重"相当的道德情感，而在中国古代道德体系中又有着更高的地位和更加丰富的内涵。

舍勒认为羞耻感为人所特有。"动物的许多感觉与人类相同，譬如畏、恐惧、厌恶甚至虚荣心，但是迄今为止的所有观察都证明，它似乎缺乏害羞和对羞感的特定表达。"[3] 羞耻感产生于人的精神意义和身体需求的不平衡，"在人的精神个体的意义和要求与人的身体需求之间，人的不平衡和不和谐属于羞感产生的基本条件。唯因身体属于人的本质，人才会处于必须害羞的境地；唯因人在经历其精神的个体存在时，此存在本质上独立于这样一个'身体'，独立于可能出自身体的一切，人处于能够害羞的境地才是可能的。"[4] 羞耻感一方面作为身体感觉而与厌恶和反感相似，使人努力脱离动物性而成其为人，另一方面作为心灵感觉与敬畏相似，努力超越人性走向完满的神性。"'灵'与'肉'、永恒与暂时、本质与生存均以值

---

[1] 亚里士多德：《尼各马可伦理学》，廖申白译注，商务印书馆2003年版，第52页。

[2] 亚里士多德：《尼各马可伦理学》，廖申白译注，商务印书馆2003年版，第83页。

[3] ［德］舍勒：《论害羞与羞感》，刘小枫选编：《舍勒选集》，上海三联书店1999年版，第539页。

[4] ［德］舍勒：《论害羞与羞感》，刘小枫选编：《舍勒选集》，上海三联书店1999年版，第533—534页。

得注意但神秘莫测的方式交会于羞耻之中。……人在深处感到并知道自己是介于两种存在秩序和本质秩序之间的一道'桥梁'，一种'过渡'，他同样牢固地根植于这两种秩序之中，片刻也不能放弃它们，否则他就不再成其为'人'。故在此桥梁和过渡的界限之处，无论向此端或向彼端延伸，没有任何存在者和生存者能够具有羞感：神和动物不会害羞。但是人必须害羞——并非处于这种或那种原因，也不是因为他主要'面对'此者或彼者，而是因为他作为这种处于持续运动之中的过渡本身。归根究底，他是因为自己并在他心中的上帝'面前'害羞。"①身体羞感指向克服动物性而成人，灵魂羞感指向超越人性走向神性。

尽管中西"耻"的理解有所不同，但西方这些精辟论述为我们深入理解"耻"的伦理道德观念提供了参照。亚里士多德关于羞耻的身体反映及德性即羞耻感的论述，康德作为道德动力的道德情感"敬重"和道德自律的思想，舍勒关于"羞感"的现象学分析，对理解和阐释作为儒家伦理底线和道德动力的"耻"观念皆有裨益。

2. 道德之"耻"

因文化背景和考察角度的原因，国外一些学者对中国传统之"耻"观念出现误解。本尼迪克特在《菊花与刀》一书中，把美国社会为代表的西方社会文化归于"以罪恶感为基调的文化"（下简称罪感文化），把日本社会文化归于"以耻辱感为基调的文化"（下简称耻感文化），并且认为，"以道德作为绝对标准的社会，依靠启发良知的社会属于罪感文化。……真正的耻辱感文化靠外部的约束力来行善，而不像真正的罪恶感文化那样靠内心的服罪来行善。耻辱感是对他人批评的一种反应。一个人因受到公开嘲笑与摈斥，或者自以为受人嘲笑而感到耻辱，在任何一种情况下，耻辱感都将成为强大的约束。但它要求有旁观者，至少是想象出来的旁观者。"②把罪感

———————
①　[德]舍勒：《论害羞与羞感》，刘小枫选编：《舍勒选集》，上海三联书店1999年版，第534页。
②　[美]本尼迪克特：《菊花与刀：日本文化的诸模式》，孙志民、马小鹤、朱理胜译，浙江文艺出版社1987年版，第187—188页。

文化（guilt culture）当作道德自律的文化，而把耻感文化（shame culture）当作道德他律的文化，这显然是本尼迪克特对"耻"的误读或独断。樊浩认为，"在中国道德哲学体系和中国人的生活世界中，'耻'既是一个伦理的概念，又是一个道德的概念。……'耻'的伦理性的一面他律性较明显，而道德性的一面，则以自律为本质。"① 我们基本认同这一分析，把"耻"分为伦理性和道德性两个方面有利于深入考察"耻"的精微原理。

我们先从道德性角度来考察先秦儒家"耻"观念。"耻"在人禽之辨中确认了人有别于动物的类特性——道德性，从而脱离动物性而走向人性。然而"耻"并不满足于此而止步不前，它还要建立道德自律的主体，激励道德勇气而走向理想道德目标，成圣成贤，为仁达天下打下坚实根基。"耻"犹如定针盘，指引道德本性扩充生长，走在道德仁心培育的正路而不至于偏向"自欺欺人"和"为他之学"。

首先，"耻"建立了道德自律的主体。

> 颜渊问仁。子曰："克己复礼为仁。一日克己复礼，天下归仁焉。为仁由己，而由人乎哉?"颜渊曰："请问其目。"子曰："非礼勿视，非礼勿听，非礼勿言，非礼勿动。"颜渊曰："回虽不敏，请事斯语矣。"（《论语·颜渊》）

> 恻隐之心，人皆有之；羞恶之心，人皆有之；恭敬之心，人皆有之；是非之心，人皆有之。恻隐之心，仁也；羞恶之心，义也；恭敬之心，礼也；是非之心，智也。仁义礼智，非由外铄我也，我固有之也。故曰："求则得之，舍则失之。"（《孟子·告子上》）

> 人之所不学而能者，其良能也。所不虑而知者，其良知也。孩提之童，无不知爱其亲者，及其长也，无不知敬其兄也。亲亲，仁也。敬长，义也。无他，达之天下也。（《孟子·尽心上》）

孔孟以不仁为"耻"："仁则荣，不仁则辱。"（《孟子·公孙丑上》）"耻"激发道德自我"为仁由己"，视听言动，都克制和避免不道德（非礼）意识的侵染，道德自律而非他律。这一道德自我是主体固有、先天本具的

---

① 樊浩：《耻感与道德体系》，《道德与文明》2007年第2期。

"良知"、"良能"，通过"耻"振作本心，就可以建立道德自律的主体。有无四端之心，是人禽之辨中的"几希"，即"耻"之心，无耻则无人性，有耻则有人人皆具的仁义礼智四德的起始点。扩充"耻"心，就如"火之始然，泉之始达"，扩充德性，推己及人，达之天下。所以，道德自律主体的建立，在于把包括"四端之心"的"耻"心扩充开来、激发出来。

其次，树立道德理想，激励道德勇气。

孔子把"行己有耻"的个人道德德性和"使于四方，不辱使命"的公共德性一起，也即"内圣外王"，作为"士"的最高德性。孔子又把"克己复礼为仁"（《论语·颜渊》）作为最高道德理想，孟子亦然："仁则荣，不仁则辱"（《孟子·公孙丑上》），因"耻"激发出为仁的道德勇气。

> 子曰："知者不惑，仁者不忧，勇者不惧。"（《论语·子罕》）
>
> 子曰："内省不疚，夫何忧何惧？"（《论语·颜渊》）
>
> 子曰："见贤思齐焉，见不贤而内自省也。"（《论语·里仁》）
>
> 子曰："好学近乎知，力行近乎仁，知耻近乎勇。"（《礼记·中庸》）
>
> 颜渊曰："舜何人也？予何人也？有为者亦若是。"（《孟子·滕文公上》）

"耻"时刻觉察在道德理想"仁"、"行己有耻"和现实我之间的差距，在脱离动物性而成为人之后，又以道德理想为目标，不断克服人的庸俗和局限，走向成圣成贤之路。"见贤思齐"，颜回"耻"于自身与舜的差距，以舜为学习榜样，走向成圣之路。知"耻"则为"勇"，勇者因"耻"而"内省不疚"，于是能够克服"忧"、"惧"心理，毅然孜孜不倦于"好学"（道问学）和"力行"（尊德性），开启走向"知"（智，成贤）和"仁"（成圣）的道路。

第三，培育道德仁心，成就君子人格。

犹如舍勒的"羞感"使人永远走在从动物到神的道路上，儒家之"耻"使人永远走在摆脱禽兽走向人，又从人走向圣人的道路之中。磨砺道德仁心因此成为实现儒家道德理想"内圣外王"的根本。"自天子以至于庶人，壹是皆以修身为本"（《礼记·大学》），下学而上达这一过程是永无止境，是一个"至诚无息"（《礼记·中庸》）的过程：

子在川上曰:"逝者如斯夫,不舍昼夜。"(《论语·子罕》)

徐子曰:"仲尼亟称于水,曰:'水哉,水哉!'何取于水也?"孟子曰:"原泉混混,不舍昼夜。盈科而后进,放乎四海,有本者如是,是之取尔。苟为无本,七八月之间雨集,沟浍皆盈;其涸也,可立而待也。故声闻过情,君子耻之。"(《孟子·离娄下》)

儒家的道德修养过程,就如川流不息的水。"问渠哪得清如许,为有源头活水来。"(朱熹《观书有感》)这个水的源头,即为"耻"所激励和奋发的道德本性和道德勇气,居仁由义,源源不断地磨练道德仁心。若失却"耻",则无道德本性的源和道德勇气的流,道德修养也就无从谈起。故儒家之"耻",需要时刻警醒,自觉省察,哪怕是夜间,也不能休息,此即孟子所谓养"夜气",惟有时刻磨练,才能集义为"浩然之气"。

第四,道德修养是一个独知的正心诚意过程,不可自欺欺人。君子以"声闻过情"为耻,"君子耻其言而过其行"(《论语·宪问》),"古者言之不出,耻恭之不逮也"(《论语·里仁》),名不副实、言行不一都会有害于君子人格的养成和修齐治平的成圣之路。

子曰:"巧言令色,鲜矣仁。"(《论语·阳货》)

子曰:"巧言令色,足恭,左丘明耻之,丘亦耻之。匿怨而友其人,左丘明耻之,丘亦耻之。"(《论语·公冶长》)

所谓诚其意者,毋自欺也。如恶恶臭,如好好色,此之谓自谦。故君子必慎其独也。小人闲居为不善,无所不至,见君子而后厌然,掩其不善,而著其善。人之视己,如见其肺肝然,则何益矣。此谓诚于中,形于外,故君子必慎其独也。(《礼记·大学》)

孟子曰:"广土众民,君子欲之,所乐不存焉。中天下而立,定四海之民,君子乐之,所性不存焉。君子所性,虽大行不加焉,虽穷居不损焉,分定故也。君子所性,仁义礼智根于心。其生色也,睟然见于面,盎于背,施于四体,四体不言而喻。"(《孟子·尽心上》)

仁者无忧无惧,表里如一,诚实无欺,故毋需隐藏自己的道德好恶。

刻意说讨好人的话，做出为了让别人喜欢的表情，隐瞒对小人的痛恨而与之为友，此等鄙事为儒者所耻。"诚于中，形于外"，就如感到羞耻就会心生愧疚、面红耳赤，内在德性自然而然地就会表露到身体之上，毋需掩饰，也无法掩饰。养成君子人格，正是通过"耻"而走向成圣之路，厌恶无耻"如恶恶臭"，尊德乐义"如好好色"、"下学而上达"，从人道走向天道，保持本然的道德本性，在任何境遇中无加无损，乃至"诚者不勉而中，不思而得，从容中道，圣人也。"（《礼记·中庸》）

最后，道德之"耻"还在把道德义务当作定言命令，为仁而守仁，而非为了外在的目的。

> 子曰："古之学者为己，今之学者为人。"（《论语·宪问》）
>
> 子曰："士志于道，而耻恶衣恶食者，未足与议也。"（《论语·里仁》）
>
> 子曰："富与贵，是人之所欲也，不以其道得之，不处也。贫与贱，是人之所恶也，不以其道得之，不去也。君子去仁，恶乎成名？君子无终食之间违仁，造次必于是，颠沛必于是。"（《论语·里仁》）
>
> 孟子曰："有天爵者，有人爵者。仁义忠信，乐善不倦，此天爵也；公卿大夫，此人爵也。古之人修其天爵，而人爵从之。今之人修其天爵，以要人爵，既得人爵，而弃其天爵，则惑之甚者也，终亦必亡而已矣。"（《孟子·尽心上》）

儒家道德学问"耻"于"修其天爵，以要人爵；既得人爵，而弃其天爵"的以取悦他人、炫耀自己、获取名利为目的的"为人之学"，而推崇"修其天爵，而人爵从之"的"为己之学"，即为修身养德的学问，学为君子、学为圣人，以树立推己及人、治平天下的根本。"君子无终食之间违仁，造次必于是，颠沛必于是。"君子道德自律、志为仁者之修身，用心用力若此。

> 子曰："不患无位，患所以立。不患莫己知，求为可知也。"（《论语·里仁》）
>
> 士君子之所能不能为：君子能为可贵，不能使人必贵己；能为可信，不能使人必信己；能为可用，不能使人必用己。故君子耻不修，不耻见污；耻不信，不耻不见信；耻不能，不耻不见用。是以不诱于

誉，不恐于诽，率道而行，端然正己，不为物倾侧，夫是之谓诚君子。(《荀子·非十二子》)

道德是自觉自愿的自律，有德方可配得天命或社会地位。"为己之学"为就是培育"所以立"的德性和才能，士君子所能为者在此，所耻者在于本应该有的"所以立"的德性和才能不能通过"为己之学"做到。至于外在的废用毁誉，这是士君子所不能为者，士君子应该按照"行己有耻"之道"由仁义行"，不为外物利害而改变自身为人处世的道德原则。

3. 伦理之"耻"

伦理之"耻"表现在个人与他人、社会、国家的伦理关系之中。道德之"耻"为建立内在自由的道德主体，激励道德勇气，成就君子人格，从而为外在自由奠定基础。在内外、群己、家国的社会伦理关系中，"耻"进一步激发道德主体培育公共德性，协调社会人伦关系，分别通过忠恕、礼、义超越个体自我，走向"正义"和"大同"实现之路。

首先，"耻"以立"忠恕之道"。"耻"体现在人己关系上，首先表现是在于道德自我的自身反思，反求诸己，正心诚意，端正自身的居心行为，直到"内省不疚"，"仰不愧于天，俯不怍于人"(《孟子·尽心上》)。

子曰："君子求诸己，小人求诸人。"(《论语·卫灵公》)

是故君子有诸己而后求诸人，无诸己而后非诸人。所藏乎身不恕，而能喻诸人者，未之有也。(《礼记·大学》)

孟子曰："万物皆备于我矣。反身而诚，乐莫大焉。强恕而行，求仁莫近焉。"(《孟子·尽心上》)

孟子曰："爱人不亲反其仁，治人不治反其智，礼人不答反其敬。行有不得者，皆反求诸己，其身正而天下归之。"(《孟子·离娄上》)

孟子曰："矢人岂不仁于函人哉？矢人唯恐不伤人，函人唯恐伤人。巫匠亦然，故术不可不慎也。孔子曰：'里仁为美。择不处仁，焉得智？'夫仁，天之尊爵也，人之安宅也。莫之御而不仁，是不智也。不仁、不智、无礼、无义，人役也。人役而耻为役，由弓人而耻为弓，矢人而耻为矢也。如耻之，莫如为仁。仁者如射，射者正己而后

发。发而不中，不怨胜己者，反求诸己而已矣。"(《孟子·公孙丑上》)

孟子以射箭为喻说明"反求诸己"的原理：射箭不中，不是去怨恨比自己射得好的人，而是反省自己的问题，通过修炼射箭技术和端正姿势心态等调整自身有关失败因素，提高自己的命中率。"耻"的这种"反省"意识，通过"反身而诚"，"反求诸己"，可以逐步推己及人，达之夫妇、父子、兄弟、族人、朋友，乃至君臣、国家、天下、万物、宇宙，以至于"万物皆备于我"的"天人合一"、"一体同仁"的境界。从"耻"到"仁"的这一推进过程，孔子曾自许"吾道一以贯之"，曾子解之为"夫子之道，忠恕而已矣。"(《论语·里仁》)"忠恕之道"既为这种推己及人途径，《大学》之"恕"，孟子之"强恕而行"，皆为此道。

> 子贡问曰："有一言而可以终身行之者乎？"子曰："其恕乎！己所不欲，勿施于人。"(《论语·卫灵公》)

> 子贡曰："如有博施于民，而能济众，何如？可谓仁乎？"子曰："何事于仁，必也圣乎！尧舜其犹病诸！夫仁者己欲立而立人，己欲达而达人。能近取譬，可谓仁之方也已。"(《论语·雍也》)

> 子路问君子。子曰："修己以敬。"曰："如斯而已乎？"曰："修己以安人。"曰："如斯而已乎？"曰："修己以安百姓。修己以安百姓，尧舜其犹病诸？"(《论语·宪问》)

"忠"，指"己欲立而立人，己欲达而达人"；"恕"，指"己所不欲，勿施于人"。仁是很高的圣人境界，孔子认为最高明的弟子颜回也只能三月不违仁，其余则偶尔达到："回也其心三月不违仁，其余则日月至焉而已矣。"(《论语·雍也》)所以"尧舜其犹病诸"，常人只有从"耻"之反省开始，"下学而上达"，通过"忠恕之道"去接近"博施于民，而能济众"的仁道。孔子对子路阐释君子之道，也是"忠恕之道"，通过修身由"耻"至"敬"，再到"安人"、"安百姓"，是一个由"耻"到"仁"的循序渐进、内圣外王的过程。

其次："耻"以达"礼"。"耻"在社会人伦关系互动中，通过反省意识逐渐产生不同于动物的"恭敬之心"这一"礼之端"，从而使以"礼"来调节社会人伦关系成为可能。

子张问仁于孔子，孔子曰："能行五者于天下，为仁矣。"请问之。曰："恭宽信敏惠。恭则不侮，宽则得众，信则人任焉，敏则有功，惠则足以使人。"(《论语·阳货》)

有子曰：信近于义，言可复也。恭近于礼，远耻辱也。因不失其亲，亦可宗也。(《论语·学而》)

亲亲、故故、庸庸、劳劳，仁之杀也；贵贵、尊尊、贤贤、老老、长长，义之伦也。行之得其节，礼之序也。仁，爱也，故亲。义，理也，故行。礼，节也，故成。仁有里，义有门。仁非其里而虚之，非礼也；义非其门而由之，非义也。推恩而不理，不成仁；遂理而不敢，不成义；审节而不和，不成礼；和而不发，不成乐。故曰：仁、义、礼、乐，其致一也。君子处仁以义，然后仁也；行义以礼，然后义也；制礼反本成末，然后礼也。三者皆通，然后道也。(《荀子·大略》)

"恭则不侮"、"恭近于礼，远耻辱也"，从"耻"之"恭敬之心"发端，发展出各种人伦礼文仪节制度，在无人伦之分而引起"羞耻感"的原初状态与所向往的人际恭敬有礼的礼序社会之间的紧张中，通过贯穿仁义精神的"礼"而从"知耻"走向"远耻"。

子曰："恭而无礼则劳，慎而无礼则思，勇而无礼则乱，直而无礼则绞。君子笃于亲，则民兴于仁，故旧不遗，则民不偷。"(《论语·泰伯》)

司马牛忧曰："人皆有兄弟，吾独亡。"子夏曰："商闻之矣，死生有命，富贵在天。君子敬而无失，与人恭而有礼，四海之内，皆兄弟也。君子何患乎无兄弟也。"(《论语·颜渊》)

樊迟问仁。子曰："居处恭，执事敬，与人忠，虽之夷狄，不可弃也。"(《论语·子路》)

人之有道也，饱食、暖衣、逸居而无教，则近于禽兽。圣人有忧之，使契为司徒，教以人伦：父子有亲，君臣有义，夫妇有别，长幼有叙，朋友有信。(《孟子·滕文公上》)

"无教"则"近于禽兽"，"无礼"则"劳"、"思"、"乱"、"绞"而无以养成道德。只有通过确立社会伦理道德关系的"礼"出场，通过礼乐文明教化万民，通过礼义规范人伦秩序，才有"亲亲而仁民，仁民而爱物"（《孟子·尽心上》）的仁爱次第，才有"四海之内，皆兄弟也"的博爱情怀，才有民兴仁不偷的良好社会风尚。

第三，"耻"以立"义"。"耻"之"羞恶之心"，是"义之端"。义者，宜也，是社会正义原则的确立和落实。基于"耻"发端扩充而确立"仁义精神"为正义原则的德治社会，会是一个仁爱平等、风俗和美的良序社会。

> 子曰："道之以政，齐之以刑，民免而无耻。道之以德，齐之以礼，有耻且格。"《论语·为政》

> 孟子曰："仁，人心也；义，人路也。舍其路而弗由，放其心而不知求，哀哉！人有鸡犬放，则知求之；有放心，而不知求。学问之道无他，求其放心而已矣。"（《孟子·告子上》）

> 孟子曰："仁言，不如仁声之入人深也。善政，不如善教之得民也。善政民畏之，善教民爱之；善政得民财，善教得民心。"（《孟子·尽心上》）

不求仁心，不走义路，是"人于禽兽"、令人悲哀的"无耻"。用政令刑法治国，人民畏惧刑法责罚，就狡猾钻营，而道德却堕落"无耻"。而以德治为道路，以礼乐文明来教化和规范人民，则人民热爱这样的国家，民心向善，懂得廉耻，自觉培育良好的道德品格。

> 子谓子产："有君子之道四焉。其行己也恭，其事上也敬，其养民也惠，其使民也义。"（《论语·公冶长》）

> 樊迟问仁。子曰："爱人。"问知。子曰："知人。"樊迟不达，子曰："举直错诸枉，能使枉者直。"（《论语·颜渊》）

> 吾未闻枉己而正人者也，况辱己以正天下者乎？圣人之行不同也，或远或近，或去或不去，归洁其身而已矣。（《孟子·万章上》）

> 孟子曰："人不足与适也，政不足间也。惟大人为能格君心之非。君仁莫不仁，君义莫不义，君正莫不正。一正君而国定矣。"（《孟子·离娄上》）

在一个以仁义精神为正义原则的德治社会，君子（统治者和士）应当

"行己也恭"（即孔子所说的士之最高德性"行己有耻"），尊长敬上，敬德保民，使民以时，以"义"来调动人民从事公共事业的积极性和事业心。除了自身正心"归洁"，仁义为本，要选举贤能正直之士到公共管理职位上来，实施"仁政"，"君子之德风，小人之德草"（《论语·颜渊》），人民有了学习的道德榜样，就会弃恶从善，国家治理因此走上正道。

由以上论述可知，"耻"在先秦儒家伦理道德思想中，已经成熟地阐发为道德动力和伦理底线。先秦儒家已经认识到"耻"的根源性地位，它既是人禽之别的底线，也是道德行为的动力。在西方关于羞耻的论述的参照下，通过先秦儒家有关论述，我们可以洞悉"耻"即为孟子的道德本心或"四端之心"。从道德角度看，"耻"确立道德自我，并树立道德理想，培育道德仁心，努力成就君子人格，确立儒家为己之学的价值理性。从伦理角度看，"耻"作为仁心在人伦关系的不同范围中扩充为忠恕之道、礼乐教化和正义社会。

儒家的义利之辩中综合地说明了"耻"之伦理底线和道德动力特征。"君子喻于义，小人喻于利。"（《论语·里仁》）作为为人处世原则，孔子把以义为导向者视为君子，把以利为导向者视为小人。

> 孟献子曰："畜马乘不察于鸡豚，伐冰之家不畜牛羊，百乘之家不畜聚敛之臣。与其有聚敛之臣，宁有盗臣。"此谓国不以利为利，以义为利也。（《礼记·大学》）

> 孟子见梁惠王。王曰："叟不远千里而来，亦将有以利吾国乎？"孟子对曰："王何必曰利？亦有仁义而已矣。王曰'何以利吾国'？大夫曰'何以利吾家'？士庶人曰'何以利吾身'？上下交征利而国危矣。万乘之国弑其君者，必千乘之家；千乘之国弑其君者，必百乘之家。万取千焉，千取百焉，不为不多矣。苟为后义而先利，不夺不餍。未有仁而遗其亲者也，未有义而后其君者也。王亦曰仁义而已矣，何必曰利？"（《孟子·梁惠王上》）

> 义与利者，人之所两有也。虽尧、舜不能去民之欲利，然而能使其欲利不克其好义也。虽桀、纣不能去民之好义，然而能使其好义不胜其欲利也。故义胜利者为治世，利克义者为乱世。上重义则义克

利，上重利则利克义。故天子不言多少，诸侯不言利害，大夫不言得丧，士不通货财。有国之君不息牛羊，错质之臣不息鸡豚，冢卿不修币，大夫不为场园，从士以上皆羞利而不与民争业，乐分施而耻积藏。然故民不困财，贫窭者有所窜其手。(《荀子·大略》)

"耻"之道德自我所追求的必然会是"惟义所在"(《孟子·离娄下》)。如前文所述，本来"耻"所建立的道德主体，就其"志"而言，天然地走向道德自律，而不会计谋于外在功利目的。即便从"功"而论，"义胜利者为治世，利克义者为乱世"(《荀子·大略》)，从长远利害关系而言，以"利"为导向的社会最终导致"上下交征利而国危矣"的乱世，这样的结局也是时刻处于警惕和觉察之中的"耻"所极力避免的意向。所以《大学》提出"以义为利"，义是优先于利的道德原则。"夫仁人者，正其谊不谋其利，明其道不计其功。是以仲尼之门，五尺之童羞称五伯，为其先诈力而后仁谊也。"(《汉书·董仲舒传》)西汉董仲舒正是继承了先秦儒家以"耻"为根基的仁义道德思想，将"任德不任刑"、"不与民争业"和"正其谊不谋其利"重申为德治社会的正义原则内涵，在教化中培养民之耻德，并且"毋以日月为功，实试贤能为上，量材而授官，录德而定位，则廉耻殊路，贤不肖异处矣。"(《汉书·董仲舒传》)在官吏选举考核制度上倡明官吏的"廉耻"德行。

第三节　纲常重建

一、伦常危机

1. 初汉继乱无为

汉高祖起于平民而得天下，承周秦之弊而艰难为治，"天下既定，命萧何次律令，韩信申军法，张苍定章程，叔孙通制礼仪，陆贾造《新语》"(《汉书·高帝纪》)，自汉王朝建立到汉武帝即位，采取与民休息、轻徭薄赋的宽厚治国政策，疗治秦末暴政和长期战乱的社会创伤，一度出现了繁荣的"文景之治"，诚为不易。然而初汉制度宽放有余、建设不足，惠帝之后甚至加重了以法为治的程度，而少行教化之功，黄老清静无为之政固守法治，而于制度伦理几近放任自流，难以形成可以长治久安的政治制度和社会管理体系，而政权正当性和大一统王权维护问题日益捉襟见肘，社会制度伦理危机日益突出，已经到了不得不变革的时候了。

首先，汉承秦弊带来的社会治理危机。汉初的制度和法律，基本继承秦代旧制，黄老道术"清静无为"虽可淡化秦政暴虐程度，但黄老道家的核心宗旨之一正是申韩刑名之术，不能从根本上解决西汉承秦之弊带来的一系列问题，尤其是以法为治带来"民免而无耻"的社会伦理道德危机。

> 至秦则不然。师申商之法，行韩非之说，憎帝王之道，以贪狼为俗，非有文德以教训于下也。诛名而不察实，为善者不必免，而犯恶者未必刑也。是以百官皆饰虚辞而不顾实，外有事君之礼，内有背上之心；造伪饰诈，趣利无耻；又好用憯酷之吏，赋敛亡度，竭民财力，百姓散亡，不得从耕织之业，群盗并起。是以刑者甚众，死者相望，而奸不息，俗化使然也。故孔子曰"导之以政，齐之以刑，民免而无耻"，此之谓也。（《汉书·董仲舒传》）

> 至周之末世，大为亡道，以失天下。秦继其后，独不能改，又益甚之，重禁文学，不得挟书，弃捐礼谊而恶闻之，其心欲尽灭先圣之道，而颛为自恣苟简之治，故立为天子十四岁而国破亡矣。自古以来，未尝有以乱济乱，大败天下之民如秦者也。其遗毒余烈，至今未灭，使习俗薄恶，人民嚚顽，抵冒殊扞，孰烂如此之甚者也。孔子曰："腐朽之木不可雕也，粪土之墙不可圬也。"今汉继秦之后，如朽木、粪墙矣，虽欲善治之，亡可奈何。法出而奸生，令下而诈起，如以汤止沸，抱薪救火，愈甚亡益也。（《汉书·董仲舒传》）

在汉初惠帝之前，法律基本沿用秦律，惠帝之后虽有宽厚省刑之心，但刑法日繁。黄老道术的实质是以申韩法家刑名之术为用，以为"治道贵清静而民自定"，有了刑法之后就一劳永逸，无心于德政教化。董仲舒所说的秦政流弊，汉初在一定程度上仍然存在。

西汉开国之后，"海内为一，开关梁，弛山泽之禁，是以富商大贾周

流天下"，农业生产丰富，市场繁荣，矿产、手工业、农业社会商品规模
生成模式形成，出现很多商业繁荣的城市，富商大贾众多，农、工、商业
的发达，冲击着初汉社会生活方式和价值理念。农民作为农业社会的生成
和消费主体，所受冲击最大，在国家赋税徭役、商业不平等交换和高利贷
的三重剥削下，导致很多农民破产，或弃农从商，或背井离乡，土地迅速
向大地主豪强集中，社会逐渐形成以功利为中心的社会风气，人人经商，
人人求富，金钱和利益至上成为当时社会的价值取向，"'天下攘攘，皆
为利来，天下攘攘，皆为利往。'夫千乘之王，百室之君，尚犹患贫，而
况匹夫编户之民乎!"(《史记·货殖列传》)"上下交征利则国危矣。"(《孟
子·梁惠王上》)自文景以来，"急政暴虐，赋敛不时"，"役财骄溢，或至
兼并"(《汉书·食货志》)，小规模农民起义时有发生。汉初德刑和义利关
系的倒置渐渐导致道德风尚堕落和社会经济危机，社会制度和伦理道德的
改革迫在眉睫。

其次，是大一统王权危机。汉朝初立，刘邦"惩戒亡秦孤立之败"[1]，
开国时大封功臣，封异姓王八，封列侯百余，后或谋反或恐其谋反而一一
剪除异姓王，但又大封同姓王十人，诸侯王势力不断膨胀，"自雁门以东，
尽辽阳，为燕、代。常山以南，太行左转，度河、济，渐于海，为齐赵。
谷、泗以往，奄有龟、蒙，为梁、楚。东带江、湖，薄会稽。为荆吴。北
界淮濒、略庐、衡，为淮南。波汉之阳，亘九嶷，为长沙。诸侯比境，周
匝三垂，外接胡越"，封地几乎占全国三分之二，中央直辖只有"三河、
东郡、颍川、南阳，自江陵以西至巴蜀，北自云中至陇西，与京师内吏凡
十五郡，公主列侯颇邑其中。"[2]这些诸侯国幅员辽阔，大至几十郡，与中
央是国与国的关系，疆域严明，诸侯王有治理王国的全权，除太傅、丞相
等少数二千石官员由汉廷代置外，其余官员皆可自行任用，完全享有军政
大权，可以为所欲为。侯国虽小，但数量多权力大，"而重臣之亲戚或为
列侯，皆令自置吏，得赋敛。"(《汉书·高帝纪》)高帝时，所封同姓诸侯

① (东汉) 班固：《汉书》，中华书局 1962 年版，第 393 页。
② (东汉) 班固：《汉书》，中华书局 1962 年版，第 395 页。

王年龄小，各地经济薄弱、社会人心思稳，对中央还构不成威胁。高帝、惠帝、吕后三朝之后，各地诸侯国政策开放，士农工商多有依附，地产富饶，经济繁荣。诸侯王势力膨胀后无不恣意妄为，僭越犯上，目无天子。以至于文帝时有淮南、济北之叛，景帝时有几乎令皇权覆灭的七国之乱。汉初，汉对强大的匈奴实行委曲求全的和亲政策，匈奴无耻地一边利用汉廷软弱获取财物，一边不顾和约变本加厉地侵扰抢掠北部边疆。中央和地方关系、君臣关系、夷夏关系这些有关王权权威和长治久安的问题，亟待新的伦理道理予以规范。

第三，汉初贵族道德败坏，导致社会风俗放浪无耻，社会道德教化问题日益突出。西汉中期之前，夫妇关系比较随意，盛行改嫁之风，贞节观念淡薄。这首先表现为王室贵族的荒淫现象。"汉惠帝后张氏，乃帝姊鲁元公主之女，则帝之女甥也。吕后欲为重亲，遂以配帝，立为皇后，是以甥为妻也。"[1] 赵翼考证汉初诸王荒淫情况：

> 燕王刘定国与康王姬奸，生一子，又夺弟妻为姬，并与子女三人奸，事发自杀。衡山王孝与父侍婢奸。赵太子丹与同产姊及王后宫乱，为江充所告。梁王立，与姑园子奸。江都王建，父易王薨，未葬，即召易王美人淖姬等与奸，又与女弟征臣奸。建又欲令人与禽兽交而生子，令宫人裸而据地，与羝羊及狗交。齐王终古使所爱奴与妾八子（妾号）即诸御婢奸，或使白昼裸伏，与犬马交接，终古临视之。广陵王胥子宝，与胥姬左修奸，事发弃市。（皆见《汉》、《史》各本传）此汉诸王荒乱之故事也。推其原始，总由于分封太早，无师友辅导之益，以至于此。[2]

这样的禽兽行在初汉贵族甚多，上行下效，民风放浪就不奇怪了。"武帝姐馆陶公主寡居，宠董偃十余年。……以帝女私幸之人，天子闻之，不以为怪，亲王大臣，且为上书乞封，其时宫廷淫逸之习，固已毫无忌讳。"[3]《汉书·东方朔传》："自董偃后，公主贵人多踰礼制。盖上行下效，

---

① （清）赵翼著，王树民校证：《廿二史札记校证》，中华书局1984年版，第61页。

② （清）赵翼著，王树民校证：《廿二史札记校证》，中华书局1984年版，第62页。

③ （清）赵翼著，王树民校证：《廿二史札记校证》，中华书局1984年版，第61—62页。

势所必然也。"《汉书刘向传》:"向睹俗弥奢淫。而赵、卫之属起微贱,逾礼制。"一方面是自王室至百姓疏于教化,以至"俗弥奢淫",另一方面汉承秦弊,制度伦理规范和社会道德观念无所依据。"曩之为秦者,今转而为汉矣。然其遗风余俗,犹尚未改。今世以侈靡相竞,而上亡制度,弃礼谊,捐廉耻,日甚,可谓月异而岁不同矣。逐利不耳,虑非顾行也,今其甚者杀父兄矣。"(《汉书·贾谊传》)汉初这些制度伦理问题都是事关夫妇、父子、兄弟、长幼、男女之别等人伦关系规范的礼义道德问题。

上述伦理道德危机的解决,是汉初以来的主要意识形态黄老道术所无能为力的,黄老"清静无为",放任自流,不仅不利于道德教化和伦理规范,甚至其刑法为治的实质正是制度废弛、伦理道德败坏的主导原因之一。如何拨乱反正,通过制度更化和德政教化解决汉初伦理道德危机,是汉初统治者的当务之急。

2. 反思纲常教化

汉初思想家和有为君臣曾对上述制度伦理道德危机有过反思和努力,虽然没有提出系统的可行解决方案,但也有不少可圈可点的思考和行动,并且为后来的制度伦理变革打下了基础。

汉初思想家通过一方面总结秦政速亡教训,一方面反思汉初政治制度和伦理道德问题,先后得出尚德不尚刑、恢复儒家德政教化传统的结论。陆贾认为秦政失在"举措暴众而用刑太极"(《新语·无为》),陆贾认为"秦灭四维而不张,故君臣乖张,六亲殃戮,奸人并起,万民叛乱"(《汉书·贾谊传》),贾山认为秦"不笃礼义,故天殃已加"(《汉书·贾邹枚路传》)。他们提倡教化而反对刑法之治:

> 夫法令者,所以诛恶,非所以劝善。故曾、闵之孝,夷、齐之廉,岂畏死而为之哉,教化之所致也。(《新语·无为》)

> 刑罚积而民怨背,礼义积而民和亲。故世主欲民之善同,而所以使民善者或异。或道之以德教,或驱之以法令。道之以德教者,德教洽而民气乐;驱之以法令者,法令极而民风哀。哀乐之感,祸福之应也。(《汉书·贾谊传》)

　　凡人之智，能见已然，不能见将然。夫礼者禁于将然之前，而法者禁于已然之后，是故法之所用易见，而礼之所为生难知也。若夫庆赏以劝善，刑罚以惩恶，先王执此之政，坚如金石，行此之令，信如四时，据此之公，无私如天地耳，岂顾不用哉？然而曰礼云礼云者，贵绝恶于未萌，而起教于微眇，使民日迁善远罪而不自知也。（《汉书·贾谊传》）

　　然而养三老于大学，亲执酱而馈，执爵而酳，祝鲠在前，祝鲠在后，公卿奉杖，大夫进履，举贤以自辅弼，求修正之士使直谏。故以天子之尊，尊养三老，视孝也；立辅弼之臣者，恐骄也；置直谏之士者，恐不得闻其过也；学问至于刍荛者，求善无厌也；商人庶人诽谤已而改之，从善无不听也。（《汉书·贾邹枚路传》）

陆贾倡"教化"而抑"法令"，贾谊申"礼义"、"德教"而疾"刑罚"、"法令"，"礼者禁于将然之前，而法者禁于已然之后"，法越禁而犯法者越多，因为治标不治本，没有在源头上消除犯罪，而且只会让人民更加无耻。礼义教化则防患于未然，在人民犯法之前就受到道德教化而不知不觉地"迁善远罪"。为此贾谊还具体地提出礼治主张："夫立君臣，等上下，使父子有礼，六亲有纪，此非天之所为，人之所设也。夫人之所设，不为不立，不植则僵，不修则坏。"（《汉书·贾谊传》）贾山则主张天子要身体力行道德自律和教化，尊三老以示孝，立辅弼之臣以去骄，置直谏之士以闻过，好学求善，从善如流，为天下道德教化垂范。

汉初诸帝在制度伦理建设和道德教化政策上多少有些作为。汉高祖在建国二年曾下诏："举民五十以上，有修行，能帅众为善者，置以为三老，乡一人。择乡三老一人为县三老，与县令丞尉以相事教。复勿徭戍。以十月赐酒肉。"（《汉书·高帝纪》）汉文帝起不断有昭书尊养"三老"，形成制度。汉惠帝四年诏曰："举民孝悌力田者复其身。"（《汉书·惠帝纪》）首创以免除徭役激励子弟孝悌。文帝时养老免算赋制度："陛下即位，礼高年，九十者一子不事，八十者二算不事。"（《汉书·贾邹枚路传》）文帝十二年颁发诏令："遣谒者劳赐三老、孝者帛，人五匹，悌者、力田二匹，廉吏二百石以上率百石者三匹。"（《汉书·文帝纪》）汉初颜芝献《孝经》，汉文帝时增列"传记博士"，将《孝经》与《论语》、《孟子》、《尔雅》等一起列入经学范围。汉初朝廷强调"孝治"，宣称"以孝治天下"，自惠帝起，帝王谥号皆有"孝"字，如"孝惠帝"、"孝文帝"、"孝景帝"等。以上这些都是正面的表彰和教化。还有从法律上惩处伦理道德上的败行。"教人不孝，次不孝之律。不孝者弃市。弃市之次，黥为城旦舂。"[1]这是不孝入律定罪。"复兄弟、孝（季）父柏（伯）父之妻、御婢，皆黥为城旦舂，复男弟兄子、孝（季）父柏（伯）父子之妻、御婢，皆完为城旦。"[2]这是对先秦烝、报（复）婚的否定，汉代前期乱伦现象比较严重，尤其是卑奸尊的情况是严重破坏人伦纲常关系的行为，汉律处以死刑。"同产相与奸，若娶以为妻，及所娶皆弃市。其强与奸，除所强。"[3]可见，汉律已明确禁止"同产"（有血缘关系的兄弟姊妹）通奸或血缘内婚。

汉初已经出现以实施德治教化闻名的循吏。循吏者，以身作则为吏民表率，注重地方伦理道德教化。"至于文、景，遂移风易俗。是时，循吏如河南守吴公、蜀守文翁之属，皆谨身帅先，居以廉平，不至于严，而民从化。"（《汉书·循吏传》）文、景之时，河南郡太守吴公、蜀郡太守文翁都是有名的循吏。

> 文翁，庐江舒人也。少好学，通《春秋》，以郡县吏察举。景帝末，为蜀郡守，仁爱好教化。见蜀地辟陋有蛮夷风，文翁欲诱进之，乃选郡县小吏开敏有材者张叔等十余人亲自饬厉，遣诣京师，受业博士，或学律令。减省少府用度，买刀布蜀物，赍计吏以遗博士。数岁，蜀生皆成就还归，文翁以为右职，用次察举，官有至郡守刺史者。
>
> 又修起学官于成都市中，招下县子弟以为学官弟子，为除更徭，高者以补郡县吏，次为孝弟力田。常选学官僮子，使在便坐受事。每出行县，益从学官诸生明经饬行者与俱，使传教令，出入闺阁。县邑吏民见而荣之，数年，争欲为学官弟子，富人至出钱以求之。由是大

---

① 张家山汉墓竹简整理小组：《张家山汉墓竹简》，文物出版社 2001 年版，第 139 页。
② 张家山汉墓竹简整理小组：《张家山汉墓竹简》，文物出版社 2001 年版，第 227 页。
③ 张家山汉墓竹简整理小组：《张家山汉墓竹简》，文物出版社 2001 年版，第 227 页。

化，蜀地学于京师者比齐鲁焉。至武帝时，乃令天下郡国皆立学校官，自文翁为之始云。

文翁终于蜀，吏民为立祠堂，岁时祭祀不绝。至今巴蜀好文雅，文翁之化也。（《汉书·循吏传》）

文翁处景、武之际，察举选派地方俊秀京师求学，学成授职或荐举为各级地方官吏，并修地方学校培养人才，采取各种有效激励措施推行道德教化，使得"辟陋有蛮夷风"的蜀地转变为可与文化圣地齐鲁相提并论的"好文雅"之地，其德治教化所为成效卓著，无疑为后来董仲舒对策和汉武帝决策提供了成功试点经验，增强了推行德政改革方案的信心。

3. 证立"三纲五常"

汉初的制度伦理道德危机和秦政反思，使得改制更化和伦理重建势在必行。"圣王之继乱世也，扫除其迹而悉去之，复修教化而崇起之。"（《汉书·董仲舒传》）而这时汉武帝开始改革的时机也成熟了，文景之治使得国家财力充足，民间富裕，军事力量逐渐强大，国家上下具备了抵御北部边境匈奴外患的实力。

今临政而愿治七十余岁矣，不如退而更化；更化则可善治，善治则灾害日去，福禄日来。《诗》云："宜民宜人，受禄于人。"为政而宜于民者，固当受禄于天。夫仁、谊、礼、知、信五常之道，王者所当修饬也；五者修饬，故受天之晁，而享鬼神之灵，德施于方外，延及群生也。（《汉书·董仲舒传》）

改制更化的内在道德精神，即为"仁、谊、礼、知、信五常之道"。董仲舒把五行与五官、五常相配使之成为建立在宇宙论之上的常道："东方者木，农之本，司农尚仁……南方者火也，本朝，司马尚智……中央者土，君官也，司营尚信……西方者金，大理，司徒也，司徒尚义……北方者水，执法，司寇也，司寇尚礼……。"（《春秋繁露·五行相生》）"五常"之道是对先秦儒家道德精神继承和凝聚，经过董仲舒的总结、倡导和论证，成为汉代及其后世的制度伦理和人伦道德的基本原则。

子曰："君子道者三，我无能焉。仁者不忧，知者不惑，勇者不

惧。"子贡曰:"夫子自道也。"(《论语·宪问》)

定公问:"君使臣,臣事君,如之何?"孔子对曰:"君使臣以礼,臣事君以忠。"(《论语·八佾》)

子夏曰:贤贤易色,事父母,能竭其力。事君,能致其身。与朋友交,言而有信。虽曰未学,吾必谓之学矣。(《论语·学而》)

子曰:"君子之于天下也,无适也,无莫也,义之与比。"(《论语·里仁》)

仁者人也,亲亲为大;义者宜也,尊贤为大;亲亲之杀,尊贤之等,礼所生也。……天下之达道五,所以行之者三:曰君臣也,父子也,夫妇也,昆弟也,朋友之交也,五者天下之达道也。知、仁、勇三者,天下之达德也,所以行之者一也。(《礼记·中庸》)

恻隐之心,人皆有之;羞恶之心,人皆有之;恭敬之心,人皆有之;是非之心,人皆有之。恻隐之心,仁也;羞恶之心,义也;恭敬之心,礼也;是非之心,智也。仁义礼智,非由外铄我也,我固有之也,弗思耳矣。(《孟子·告子上》)

圣人有忧之,使契为司徒,教以人伦:父子有亲,君臣有义,夫妇有别,长幼有序,朋友有信。(《孟子·滕文公上》)

先秦儒家的德目很多,董仲舒用"五常"提纲挈领地去概括儒家道德精神,其继承性是明显的。孟子的"仁、义、礼、智"四端,加上"朋友有信",则成"五常",孔子及其弟子也经常论述到"五常"中的各个德目及其相互之间的联系。贾谊首次把仁义礼智信合称:"人有仁义礼智信之行。"(《新书·六术》)从这些论述中可见,五常之道与人伦关系紧密相联,"仁"是所有社会人伦关系的总原则,"义"(谊)是君臣关系和社会秩序适宜安排的原则,"礼"是君使臣以及长幼之规则,"智"为判断人伦言行是非善恶的实践智慧,信是处理朋友关系的德性。职此之故,"五常"也经常被说成"五伦""五纪",实则五常乃社会人伦之基本道德原则,孟子概括的"父子有亲,君臣有义,夫妇有别,长幼有序,朋友有信"五伦,其基本伦理道德精神,正是董仲舒概括的"五常"之道。"性有善端,动之爱父母,善于禽兽,则谓之善,此孟子之善。循三纲五纪,通八端之理，忠信而博爱，敦厚而好礼，乃可谓善，此圣人之善也。"（《深察名号》）"三纲"是五伦中的前三伦及其关系，"五纪"可以指包括"三纲"在内的五伦，也可以指"三纲"之外的五种人伦关系，犹如《白虎通义》中的"三纲"之外的"六纪"。"八端"，一般是指孟子四端"仁、义、礼、智"，加上"忠、孝、贞、信"这类人伦道德具体原则，总之"八端"之说，就与"五常"一样，也是三纲、五伦、五纪、六纪这些人伦关系处理的道德原则。

董仲舒虽然首次提出"三纲"，虽然没有像《礼纬·含文嘉》明确说"君为臣纲，父为子纲，夫为妻纲"，但把在先秦已经形成的"三纲"观念论证和确立为制度伦理最高原则。

> 父，传曰，为父何以斩衰也，父至尊也。诸侯为天子，传曰，天子至尊也，君，传曰，君至尊也。父为长子，传曰，何以三年也，正体于上，又乃将所传重也，庶子不得为长子三年，不继祖也。为人后者，传曰，何以三年也，受重者必以尊服服之，何如而可为之后，同宗则可为之后，何如而可以为人后，支子可也，为所后者之祖父母妻，妻之父母昆弟，昆弟之子若子。妻为夫，传曰，夫至尊也。妾为君，传曰，君至尊也。女子子在室为父，布总箭笄髽，衰三年。传曰，总六升，长六寸，箭笄长尺，吉笄尺二寸，子嫁反在父之室，为父三年。公士大夫之众臣，为其君布带绳屦，传曰，公卿大夫室老士，贵臣，其余皆众臣也，君，谓有地者也，众臣杖不以即位，近臣，君服斯服矣，绳屦者，绳菲也。（《仪礼·丧服》）

《仪礼》通过宗法社会体系丧服制度的礼秩安排，直接把父、天子、君、夫相对于子、诸侯、臣、妻的地位定位为"至尊"，是为"三纲"观念的先导。孔子曾经强调君臣父子名份的重要性："君君，臣臣，父父，子子。"（《论语·颜渊》）但这种关系还是双向的，"君使臣以礼，臣事君以忠"（《论语·八佾》），"父为子隐，子为父隐"（《论语·子路》）。战国前中期，父子、夫妇、君臣之间关系也还是相互的："何谓人义？父慈，子孝，兄良，弟悌，夫义，妇听，长惠，幼顺，君仁，臣忠。"（《礼记·礼运》）但是到了秦末法家那里，"三纲"观念已经成型："臣事君，子事父，妻事夫，三者顺则天下治，三者逆则天下乱。此天下之常道也，明王贤臣而弗易也。"(《韩非子·忠孝》)继承先秦的"三纲"观念，董仲舒运用他的宇宙论来论证其神圣性和正当性：

> 天地者，万物之本、先祖之所出也，广大无极，其德昭明，历年众多，永永无疆。天出至明，众知类也，其伏无不照也；地出至晦，星日为明不敢闇，君臣、父子、夫妇之道取之此。(《春秋繁露·观德》)

> 凡物必有合；……阴者，阳之合，妻者，夫之合，子者，父之合，臣者，君之合，物莫无合，而合各相阴阳。阳兼于阴，阴兼于阳，夫兼于妻，妻兼于夫，父兼于子，子兼于父，君兼于臣，臣兼于君，君臣、父子、夫妇之义，皆取诸阴阳之道。君为阳，臣为阴，父为阳，子为阴，夫为阳，妻为阴，阴阳无所独行，其始也不得专起，其终也不得分功，有所兼之义。是故臣兼功于君，子兼功于父，妻兼功于夫，阴兼功于阳，地兼功于天。……是故仁义制度之数，尽取之天，天为君而覆露之，地为臣而持载之，阳为夫而生之，阴为妇而助之，春为父而生之，夏为子而养之，秋为死而棺之，冬为痛而丧之，王道之三纲，可求于天。(《春秋繁露·基义》)

> 是故春秋君不名恶，臣不名善，善皆归于君，恶皆归于臣。臣之义比于地，故为人臣者，视地之事天也；为人子者，视土之事火也，虽居中央，亦岁七十二日之王，傅于火，以调和养长，然而弗名者，皆并功于火，火得以盛，不敢与父分功，美孝之至也。是故孝子之行，忠臣之义，皆法于地也，地事天也，犹下之事上也，地，天之合也，物无合会之义。……是故阳常居实位而行于盛，阴常居空位而行于末，天之好仁而近，恶戾之变而远，大德而小刑之意也，先经而后权，贵阳而贱阴也。(《春秋繁露·阳尊阴卑》)

董仲舒把"君臣、父子、夫妇之道"作为对"天地之道"的模仿取法。其具体原理，是"阴阳之道"。首先是"凡物必有合"、"合各相阴阳"，落实到夫妻、父子、君臣三大伦关系上，是"妻者，夫之合，子者，父之合，臣者，君之合"，三大伦都是相互对应匹配的。其次是阴阳相兼，在三大伦上表现为"夫兼于妻，妻兼于夫，父兼于子，子兼于父，君兼于臣，臣兼于君"。第三，三伦都对应者阴阳及其特性，即"阴阳无所独行，其始也不得专起，其终也不得分功，有所兼之义"，根据"阴兼功于阳，地兼功于天"的原理，推导出"臣兼功于君，子兼功于父，妻兼功于夫"。第四，天意好仁不好恶，阳主阴辅，德主刑辅，故"天为君而覆露之，地为臣而持载之，阳为夫而生之，阴为妇而助之，春为父而生之，夏为子而养之"，天地、阴阳、春夏之道，都是天道的各方面表现，君臣、夫妇、父子作为"王道之三纲"，都是取之于天道，在社会生活中，君、夫、父为主导地位，臣、妇、子为辅助地位。最后，就如天道"贵阳而贱阴"、"阳尊阴卑"，"丈夫虽贱皆为阳，妇人虽贵皆为阴"（《春秋繁露·阳尊阴卑》），三大伦也存在这样君尊臣卑、夫尊妇卑、父尊子卑的关系。

论证了"三纲"为天地阴阳之道后，董仲舒更加明确地把君臣、夫妻、父子关系提到"天子受命于天"那样的天命论高度，并与《春秋》微言大义联系起来：

> 天子受命于天，诸侯受命于天子，子受命于父，臣妾受命于君，妻受命于夫，诸所受命者，其尊皆天也，虽谓受命于天亦可。天子不能奉天之命，则废而称公，王者之后是也；公侯不能奉天子之命，则名绝而不得就位，卫侯朔是也；子不奉父命，则有伯讨之罪，卫世子蒯聩是也；臣不奉君命，虽善，以叛言，晋赵鞅入于晋阳以叛是也；妾不奉君之命，则媵女先至者是也；妻不奉夫之命，则绝，夫不言及是也；曰不奉顺于天者，其罪如此。（《春秋繁露·顺命》）

"子不奉父命，则有伯讨之罪"、"臣不奉君命，虽善，以叛言"、"妻不奉夫之命，则绝"，把子、臣、妻不奉父、君、夫之命，当作逆天之行，就要遭到讨伐、平叛、休妻那样的大罪之罚。这就把"君为臣纲，父为子纲，夫为妻纲"的伦理规范全面地表达出来了。秦末扶苏对劝他不要自杀的蒙恬说："父而赐子死，尚安复请！"（《史记·李斯列传》）已经表达了"君要臣死，臣不得不死，父要子死，子不得不死"的君臣、父子绝对忠孝的观念，但这还不是董仲舒"三纲"的意思，那是后世把"三纲"绝对化以后的产物。

二、纲常逻辑

1. 三纲和五常

在董仲舒把"三纲五常"论证为取法于天的制度伦理常道后，汉代忠实地将其贯彻到制度伦理和道德教化之中，在东汉章帝时又通过《白虎通义》得到系统化的阐释和法典化的尊奉。《白虎通义》中也分别以"三纲六纪"和"性情"两节阐释"三纲五常"，其意在继承和光大董仲舒的政治制度伦理思想，为汉王朝有效统治和社会秩序治理服务，故一方面可借以阐述董仲舒的"三纲五常"的制度伦理逻辑结构，另一方面可以从中发现汉代中期"三纲五常"观念的演变趋势。

董仲舒的"三纲"，在《白虎通义》演绎为"三纲六纪"，而"五常"是处理这些人伦关系的道德原则，从而将制度人伦从根本性的"君臣、父子、夫妇"三大伦及其伦理原则扩展到当时伦常社会的各种人际伦理关系之中：

> 三纲者何？谓君臣、父子、夫妇也。六纪者，谓诸父、兄弟、族人、诸舅、师长、朋友也。故《含文嘉》曰："君为臣纲，父为子纲，夫为妻纲。"又曰："敬诸父兄。诸父有善、诸舅有义、族人有序、昆弟有亲、师长有尊、朋友有旧。"纲纪者何？纲者张也，纪者理也。大者为纲，小者为纪，所以张理上下，整齐人道也。人皆怀五常之性，有亲爱之心，是以纲纪为化，若罗网之有纲纪而万目张也。"（《白虎通义·三纲六纪》）

纲是提网的总绳子，纪是散丝的头绪。《说文解字》："纲，维纮绳也"、"纪，别丝也"。《尚书·盘庚》："若网在纲，有条而不紊。"《墨子·尚同上》："譬若丝缕之有纪，网罟之有纲。"《吕氏春秋·用民》："一引其纲，万目皆张。""纲纪"形象地比喻说明社会人伦关系的秩序条理及其处理原则，抓好了"纲纪"，社会秩序治理（"张理上下，整齐人道"）即能纲举目张、有条不紊地和谐运行。而贯穿于三纲六纪之中的道德原则，是"五常之性"：

> 五性者何？谓仁、义、礼、智、信也。仁者，不忍也，施生爱人也；义者，宜也，断决得中也；礼者，履也，履道成文也；智者，知

也，独见前闻，不惑于事，见微者也；信者，诚也，专一不移也。故
人生而应八卦之体，得五气以为常，仁、义、礼、智、信是也。"(《白
虎通义·性情》)

或问："仁、义、礼、智、信之用？"曰："仁，宅也。义，路也。
礼，服也。智，烛也。信，符也。处宅，由路，正服，明烛，执符，
君子不动，动斯得矣。"(《法言·修身》)

五常之德通过三纲六纪，规范公私领域一切人伦关系，从而使个人
"行己有耻"，而以伦理道德作为社会政治治理的基础。

"三纲五常"作为社会人伦秩序及其道德规范，既有董仲舒所论证过
的宇宙论根据，也有其内在逻辑条理：

君臣，父子，夫妇，六人也，所以称三纲何？一阴一阳谓之道。
阳得阴而成，阴得阳而序，刚柔相配，故六人为三纲。三纲法天、
地、人，六纪法六合。君臣法天，取象日月屈信归功天也。父子法
地，取象五行转相生也。夫妇法人，取象人合阴阳有施化端也。六
纪者为三纲之纪者也。师长，君臣之纪也，以其皆成己也；诸父、兄
弟，父子之纪也，以其有亲恩连也；诸舅、朋友，夫妇之纪也，以其
皆有同志为纪助也。(《白虎通义·三纲六纪》)

《白虎通义》照着董仲舒的宇宙论模式，把"三纲"分别与"天、地、人"
相配相证，又在"三纲"增加"六纪"完善社会人伦秩序。"六合"即"四
方上下左右"，谓"六纪法六合"，比喻四方上下左右辅佑中央的核心大伦
"三纲"。"族人"没有具体归类到"三纲"的某伦之纪，陈立认为"不及族人，
以宗族皆亲恩所连而推故也"[1]。"师长"作为"君臣之纪"，"诸父、兄弟"
作为"父子之纪"，"诸舅、朋友"作为"夫妇之纪"，各种扩展的人际关
系成为完成"三纲"的辅助人伦关系。宋均注《礼纬》云："师者，所以
教人为君者也。长者，所以教人为长者也。"[2]师长是当世尊崇的德高望重
的王者之师和贤德长者，能够教导和辅助君臣成其为君臣，使得君仁臣

---

① (清)陈立撰，吴则虞点校：《白虎通疏证》，中华书局1994年版，第375页。
② (清)陈立撰，吴则虞点校：《白虎通疏证》，中华书局1994年版，第375页。

忠。荀子曾"君"、"师"并提："无君子则天地不理，礼义无统，上无君师，下无父子，夫是之谓至乱。君臣、父子、兄弟、夫妇，始则终，终则始，与天地同理，与万世同久，夫是之谓大本。"（《荀子·王制》）"礼有三本：天地者，生之本也；先祖者，类之本也；君师者，治之本也。无天地恶生？无先祖恶出？无君师恶治？三者偏亡焉，无安人。故礼上事天，下事地，尊先祖而隆君师，是礼之三本也。"（《荀子·礼论》）荀子之"君师"作为礼之本，乃为"化性起伪"、"隆礼重法"的圣王，在一定意义上是师长和君臣的合称，可与此处相印证。"诸父、兄弟"是"父子"一伦的延伸，以"孝悌"连接"亲恩"，容易理解。《白虎通义》通过训诂的办法解释"诸旧"："谓之舅姑者何？舅者，旧也；姑者，故也。旧、故之者，老人之称也。谓之姊妹何？姊者，咨也；妹者，末也。谓之兄弟何？兄者，况也；况父法也；弟者，悌也，心顺行笃也。称夫之父母谓之舅姑何？尊如父而非父者，舅也；亲如母而非母者，姑也。故称夫之父母为舅姑也。"（《白虎通义·三纲六纪》）"舅姑"称"夫之父母"，《尔雅·释亲》云"妻之父为外舅"[1]，"诸舅"是"皆由母之党而及"[2]，即"夫妇"一轮延伸的各种人际关系统称，故引为"夫妇之纪"。将"朋友"一纪引为"夫妇之纪"，与后文"皆有同志为纪助"联系，《礼记》有"同志为友"[3]一说，盖指夫妇为"同志"而相友互助。

关于"朋友"一纪与其他人伦之间的关系处理问题，《白虎通义》还有一段精彩的辨析。

> 朋友者，何谓也？朋者，党也；友者，有也。《礼记》曰："同门曰朋，同志曰友。"朋友之交，近则谤其言，远则不相讪。一人有善，其心好之；一人有恶，其心痛之。货则通而不计，共忧患而相救。生不属，死不托。故《论语》曰："子路云：'愿车马衣轻裘，与朋友共敝之。'"又曰："朋友无所归，生于我乎，死于我乎殡。"朋友之道，亲存不得行者二：不得许友以其身，不得专通财之恩。友饥则白之于

---

① （清）陈立撰，吴则虞点校：《白虎通疏证》，中华书局1994年版，第375页。
② （清）陈立撰，吴则虞点校：《白虎通疏证》，中华书局1994年版，第375页。
③ （清）陈立撰，吴则虞点校：《白虎通疏证》，中华书局1994年版，第375页。

父兄，父兄许之，乃称父兄与之，不听则止。故曰：友饥为之减餐，大寒为之不重裘。故《论语》曰："有父兄在，如之何其闻斯行之也！"（《白虎通义·三纲六纪》）

这段对"朋友"一伦的阐释，已经与"师长"一样，是没有血缘联系的社会关系。"朋友之道，亲存不得行者二：不得许友以其身，不得专通财之恩。"这一处理准则，为了"孝"不以身许友的观念先秦已经有之，而"不得专通财之恩"，这是西汉对朋友与亲人关系的内涵新转向，表明朋友之"信"的边缘化和淡化，而在五常之"信"已经转化到"朋友"之外的其他人伦关系之伦理道德规范中去了。

朋友之"信"在秦汉间为任侠者所重，而与统治者提倡的"义"常相冲突，故在秦汉朋友之间的"信"有明显的弱化和转化趋势。先秦如荆轲、高渐离为燕太子丹去刺杀秦始皇即为任侠者所为，这样的侠者对主人"忠"，但依据是主人之"义"和自己的"信"为根据，"忠"的对象不是一般意义上的"君主"。韩非子曾以"儒以文乱法，侠以武犯禁"（《韩非子·五蠹》）为由排斥儒墨两家。墨家也多有武侠之士，依"信"任侠，孟子语"大人者，言不必信，行不必果，惟义所在"（《孟子·离娄下》），也有孟子"距杨墨"的取向。秦汉间大侠季布"重然诺"，"为任侠有名"（《汉书·季布栾布田叔传》），"如淳曰：相与信为任，同是非为侠。所谓权行州里，力折公侯者。"[1] 任侠之"信"与统治者法律制度之"公义"常相悖逆，不利于君主中央集权统治，成为秦汉统治者的一个心病。西汉前期任侠盛行，汉王朝为加强中央集权，打击"信"为宗旨的任侠行为，如处死侠客郭解，此后任侠风气渐衰。先秦所重视的"信"之德在西汉面临内涵转移的命运。

董仲舒所提倡之"信"，已经转移到"三纲"伦理规范之中，为汉代"三纲"的强化提供了观念转化。"明主贤君，必于其信"（《春秋繁露·立元神》），以"信"为君德，有英明守信之义。"为人臣者，比地贵信"（《春秋繁露·离合根》），"号为大夫者，宜厚其忠信，敦其礼义，使善大于匹

---

[1] （东汉）班固：《汉书》，中华书局1962年版，第1975页。

夫之义，足以化也"（《深察名号》），臣德为"信"、"忠信"，忠、信互通。
"委身致命，事无专制，所以为忠也；竭愚写情，不饰其过，所以为信也"
（《春秋繁露·天地之行》），更是把臣对君殚精竭虑、不饰其过的忠诚作
为"信"的内涵。"人之受命于天也，取仁于天而仁也，是故人之受命天
之尊，父兄子弟之亲，有忠信慈惠之心，有礼义廉让之行，有是非逆顺之
治，文理灿然而厚，知广大有而博，唯人道为可以参天。"（《春秋繁露·王
道通三》）这里的"信"，是与"父兄子弟"对应的，即含"孝悌"之意。
"观乎宋伯姬，知贞妇之信"（《春秋繁露·王道》），则把保持"贞节"和
拘守礼制的行为称为"信"。"信者，诚也，专一不移也。"（《白虎通义·情
性》）在西汉中期之后，"信"已经是贯穿和加强三纲之伦理规范"忠"、
"孝"、"贞"之中的道德观念。以"信"加强"孝"，有汉一代"以孝治天
下"。以"信"加强"忠"、"贞"，则"忠""贞"不二。"信"的这种转换，
淡化了民间任侠风气，却强化了"三纲"的伦理最高原则地位。

2. 忠、孝、贞

忠、孝、贞分别是"三纲"中臣、子、妇一方分别对君、父、夫一方
的道德规范，在汉代得到了深入的理论阐发和社会实践，为后世伦理道德
规范体系奠定了基础。

《白虎通》按照"君为臣纲、父为子纲，夫为妻纲"的礼纬说法进一
步发挥董仲舒的"三纲"思想，强调臣、子、妻一方对君、父、夫一方的
服事、顺从、奉命，难免有强调单向道德义务的倾向：

> 君臣者，何谓也？君，群也，下之所归心；臣者，繵坚也，属志
> 自坚固。《春秋传》曰："君处此，臣请归也。"父子者，何谓也？父
> 者，矩也，以法度教子；子者，孳孳无已也。故《孝经》曰："父有争
> 子，则身不陷于不义。"夫妇者，何谓也？夫者，扶也，以道扶接也；
> 妇者，服也，以礼屈服。《昏礼》曰："夫亲脱妇之缨。"《传》曰："夫
> 妇判合也。"（《白虎通义·三纲五常》）

按照白虎通义的阐释，君是臣下归心之称，臣是顺从忠诚之义，"君
之威命所加，莫敢不从"（《白虎通义·瑞贽》）；父是子女言传身教的规矩

法度，子女应该循规蹈矩按照父亲的教导成长，子女则是接续宗法、繁衍后代、维护和传承家族优良传统和尊严的延续者。夫当家作主，扶持家庭，妇服家事，守礼从夫，"女者如也，从如人也。在家从父夫，既嫁从夫，夫没从子也"（《白虎通义·嫁娶》），若非夫犯"乱之大者"的几种特殊情况，则有从一而终的义务："夫有恶行，妻不得去者，地无去天之义也。夫虽有恶，不得去也。故《礼·郊特牲》曰：'一与之齐，终身不改。'悖逆人伦，杀妻父母，废绝纲纪，乱之大者，义绝乃得去也。"（《白虎通义·嫁娶》）这种"忠、孝、贞"单向伦理道德义务在《白虎通义》的成书年代东汉中期已经发展成型。

虽然观念中的"忠、孝、贞"单向道德义务已经成型，但是以董仲舒的阐发为基调的君臣、父子、夫妇三大人伦关系之间道德义务在有汉一代基本上还仍然像先秦主流那样仍提倡双向施行：

> 人受命于天，有善善恶恶之性，可养而不可改，可豫而不可去，若形体之可肥䐃而不可得革也。是故虽有至贤，能为君亲含容其恶，不能为君亲令无恶。书曰："厥辟去厥只。"事亲亦然，皆忠孝之极也，非至贤安能如是。父不父则子不子，君不君则臣不臣耳。（《春秋繁露·玉杯》）

> 父慈母爱室家之中，子乃孝顺。……故父不父则子不子，君不君则臣不臣。（《汉书·武五子传》）

> 诸侯所以考黜何？王者所以勉贤抑恶，重民之至也。……王者所不臣者三，何也？谓二王之后，妻之父母，夷狄也。……王者有不臣者五，谓祭尸、受授之师，将帅用兵、三老、五更。……王者臣有不名者五：先王老臣不名。……盛德之士不名，尊贤也。……诸父、诸兄不名。诸父、诸兄者，亲与己父、兄有敌体之义也。《诗》云："王曰叔父。"《春秋传》曰："王礼者何？无长之称也。不名盛德之士者，不可屈爵禄也。"故《韩诗内传》曰："师臣者帝，交友受臣者王，臣臣者爵，鲁臣者亡不行。"（《白虎通义伦·考黜》）

上述材料可见，只有君仁，臣才能尽忠，只有父慈，子才能尽孝。君主应该礼遇大臣，其对大臣的尊重程度关系国家兴亡。君主应当"勉贤抑恶，重民之至"。在许多情况下，为了尊贤和除恶，甚至不能以君臣之礼的规格对待大臣和夷狄，有"所不臣者三"、"有不臣者五"、"所不名者五"，在制度伦理上体现"尊尊、亲亲、贤贤"的原则。"是故仁义制度之数，尽取之天，天为君而覆露之，地为臣而持载之，阳为夫而生之，阴为妇而助之，春为父而生之，夏为子而养之，秋为死而棺之，冬为痛而丧之，王道之三纲，可求于天。"（《春秋繁露·基义》）三纲之道，和德主刑辅的德治正义原则一样，皆取法天地阴阳四时之道，是一种主导与辅助的兼功关系，相互不可分离，共同发生作用，不可单向偏颇。

"忠"在两汉既继承了先秦忠君思想，也把孟子"民为贵，社稷次之，君为轻"和荀子"从道不从君"的思想纳入"忠"的内涵。先秦有"食人食者死其事"（《汉书·王莽传》）的传统观念，家臣、忠仆、食客、刺客、侠士等皆有忠于主人的"忠信"观念，"言忠信，行笃敬，虽蛮貊之邦行矣。"（《论语·卫灵公》）孔子的"忠信"观念中也有一定的这种成分，不以具体的周天子或诸侯国君为"忠信"对象。在先秦封建社会，家臣既为诸侯国辅宰，在大一统中央集权国家，家臣对主人的"忠"，就转换为臣子对君主的"忠"。在先秦，如遇到"无道之君"，可以离开该国，到有道的诸侯国去，而在秦汉大一统国家，只有一个国、一个君可以行"忠"德，如何对待遇到"无道之君"的问题呢？汤武革命、周召共和都是解决问题的智慧。管仲有三归反坫之讥，终辅齐桓公成就霸业。秦灭周及六国，乃武力所为，非因秦德而转移天命，故百姓"揭竿而起"，乃有项楚。楚国无道，汉作为诸侯之一，行汤武革命之天罚，建立刘汉王朝。贾谊提出"吏以爱民为忠"（《新书·大政上》）。《淮南子》提出"臣亦不能死无德之君"（《淮南子·主业训》）和"杀无罪之民，而养无义之君，害莫大焉"（《淮南子·兵略训》）。陈平、周勃废少帝立文帝，霍光废昌邑王而改立宣帝，则为大一统中央集权国家对"忠"的一种新诠释，即如霍光所言"臣宁负王，不敢负社稷"（《汉书·霍光传》）。后汉陈蕃区分了"事社稷"和"事人君"："有事社稷者，社稷是为；有事人君者，容悦是为。"（《后汉书·陈王列传》）"忠于社稷"也与"忠于民族大义"联系在一起，苏武出使西域，牧羊十九年不变节，不辱使命，霍去病抗击匈奴，誓言"匈奴未灭，无以为家"(《史记·卫将军骠骑建军列传》),忠贞于祖国之民族大义,是爱国之"忠",超越了君臣之义。可见汉代以"爱民"和"忠于社稷"和"忠君"三者共同构成"忠"的内涵,其首要和永恒的内涵是爱民与爱国,而且是"忠君"的必要条件,人君必须做到爱民和符合社稷之义,才能具有获得臣民忠诚的正当性,否则"忠君"不成立。

"贞"作为妇德,在汉初道德危机中显得尤其宝贵。《说文解字》:"贞,卜问也。"《释名·释言语》:"贞,定也,精定不动惑也。"《易传·系辞下》:"吉凶者,贞胜者也。"韩康伯注:"贞者,正也,一也。"《荀子·子道》:"故子从父,奚子孝?臣从君,奚臣贞?审所以从之之谓孝,之谓贞也。"可见"贞"逐渐从"卜问"引申到正、一、坚定不移、忠诚之义,但"贞"在作"忠"、"孝"解时还不是盲从,而是"审所以从之"。"贞女不事二夫"(《史记·田单列传》)这样的先秦观念把"贞"转化为妇德。董仲舒认为"贞"不仅是值得赞扬表彰的妇德,"观乎宋伯姬,知贞妇之信"(《王道》),而且夫妇是生化之本,若妇无贞德,将导致天灾。"严公二十年'夏,齐大灾'。刘向以为齐桓好色,听女口,以妾为妻,适庶数更,故致大灾。桓公不寤,及死,适庶分争,九月不得葬。《公羊传》曰,大灾,疫也。董仲舒以为,鲁夫人淫于齐,齐桓姊妹不嫁者七人。国君,民之父母;夫妇,生化之本。本伤则末夭,故天灾所予也。"(《汉书·五行志》)可见董仲舒非常重视夫妇之道,视之为人类繁衍生息的根本,在汉初道德危机背景下,"贞"尤其是需要大力提倡的妇德。

在汉代有两本提倡以"贞"为核心的妇德书盛行。一本是西汉刘向编的《列女传》,表彰自古以来的仁贤贞行妇女言行事迹,分母仪传、贤明传、仁智传、贞顺传、节义传、辩通传和孽嬖传等七卷,在贤明传中宋鲍女宗以"贞顺"释"贞"德:"妇人一醮不改,夫死不嫁,执麻枲,治丝茧,织纴组纫,以供衣服,以事夫室,澈漠酒醴,羞馈食以事舅姑。以专一为贞,以善从为顺。贞顺,妇人之至行也。岂以专夫室之爱为善哉!"(《列女传·宋鲍女宗传》)另一本是东汉班固之妹班昭所写的《女诫》,本来是教导班家女子妇德的私家教材,包括卑弱、夫妇、敬慎、妇行、专心、曲从和叔妹七章,结果争相传抄、盛行于世。班昭认为,妇事夫如地之于天，阴之于阳，要敬顺柔弱，从一而终，"《礼》，夫有再娶之义，妇无二适之文，故曰：夫者，天也。天固不可逃，夫固不可离也"（《女诫》）。其中有阐释《周礼·天官·九嫔》："九嫔掌妇学之法，以九教御：妇德、妇言、妇容、妇功。"之中妇女四德的内容："贞静清闲，行己有耻：是为妇德；不瞎说霸道，择辞而言，适时而止，是为妇言；穿戴齐整，身不垢辱，是为妇容；专心纺织，不苟言笑，烹调美食，款待嘉宾，是为妇工。"（《女诫》）"四德"一般与"三从"并提。"妇人无爵何？阴卑无外事，是以有"三从"之义：未嫁从父，既嫁从夫，夫死从子。"（《白虎通义·爵》）"三从四德"，作为"贞"或"贞节"之妇德内涵，构成"三纲五常"的重要内容之一。

3. 孝治和三纲五常

汉代自惠帝开始倡导"以孝治天下"，"孝道之美，百行之本也"（《白虎通义·考黜》），"孝"是天子以至于庶人践行的第一德行。董仲舒把"孝"与祭天、祭祀祖先关联在一起，使"孝"获得了天经地义的神圣性和正当性：

> 先贵而后贱，庸贵于天子，天子号天之子也，奈何受为天子之号，而无天子之礼，天子不可不祭天也，无异人之不可以不食父，为人子而不事父者，天下莫能以为可，今为天之子而不事天，何以异是。是故天子每至岁首，必先郊祭以享天，乃敢为地，行子礼也；每将兴师，必先郊祭以告天，乃敢征伐，行子道也。（《春秋繁露·郊义》）

> 古者岁四祭，四祭者，因四时之生庸而祭其先祖父母也。故春曰祠，夏曰礿，秋曰尝，冬曰蒸，此言不失其时以奉祭先祖也，过时不祭，则失为人子之道也。祠者，以正月始食韭也，礿者，以四月食麦也，尝者，以七月尝黍稷也，蒸者，以十月进初稻也，此天之经也，地之义也，孝子孝妇缘天之时，因地之利，地之菜茹瓜果，艺之稻麦黍稷，菜生谷熟，永思吉日，供具祭物，斋戒沐浴，洁清致敬，祀其先祖父母，孝子孝妇不使时过已，处之以爱敬，行之以恭让，亦殆免于罪矣。（《春秋繁露·四祭》）

天子祭天、祭祀先祖，百姓也通过合法的丧礼和祭祀祖先活动"慎终追远"，又在现实中敬养在世父母，都是行人子之孝。汉代的孝观念，养父母还是第一义，并且注重养志，但是"孝"观念已经逐渐由父母推及其他家人和社会关系：

> 文学曰："善养者不必刍豢也，善供服者不必锦绣也。以己之所有尽事其亲，孝之至也。故匹夫勤劳，犹足以顺礼，歠菽饮水，足以致其敬。孔子曰：'今之孝者，是为能养，不敬，何以别乎？'故上孝养志，其次养色，其次养体。贵其礼，不贪其养，礼顺心和，养虽不备，可也。易曰：'东邻杀牛，不如西邻之禴祭也。'故富贵而无礼，不如贫贱之孝悌。闺门之内尽孝焉，闺门之外尽悌焉，朋友之道尽信焉，三者，孝之至也。居家理者，非谓积财也，事亲孝者，非谓鲜肴也，亦和颜色、承意尽礼义而已矣。"（《盐铁论·孝养》）

"孝"是每个人都能做到的，所以贫富不均的人家，物质之养"养体"会差异很大，关键在于"以己之所有尽事其亲，孝之至也"，故更强调更养志（"承意尽礼义"）和养色（"和颜色"），因为这两者是不会因为贫富差距而不同。东汉王符所谓"孝悌者，以致养为本，以华观为末"、"养生顺志，所以为孝也"（《潜夫论·务本》），也在强调"孝"的内在精神的重要性。"闺门之内尽孝焉，闺门之外尽悌焉，朋友之道尽信焉，三者，孝之至也。"这就把私人领域（闺门之内的父母和子女关系）的"孝"，逐步通过夫妇、昆弟、诸舅，族人的过渡性准公共领域（闺门之外）之"悌"，扩展到公共领域（师长、朋友、君臣）之"信"、"忠"，从而与三纲及与仁、义、礼、智、信五常之德融汇贯通为一体。

"孝"内涵的扩充充分表现在汉代"以孝治天下"所依据的经典《孝经》之中。《孝经》作为儒家经典《十三经》之一，始自汉文帝时增列为"传记博士"而进入经学范围，其作者有很多说法[1]，《汉书·艺文志》认为"《孝经》者，孔子为曾子陈孝道也"，《白虎通义》和郑玄《六艺论》等皆认为是孔子所作，司马迁认为是曾子所作："孔子以为（曾参）能通孝道，故授之业。（曾参）作《孝经》。"（《史记·仲尼弟子列传》）朱熹认

---

① 参见王长坤：《先秦儒家孝道研究》，四川出版集团、巴蜀书社2007年版。

为是曾子门人记孔子曾子问答:"夫子曾子问答之言,而曾子门人之所记也。"(《孝经刊误》)还有七十子之徒所作等说法。因《吕氏春秋》多处大段征引,又分天子、诸侯、卿大夫、士、庶人五等之孝,符合战国社会状况,故可认为是先秦由孔子及其后学不断完善的儒家孝道思想专门著作,《荀子·子道》的"从义不从父"与《孝经》关于"谏诤"的观念相似,成书于前241年[①]的《吕氏春秋》首见多处大段征引而文字出入不大,故可能成书于荀子卒年前238年左右和前241年之前,此也符合秦汉之际为汉取法为大一统政治指导思想的历史规律。董仲舒在天人三策中也曾引述《孝经》内容:"曾子曰:'尊其所闻,则高明矣;行其所知,则光大矣。高明光大,不在于它,在乎加之意而已。'"(《汉书·董仲舒传》)《孝经》开篇即阐释"孝"经过扩充的多重含义:

> 夫孝,德之本也,教之所由生也。复坐,吾语汝。身体发肤,受之父母,不敢毁伤,孝之始也;立身行道,扬名于后世,以显父母,孝之终也。夫孝,始于事亲,忠于事君,终于立身。(《孝经·开宗明义章》)

先秦的"孝"观念,主要是作为家庭伦理,以先祖和在世父母为对象,即"事亲"(父子、夫妇、昆弟、诸父、诸舅),而《孝经》把"忠于事君"(君臣)这一政治伦理和"终于立身"(师长、朋友)这一社会伦理两者都纳入"孝"的范围,从而贯通私人领域和公共领域为一体,三纲六纪都可以由"孝"打通,礼制等级每一个环节的人都可以"孝"规范自身行为,五常作为三纲六纪的伦理道德规范因而也都成为"孝"之道德规范内容。

《孝经》中阐释的天子、诸侯、卿大夫、士、庶人五等之孝,实则可视为政治秩序不同等级身份者分别在现实中落实"三纲五常"为道德义务的"孝"规范内容。"爱敬尽于事亲,而德教加于百姓"(《孝经·天子章》),带头做天下的"孝"模范,这是天子之孝,天地明察,若不能行孝,则天人感应而遭受天谴:"昔者明王事父孝,故事天明;事母孝,故事地察;长

---

① 参见陈奇猷:《〈吕氏春秋〉成书年代与书名的确立》,载氏著:《吕氏春秋校释》,学林出版社1984年版。

幼顺，故上下治；天地明察，神明彰矣！"（《孝经·感应章》）诸侯和卿大夫之孝在于其"忠"，即忠君、忠于社稷和爱民。士之孝的阐发全面和深入地揭示了"孝"的核心义理：

> 资于事父以事母而爱同，资于事父以事君而敬同。故母取其爱，而君取其敬，兼之者父也。故以孝事君则忠，以敬事长则顺；忠顺不失，以事其上，然后能保其禄位，而守其祭祀，盖士之孝也。（《孝经·士章》）

"子事父"是"孝"的根源，事母则"取其爱"，事君则"取其敬"，把孝推广到事君则为"忠"，取其敬事长则为"顺"，从"子事父"之孝，推广到政治社会的"忠顺"之道。"士之孝"的阐释说明了"孝"的内在扩充机制，与此相应，庶人之孝则说明了以事父母为主要内涵的"孝"如何进行："用天之道，分地之利，谨身节用，以养父母。"（《孝经·庶人章》）这也与秦汉之际日益普遍的一家一户式农业生产方式相适应。"故自天子至于庶人，孝无终始而患不及者，未之有也。"（《孝经·庶人章》）既然通过"子事父"之孝的扩充，每一个社会阶层的人都可以达致其相关责任，孝就成为这个社会的最根本的道德义务，犹如"自天子以至于庶人，壹是皆以修身为本"（《礼记·大学》）中"修身"所起的基础性作用一样。而孝之扩充性原理，与《大学》中"齐家"的原理是一致的："所谓治国必先齐其家者，其家不可教而能教人者，无之。故君子不出家而成教于国：孝者，所以事君也；弟者，所以事长也；慈者，所以使众也。"（《礼记·大学》）"孝"被认为是天经地义的："夫孝，天之经也，地之义也，民之行也。"（《孝经·三才章》）"孝"的落实和扩充，能使"任德不任刑"的德治和教化有了可靠基础，从而"其教不肃而成，其政不严而治"（《孝经·三才章》）。

"孝"的基础性和前提性地位，使得"事亲"之孝比扩充后的其他内涵具有优先性，不可倒置：

> 父子之道，天性也，君臣之义也。父母生之，续莫大焉；君亲临之，厚莫重焉。故不爱其亲，而爱他人者，谓之悖德；不敬其亲，而敬他人者，谓之悖礼。（《孝经·圣治章》）

故在事亲之"孝"与"忠"或者其他道德义务发生冲突时，"孝"理所当然是第一选择。事亲之孝的内容有五个方面："孝子之事亲也，居则致其敬，养则致其乐，病则致其忧，丧则致其哀，祭则致其严，五者备矣，然后能事亲。"(《孝经·纪孝行章》)而忠君之孝，则"进思尽忠，退思补过，将顺其美，匡救其恶"(《孝经·事君章》)。不孝(包括君、圣人、亲等对象)是要刑罚制裁的最大的罪行："五刑之属三千，而罪莫大于不孝。要君者，无上；非圣人者，无法；非孝者，无亲，此大乱之道也。"(《孝经·五刑章》)但孝不是一味地顺从，其原则是不能置父身陷不义："昔者天子有争臣七人，虽无道，不失天下；诸侯有争臣五人，虽无道，不失其国；大夫有争臣三人，虽无道，不失其家；士有争友，则身不离于令名；父有争子，则身不陷于不义。故当不义，则子不可以不争于父，臣不可以不争于君。"(《孝经·谏诤章》)董仲舒也强调用"义"来判断伦理行为的正当性：

> 故变天地之位，正阴阳之序，直行其道，而不忘其难，义之至也。是故胁严社而不为不敬灵，出天王而不为不尊上，辞父之命而不为不承亲，绝母之属而不为不孝慈，义矣夫！"(《春秋繁露·精华》)

此"义"即为前述之伦理道德原则"五常"之代称。"孝"从"事亲"扩充到"事君"和"立身"，从而能通过德治和教化，而以仁义精神作为统治正义原则，贯穿到汉代传统人伦社会，通过"三纲五常"而行之：

> 夫尧舜三王之业，皆繇仁义为本，仁者所以理人伦也，故圣王以为治首。或曰：发号出令，利天下之民者，谓之仁政；疾天下之害于人者，谓之仁心。二者备矣，然后海内应以诚，惟君侯深观往古，思本仁义至诚而已。(《古文苑·诣丞相公孙弘记室书》)

"仁义"乃"五常"的简称，是用来处理"三纲六纪"这些人伦关系的道德原则。经过先秦儒家孝道智慧结晶《孝经》和董仲舒倡导的"三纲五常"伦理道德规范，在汉代政治社会上下的普遍推广之后，"孝"作为"三纲六纪"中根本大伦"父子"的"子事父"道德义务，从家庭扩充到政治、社会的所有人伦关系之中，从而形成以德治和教化为主要特征的伦理纲常社会。

三、家国天下

1. 伦理制度化和民间自治

自董仲舒阐发和倡导"三纲"、"五常"为核心的伦理道德体系，到现实化为中国传统政治制度和社会道德规范，有一个制度化和社会化的过程。董仲舒与汉武帝的天人三策建议，以及此后得君行道、为帝王师的伦常倡导，自汉武之世起为历代君主贯彻，逐渐为历代王朝政治制度和社会教化体系所吸收和强化，通过制度化和社会化途径逐渐现实化，成为两千多年来中国政治社会和日常生活天经地义的伦理道德规范，而汉代从董仲舒到《白虎通》是这一过程的重要奠基。

"三纲五常"的制度化和社会化，既是中国古代社会伦理道德体系建构和完善的过程，也是政府与民间之间互动、并内在化为政治制度和日常生活伦理道德的过程。汉代伦理的制度化过程，简而言之，主要是通过政府正面引导和法律惩处规制两个方面达到符合"三纲五常"的行为模式规训和价值观念内化的过程。"制度是已有的社会惯例、结构的储存，通过这种储存使集体记忆、表述、价值标准、规则等外部化。"[①] 而制度化，则为福柯所说的规训，是通过全景监狱模式造就纪律社会的过程。经过汉初道德反思和伦理建设努力，汉武帝"推明孔氏，抑黜百家"后系统化的"三纲五常"伦理道德体系外部化推行有了一定的基础，而政府引导和法律规范是使之制度化的重要手段。伦理道德的制度化本身就是伦理道德的社会化办法，而社会化还借助于社会教化、私学和民间自治等形式，使三纲五常成为民间自觉遵循和自我治理的价值体系。

政府正面引导方面，汉代即采用孔子所说的"导之以德，齐之以礼"的方式，以"三纲五常"作为价值导向，通过兴办学校，选拔和任用贤良方正之士，任用有德行的人担任官吏，察举、征辟民间廉洁孝行者"兴廉举孝"，颁发诏书表彰孝子、忠臣、廉吏、贞女、义妇等具体办法，教育

---

① ［英］马克斯·H. 布索瓦：《信息空间：认识组织、制度和文化的一种框架》，王寅通译，上海译文出版社2000年版，第390页。

引导万民接受和内化"三纲五常",化为政治和社会生活主流道德价值体系。其中有标志性意义的事件,是汉武帝采纳董仲舒的建议,"推明孔氏,抑黜百家",兴太学,立五经博士,选吏补官,更化改制,成为延续汉代终始的政策和制度。而汉代历代皇帝都受过良好的经学教育,如西汉宣帝召开石渠阁会议论五经同异,东汉明帝亲自讲经,且为"功臣子孙、四姓未属别立校舍,搜选高能以受其业,自期门羽林之士,悉令通《孝经》章句,匈奴亦遣子入选"(《后汉书·儒林传》),东汉章帝经学学术水平冠绝当时,白虎观会议是他主持提问,又对各种经学评议阐释做最后结论裁定。《论语》、《孝经》和在汉代用"三纲五常"道德体系详细阐释的五经,作为全国通用教材,其中《孝经》普及教育是制度化的典型,"自天子下至庶人,上下通《孝经》者"(《白虎通义·论孝经论语》),成为推行"以孝治天下"的基础教化手段。

立学校教化是汉代政府正面引导遵循"三纲五常"伦理道德规范的重要举措。董仲舒对策建议"立太学以教于国,设痒序以化于邑,渐民以仁,摩民以谊,节民以礼,故其刑罚甚轻而禁不犯者,教化行而习俗美也"(《汉书·董仲舒传》),为武帝采纳,此后汉代设立太学和大量地方学校。太学是国立最高学府,教育贵族子弟和各地选送的优秀青年,学习期满通过考核可以补官。"孝武初立,卓然罢黜百家,表章《六经》。遂畴咨海内,举其俊茂,与之立功。兴太学,修郊祀,改正朔,定历数,协音律,作诗乐,建封禅,礼百神,绍周后,号令文章,焕焉可述。后嗣得遵洪业,而有三代之风。"(《汉书·武帝纪》)建元五年(前136年),武帝下诏设五经博士,元朔五年(前124年)令公孙弘等制定设立太学的具体计划,并批准公孙弘提出的创立博士弟子员制度方案,在长安正式建成太学,从此历代太学规模不断发展壮大,经学博士、弟子员、旁听生数量迅速增加,起初仅五个五经博士五十个弟子员,到成帝时已增至十四博士、三千太学生,王莽时扩展为万人规模,到东汉质帝本初元年(146年)更是增加到三万多人,一直保持到汉末。地方郡国的学校主要教育地方地主官僚子弟和平民优秀青年。景帝时蜀郡太守文翁在成都设立官学,开风气之先。"至武帝时,乃令天下郡国皆立学校官,自文翁为之始云。"(《汉书·循吏传》)

地方官学从此皆立。平帝元始三年（3年），下诏令天下立官学，"郡国曰学，县、道、邑、侯国曰校。校、学置经师一人。乡曰庠，聚曰序，序、庠置《孝经》师一人。"（《汉书·平帝纪》）东汉时郡国学校更为发达，"四海之内，学校如林，庠序盈门"（班固《东都赋》），其主要任务是推广教化，奖进礼乐。地方政府中又设郡文学、郡文学史、郡文学卒吏、五经百石卒史等教官，负责管理文史和对百姓施行教化。

汉代倡导以孝治天下，频繁颁布养老法令，建立了规范的尊老敬老制度，实施王杖制度、老年恤刑制度、尊养三老制度，引导和助化乡里道德教化，通过乡规民约和道德观念，使三纲五常化为普通民众的自觉行为，从而形成了中国古代独特的乡土社会自治的基层管理模式。王杖制度是一种尊老制度，对70岁以上德高望重的高龄老年人授予王杖，树立社会尊崇的道德榜样，受王杖者有谨守礼法、教化乡里的义务，垂范乡里，敦化风俗，教民为善，成为官治的补充，最终达到固化民众三纲五常价值观念，稳定社会治理秩序的目的。汉代老年犯罪恤刑制度始于汉惠帝即位时的诏令："民年七十以上若不满十岁有罪当刑者，皆完之。"（《汉书·惠帝纪》）此后两汉皇帝屡下诏令恤刑老人，并有加强宽减程度的趋势，这些制度体现了统治者提倡的仁道、爱民、尊老等"五常"之德，有利于引导社会养成尊敬孝养老人的社会风气。尊养"三老"制度是推行孝道、教化乡里的重要制度，自高帝建汉二年即下令尊养三老："举民年五十以上，有修行，能帅众为善，置以为三老，乡一人。择乡三老一人为县三老，与县令、丞、尉以事相教，复勿徭戍。以十月赐酒肉。"（《汉书·高帝纪》）此后皇帝诏书不断，且尊养规格渐高，东汉明帝永平二年诏："三老李躬，年耆学命。五更桓荣，授朕尚书。诗曰：'无德不报，无言不酬。'其赐荣关内侯，食邑五千户。三老，五更皆以二千石禄养厥身。其赐天下三老酒人一石，肉四十斤。"（《后汉书·显宗孝明帝纪》）《续汉志》云："养三老、五更，先吉日，司徒上太傅若讲师故三公人名，用其德性年耆高者，三公一人为三老，次卿一人为五更。"[1]三老、五更都是德福圆满可为世人

---

① （宋）范晔撰，（唐）李贤等注：《后汉书》，中华书局1965年版，第103页注。

楷模的五十岁以上老人，要求"有首妻男女全具者"①，家庭完整，品行出众。三老的基本职能是掌县里教化："掌教化。凡有孝子顺孙，贞女义妇，让财救患，及学士为民法式者皆扁表其门，以兴善行。"（《后汉书·百官志五》）武帝元狩元年诏："遣博士褚大等循行天下，谕三老，孝悌以为民师。"（《汉书·武帝纪》）汉代三老制度是为社会树立道德榜样、推行三纲五常道德教化的伦理制度化措施。

汉代三老乡官制度对中国古代乡村社会自治传统的形成具有重要的奠基意义。马新师认为，汉代三老乡官建立在旧的宗族制度的废墟上，乡村户与户之间有着或近或远的血亲关系，汉王朝借此选举乡官，承认乡官统帅农民生产生活的权力，这一乡官系统的建立，在政治上成为汉王朝的统治支柱。②费孝通认为，中国古代乡土社会是在地方性限制下安土重迁的、生于斯、长于斯、死于斯的礼俗社会，通过长老教化性的权力统治，靠家族礼制及其三纲五常伦理道德维系人心③。费孝通还提出"士绅"概念，士绅"指的是在中国传统社会中占有一定地位、发挥一定功能的一个阶层。这里所谓的'传统社会'是指公元前3世纪，在封建制度解体之后，有中央集权一统天下的帝国时期。"④意即士绅在秦汉时代产生。士绅可以是退任的官僚，或官僚的亲友，或受过教育的地主，无政治权力但有势力，对地方百姓起着保护性的庇护作用。费孝通认为，中国传统的权力体系存在两个层次：上层有中央政府，自上而下传达皇帝命令；下层有以士绅阶层作为管事的自治团体，是自下而上传递影响，其机制是由乡绅的从政或不从政的亲属，或参加同批考试的朋友的非正式压力实现，影响可直达皇帝，而由士绅管理的地方事务一般不受中央权威干扰。自治团体根据当代人民需要而产生，享受地方人民授予的权力，士绅因其保持中央和地方政治之间的联系而在当地组织中拥有决策

---

① （宋）范晔撰，（唐）李贤等注：《后汉书》，中华书局1965年版，第103页注。
② 参见马新师：《两汉乡村管理体系述论》，《山东大学学报》1997年第1期。
③ 参见费孝通：《乡土中国》，人民出版社2008年版。
④ 费孝通：《中国士绅》，赵旭东、秦志杰译，生活·读书·新知三联书店2009年版，第17页。

和管事的地位。① 乡及乡以下的亭、里，都是由民间推选的三老或长老来施行乡里道德教化和生产指导，在乡以上的社、县、郡，则有士绅充当政府和民间治理的沟通桥梁和社会各阶层微观权力的保护缓冲机制。通过三老施化和士绅主持共同组成的地方自治，其基础主要在于汉代三老乡官制度的建立和从董仲舒提出、汉武帝开始建构的士治政府模式。

2. 三纲社会化和道德风尚

父子、君臣、夫妇三伦以五常为内核的伦理道德规范"孝"、"忠"、"贞"，作为"三纲五常"制度化和社会化的中心内容，经过两汉的政府正面引导和法律惩治规制，逐渐成为社会道德风尚。

关于父子大伦，汉代表彰孝悌道德榜样，是政府引导的重要办法。接续汉初努力，武帝起汉朝历代帝王重申或加大了表彰尊老孝悌的力度和范围。中央和地方都有废除孝子租役、赐孝子钱帛爵、褒奖和荐举著名孝子等途径。如汉武帝元狩元年（前122年）下诏：

> 朕嘉孝弟、力田，哀夫老眊、孤、寡、鳏、独或匮于衣食，甚怜愍焉。其遣谒者巡行天下，存问致赐。曰："皇帝使谒者赐县三老、孝者帛，人五匹；乡三老、弟者、力田帛，人三匹；年九十以上及鳏、寡、孤、独帛，人二匹，絮三斤；八十以上米，人三石。有冤失职，使者以闻。县、乡即赐，毋赘聚。"（《汉书·武帝纪》）

中央如此表彰孝悌行为，据统计在汉帝王纪中西汉惠帝至东汉顺帝的记载达32次②，地方性表彰则更多。汉代皇帝经常表彰、举荐、擢拔孝子，作为弘扬孝悌的道德榜样，扶持为宣传学习的典型。《二十四孝》人物之一江革曾被汉章帝表彰为"巨孝"：

> 元和中，天子思革至行，制诏齐相曰："谏议大夫江革，前以病归，今起居何如？夫孝，百行之冠，众善之始也。国家每惟志士，未尝不及革。县以见谷千斛赐'巨孝'，常以八月长吏存问，致羊酒，

① 参见费孝通：《中国士绅》，赵旭东、秦志杰译，生活·读书·新知三联书店2009年版，第68—69页。
② 参见孙筱：《孝的观念与汉代新的社会统治秩序》，《中国史研究》1990年第3期。

以终厥身。如有不幸，祠以中牢。"由是"巨孝"之称，行于天下。及卒，诏复赐谷千斛。(《后汉书·江革传》)

汉代孝廉察举制度，将官吏选拔与伦理相结合，是伦理制度化的一个重要方面。高后首开汉代孝廉察居先例，"初置孝悌力田二千石一人"(《西汉会要·选举下》)，孝和廉正式成为常设科目制度，始于董仲舒对策建议和武帝采纳施行，"立学校之官，州郡举茂材孝廉，皆自仲舒发之"(《汉书·董仲舒传》)，而武帝下诏"令郡国举孝廉各一人"(《汉书·武帝纪》)，达到"兴廉举孝，庶几成风"(《汉书·武帝纪》)的社会效果，成为汉代以孝悌品行举人选官的人事制度。东汉光武帝诏令强调选举的官吏应当"皆有孝悌廉公之行"，孝悌廉耻成为官吏选举的必备德行，"刺史、二千石察茂才尤异孝廉之吏，务尽实核，选择英俊、贤行、廉洁、平端于县邑，务授试以职。"(《后行书》)郎、令、丞、尉、侯等官基本来自孝廉察举，从中产生许多循吏，以身作则教化一方，有效地推行普及三纲五常伦理道德观念。

除了政府正面引导，通过法律惩处来规制和强化人们对"三纲五常"的接受和实行，是很重要的辅助手段。汉代的法律包括作为成文法的律、历代皇帝诏令和像《春秋》决狱这样的判例法。凡是规定违反"三纲五常"道德规范之后要做出一定惩处的法律内容，皆为把伦理制度化的反面规制手段。与褒奖孝道对应，汉代对不孝行为通过法律进行严厉惩治。据刘厚琴的研究，汉代将对父母不供养或侍奉不周、殴辱或杀父母和尊长、举告或诬告父母、违背"为人后则为之子"宗法伦理规定、居丧违礼、卑尊通奸和家庭乱伦、危宗庙和轻废先人之业及辱及父母、非议孝道等都归为违反法律而应严加惩处的不孝罪，"不孝入律"名目繁多，缺乏详细规定，判罪人为色彩浓厚，惩处力度大，如告父母者弃市，殴父母尊长者枭首、谩骂父母、祖父母者、居父母丧违礼者亦死罪，这样的惩戒对孝伦理直入人心作用明显，但汉代贯穿"德主刑辅"的德治指导思想，因而对不孝罪的处罚也由严趋宽。[①] 作为"三纲六纪"范围的宗法血缘人伦关系，

---

① 参见刘厚琴：《汉代伦理与制度关系研究》，中国社会科学出版社2008年版，第5—39页。

法律也规定家系继承关系、维护父家长权利、无子听妻入狱、宽宥复仇、确立亲亲得相首匿制度、实行家属连坐法等。尤其是亲亲互匿和家属连坐两项，说明汉代价值导向是"亲亲"优先于"尊尊"，"伦理"优先于"制度"。汉宣帝地节四年（前67年）首次以诏令把亲亲互匿明确规定为法律原则："父子之亲，夫妇之道，天性也。虽有患祸，犹蒙死而存之。诚爱结于心，仁厚之至也，岂能违之哉！自今，子首匿父母、妻匿夫、孙匿大父母，皆勿坐。其父母匿子、夫匿妻、大父母匿孙，罪殊死，皆上请廷尉以闻。"（《汉书·宣帝纪》）用法律落实亲情保护。"君不为臣隐，父独为子隐何？以为父子一体，荣耻相及。"（《白虎通义·论隐恶之义》）而连坐之法在汉代是"夷三族"[①]（有"父母、妻子、同产"或"父族、母族、妻族"二说），惩处对象主要是投敌、谋反、大逆不道、不孝罪、抢劫罪犯妻儿、妖言等犯罪行为，而这些罪行除不孝罪外基本都是违背"尊尊"的不忠之罪，视"不忠"等同"不孝"。这两类法律规定，使得家族的身家性命和利害荣辱都关联为一个整体。孟德斯鸠说："在我们的国家，父亲因儿女被判罪，和儿女因父亲被判罪多感到的羞耻，就是严厉的刑罚，严厉得像在中国的死刑一样。"西方法律父子一方犯法并不刑及对方，却感到羞耻犹如死刑，中国古代则羞耻和死刑同时加身，故汉代特别重视并强化家族的荣辱与共，一方面通过亲亲互隐保护亲情，一方面通过诛连三族捆绑家族命运为一体，在没有触及"不忠"大罪时鼓励保护亲情，在威胁冒犯君权时则保护"尊尊"，有"忠"、"孝"走向一体化的趋势。

对君臣一伦，以"尊尊"为"忠"，汉代有励忠机制引导和"不忠入律"惩处予以制度化。汉代所表彰过的"忠"行，包括为国尽忠献身、下级官吏舍身救上、不仕二姓、恪尽职守、清廉，表彰的办法是以实际利益激励和授予荣誉称号激励两种，激励手段灵活多变、机制日益完善，激励官吏以贪婪为耻，忠廉相高，"三公竞思其职，而百僚争竭其忠矣"（《潜夫论·三式》），争相为"忠"成为汉代社会的道德风尚。汉武帝明令百官

---

① 刘厚琴：《汉代伦理与制度关系研究》，中国社会科学出版社2008年版，第87页注解。

举报朝廷中的"不忠"官员，严惩不贷。"不忠"的罪状有大逆不道、不道、违礼不敬三类犯罪行为，惩治以连坐或弃市。其中大逆不道罪中有"首匿反者"犯罪，规定官吏告发揭露谋反者是忠之义务，否则以不忠罪论处，受"夷三族"之刑。反之，主动揭露犯罪且与罪犯划清界限者，则免罪且受赏，如王莽请示太后下诏嘉奖告举宗室刘崇谋反的刘嘉，不过比较少见，因为尊尊压倒亲亲的揭发家族亲属有悖家庭伦理。汉代奖励忠臣、"不忠入律"来加强"忠"伦理规范，使汉代清廉忠臣成为官吏主流，这与维护大一统郡县制君主中央集权统治的需要是一致的。

夫妇在宗法关系为中心的礼制中是更为根源的一伦，汉代主要通过褒奖贞妇来推行妇女贞节观念。"盖夫妇正则父子亲，人伦定矣。"(《汉书·平帝纪》) 历史证明，夫妇关系作为人伦之始，关系到家庭的稳定，更关系到治国安邦，故"贞节"观念，是"忠孝"观念的必要前提和必然后果。汉初男女关系混乱的道德危机使得对夫妇一伦严格道德规范迫在眉睫。自西汉宣帝开始，皇帝经常对妇女贞节行为进行褒赏。如宣帝神爵四年赐"贞妇顺女帛"(《汉书·宣帝纪》)，平帝元始元年"复贞妇，乡一人"(《汉书·平帝纪》)，安帝原初六年赐"贞妇有节义十斛，甄表门闾，旌显厥行"等。地方官员也对本地贞节妇女大力褒奖，表彰方式有定谥、立碑、作颂、画像、赐帛等。谢姬从夫而死，"县以表郡，郡言州，州上尚书。天子谘嗟，下诏书'每大赦，赐家帛四匹，谷二石'"(《华阳国志·广汉士女》)。极力褒奖贞节妇女，使得贞节观念为全国普遍接受，边远的蜀国也是"忠臣孝子，烈士贞女，不胜咏述"(《华阳国志·蜀志》)。汉代刘向的《列女传》、班昭的《女诫》、荀爽的《女诫》、蔡邕的《女诫》和《女训》等妇德教科书应运而生，尤其是前两者成为后世女德教育的范本，对"贞节"观念的普及和深入人心起到重要的作用。西汉还在贞节观念倡导时期，社会风俗依然"俗弥奢淫"，随着政府对贞妇褒奖力度增大，东汉女子坚守贞节者增多，而且得到社会舆论的推崇和赞誉。东汉乐羊子之妻拒暴自刎，太守礼葬并号"贞义"(《后汉书·列女》)；姚氏姊妹拒辱自溺，"郡县图像府庭"(《华阳国志·蜀郡士女》)；"(安帝)永初中，广汉、汉中羌反，虐及巴郡。有马妙祈妻义、王元愦妻姬，赵蔓君妻华，夙丧夫，执共姜之节，守一醮之礼，号曰三贞。遭乱兵，迫匿，惧见拘辱，三人同时自沉于西汉水而没死。"（《华阳国志·巴志》）《华阳国志》记载了很多这样的东汉贞妇烈女事迹，甚至为了逃避家人逼迫改嫁而断发、割耳甚至自杀的，可见东汉时期坚守贞节成为妇女自觉行为，据统计，文献记载的节烈妇女西汉有 2 人，东汉有 54 人[1]，寡居守节、遇暴殉节已成为一种社会上下普遍推崇、心存敬意的高尚行为。但是汉代只是通过诏令和地方政府褒奖贞节妇女，并没有通过法律惩罚强制妇女坚守贞节，即便是贞节观念成为风尚的东汉时期，女性离异改嫁、寡居再嫁现象一直自由存在。

3. 政治道德化和家国天下

古代中国的政治世界，是"家国一体"、"天人一家"，每一个人通过道德修养，都能和世界任何一个范围的事物发生密切的关系，政治的道德（伦理）化，是天下观念的重要内涵。在确切可考的历史文献资料来看，中国古代社会至少从殷周之际起，就提倡和实施以道德为基础的政治——德治。那时，"以德配天"为内涵的"天"和"天命"的概念形成，统治天下的共主是受命于天的"天子"，所有能够到达的土地和人民，通称"天下"。也从那时候起，以血缘关系为基础、通过封土建国扩展统治范围的宗法政治社会形成，于是有家（家庭、家族、宗族）有国。天子受命于天而治理天下，其政权正当性在天命，其统治原则在德治，而其统治的具体手段而言，落实"德主刑辅"的具体办法为推行伦理道德教化于"天下"。

"家"和"国"在中国古代社会是既相通又各有独特含义的概念。"家"，《说文解字》："家，居也。从宀，豭省声。"豭，即牝豕，今所见甲骨文金文"家"，是豭在屋形宀下。大汶口坟墓中随葬猪头、猪下颚骨的墓占总数的 34%，少者一两个，多者有 14 个猪头，代表墓主家庭私有财产多寡。以代表财产的猪之居所来指代家之所居，后来引申为至今仍然通用的含义

---

① 参见刘增贵：《汉代婚姻制度》，台北：华世出版社 1980 年版，第 27 页。

"家庭"，郑玄注"上地家七人"（《周礼·地官·小司徒》）："有夫有妇然后为家。"家在中国古代还引申为朝廷、都城、帝王或世子、卿大夫家族和封地，以及民族等义，如"永不忘在王家"（《尚书·酒诰》）中的"家"义为朝廷，郑玄注"其国家、宫室、车旗、衣服、礼仪皆以九为节"（《周礼·春官·典命》）云："国家，国之所居，谓城方也。"此处"国"与"家"通用。裴骃集解引服虔注"诏以为太子舍人、门大夫、家令"（《史记·袁盎晁错列传》）云："太子称家"。孔颖达疏引王肃注"臣之作福作威玉食，其害于而家"（《尚书·洪范》）云："大夫称家"。"我是虏家儿，不解汉儿歌"（《乐府诗集·折杨柳歌辞》）中的"家"，是指民族。"国"，《说文解字》："国，邦也。从口，从或。"至今未见甲骨文"国"字，至周初，金文才出现"或"字与"国"相通，指都城或城邑，如赵岐注"在国曰市井之臣，在野曰草莽之臣。"（《孟子·万章上》）曰："在国谓都邑也。"在宗法社会，国、家、宗、室都是同义语，如"天子建国，诸侯立家，卿置侧室，大夫有贰宗，士有隶子弟，庶人工商，各有分亲，皆有等衰"（《左传·桓公二年》），都是指父家长家族（宗族）。故宗法社会是"家"、"国"同构和相互通用的。

与现代"国家"和"世界"观念接近的，分别为中国古代的"社稷"和"天下"观念。"人非土不立，非谷不食。土地广博，不可遍敬也；五谷众多，不可一一祭也。故封土立社，示有土也；稷，五谷之长，故立稷而祭之也。"（《白虎通义·社稷》）社是土神，稷是谷神，社稷之祭反映了早期农业社会的宗教崇拜观念，夏商周三代已经有社稷祭祀活动："哀公问社于宰我，宰我对曰：夏后氏以松，殷人以柏，周人以栗。"（《论语·八佾》）"吾赖社稷之灵，吾国有君矣！"（《春秋公羊传·僖公二十一年》）社稷是一个国家的守护神，祭祀活动由氏族首领主持，出现地域国家后，则由国君代表国家主祭："天子祭天地，诸侯祭社稷，大夫祭五祀。"（《礼记·王制》）社稷、国家、国君三位一体。"卫社稷"（《礼记·檀弓下》）、"死社稷"（《礼记·曲礼下》）中的"社稷"即国家。"天下"观念，则与殷商表示天空之"天"以及周初"天"、"天命"观念的形成和发展密切相关，成于周初的《尧典》既已出现"天下"："帝尧……光宅天下"（《尚书·尧典》）泛指空间地理的"天下"，就转化为特定的社会政治概念。"君天下曰天子"（《礼记·曲礼下》），"天下"是君王影响力能到达的最大范围，"普天之下，莫非王土；率土之滨，莫非王臣"（《诗经·小雅·北山》），"天子"是统治"天下"的共主"君"，"凡自称，天子曰予余一人"（《礼记·玉藻》）此处的"天子"是指周成王，他自称"予一人"，体现其至高无上的地位。"古者包牺氏之王天下也"（《周易·系辞》）、"奄有四海为天下君。"（《尚书·大禹谟》）皆追记远古时代圣王统一治理影响，所以虽为氏族社会而用西周以来的"王天下"、"为天下君"观念去比附。赵汀阳认为[①]，天下首先是知道地理学上的"天底下所有土地"，进而指所有土地上生活的所有人的心思，最后是"天下一家"的"世界政府"政治理想。

从以上"家"、"国"、"社稷"、"天下"概念的基础上，我们不难理解后来发展出来的"家国一体"、"天下一家"的观念。"天下，谓天子之所主；国，谓诸侯之国；家，谓卿大夫之家。"（《礼记·礼运》）春秋战国时代，"礼崩乐坏"，"天下无道，则礼乐征伐自诸侯出。自诸侯出，盖十世希不失矣；自大夫出，五世希不失矣；陪臣执国命，三世希不失矣"（《论语·季氏》），"家"、"国"、"天下"概念开始走向融合，春秋争霸，号召"尊王攘夷"，以"国""挟天子而令诸侯"；战国称雄，志在"一统天下"，田氏代齐、三家分晋，大夫之"家"成为"国"，"家"之"宰"成为国之"臣"，而"天下为一"（《荀子·成相》）成为战国诸侯至于庶民的共同向往。《礼记·礼运》把古代社会分为"天下为家"和"天下为公"的时代，承认三代之后"家"和"天下"合为一体是历史特定时期的一个特点，但强调"天下非一人之天下，天下之天下也"（《吕氏春秋·贵公》），即"天下为公"才能称之为"天下"的理想内涵。秦国灭周，吞并六国，以"国"一统"天下"，郡县制中央集权国家建立，于是"家"、"国"、"天下"成为在不同意义上使用而又都可以指称大一统国家和世界的概念。然而"天下"理想要高于"国家"：

> 故可以夺人国，不可有夺人天下。是何也？ 曰：国小具也，可以
> 小人有也，可以小道得也，可以小力持也；天下者，大具也，不可以小

① 参见赵汀阳：《"天下体系"：帝国与世界制度》，《世界哲学》2003 年第 5 期。

人有也，不可以小道得也，不可以小力持也。国者，小人可以有之，然而未必不亡也。天下者，至大也，非圣人莫之能有也。(《荀子·正论》)

有亡国，有亡天下。亡国与亡天下奚辩？曰：易姓改号，谓之亡国。仁义充塞，而至于率兽食人，人将相食，谓之亡天下。是故知保天下，然后知保其国。保国者，其君其臣肉食谋之。保天下者，匹夫之贱，与有责焉耳矣。(顾炎武《日知录卷十三·正始条》)

"天下"直接与国家政权合法性依据的"天命"观念连在一起，而国家一旦不施行"王道"，就失去了以德配当的"天命"依据，于是选择"弃国保天下"。"是以知明先，以仁厚远，远而愈贤，近而愈不肖者，爱也。故王者爱及四夷，霸者爱及诸侯，安者爱及封内，危者爱及旁侧，亡者爱及独身，独身者，虽立天子诸侯之位，一夫之人耳，无臣民之用矣，如此者，莫之亡而自亡也。"(《仁义法》)推恩之愈远则愈贤，王者则爱及四夷，仅仅爱其一人，则为桀纣幽厉之行，越爱得少，越失去政权正当性。

夷夏之辨体现了政治道德化的"王道天下"理想。"先王之制，邦内甸服，邦外侯服，侯卫宾服，夷蛮要服，戎狄荒服。"(《国语·周语上》)从作为文化正统的"甸服"开始，依次代表华夏文化影响力的递相减弱，天下不仅是空间上的无限延伸，文化上也是无限延伸的，整个天下即所有人民都是华夏文化的传播教化的场域和对象。"王道天下观与其说是对历史上一种真实的社会政治形态的观念描述，不如说是儒家思想者对大同世界理想政治形态的一种向往。这种'天下观'的核心精神就是：通过建立一种理想的社会形态，让其他文化后进的族群、国家、地区自动的效法，归化，从而形成一道而风行的天下太平的政治局面。"[①] 夷夏之辨，辩证地把能实行礼义王道的夷狄称为中国，而把不能实行礼义王道的中国（鲁国和诸夏）称为夷狄：

春秋之常辞也，不予夷狄，而予中国为礼，至邲之战，偏然反之，何也？"曰："春秋无通辞，从变而移，今晋变而为夷狄，楚变而

---

① 吴根友：《儒家"王道天下观"与当下国际和平》，载氏著：《明清哲学与中国现代哲学诸问题》，中华书局 2008 年版，第 256 页。

为君子，故移其辞以从其事。"(《春秋繁露·竹林》)

> 亲近以来远，未有不先近而致远者也。故内其国而外诸夏，内诸夏而外夷狄，言自近者始也。(《春秋繁露·王道》)

晋国本为诸夏，楚国本为夷狄，但因为晋国以大夫敌楚君，所以"不与晋而与楚子为礼也。"(《春秋公羊传·宣公十二年》)同样的，吴国本为夷狄，因为"夷狄也而忧中国"(《春秋公羊传·定公四年》)，对维护中国正义秩序有功，故称子内之。而诸夏因文明和道德的倒退，反而称"中国亦新夷狄也"。(《春秋公羊传·昭公二十三年》)韩愈概括为"孔子之作《春秋》也，诸侯用夷礼则夷之，夷而进于中国则中国之"(《原道》)。而董仲舒阐发的张三世，从道德文明落后的据乱世开始，假托鲁公受命而正己救治乱世，经过升平世、太平世的努力，逐步向诸夏、夷狄推行王道王化，"其基壤之所加，润泽之所被，条条无疆"，使得夷狄变为中国的一部分，天下人民普遍成为"士君子"，通过普及推行德治教化，实现普遍的世界大同。

家至于国、国至于天下的道德政治之实现何以可能？《庄子·天下》提出的"内圣外王之道"和《礼记·大学》中的"修齐治平"，可视为道德政治的精彩解释。

> 大学之道，在明明德，在亲民，在止于至善。……古之欲明明德于天下者，先治其国。欲治其国者，先齐其家，欲齐其家者，先修其身。欲修其身者，先正其心。欲正其心者，先诚其意。欲诚其意者，先致其知。致知在格物。物格而后知至，知至而后意诚，意诚而后心正，心正而后身修，身修而后家齐，家齐而后国治，国治而后天下平。自天子以至于庶人，一是皆以修身为本。(《礼记·大学》)

朱子注曰："修身以上，明明德之事也。齐家以下，新民之事也。"(《四书章句集注》)前者内圣，后者外王，两者皆备，臻于至善，即为实现"王道天下"。而具体落实到西汉董仲舒时代的内圣外王之道，正如下一节论述的那样，内圣则需要通过"三纲五常"的道德教化，外王则需要"士治政府"的德治躬行。两者相辅相成、相得益彰。

第四节　士治教化

一、待教而善

1. 教化传统

教化是中国古代政治统治和社会治理的核心内容之一，一般是指使用人心感化、教育引导和制度规范手段，通过政治方式和社会途径，养成社会成员良好的道德品性和行为方式的过程。"教"，《说文解字》："上所施，下所孝也，从攴孝。"《广韵》："教，效也。"《广韵·效韵》："教，法也。""教，教训也。"《礼记·学记》："教也者，长善而救其失者也。"可知教有政教、教化、效法、教育等义。"化"，《说文解字》："化，教行也。"朱芳普《殷周文字释丛》："化象人一正一倒之形，即今俗所谓翻跟头。《国语·晋语》：'胜败若化'，韦注：'化，言转化五常也。'《荀子·正名》：'状变而实无别而为异者谓之化。'杨注：'化者改旧形之名。'皆其引申之义也。"《礼记·学记》："君子如欲化民成俗，其必由学也。"《管子·七法》："渐也，顺也，靡也，久也，服也，习也，谓之化。""教成于上而易俗于下谓之化。"可知化有改变、感化、转变、教化等义。教化一词最早见《战国策·卫策》："治无人，乱无大，教化喻于民，三百之城，足以为治；民无廉耻，谁有十左氏，将何以用之？"《荀子》经常提到"教化"二字，如《荀子·议兵》："礼乐教化，是齐人也。"但是古代教化传统源远流长，远在原始社会，教化活动就萌发于农牧狩猎生产、社会生活和丰富的文化、宗教、艺术活动中。

最早的中国古代学校叫"成均"。"大司乐掌成均之 ，以建国之学政，而合国之子弟焉。"（《周礼·春官宗伯下·大司月》）郑玄注："均，调也。乐师主调其音，大司乐主守此成事已调之乐。"并引董仲舒语："成均，五帝之学。"① 郑玄又注《礼记·文王世子》云："五帝名大学曰成均，则虞

① 参见刘师培：《学校原始论》，载氏著：《刘申叔先生遗书》第19卷，宁武南氏校印本，第27—30页。

庠近是也。""成均"为传说中五帝时代的大学，是在平坦、广阔的广场上氏族成员聚会、娱乐、祭祀，或宣告政令、征伐誓师、议政决狱的场所，其社会教化作用在于这些公共社会活动有助于文明开化，以乐教为主。刘师培认为这是古代重视声教的教化传统："古代教育之法，则有虞之学，名曰成均，均字即韵字之古文，古代教民，口耳相传，故重声教。而以声感人，莫善于乐。观舜使后夔典乐，复命后夔教胄子，则乐师即属教师。"①

自成均、虞庠以下，学校和教育逐渐成为敬老慈幼道德教化和经验知识传承的载体。"设为庠序学校以教之：庠者，养也；校者，教也；序者，射也。夏曰校，殷曰序，周曰庠，学则三代共之，皆所以明人伦也。人伦明于上，小民亲于下。有王者起，必来取法，是为王者师也。"(《孟子·滕文公上》)按孟子理解，学校是养老、教化和礼仪活动结合的公关活动场所。"神农师悉诸，黄帝师大挠，帝颛顼师伯夷父，帝喾师伯招，帝尧师子州支父，帝尧师许由，禹师大成贽，汤师小臣。"(《吕氏春秋·尊师》)氏族部落首领师事德高望重、经验丰富的老人，学校也当由老人教育青少年和儿童，传承传统和知识。"凡养老，有虞氏以燕礼，夏后氏以飨礼，殷人以食礼，周人修而兼用之。五十养于乡；六十养于国；七十养于学，达于诸侯；八十拜君命，一坐再至，瞽亦如之；九十使人受。……有虞氏养国老于上庠，养庶老于下庠；夏后氏养国老于东序，养庶老于西序；殷人养国老于东胶，养庶老于虞庠。虞庠在国之西郊。"(《礼记·王制》)可见上古学校皆养老敬老和尊卑孝悌教育的场所。

西周的教育教化制度比较完备，有"学在官府"和"政教合一"的特点，政治、教育和社会教化结合为一体。教育有中央和地方两级，中央为国学，分小学和大学，大学分两级："天子有辟雍、诸侯有泮宫。"(《礼记·王制》)王都东胶、东序、辟雍、成均、上庠、瞽宗、太学、学宫、大池、射庐等大学。负责太子和公卿大臣子弟的教育，太子老师由

①　刘师培：《学校原始论》，载氏著：《刘申叔先生遗书》第19卷，宁武南氏教印本，第27—30页。

三公兼任太保、太傅、太师，又有上大夫任少保、少傅、少师，国子老师则由大师乐等十四种行政官员兼职，教之以三德（《周礼》：一曰至德以为道本，二曰敏德以为行本，三曰孝德以知逆恶）、六艺、六仪、小舞等内容。地方为乡学，由地方最高行政官员大司徒、乡大夫等负责教化之主要责任，"古之教者，家有塾、党有庠、术有序、国有学。"（《礼记·学记》）郑玄训"术"为遂，党在乡，遂在野。毛奇龄认为乡以下有乡校、州序、党庠、家塾四学（《学校问》）。四学教以六礼（冠礼、婚礼、丧礼、祭礼、飨礼、相见礼）、七教（父子、兄弟、夫妇、君臣、长幼、朋友、宾客）、八政（饮食、衣服、事为、异别、度、量、数、制）、乡三物（"知、仁、圣、义、忠、和"六德，"孝、友、睦、姻、任、恤"六行，"礼、乐、射、御、书、数"六艺）等内容。这些学校是教育机构和行政机构活动合一。"大学者，辟雍，飨射之宫。"（《白虎通义·辟雍》）大学兼行乡饮酒礼和乡射礼的地方，有时还举行献俘庆功活动。泮宫和乡学也有此特点。"郑人游于乡校，议论执政。"（《春秋左传·襄公三十一年》）可见周代政治和学校都兼顾社会教化功能，通过朝廷训俗、聚民读法、采风易俗、礼仪活动、学校政教活动来实施移风易俗的社会教化活动，以维护德礼一体的宗法社会统治。"古者修教训之官，务以德善化民，民已大化之后，天下常亡一人之狱矣。"（《汉书·董仲舒传》）周代的教化确实曾经做到了这一点："故成康之际，天下安宁，刑错四十余年不用。"（《史记·周本纪》）

东周时期，周室衰微，礼坏乐崩，社会进入战乱不断的大动荡之中，官学下移，私学渐盛，民间学派百家争鸣。掌握学术的"士"阶层逐渐成为诸侯称霸争雄的一个活跃因素，养士、用士成为风气，齐国稷下学宫成为古代学术独立研究交流的一个典范。但过于功利化的政治谋略使得各国重法轻教，周秦之际法家思想成为各国战时治国统治的主导思想，导致儒家主张的道德社会教化活动的式微，到秦始皇颁布挟书令和"焚书坑儒"而走到低谷。

董仲舒的"天人三策"，提出推明孔氏、表章六经的建议，力主实施作为德治重要内容的礼义教化政策。

凡以教化不立而万民不正也。夫万民之从利也，如水之走下，不以教化堤防之，不能止也。是故教化立而奸邪皆止者，其堤防完也；教化废而奸邪并出，刑罚不能胜者，其堤防坏也。古之王者明于此，是故南面而治天下，莫不以教化为大务。立太学以教于国，设痒序以化于邑，渐民以仁，摩民以谊，节民以礼，故其刑罚甚轻而禁不犯者，教化行而习俗美也。（《汉书·董仲舒传》）

董仲舒的德治和教化主张为汉武帝接受，有关建议得到落实："推明孔氏，抑黜百家，立学校之官，州郡举茂材孝廉，皆自仲舒发之。"（《汉书·董仲舒传》）从此"礼乐教化"成为中国古代政治实践中的基本国策。

2. 奉天法古

董仲舒证明教化之必要性，有三个依据，一是宇宙论的天意，二是法先王历史经验，三是人性论基础。因为奉天法古总是相提并论，故先论述前两个依据。

《春秋》之道，奉天而法古。是故虽有巧手，弗修规矩，不能正方圆；虽有察耳，不吹六律，不能定五音；虽有知心，不览先王，不能平天下；然则先王之遗道，亦天下之规矩六律已！故圣者法天，贤者法圣，此其大数也；得大数而治，失大数而乱，此治乱之分也，所闻天下无二道，故圣人异治同理也，古今通达，故先贤传其法于后世也。（《春秋繁露·楚庄王》）

奉天是法天意，法古是因为古圣王法天意，留下一些宝贵的治理天下的历史经验，故法古也是奉天。只是天意只是一些大的原则，具体情境化地运用只有圣人才能真正洞悉把握，所以往往要通过古圣王去通达天意是比较可靠的途径。董仲舒用宇宙论和历史经验证明，任德教是天意，也是古圣王治理之王道。

臣谨案《春秋》之文，求王道之端，得之于正。正次王，王次春。春者，天之所为也；正者，王之所为也。其意曰，上承天之所为，而下以正其所为，正王道之端云尔。然则王者欲有所为，宜求其端于天。天道之大者在阴阳。阳为德，阴为刑；刑主杀而德主生。是故阳常居大夏，而以生育养长为事，阴常居大冬，而积于空虚不用之处。以此见天之任德不任刑也。天使阳出布施于上而主岁功，使阴入伏于下而时出佐阳，阳不得阴之助，亦不能独成岁。终阳以成岁为名，此天意也。王者承天意以从事，故任德教而不任刑。刑者不可任以治世，犹阴之不可任以成岁也。为政而任刑，不顺于天，故先王莫之肯为也。今废先王德教之官，而独任执法之吏治民，毋乃任刑之意与！（《汉书·董仲舒传》）

德教即以德治和教化为内涵，教化是德治的主要内容之一。董仲舒以阴阳和大夏大冬，模拟德教和刑狱，证明按照天意，德教是王道主导的方面，刑狱只是辅佐实现王道的次要手段。"教，政之本也，狱，政之末也。"（《春秋繁露·精华》）董仲舒同时批评汉武帝及以前的汉政"废先王德教之官，而独任执法之吏治民"，是违背天意的任刑做法，应予拨乱反正。

孔子曰："凤鸟不至，河不出图，吾已矣夫！"自悲可致此物，而身卑贱不得致也。今陛下贵为天子，富有四海，居得致之位，操可致之势，又有能致之资，行高而恩厚，知明而意美，爱民而好士，可谓谊主矣。然而天地未应而美祥莫至者，何也？凡以教化不立而万民不正也。夫万民之从利也，如水之走下，不以教化堤防之，不能止也。是故教化立而奸邪皆止者，其堤防完也；教化废而奸邪并出，刑罚不能胜者，其堤防坏也。古之王者明于此，是故南面而治天下，莫不以教化为大务。立太学以教于国，设庠序以化于邑，渐民以仁，摩民以谊，节民以礼，故其刑罚甚轻而禁不犯者，教化行而习俗美也。（《汉书·董仲舒传》）

董仲舒通过瑞祥未应来证明汉武帝治下教化未立、万民不正，提出建立教化的堤防，立太学、设庠序，用仁义礼来教化万民，通过教化移风易俗，天下和洽，应天之意而致美祥的时候就会到来。

董仲舒根据历史正反两方面的经验证明，教化是王道的内容，是政治成败的关键。"道者，所繇适于治之路也，仁义礼乐皆其具也。故圣王已没，而子孙长久安宁数百岁，此皆礼乐教化之功也。至周之末世，大为亡道，以失天下。秦继其后，独不能改，又益甚之，重禁文学，不得挟书，弃捐礼谊而恶闻之，其心欲尽灭先圣之道，而颛为自恣苟简之治，故立为天子十四岁而国破亡矣。自古以来，未尝有以乱济乱，大败天下之民如秦者也。"（《汉书·董仲舒传》）古圣王的礼乐教化之道，可以让"子孙长久安宁数百岁"，秦政"弃捐礼谊而恶闻之"，废礼乐教化的先圣之道，恣意任刑，"故立为天子十四岁而国破亡"。在汉承周秦两代之弊，必须变其弊政。"继治世者其道同，继乱世者其道变。"其中最重要的是用德治和教化移风易俗，来取代任刑带来的败俗。"圣王之继乱世也，扫除其迹而悉去之，复修教化而崇起之。教化已明，习俗已成，子孙循之，行五六百岁尚未败也。"所谓"必世而后任"，武帝临政已经开国七十多年，已历两世，是该用任德教取代任刑的时候了。"今世废而不修，亡以化民，民以故弃行谊而死财利，是以犯法而罪多，一岁之狱以万千数。"董仲舒认为应当修饬仁、谊、礼、知、信五常之道教化万民，就可以"享鬼神之灵，德施于方外，延及群生也"（《汉书·董仲舒传》）。

3. 中民之性

董仲舒还从人性论的角度证明教化的必要性。董仲舒的人性论也是基于其宇宙论发挥的。首先他根据天有阴阳推断人有贪仁之性。"吾以心之名得人之诚，人之诚有贪有仁，仁贪之气两在于身。身之名取诸天，天两，有阴阳之施，身亦两，有贪仁之性；天有阴阳禁，身有情欲，与天道一也。"（《春秋繁露·深察名号》）他认为，人的性和质是不能分离的，既然性有仁贪，就不能说性是善或不善。禾米之喻是很形象地说明了这个问题："故性比于禾，善比于米；米出禾中，而禾未可全为米也；善出性中，而性未可全为善也。善与米，人之所继天而成于外，非在天所为之内也。天之所为，有所至而止，止之内谓之天性，止之外谓人事，事在性外，而性不得不成德。"（《春秋繁露·深察名号》）稻禾的天性是能够长出米来的，但禾出米只是一种内在可能性，还需要很多外在条件，如土地、水、阳光、气候，还有人施肥、除草、除害虫侵犯等等，万事具备，才能长出米来。禾喻性，米喻善，即性可以为善，但不是说性就是善。这犹如亚里士多德所说的潜能和现实，性有善的潜能，善是性的现实化。

董仲舒进一步把性情比做阴阳，认为性之发用是仁善，情之发用是贪恶。又以目之瞑觉为喻，说明性待教而觉。"性有似目，目卧幽而瞑，待觉而后见，当其未觉，可谓有见质，而不可谓见。今万民之性，有其质而未能觉，譬如瞑者待觉，教之然后善。当其未觉，可谓有善质，而未可谓善，与目之瞑而觉，一概之比也。"（《春秋繁露·深察名号》）他从字源学上认为："民之号，取之瞑也。……性而瞑之未觉，天所为也；效天所为，为之起号，故谓之民。民之为言，固犹瞑也，随其名号，以入其理，则得之矣。"（《春秋繁露·深察名号》）

> 名性不以上，不以下，以其中名之。性如茧、如卵，卵待覆而成雏，茧待缲而为丝，性待教而为善，此之谓真天。天生民性有善质而未能善，于是为之立王以善之，此天意也。民受未能善之性于天，而退受成性之教于王，王承天意以成民之性为任者也；今案其真质而谓民性已善者，是失天意而去王任也。万民之性苟已善，则王者受命尚何任也？（《春秋繁露·深察名号》）

这里董仲舒提倡了重要的观点。首先，"名性不以上，不以下，以其中名之"，"中"指中民之性，因为中民之性非善但有善的潜能，可以通过后天的教化把善现实化，而前其他两种不能变："圣人之性，不可以名性，斗筲之性，又不可以名性，名性者，中民之性。中民之性，如茧如卵，卵待覆二十日，而后能为雏；茧待缲以涫汤，而后能为丝；性待渐于教训，而后能为善；善，教训之所然也，非质朴之所能至也，故不谓性。"（《春秋繁露·实性》）其次，"性待教而为善"，从有善潜能的性转化为善的现实的过程，需要教化来促成。这里又用了两个生动的比喻，即茧成雏和卵成雏："性如茧、如卵，卵待覆而成雏，茧待缲而为丝。"第三，"王承天意以成民之性为任"，把实施教化的天命和责任落实在王者身上。

> 其设名不正，故弃重任而违大命，非法言也。春秋之辞，内事之待外者，从外言之。今万民之性，待外教然后能善，善当与教，不当与性，与性则多累而不精，自成功而无贤圣，此世长者之所误出也，

非春秋为辞之术也。不法之言，无验之说，君子之所外，何以为哉！（《春秋繁露·深察名号》）

从正名和《春秋》立法角度看，"万民之性，待外教然后能善，善当与教，不当与性"都已经是无可置疑了。于是董仲舒可以得出结论："性者，天质之朴也，善者，王教之化也；无其质，则王教不能化，无其王教，则质朴不能善。"（《春秋繁露·实性》）

我们可以看出董仲舒对先秦儒家人性论的继承和发展。董仲舒的许多概念和观念直接从孔子那里借用。

子曰："性相近也，习相远也。"（《论语·阳货》）

子曰："唯上智与下愚不移。"（《论语·阳货》）

子贡问曰："何如斯可谓之士矣？"子曰："行己有耻，使于四方，不辱君命，可谓士矣。"曰："敢问其次。"曰："宗族称孝焉，乡党称悌焉。"曰："敢问其次。"曰："言必信，行必果，硁硁然小人哉，抑亦可以为次矣。"曰："今之从政者何如？"子曰："噫！斗筲之人，何足算也。"（《论语·子路》）

董仲舒所说的"名性不以上，不以下，以其中名之"，"上"指圣人之性，"下"指斗筲之性，"中"指中民之性，上、下分别是与"上智"和"下愚"对应，两者皆不具有可塑性即为"不移"，"性待教而善"，则与"性相近也，习相远也"对应，习被董仲舒阐释为后天教化，皆有取于孔子的思想。

对孟子的人性论，董仲舒有所不赞同，直接予以有针对性的论辩：

或曰："性有善端，心有善质，尚安非善？"应之曰："非也。茧有丝，而茧非丝也，卵有雏，而卵非雏也。比类率然，有何疑焉。"天生民有六经，言性者不当异，然其或曰性也善，或曰性未善，则所谓善者，各异意也。性有善端，动之爱父母，善于禽兽，则谓之善，此孟子之善。循三纲五纪，通八端之理，忠信而博爱，敦厚而好礼，乃可谓善，此圣人之善也。是故孔子曰："善人，吾不得而见之，得见有常者，斯可矣。"由是观之，圣人之所谓善，未易当也，非善于禽兽则谓之善也，使动其端善于禽兽则可谓之善，善奚为弗见也？夫善于禽兽之未得为善也，犹知于草木而不得名知，万民之性善于禽兽而不得名善，知之名乃取之圣。圣人之所命，天下以为正，正朝夕者视北辰，正嫌疑者视圣人，圣人以为无王之世，不教之民，莫能当善，善之难当如此，而谓万民之性皆能当之，过矣。质于禽兽之性，则万民之性善矣；质于人道之善，则民性弗及也。万民之性善于禽兽者许之，圣人之所谓善者弗许，吾质之命性者，异孟子。孟子下质于禽兽之所为，故曰性已善，吾上质于圣人之所为，故谓性未善，善过性，圣人过善。春秋大元，故谨于正名，名非所始，如之何谓未善已善也。（《春秋繁露·深察名号》）

董仲舒辨析了孟子和自己对人性的定义的不同。董仲舒界定孟子之善性是比较禽兽之性而言，把人性善的可能性说成现实性，故泛滥皆是。而董仲舒则把性善定义为圣人之善，故不言性善，而说性之潜质可以发展为善，不加发展则无善。如果说人性天生已善，那么人的一切道德努力都是没有意义的，王者也失去了教化天下万民责任的价值，很难想象这个世界还有什么存在的动力和意义。

董仲舒的人性论在这个意义上比较接近荀子的圣人"化性起伪"说，因为他们都强调后天圣人或王者教化对万民人性变化的重要作用。董仲舒认为按天有阴阳的原理，推导出人有仁贪之性，后又提出身有性情："身之有性情也，若天之有阴阳也，言人之质而无其情，犹言天之阳而无其阴也，穷论者无时受也。"（《春秋繁露·深察名号》）这里隐含了董仲舒没有明说的思想，即性的现实化则为仁、善，情不节制就会发展出贪、恶。荀子的性恶论认为人性本贪，任其发展就产生恶，故圣人"化性起伪，隆礼重法"以教化之。董仲舒肯定不会同意天性的潜能就是恶的，但用性之质中的情、贪保留了荀子的性恶论的先天贪婪论，用性之待教而善传承了荀子的后天圣王教化论。

二、德善化民

1. 君子之德风

董仲舒把教化的责任落实在君王身上，作为承天意而化天下的天命承担者，要正天下，首先从正君王开始，正王之政。一方面，自古以来世之治乱、性之仁鄙，关键在于王者行德还是行仁："臣闻命者天之令也，性者生之质也，情者人之欲也。或夭或寿，或仁或鄙，陶冶而成之，不能粹美，有治乱之所在，故不齐也。孔子曰：'君子之德风，小人之德草，草上之风必偃。'故尧、舜行德则民仁寿，桀、纣行暴则民鄙夭。夫上之化下，下之从上，犹泥之在钧，唯甄者之所为，犹金之在熔，唯冶者之所铸。'绥之斯 ，动之斯和'，此之谓也。"（《汉书·董仲舒传》）其原理在于王者承天正心，可以推己及人、推恩天下，然后教化大行：

> 是故《春秋》之道，以元之深，正天之端；以天之端，正王之政；以王之政，正诸侯之即位；以诸侯之即位，正竟内之治。五者俱正，而化大行。（《春秋繁露·玉英》、《春秋繁露·重政》）

> 传曰：天生之，地载之，圣人教之。君者，民之心也，民者，君之体也；心之所好，体必安之；君之所好，民必从之。故君民者，贵孝弟而好礼义，重仁廉而轻财利，躬亲职此于上而万民听，生善于下矣。故曰：先王见教之可以化民也。此之谓也。（《春秋繁露·为人者天》）

> 臣谨案《春秋》谓一元之意，一者万物之所从始也，元者辞之所谓大也。谓一为元者，视大始而欲正本也。《春秋》深探其本，而反自贵者始。故为人君者，正心以正朝廷，正朝廷以正百官，正百官以正万民，正万民以正四方。四方正，远近莫敢不壹于正，而亡有邪气奸其间者。是以阴阳调而风雨时，群生和而万民殖，五谷孰而草木茂，天地之间被润泽而大丰美，四海之内闻盛德而皆徕臣，诸福之物，可致之祥，莫不毕至，而王道终矣。（《汉书·董仲舒传》）

正王政、施教化，需要王者顺天命承天意，从正心开始，君与民就如心与身体的关系，正心则万民从之而正。王者顺天命行王道，则要明天意本乎仁义，顺天意而施仁、德、刑三政："臣闻天者群物之祖也。故遍覆包函而无所殊，建日月风雨以和之，经阴阳寒暑以成之。故圣人法天而立道，亦溥爱而亡私，布德施仁以厚之，设谊立礼以导之。春者天之所以生也，仁者君之所以爱也；夏者天之所以长也，德者君之所以养也；霜者天之所以杀也，刑者君之所以罚也。"（《汉书·董仲舒传》）

　　董仲舒重新阐释了仁义之道，对王者行王道有着指导意义。"《春秋》之所治，人与我也；所以治人与我者，仁与义也；以仁安人，以义正我。"（《春秋繁露·仁义法》）义者正我，故统治者首先要做到修身正己，师表天下；仁者爱人，故统治者要推己及人，恩泽四方：

　　　　是义与仁殊，仁谓往，义谓来；仁大远，义大近；爱在人，谓之仁，义在我，谓之义；仁主人，义主我也，故曰：仁者，人也，义者，我也，此之谓也。君子求仁义之别，以纪人我之间，然后辨乎内外之分，而著于顺逆之处也，是故内治反理以正身，据礼以劝福，外治推恩以广施，宽制以容众。孔子谓冉子曰：治民者，先富之而后加教。语樊迟曰：治身者，先难后获。以此之谓治身之与治民所先后者不同焉矣。诗曰："饮之食之，教之诲之。"先饮食而后教诲，谓治人也；又曰："坎坎伐辐，彼君子兮，不素餐兮！"先其事，后其食，谓治身也。春秋刺上之过，而矜下之苦；小恶在外弗举，在我书而诽之，凡此六者，以仁治人，义治我；躬自厚而薄责于外，此之谓也。（《春秋繁露·仁义法》）

　　仁即治民，要"薄责于人"；义即治身，要"躬自厚"。列举的《论语》、《诗经》、《春秋》的六个例子，都是要说明"躬自厚而薄责于外"的王道原则。把仁与爱人、治人、治民对应，把义与正我、正身、治身对应，这是董仲舒继承孔子仁义思想基础上的一种创造性解释。孔子的"克己复礼为仁"（《论语·颜渊》），克己为治身，是董仲舒之"义"，"为仁"，即爱人："樊迟问仁。子曰：'爱人'。"（《论语·颜渊》）董文中所引的前两个例子，见于《论语》中："子适卫，冉有仆，子曰：'庶矣哉。'冉有曰：'既庶矣，又何加焉？'曰：'富之。'曰：'既富矣，又何加焉？'曰：'教之。'"（《论语·子路》）"（樊迟）问仁。子曰：'先难而后获，可谓仁矣。'"（《论语·雍也》）前者言治民之道，先要让人民过上体面富足的生活，再对人民加以教育和教化；后者朱子注引程子语："先难，克己也，所以难为先而不计其获，仁也。"（《四书章句集注》）言为仁之道，优先在克己治身，治身为求仁之本，不可贪仁之功而失治身之先。"内治反理以正身，据礼以劝福，外治推恩以广施，宽制以容众。"反理正身而推恩广施，这是王者实行王道的要诀。

> 是以知明先，以仁厚远，远而愈贤，近而愈不肖者，爱也。故王
> 者爱及四夷，霸者爱及诸侯，安者爱及封内，危者爱及旁侧，亡者爱
> 及独身，独身者，虽立天子诸侯之位，一夫之人耳，无臣民之用矣，
> 如此者，莫之亡而自亡也。（《春秋繁露·仁义法》）

推恩之愈远则愈贤，王者则爱及四夷，仅仅爱其一人，则为桀纣幽厉
之行。"知明先，以仁厚远"，从《春秋》大义可以推明：

> 仁者，爱人之名也，隽，传无大之之辞。自为追，则善其所恤远
> 也；兵已加焉，乃往救之，则弗美；未至，豫备之，则美之，善其救
> 害之先也。夫救蚤而先之，则害无由起，而天下无害矣。然则观物之
> 动，而先觉其萌，绝乱塞害于将然而未形之时，《春秋》之志也，其
> 明至矣，非尧舜之智，知礼之本，庸能当此；故救害而先，知之明
> 也，公之所恤远，而《春秋》美之，详其美恤远之意，则天地之间，
> 然后快其仁矣，非三王之德，选贤之精，庸能如此。（《春秋繁露·仁
> 义法》）

所举两例皆出《春秋公羊传》。前者经曰："齐人侵我西鄙，公追齐师
至，弗及。"传曰："侈也"（《春秋公羊传·僖公二十六年》）后者经曰：
"夏，公追戎于济西。"传曰："大其为中国追也。"又曰："大其未至而豫御
之也。"（《春秋公羊传·庄公十八年》）之役中，鲁僖公在已经发生战争
之后才去救，不能防害，不足达仁，故《春秋》不褒。济西之役中，鲁庄
公主动追击戎人，大公除害，恩及济西，是为"恤远"；又察微知著，知
先救早，防害于未然，是为"知明先"。"然则观物之动，而先觉其萌，绝
乱塞害于将然而未形之时，《春秋》之志也。"可见，仁爱的推恩原则中，
蕴涵先知之明、防患未然。

2. 教化以成性

王者明正王政之心，是王道教化的出发点，而行王道，则要崇本：

> 君人者，国之本也，夫为国，其化莫大于崇本，崇本则君化若神，
> 不崇本则君无以兼人，无以兼人，虽峻刑重诛，而民不从，是所谓驱

国而弃之者也，患庸甚焉！何谓本？曰：天地人，万物之本也，天生之，地养之，人成之；天生之以孝悌，地养之以衣食，人成之以礼乐，三者相为手足，合以成体，不可一无也。（《春秋繁露·立元神》）

天地人三本分别生孝悌、养衣食、成礼乐，王者崇本就要力行三本，师表万民，流行大化：

> 明主贤君，必于其信，是故肃慎三本，郊祀致敬，共事祖祢，举显孝悌，表异孝行，所以奉天本也；秉耒躬耕，采桑亲蚕，垦草殖谷，开辟以足衣食，所以奉地本也；立辟雍庠序，修孝悌敬让，明以教化，感以礼乐，所以奉人本也；三者皆奉，则民如子弟，不敢自专，邦如父母，不待恩而爱，不须严而使，虽野居露宿，厚于宫室，如是者，其君安河而卧，莫之助而自强，莫之绥而自安。（《春秋繁露·立元神》）

三本之奉行，天子必亲自力行垂范。奉天本则祭祀天地祖先，表彰孝悌善行；奉地本则躬耕劝农，制民产业衣食；奉人本则学修孝悌敬让，推行礼乐教化。董仲舒教化思想中特别重视力行和学修"慈爱、敬让、孝悌"儒家德行对政治社会和谐发展的基础作用：

> 传曰：政有三端：父子不亲，则致其爱慈；大臣不和，则敬顺其礼；百姓不安，则力其孝弟。孝弟者，所以安百姓也，力者，勉行之，身以化之。天地之数，不能独以寒暑成岁，必有春夏秋冬；圣人之道，不能独以威势成政，必有教化。故曰：先之以博爱，教以仁也；难得者，君子不贵，教以义也；虽天子必有尊也，教以孝也；必有先也，教以弟也。此威势之不足独恃，而教化之功不大乎！（《春秋繁露·为人者天》）

有了志行王道之政、力行孝悌敬让的王者之心，董仲舒向汉武帝建议在两个方面施行教化，一是建议改制更化，二是推明孔氏。

> 圣王之继乱世也，扫除其迹而悉去之，复修教化而崇起之。教化已明，习俗已成，子孙循之，行五六百岁尚未败也。……为政而宜于民者，固当受禄于天。夫仁、谊、礼、知、信五常之道，王者所当修饬也；五者修饬，故受天之晁，而享鬼神之灵，德施于方外，延及群

生也。(《汉书·董仲舒传》)

就如琴瑟不调要改弦更张,继乱世就要改制更化,革除弊政,修饬"五常"之道,如此则可以"复修教化而崇起之",重现唐虞三代教化之盛,"教化已明,习俗已成,子孙循之,行五六百岁尚未败也。"五常之道流行天下,则天降祥瑞,"受天之祐,而享鬼神之灵,德施于方外,延及群生也。"

关于改制更化的指导思想,也即教化的指导思想,董仲舒向汉武帝提出后人称为"推明孔氏、抑黜百家"的重大建议,为政治统治指导思想和教化内容方针奠定了基调:

> 《春秋》大一统者,天地之常经,古今之通谊也。今师异道,人异论,百家殊方,指意不同,是以上亡以持一统;法制数变,下不知所守。臣愚以为诸不在六艺之科孔子之术者,皆绝其道,勿使并进。邪辟之说灭息,然后统纪可一而法度可明,民知所从矣。(《汉书·董仲舒传》)

"六艺之科",即儒家经典六艺或六经(《诗》、《书》、《礼》、《乐》、《易》、《春秋》),"孔子之术"即孔子提倡的尧舜之道。"统纪可一",则确立古代学术传统的传承方向,"法度可明",则明晰政治制度文章和社会教化的原则。

> 君子知在位者不能以恶服人也,是故简六艺以赡养之。《诗》、《书》序其志,《礼》、《乐》纯其美,《易》、《春秋》明其知,六学皆大,而各有所长。《诗》道志,故长于质;《礼》制节,故长于文;《乐》咏德,故长于风;《书》著功,故长于事;《易》本天地,故长于数;《春秋》正是非,故长于治人;能兼得其所长,而不能遍举其详也。故人主大节则知闇,大博则业厌,二者异失同贬,其伤必至,不可不察也。是故善为师者,既美其道,又慎其行,齐时早晚,任多少,适疾徐,造而勿趋,稽而勿苦,省其所为,而成其所湛,故力不劳,而身大成,此之谓圣化,吾取之。(《春秋繁露·玉杯》)

除了改制更化和万民教化的指导思想,董仲舒还提出了很多具体的教化政策建议,如立太学和地方学校以养士和教化、选举官吏充实到中央和地方以领导和推行教化等，为政教合一的教化活动提供制度化保障，有关内容将在后文论述。

3. 度制以防欲

董仲舒的教化思想，包括王化、成性和节情三个方面。"天令之谓命，命非圣人不行；质朴之谓性，性非教化不成；人欲之谓情，情非度制不节。是故王者上谨于承天意，以顺命也；下务明教化民，以成性也；正法度之宜，别上下之序，以防欲也；修此三者，而大本举矣。"（《汉书·董仲舒传》）前面论述了董仲舒关于王化和成性的教化思想，这里从节情的角度论述其教化思想。

"情非度制不节"和"正法度之宜，别上下之序，以防欲也。"说的都是节情的办法。"度制"也可称之为"制度"，东汉荀爽对策云："今臣僭君服，下食上珍。宜略依古礼尊卑之差，及董仲舒制度之别，严督有司，必行其命，此则禁乱善俗足用之要。"（《后汉书·荀爽传》）董仲舒的度制，实际上这是重建适宜汉王朝郡县制大一统中央集权制度的德礼合一、文质兼备的礼义制度，则可以"禁乱善俗足用"：

> 凡百乱之源，皆出嫌疑纤微，以渐寖稍长，至于大。圣人章其疑者，别其微者，绝其纤者，不得嫌，以蚤防之。圣人之道，众堤防之类也，谓之度制，谓之礼节，故贵贱有等，衣服有制，朝廷有位，乡党有序，则民有所让而不敢争，所以一之也。书曰："皋服有庸，谁敢弗让，敢不敬应？"此之谓也。（《春秋繁露·度制》）

度制提防身之性情中趋向恶乱的情之泛滥。度制通过制度安排，维护分配正义，使得社会成员各有其位，各得其养："圣者则于众人之情，见乱之所从生，故其制人道而差上下也，使富者足以示贵而不至于骄，贫者足以养生而不至于忧，以此为度而调均之，是以财不匮而上下相安，故易治也。"（《春秋繁露·度制》）可见，董仲舒之度制，目的在于通过德礼合一的礼制来维护分配正义和社会平等，保证底层政府不与民争业争利、弱势社会成员不失其养，建立有差等的良序公平社会。

落实度制，统治者要在"仁"之外，还要具备"智"，即知先、防害、除患以维护和推行度制。"仁而不智，则爱而不别也；智而不仁，则知而不为也。故仁者所爱人类也，智者所以除其害也。"(《春秋繁露·必仁且智》)智是一种见微知著、除害未然的能力。"智者见祸福远，其知利害蚤，物动而知其化，事兴而知其归，见始而知其终，言之而无敢哗，立之而不可废，取之而不可舍，前后不相悖，终始有类，思之而有复，及之而不可厌，其言寡而足，约而喻，简而达，省而具，少而不可益，多而不可损，其动中伦，其言当务，如是者，谓之智。"(《春秋繁露·必仁且智》)"智"与《春秋》大义"知明先"是一致的："然则观物之动，而先觉其萌，绝乱塞害于将然而未形之时，《春秋》之志也。"(《春秋繁露·仁义法》)

> 至意虽难喻，盖圣人者，贵除天下之患。贵除天下之患，故春秋重而书天下之患遍矣，以为本于见天下之所以致患，其意欲以除天下之患，何谓哉？天下者无患，然后性可善。性可善，然后清廉之化流，清廉之化流，然后王道举，礼乐兴，其心在此矣。传曰："诸侯相聚而盟。"君子修国，曰："此将率为也哉！"是以君子以天下为忧也，患乃至于弑君三十六，亡国五十二，细恶不绝之所致也。辞已喻矣，故曰立义以明尊卑之分，强干弱枝，以明大小之职；别嫌疑之行，以明正世之义；采摭托意，以缫失礼；善无小而不举，恶无小而不去，以纯其美；别贤不肖，以明其尊；亲近以来远，因其国而容天下，名伦等物，不失其理，公心以是非，赏善诛恶，而王泽洽，始于除患，正一而万物备，故曰：大矣哉其号，两言而管天下，此之谓也。(《春秋繁露·盟会要》)

圣人（圣王）肩负除天下之患的重大责任，故董仲舒提出圣人必须有见微知著、防患未然的智慧和能力：

> 春秋至意有二端，不本二端之所从起，亦未可与论灾异也，小大微著之分也。夫览求微细于无端之处，诚知小之将为大也，微之将为著也，吉凶未形，圣人所独立也，虽欲从之，末由也已，此之谓也。故王者受命，改正朔，不顺数而往，必迎来而受之者，授受之义也。故圣人能系心于微，而致之著也。是故春秋之道，以元之深，正天之端，以天之端，正王之政，以王之政，正诸侯之即位，以诸侯之

即位，正竟内之治，五者俱正，而化大行。……然而春秋举之以为一端者，亦欲其省天谴，而畏天威，内动于心志，外见于事情，修身审己，明善心以反道者也，岂非贵微重始、慎终推效者哉！（《春秋繁露·二端》）

董仲舒还通过五行学说来阐释荒政思想，为贫困受灾老百姓减轻税赋、扶贫救援寻找根据，敦促统治者改革旧弊、广行德政：

五行变至，当救之以德，施之天下，则咎除；不救以德，不出三年，天当雨石。木有变，春凋秋荣，秋木在，春多雨，此繇役众，赋敛重，百姓贫穷叛去，道多饥人；救之者，省繇役，薄赋敛，出仓谷，振困穷矣。火有变，冬温夏寒，此王者不明，善者不赏，恶者不绌，不肖在位，贤者伏匿，则寒暑失序，而民疾疫；救之者，举贤良，赏有功，封有德。土有变，大风至，五谷伤，此不信仁贤，不敬父兄，淫泆无度，宫室荣；救之者，省宫室，去雕文，举孝悌，恤黎元。金有变，毕昴为回三覆，有武，多兵，多盗寇，此弃义贪财，轻民命，重货赂，百姓趣利，多奸轨；救之者，举廉洁，立正直，隐武行文，束甲械。水有变，冬湿多雾，春夏雨雹，此法令缓，刑罚不行；救之者，忧囹圄，案奸宄，诛有罪，旧五日。（《春秋繁露·五行变救》）

虽说董仲舒论述的是荒政，实则全面论述了统治者在正己方面出现问题之后的严重政治腐败，警告统治者应当迅速觉悟，改弦易辙，不然天谴灾异乃至天命转移就要接踵而来了。

综上所述，节情与教化的其他两个方面，即王化和成性，是相辅相成的关系。王化是以善德感化万民，成性是通过教育和引导来现实化性中之善质，而节情是通过度制的堤防和节制来防患，这样构成了一个完整的教化体系。这一体系和"德主刑辅"的德治原则是一致的，"夫礼者禁于将然之前，而法者禁于已然之后。"（《汉书·贾谊传》）度制的方法，即包括司法制度在内的礼义制度，这也是防患未然、除害将然的经权立法之智。"故折狱而是也，理益明，教益行；折狱而非也，闇理迷众，与教相妨。教，政之本也，狱，政之末也，其事异域，其用一也，不可不以相顺，故君子重之也。"(《春秋繁露·精华》)即便是刑狱，决狱到位，则理益明而教益行，与王化、成性的教化殊途同归，最终共同发挥教化作用，趋向弭兵、无讼、息狱的理想太平社会。

三、士治政府

董仲舒的天人三策有关建议，基本为汉武帝接受采纳，其中关于推明孔氏、学校养士、选举官吏等政策，直接推进了士治政府的历史进程，成为此后中国古代政治组织形式和官吏选举任用模式的基本模式。"及仲舒对册，推明孔氏，抑黜百家。立学校之官，州郡举茂材孝廉，皆自仲舒发之。"(《汉书·董仲舒传》)

董仲舒的士治思想，是为大一统的郡县制君主中央集权制度框架内长治久安而设计的构想，涉及士治的根据以及贤士的培养和选举机制。

1. 士治根据

董仲舒的士治论证，分别从历史经验、《春秋》大义、宇宙论和医学模拟四个方面寻找根据。

首先，任用贤圣是自古以来圣王致太平的历史经验，董仲舒在天人三策中列举唐虞三代之平治天下，皆在得贤任贤，教化大行，天下归心，而殷纣之败亡，在于害贤去贤，残害百姓，众叛亲离：

> 臣闻尧受命，以天下为忧，而未以位为乐也，故诛逐乱臣，务求贤圣，是以得舜、禹、稷、皋、咎繇。众圣辅德，贤能佐职，教化大行，天下和洽，万民皆安仁乐谊，各得其宜，动作应礼，从容中道。故孔子曰："如有王者，必世而后仁，"此之谓也。尧在位七十载，乃逊于位以禅虞舜。尧崩，天下不归尧子丹朱而归舜。舜知不可辟，乃即天子之位，以禹为相，因尧之辅佐，继其统业，是以垂拱无为而天下治。孔子曰"《韶》尽美矣，又尽善矣"，此之谓也。至于殷纣，逆天暴物，杀戮贤知，残贼百姓。伯夷、太公皆当世贤者，隐处而不为臣。守职之人皆奔走逃亡，入于河海。天下耗乱，万民不安，故天下

去殷而从周。文王顺天理物,师用贤圣,是以闳夭、大颠、散宜生等亦聚于朝廷。爰施兆民,天下归之,故太公起海滨而即三公也。(《汉书·董仲舒传》)

其次,在《春秋》大义阐释中,董仲舒通过鲁庄公、宋殇公皆知季子、孔父之贤而不能任,以至"鲁庄以危、宋殇以弑",阐明任贤为"主尊国安"之关键:

> 以所任贤,谓之主尊国安,所任非其人,谓之主卑国危,万世必然,无所疑也。其在易曰:"鼎折足,覆公𫗧。"夫鼎折足者,任非其人也,覆公𫗧者,国家倾也。是故任非其人,而国家不倾者,自古至今,未尝闻也。故吾按春秋而观成败,乃切悁悁于前世之兴亡也,任贤臣者,国家之兴也。夫知不足以知贤,无可奈何矣;知之不能任,大者以死亡,小者以乱危,其若是何邪? (《春秋繁露·精华》)

第三,董仲舒还从宇宙观的角度,论证君王任贤使能乃为天意使然:

> 为人君者,其法取象于天,故贵爵而臣国,所以为仁也;深居隐处,不见其体,所以为神也;任贤使能,观听四方,所以为明也;量能授官,贤愚有差,所以相承也;引贤自近,以备股肱,所以为刚也;考实事功,次序殿最,所以成世也;有功者进,无功者退,所以赏罚也。是故天执其道,为万物主,君执其常,为一国主。(《春秋繁露·天地之行》)

> 火者夏,成长,本朝也。举贤良,进茂才,官得其能,任得其力,赏有功,封有德,出货财,振困乏,正封疆,使四方。(《春秋繁露·五行顺逆》)

对君臣关系及其各自职责定位,董仲舒也从宇宙论的角度予以分析论证:

> 故为人主者,法天之行,是故内深藏,所以为神,外博观,所以为明也,任群贤,所以为受成,乃不自劳于事,所以为尊也,泛爱群生,不以喜怒赏罚,所以为仁也。故为人主者,以无为为道,以不私为宝,立无为之位,而乘备具之官,足不自动,而相者导进,口不自言,而摈者赞辞,心不自虑,而群臣效当,故莫见其为之,而功成

矣，此人主所以法天之行也。为人臣者，法地之道，暴其形，出其情，以示人，高下险易，坚耎刚柔，肥硗美恶，累可就财也，故其形宜不宜，可得而财也。为人臣者，比地贵信，而悉见其情于主，主亦得而财之，故王道威而不失，为人臣常竭情悉力，而见其短长，使主上得而器使之，而犹地之竭竟其情也，故其形宜可得而财也。(《春秋繁露·离合根》)

董仲舒以君法天道、臣法地道为根据，证明君隐臣显、君明臣忠、君任群贤而臣尽其力、君无为而臣有为等君臣职责及其对应关系。《天地之行》篇也有类似的论证，并对臣道做了更加精详的论述：

地卑其位而上其气，暴其形而著其情，受其死而献其生，成其事而归其功。卑其位，所以事天也；上其气，所以养阳也；暴其形，所以为忠也；著其情，所以为信也；受其死，所以藏终也；献其生，所以助明也；成其事，所以助化也；归其功，所以致义也。为人臣者，其法取象于地，故朝夕进退，奉职应对，所以事贵也；供设饮食，候视疢疾，所以致养也；委身致命，事无专制，所以为忠也；竭愚写情，不饰其过，所以为信也；伏节死难，不惜其命，所以救穷也；推进光荣，襃扬其善，所以助明也；受命宣恩，辅成君子，所以助化也；功成事就，归德于上，所以致义也。是故地明其理，为万物母，臣明其职，为一国宰；母不可以不信，宰不可以不忠；母不信，则草木伤其根，宰不忠，则奸臣危其君，根伤则亡其枝叶，君危则亡其国；故为地者，务暴其形，为臣者，务著其情。(《春秋繁露·天地之行》)

董仲舒还用五行中的木、火，以召公、周公为比喻，说明君王选择的圣贤的德才职责：

东方者木，农之本，司农尚仁，进经术之士，道之以帝王之路，将顺其美，匡捄其恶，执规而生，至温润下，知地形肥硗美恶，立事生则，因地之宜，召公是也；亲入南亩之中，观民垦草发淄，耕种五谷，积蓄有余，家给人足，仓库充实。……南方者火也，本朝司马尚智，进贤圣之士，上知天文，其形兆未见，其萌芽未生，昭然独见存亡之机，得失之要，治乱之源，豫禁未然之前，执矩而长，至忠厚

仁，辅翼其君，周公是也；成王幼弱，周公相，诛管叔蔡叔，以定天下，天下既宁以安。（《春秋繁露·五行相生》）

最后，董仲舒从医学角度模拟，说明"治身者，务执虚静以致精；治国者，务尽卑谦以致贤"的道理，证明君王致贤任贤的方法及其原理：

> 气之清者为精，人之清者为贤，治身者以积精为宝，治国者以积贤为道。身以心为本，国以君为主，精积于其本，则血气相承受；贤积于其主，则上下相制使；血气相承受，则形体无所苦；上下相制使，则百官各得其所；形体无所苦，然后身可得而安也；百官各得其所，然后国可得而守也。夫欲致精者，必虚静其形；欲致贤者，必卑谦其身，形静志虚者，精气之所趣也；谦尊自卑者，仁贤之所事也。故治身者，务执虚静以致精；治国者，务尽卑谦以致贤，能致精，则合明而寿；能致贤，则德泽洽而国太平。（《春秋繁露·通国身》）

董仲舒对与阴阳五行联系在一起的古代医学有较深的研究，除了上引资料外，在其他文章中经常用医学来模拟宇宙论原理及各种哲理，还有专门论述养生兼及伦理纲常的《身之养重于义》、《循天之道》。《通国身》中，董仲舒以治身模拟治国，以治精气来比喻治国致贤，说明"务尽卑谦以致贤"的君王求贤道理。《天地之行》用心与四体模拟君任群贤，"是故君臣之礼，若心之与体；心不可以不坚，君不可以不贤；体不可以不顺，臣不可以不忠；心所以全者，体之力也；君所以安者，臣之功也。"（《春秋繁露·天地之行》）说明君明臣忠的君臣之道。

2. 养士任贤

董仲舒在论定大至治国、微如教化皆须任贤之后，向汉武帝建议立学校养士、改革官吏选举制度和整顿吏治的建议。

首先，要想任贤，必先有贤。"臣闻良玉不瑑，资质润美，不待刻瑑，此亡异于达巷党人不学而自知也。然则常玉不瑑，不成文章；君子不学，不成其德。"（《汉书·董仲舒传》）生而知之的圣人毕竟稀有难遇。"或生而知之，或学而知之，或困而知之，及其知之一也；或安而行之，或利而行之，或勉强而行之，及其成功一也。"（《礼记·中庸》）董仲舒认为只有中民之性方可言性，性待教而善，故当学而行之或利而行之。董仲舒甚至提倡勉强学习作为成圣成贤的必经之路："自非大亡道之世者，天尽欲扶持而全安之，事在强勉而已矣。强勉学习，则闻见博而知益明；强勉行道，则德日起而大有功：此皆可使还至而有效者也。"(《汉书·董仲舒传》)所以，董仲舒提出立太学养士，选其贤者作为地方官吏为民师表，促进教化。

> 陛下亲耕籍田以为农先，夙寤晨兴，忧劳万民，思维往古，而务以求贤，此亦尧、舜之用心也，然而未云获者，士素不厉也。夫不素养士而欲求贤，譬犹不琢玉而求文采也。故养士之大者，莫大乎太学；太学者，贤士之所关也，教化之本原也。今以一郡一国之众，对亡应书者，是王道往往而绝也。臣愿陛下兴太学，置明师，以养天下之士，数考问以尽其材，则英俊宜可得矣。今之郡守、县令，民之师帅，所使承流而宣化也；故师帅不贤，则主德不宣，恩泽不流。今吏既亡教训于下，或不承用主上之法，暴虐百姓，与奸为市，贫穷孤弱，冤苦失职，甚不称陛下之意。是以阴阳错缪，氛气弃塞，群生寡遂，黎民未济，皆长吏不明，使至于此也。(《汉书·董仲舒传》)

太学被董仲舒视为教化的本原，可养士而致英俊贤者，作为"民之师帅"郡守、县令的人选。太学之外，立地方官学和私学共行养士教育和社会教化职责："立辟雍庠序，修孝悌敬让，明以教化，感以礼乐，所以奉人本也。"(《春秋繁露·立元神》)

其次，董仲舒提出改革官吏选举制度。

> 夫长吏多出于郎中、中郎，吏二千石子弟选郎吏，又以富訾，未必贤也。且古所谓功者，以任官称职为差，非谓积日累久也。故小材虽累日，不离于小官，贤材虽未久，不害为辅佐。是以有司竭力尽知，务治其业而以赴功。今则不然。累日以取贵，积久以致官，是以廉耻贸乱，贤不肖浑淆，未得其真。臣愚以为使诸列侯、郡守、二千石各择其吏民之贤者，岁贡各二人以给宿卫，且以观大臣之能；所贡贤者有赏，所贡不肖者有罚。夫如是，诸侯、吏二千石皆尽心于求

贤，天下之士可得而官使也。遍得天下之贤人，则三王之盛易为，而尧、舜之名可及也。毋以日月为功，实试贤能为上，量材而授官，录德而定位，则廉耻殊路，贤不肖异处矣。(《汉书·董仲舒传》)

当时官吏选用多来自凭权力关系和权钱交易而进入官场的贵族、大臣、富豪子弟，董仲舒认为不能选贤任能，极不合理。"是故三公之位，圣人之选也，三卿之位，君子之选也，三大夫之位，善人之选也，三士之位，正直之选也。"(《春秋繁露·官制象天》)所以任人唯贤，"贤材虽未久，不害为辅佐"。董仲舒提出各地公侯大臣和高级官吏担负起选贤举能的职责，作为考察大臣的道德才能的办法，奖赏贡贤者，惩罚贡不肖者。在各地选贡者基础上考察贤能才德，授官定位，以遍得天下贤人辅佐治理和教化万民。

最后，有了养士和任贤机制，董仲舒认为还要吏治配合。董仲舒一方面建议建立严格的尊卑等级制度，使各阶层尤其是官吏各守其分，各尽其职，不得僭越。

臣闻制度文采玄黄之饰，所以明尊卑，异贵贱，而劝有德也。故《春秋》受命所先制者，改正朔，易服色，所以应天也。然则官至旌旗之制，有法而然者也。(《汉书·董仲舒传》)

凡衣裳之生也，为盖形暖身也，然而染五采、饰文章者，非以为益肌肤血气之情也，将以贵贵尊贤，而明别上下之伦，使教前行，使化易成，为治为之也。若去其度制，使人人从其欲，快其意，以逐无穷，是大乱人伦而靡斯财用也，失文采所遂生之意矣。上下之伦不别，其势不能相治，故苦乱也，嗜欲之物无限，其势不能相足，故苦贫也。今欲以乱为治，以贫为富，非反之制度不可。古者天子衣文，诸侯不以燕，大夫衣缘，士不以燕，庶人衣缦，此其大略也。(《春秋繁露·度制》)

另一方面，董仲舒建议整顿吏治，使在官之士磨砺操守，恪守职责，做职业化的官吏，而不与民争利业。

夫天亦有所分予，予之齿者去其角，傅其翼者两其足，是所受大者不得取小也。古之所予禄者，不食于力，不动于末，是亦受大者不得取小，与天同意者也。夫已受大，又取小，天不能足，而况人乎！此民之所以嚣嚣苦不足也。身宠而载高位，家温而食厚禄，因乘富贵之资力，以与民争利于下，民安能如之哉！是故众其奴婢，多其牛羊，广其田宅，博其产业，畜其积委，务此而亡已，以迫蹴民，民日削月浸，浸以大穷。富者奢侈羡溢，贫者穷急愁苦；穷急愁苦而不上救，则民不乐生，民不乐生，尚不避死，安能避罪！此刑罚之所以蕃而奸邪不可胜者也。故受禄之家，食禄而已，不与民争业，然后利可均布，而民可家足。此上天之理，而亦太古之道，天子之所宜法以为制，大夫之所当循以为行也。（《汉书·董仲舒传》）

古之度制，能做到"君子仕则不稼，田则不渔，食时不力珍，大夫不坐羊，士不坐犬"（《春秋繁露·度制》），而汉初还未能完善度制，以至"今世废而不修，亡以化民，民以故弃行谊而死财利，是以犯法而罪多，一岁之狱以万千数"（《汉书·董仲舒传》），所以董仲舒把度制提到天理的高度让王者效法："故明圣者象天所为为制度，使诸有大奉禄，亦皆不得兼小利、与民争利业，乃天理也。"董仲舒提出调均之法，希望统治者采用，防止贫富两极分化，以改善社会公平，不得贪婪无度或僭越礼制，使上下皆足衣食，"仓廪实而知礼节，衣食足而知荣辱"（《管子·牧民》），使教化施行具备基础条件，这是官吏应有的操守和职责。

3. 士治事实

董仲舒的王道德治、改制更化、推明孔氏、立学养士、官吏选举和《春秋》决狱等一系列政治制度建言和政治实践，基本上为汉武帝所接受、采纳和付诸实践，促使熟稔儒家经典和儒学思想的士人逐渐成为政府官吏的主体。钱穆认为，汉武帝改革之后的中国政府是第一个士治的统一政府：

> 西周时代已可说有统一政府，只是"封建制的统一"。秦始皇代表着中国史上第一个"郡县制的统一政府"之开始。汉高祖代表着中国史上第一个"平民为天子的统一政府"之开始。汉武帝代表着中国史上第一个"文治的统一政府"即"士治"或"贤治"的统一政府之

开始。这是当时中国人开始建设世界政府以后之三步大进程。①

钱穆洞见董仲舒的思想和汉武帝的实践的结合是中国传统政治统治形式的一个伟大的转折点。在西周及以前有可靠历史记载的时代，王位继承和爵禄授予制度是由王室、诸侯和贵族垄断的，君王之位兄终弟及或父传子授，贵族世卿世禄，作为统治阶级的"君子"和作为庶人的"小人"是两个不能流动的阶层，而且学在官府，知识垄断在贵族手中。直到孔子的时代，礼崩乐坏，官学下落，"道术将为天下裂"（《庄子·天下》），像孔子开办私学的情况逐渐增加，逐渐形成百家争鸣的民间学术蓬勃发展的情况，处于征伐兼并战争状态的诸侯也争相延聘贤能之士富国强兵，来自各阶层的有知识而无爵禄产业的"士"阶层迅速形成。

什么是"士"呢？《说文解字》："士，事也。数始于一，终于十，从十一。孔子曰：推十合一为士。"段玉裁注："引申之，凡能事其事者称士。《白虎通》曰：士者事也，任事之称也。故《传》曰：通古今，辨然否，谓之士。"《礼记·少仪》："问士之子长幼。长则曰能耕矣，幼则曰能负薪。"可见古代士不离农事。余英时认为："'士'在古代主要泛指各部门掌事的中下层官吏"②。唐兰认为，士在春秋时期介于贵族与平民之间，出身和出路都可以上下浮动，且逐渐从战士转变为文士，因贫穷而只能役使子弟或自己耕作、经商。③ 孔子曾自称为从大夫之后，从贵族下落到士阶层，开私学授徒谋生。但孔子强调"士志于道"（《论语·里仁》），是职业化谋道行道的君子，"君子谋道不谋食。""耕也，馁在其中矣；学也，禄在其中矣。君子忧道不忧贫。"把士的精神提升到"克己复礼为仁"（《论语·颜渊》）的高度："士不可不弘毅，任重而道远。仁以为己任，不亦重乎？死而后已，不亦远乎？"（《论语·泰伯》）从此"士的精神"在中国历史上绵延不绝。孟子引而申之，士"无恒产而有恒心"（《孟子·梁惠王上》），以道抗势、修身俟命：

---

① 钱穆：《中国文化史导论》（修订本），商务印书馆 1994 年版，第 94 页。
② 余英时：《士与中国文化》，上海人民出版社 2003 年版，第 6 页。
③ 参见唐兰：《春秋战国是封建割据时代》，《中华文史论丛》1963 年第 3 辑，第28—29 页。

曰:"尊德乐义,则可以嚣嚣矣。故士穷不失义,达不离道。穷不失义,故士得己焉;达不离道,故民不失望焉。古之人,得志,泽加于民;不得志,修身见于世。穷则独善其身,达则兼善天下。"(《孟子·尽心上》)

孟子曰:"古之贤王好善而忘势,古之贤士何独不然?乐其道而忘人之势。故王公不致敬尽礼,则不得亟见之。见且由不得亟,而况得而臣之乎?"(《孟子·尽心上》)

荀子在离乱至极的周秦之际,犹"从道不从君",把"正身之士"与"仰禄之士"区别开来:"夫仰禄之士,犹可骄也,正身之士不可骄也。彼正身之士舍贵而为贱,舍富而为贫,舍逸而为劳,颜色黧黑而不失其所。是以天下之纪不息,文章不废也。"(《荀子·尧问》)墨子也主张尚贤,"夫尚贤者,政之本也",认为"贤良之士,厚乎德行,辩乎言谈,博乎道术",是"国家之珍,而社稷之佐",君王应当"富之、贵之、敬之、誉之",才能"得士"而"名立而功成,美章而恶不生"。(《墨子·尚贤上》)

战国时期已有礼贤之风。魏文侯敬师子夏、田子方、段干木,鲁缪公敬师子思,齐宣王稷下兴学,"自如驺衍、淳于髡、田骈、接予、慎到、环渊之徒七十六人,皆赐列第,为上大夫,不治而议论。"孟子、荀子都曾在稷下为先生或祭酒,齐孟尝君、赵平原君、楚春申君、魏信陵君和秦吕不韦皆以招致宾客大量养士著称,礼贤美谈脍炙人口。秦国虽建立博士制度,"博士,秦官,掌通古今。"(《汉书·百官公卿表》)"博士,掌教弟子,过有疑事,掌承问对。"(《续志》),但统一中国后焚书坑儒,为后世所不齿。战国后期,守道之士处境艰难,游士大多以道从人,寄食于君王公侯之门,苏秦、张仪、李斯皆此之属。

儒家学者成为"士"之主流,是汉武帝即位之后。士以儒家为汉初沿袭秦博士制度,在汉武帝即位之前不分学派,如司马谈所论六家人士应都在其中。"建元元年冬十月,诏丞相、御史、列侯、中二千石、二千石、诸侯相举贤良方正直言极谏之士。丞相绾奏:'所举贤良,或治申、商、韩非、苏秦、张仪之言,乱国政,请皆罢。'奏可。"(《汉书·武帝纪》)武帝即位而罢所举贤良非儒人士,实为"推明孔氏,抑黜百家"之先声。"孝武初立，卓然罢黜百家，表章《六经》。遂時咨海内，举其俊茂，与之立功。兴太学，修郊祀，改正朔，定历数，协音律，作诗乐，建封禅，礼百神，绍周后，号令文章，焕焉可述。后嗣得遵洪业，而有三代之风。"(《汉书·武帝纪》)公孙弘白衣致侯相、设五经博士和立太学养士选官，都是象征性的事件。"公孙弘以治《春秋》为丞相，封侯，天下学士靡然乡风矣。"(《汉书·儒林传》)元朔元年，武帝下诏郡县守令及二千石举孝廉，"不举孝，不奉诏，当以不敬论。不察廉，不胜任也，当免。"(《汉书·武帝纪》)"元朔五年，置博士弟子员。前此博士虽各以经授徒，而无考察试用之法，至是，官始为置弟子员，此为武帝所谓兴太学也。"(《文献通考·学校一》)此事可见于公孙弘根据董仲舒天人三策建议，奏请具体立太学五经博士、设弟子员及如何在政府部门使用儒生：

> 为博士官置弟子五十人，复其身。太常择民年十八以上、仪状端正者，补博士弟子。郡国县官有好文学、敬长上、肃政教、顺乡里、出入不悖，所闻，令、相、长、丞上属所二千石。二千石谨察可者，常与计偕，诣太常，得受业如弟子。一岁皆辄课，能通一艺以上，补文学掌故缺；其高第可以为郎中，太常籍奏。即有秀才异等，辄以名闻。其不事学若下材，及不能通一艺，辄罢之，而请诸能称者。臣谨案诏书律令下者，明天人分际，通古今之谊，文章尔雅，训辞深厚，恩施甚美。小吏浅闻，弗能究宣，亡以明布谕下。以治礼掌故以文学礼义为官，迁留滞。请选择其秩比二百石以上及吏百石通一艺以上补左右内史、太行卒史，比百石以下补郡太守卒史，皆各二人，边郡一人。先用诵多者，不足，择掌故以补中二千石属，文学掌故补郡属，备员。请著功令。它如律令。(《汉书·儒林传》)

汉武帝采纳推行，"自此以来，公卿大夫士吏彬彬多文学之士矣。"(《汉书·儒林传》)此后博士官陆续增加。"昭帝时举贤良文学，增博士弟子员满百人，宣帝末增倍之。元帝好儒，能通一经者皆复。数年，以用度不足，更为设员千人，郡国置《五经》百石卒史。成帝末，或言孔子布衣养徒三千人，今天子太学弟子少，于是增弟子员三千人。"(《汉书·儒林传》)这些博士弟子员皆经考试而选任皇帝侍官郎吏或充任地方官员，政府官吏随之逐渐儒学化，士治政府逐渐形成。针对误解中国传统政治的一些论断，钱穆认为这是中国式的民主政治：

> 中国传统政治，既非君主专制，又非贵族政体，亦非军人政府，同时亦非阶级（或资产阶级或无产阶级）专政，此更不烦再说。然则中国政体，自当属于一种民主政体，无可辩难。吾人若为言辞之谨慎，当名之曰中国式之民主政治。当知中国政府虽无国会，而中国传统政府中之官员，则完全来自民间。既经公开之考试，又分配其员额于全国之各地。又考试按照一定年月，使不断有新分子参加。是不啻中国政府早已全部由民众组织，则政府之意见，不啻即民间之意见。①

钱穆此论不愧真知灼见。中国传统政治自有其无可替代的价值，本来毋需藉助西方政治的标尺去衡定，钱穆强名之曰"中国式之民主政治"，其真实意图，盖以明其守先待后的立场：士治政府乃中国古代政治遗产之一大宝库，其价值毫不逊色于西方民主政治，至于此宝库之开发利用，则有待于后来之聪明圣智、君子贤人。

小　结

本章在中外有关政治的价值理性和制度道德的意义探讨基础上，论述儒家传统伦理道德传统的历史渊源和核心价值，阐释董仲舒政治哲学的政治道德基础和制度伦理规范。

各种社会人伦的道德规范组成的道德体系，是良序社会的内在结构，董仲舒"三纲五常"为核心理念的伦理道德体系建构目的在此，意义在此。中西先哲时贤智能的论述，如价值理性和工具理性、公共领域和私人领域、宏观政治与微观政治、门外之治与门内之治等，从不同角度揭示了道德作为政治统治和制度设计之基础的必要性。在西周德礼统一的宗法社

---

① 钱穆：《文化与教育》，广西师范大学出版社2004年版，第82页。

会中表现为，礼乐制度以宗法伦理规范社会人心，曾经出现无讼和囹圄空虚的成康道德盛世；而在周王室衰微之后的春秋战国时代，德礼分离，争于霸力，诸侯以富国强兵为治国导向，道德价值和人文信仰跌落，到秦政采取排斥道德的刑法之治，其勃兴速亡使平民得天下的刘汉王朝能够深刻反思政治的道德性。汉初陆贾、贾谊和贾山的秦政反思先后得出正义社会应当仁义为治、道德教化的结论，汉王朝也提出"以孝治天下"的政治伦理教化原则，董仲舒继承先秦儒家伦理道德思想传统，反思秦汉之际伦理道德危机，创造转化历代圣贤和诸子百家的伦理道德思想，提出以"三纲五常"作为规范家庭、社会和制度的道德教化体系，通过伦理制度化、民间自治和养士教化，建立德礼合一、德位一体的道德政治体系，奠定了传统伦理道德体系和士治政府治理模式的理论基础。

通过伦理维度的阐释，董仲舒政治哲学的立体逻辑结构最终得以明晰。天命维度道德意义上的政治正当性，正义维度上在德福一体、德主刑辅和以义为利等道德义务论意愿上的统治适宜性，伦理维度上以道德教化和士治政府为制度建构规范的德治可行性，构成了"天—地—人"相参互通、仁道一以贯之的王道政治范式。董仲舒建构的"王"道理想和政治哲学范式，实现了孔子及其后继者的政治理想的现实化，泽惠中华民族越两千年，我们相信还将继续裨益于当下中国、未来世界。

结　语

一

　　董仲舒政治哲学具有继承历史、综合百家和创造转化的显著特点，有着继往开来、奠定范式的重大意义。一方面，董仲舒根据时代面临的重大问题，广泛继承先秦文化传统和汉初以来思想成果，通过对传统的创造性传承转化，解决当时政治文化思想难题。另一方面，他以孔子思想为核心，综合百代先王政治智慧和诸子百家学术成果，传承转化，别开生面，使儒家从先秦百家争鸣的诸子之一，到汉代及以后两千年郡县制中央集权制国家的政治指导思想和文化学术正统。更为重要的是，董仲舒思想确立了有汉以来两千年郡县制中央集权国家政治哲学新范式，是秦汉之际中国传统社会政治社会和学术思想全面转型的里程碑。

　　董仲舒在汉代被视为圣人，其贡献为后世贤哲称道。董仲舒死后，安葬在长安城南曲江附近，汉武帝经过时特别下马步行以表示尊敬，民间称此地为"下马陵"。班固尊其为孔子之后儒门列圣："自孔子后，缀文之士众矣，唯孟轲、荀况、董仲舒、司马迁、刘向、扬雄。此数公者，皆博物洽闻，其言者有补于世。传曰：'圣人不出，其间必有命世者号。'岂近是乎？"（《汉书·楚元王传》）王充尊其比肩孔子："文王之文在孔子，孔子之文在仲舒。"（《论衡·超奇》）韩愈祖述道统论，虽不称董仲舒，然其天命观和性三品说悉数取自董子。司马光作诗盛赞董仲舒："吾爱董仲舒，穷经守幽独，所居虽有园，三年不游目。邪说远去耳，圣言饱充腹。发策

432

登汉庭，百家始消伏。"(《独乐院咏·读书堂》)北宋二程推重董仲舒："董
仲舒，最得圣贤气象。""自汉以来，唯有三人近儒者气象：大毛公、董仲
舒、扬雄。""董仲舒谓正其谊不谋其利，明其道不计其功，可以法矣。"(朱
熹编：《河南程氏遗书》)朱熹推其为醇儒："仲舒本领纯正。如说'正心以
正朝廷'与'命者天之令'以下诸语，皆善，班固所谓醇儒，极是。"(《朱
子语类》卷一三七)朱子接续董仲舒发挥三纲五常思想，系统发展为古代
社会道德伦常规范体系，成为中国古代社会稳定繁荣发展的思想基础。

　　关于董仲舒政治哲学思想的负面影响，后人所论盖有君权专制、三纲
五常僵化和谶纬肇始者。关于专制之说，在政治统治方式而言，钱穆先
生关于"士治政治"和"中国式民主"的论述可以破之[①]。而"独尊儒术、
罢黜百家"为"文化专制"之说，更是后人所加的不实之词。董仲舒"天
人三策"最后建议："诸不在六艺之科孔子之术者，皆绝其道，勿使并进。"
(《汉书·董仲舒传》)班固在本传中说"推明孔氏，抑黜百家"，都没有"独
尊儒术"的说法，董仲舒只是建议推明孔氏，表章六经，其所抑黜之百家，
包括了先秦的儒家，武帝采纳董仲舒建议，立五经博士，把秦代汉初都有
的《孟子》、《论语》、《孝经》传记博士在内的百家博士都罢免了，所以根
本没有文化专制可言。"独尊儒术"的说法，是宋人面对佛道挑战特意夸
大而曲其意，直到近代梁启超在《论中国思想变迁之大势》中认为秦汉之
际为儒学统一时代而有其名，在五四之后的反传统、清算儒学的潮流形成
以后，而以"独尊儒术"来批评儒家是文化专制，遂成此莫须有之罪名。
三纲五常教条化是在朱熹提倡之后，僵化则是元明清儒学工具化的政治实
践，董仲舒实在是鞭长莫及，无缘承担这一责任。中国自古就有传统宗教
谶纬之萌芽，秦汉之际谶纬已经流行，到两汉之际极盛，而后世不绝，是
华夏特定的历史文化渊源和传统政治特征，有其积极的政治社会意义。董
仲舒在西汉运用时代话语表达思想，因势利导，方便说法，本不足奇，更
何况谶纬作为经学传统的有机组成部分，未必即如晚近批评的那样一无是

---

　　①　参见吴龙灿：《秦政得失决在人道——钱穆政治哲学管窥》，载钱穆故居管理处
编：《第三届钱穆研究暨当代人文思想国际学术研讨会论文集》，台北：东吴大学 2010 年版。
同时参见本书第三章第四节"士治教化"。

处。还有很多董学研究著作总把政治意识形态批判语言强加到董学身上，似乎非要"指出"古人的缺陷和局限不足以证明论者研究水平的高明。在这一点上本文站在陈寅恪提倡的"同情地了解"和业师郭先生提倡的"平情地考察"这样的治学态度上，遵循郭先生主张的对作为中国传统文化主流的儒家典籍和思想家以崇敬的和谦虚的态度守先待后，主要是从积极的角度发掘中国传统文化精神的正面价值，启迪当下和后人，而不是带着有色眼镜不着边际指责前人的不足。实际上，在遭遇中外历史上罕见的百年传统断裂和反传统思潮酷烈横行，当下中国文化传统衰微至极，先不言因传统隔膜和西化思维而使得今之绝大多数人难以真正理解古人，中国文化传承、当代学术重建和道德文化建设的历史使命和学术良心，也在召唤着当代知识人必须以建设性思维从事学术研究和思想建设工作。

董仲舒政治哲学一直是汉武朝以来中国历代传统政治的灵魂，而作为学术思想，则在后世有盛有衰。董学在汉代盛行，到东汉中期达到巅峰，汉章帝白虎观会议后命班固整理《白虎通义》并颁布于世，使董仲舒政治哲学思想系统化、典章化，成为古代政治社会的政治意识形态，到清亡一直是中国政治哲学基本范式。元朝时董仲舒从祀孔庙，1330 年，"以董仲舒从祀孔庙，位在七十子之下"（《元史·文宗纪》），牌位供于其故乡河北景州内大成殿东庑第四十四位，为异族统治者强化以汉治汉的政治意识形态服务。而作为学术思想的董学，自汉末今古文经学合流和衰微之后，至清代中叶一千多年，皆因一代有一代之学术潮流而未成显学。道教经典《太平经》直接吸收董学思想大部分核心内容，因而董学也深刻地影响了道教的发展。魏晋玄学、隋唐佛道盛行，中唐儒学复兴，当务之急是突出儒家心性哲学以对抗佛道，弘扬华夏固有传统价值，韩愈《原道》仿照佛教建立儒家道统，直接上接思孟学派，把董仲舒排除在儒学道统之外，以政治哲学为主要理论旨趣的董学为唐宋儒学的道统说跳过，董学因此作为学术思想鲜有学者用心研究和发扬。清代今文经学复兴，董学才随之复兴，至康有为组织弟子作《春秋董氏传》，大力推崇和发挥董学，作为戊戌变法的政治哲学基础，成为晚清改革弊政、奋发图强的理论武器，董学遂复盛于晚清。在新中国诞生前后，现代新儒学一代宗师熊十力推崇董仲舒政治哲学思想，先后写下《读经示要》、《论六经》、《原儒》等新经学著作阐释通经致用的外王学；当下又处于政治变革的关键时期，儒家学者蒋庆先生祖述董子而建构政治儒学，著有《公羊学引论》、《政治儒学》和《再论政治儒学》三书，熊先生和蒋先生之儒家政治哲学思想可谓董学当代复兴的新发展。

二

有必要说明一下拙著董仲舒政治哲学诠释路径。政治哲学虽是当世显学，毕竟在西方复兴才半个世纪左右，在中国兴起不过二十多年，其学科界定尚且争议未定，拙著的研究方法和阐释模式是一种大胆尝试。中国传统政治思想因中西文化的隔阂和差异，有其独特的民族性，思想背景、概念系统和话语系统大异其趣，中西互证、古今转化、学科建设等方面均需勉力为之。首先，就中西互释互证而言，"东圣西圣，心同理同。"（陆九渊语）中西哲学走向沟通和融合的趋势是一种必然，但如何借鉴西方政治哲学思想和研究方法来考察中国传统政治哲学，或者从中国传统话语解释当下世界图式，以及如何进行中西互释以达到沟通中西政治哲学、融合中西传统、服务当下社会，既是当代学者的历史使命，也是中西学者的共同挑战。其次，就古今互释转化而言，如钱穆所说的"历史意见"和"时代意见"，我们不可能再完全回到董仲舒同时代去发表"历史意见"，只能用有前见的我们能够理解的语言，基于所处时代话语系统和问题意识发表"时代意见"，其关键在于如何阐释、回归和转化，发表有当代意义的新意见。第三，政治哲学有多学科理论综合建构的特点，一方面给研究者带来较大的建构研究体系的挑战，另一方面也正创造了一片有很大发挥空间的学术研究处女地。拙著综合运用中西哲学和其他学科研究方法，在努力理解、运用自身传统固有优势基础上，运用伦理学、政治学、社会学、语言学、诠释学、文献学等各种适宜的中西多学科研究方法，勇于探索中西政治哲学义理互释互证。在可以把握的限度内，通过董仲舒的个案，尝试建立起打破中西政治哲学传统之间的壁垒而又创造性转化中国政治哲学传统智慧的研究新范式。如何承担对政治哲学传统重新阐释和返本开新的责任，董仲舒的思想学术实践本身就是一个典范。我们研究董仲舒的目的，一则是正本和返本的工作，一则是重释和开新的工作。中国当代学人有责任借鉴董仲舒对待传统的态度和根据时势开新的方法，立足时代重新阐释包括中西哲学传统在内的全人类文明传统，开创适宜中国发展和世界和平的新传统。故本人多有介绍西方相关政治哲学传统和研究模式，用以观照和彰显中国传统政治智慧的高明精微和普世价值。

每个时代的复兴，必须在对既有传统的重新再阐释中进行。儒家传统自孔子创立，在战国时代就"儒分为八"，有着不同面向的解释和发展。董仲舒在秦火之后向汉武帝建议"推明孔氏，表彰六经"，立足新的时势融汇古今思想传统，经过创造性阐释的儒家新传统从此绵延不绝，为万世开太平。中唐韩愈深感儒学发展危机，应对佛道心性论的挑战提出道统论，以片面的深刻强调儒家传统中心性一面，开启嗣后内圣之学的繁荣，也因而漏失了儒学传统中的内圣外王合一、批判性和建设性并具的完整面向。到了清代异族治华，儒学成为工具性的统治手段，儒学畸形发展在劫难逃。而辛亥革命前后及五四新文化运动中，志士仁人在民族存亡之际，时势所迫，批判传统学习西方情有可原，而不能客观正视和珍惜自身传统则不可理喻。当代新儒家力继慧命，难能可贵，然而不足以整全复兴。至于新中国成立之后，传统衰微，乃至遭受十年浩劫，悲叹何堪！儒家传统亟待正本清源，重新阐释和返本开新，是时代赋予良知尚在的中国学人以此历史使命。中国晚清腐败政府在西方列强坚船利炮的威胁下，被迫面对西方文明的全面侵略问题，张之洞的"中体西用"主张，终究不能解决制度建设的深层问题，在面临亡国亡种的民族危难之际，志士仁人奋起抗争，在制度上消灭了自秦汉以来实行了两千年的郡县制度君主中央集权统治创造性现代转化的可能性，君主立宪中途夭折，辛亥革命和五四运动以来的救亡和启蒙，不自觉地把西方启蒙问题带进了中国，其中最大的问题，就是如何处理以儒家传统为主流的中国传统文化与西方文明引进之间关系的问题。经过五四反传统取向、"文革"浩劫和片面西化之后，这个问题日益突出，既包含了上述西方启蒙所带来的一切问题，也暴露出中国本土特有传统文化的现代转换和一个世纪以来全盘西化后遗症的拨乱反正问题。

启蒙运动是西方近代文艺复兴以来人的理性发现和张扬的主流人文思潮，曾经是西方社会把人从一千多年基督教会黑暗统治中解放出来的伟大事件。经过理性启蒙，人的权利和尊严得到确认和保护，西方民主政治得以建立，科学技术不断发展，物质生活日益改善，如此等等，功不可没。然而到了 20 世纪，启蒙的不良后果也日益凸显，人们开始思考如何正确看待作为双刃剑的理性启蒙并加以纠偏救弊，形成启蒙当代反思态势。两次世界大战、生态环境污染、弱势人群歧视和多元文化冲突等问题，其根源无不指向启蒙核心理念的片面性。启蒙的核心理念是人的理性和尊严至高无上，取代了万能的上帝地位，理性膨胀必然导致人类中心主义，对其他物种和大自然缺乏尊重和敬意，不懂得与人以外的世界和谐相处，无视自然资源不能取与有度的自然规律，无限制地开发和掠夺，人变得傲慢、贪婪和残忍，人欲膨胀，无耻无畏，逐渐把人类赖以生存的地球推向万劫不复的边缘。西方启蒙反思还在如下几个方面有所醒悟。首先是理性本身的迷误，过度发扬工具理性，而缺失价值理性。科学技术发展的同时，也造成了实用主义、功利主义、消费主义、享乐主义盛行，人的生活日益感官化、表面化、物化，成为没有深度、厚度和意义的"单向度的人"。其次是西方个人主义的张扬，对个人权利和自由的极度强调，使得西方社会人的极度自私和冷漠，漠视传统美德，个人责任意识缺失，家庭和社群关系冷漠紧张，性解放、高离婚率、高犯罪率和低出生率问题严重，在人际关系和政治中不合作现象严重，造成社会成本高涨，人的丑恶现象泛滥。第三，启蒙价值的普世化倾向，如福山《历史的终结》中所称，把西方民主社会作为人类社会发展的目标和终点，无视多元文化的意义和其他社会发展模式的价值，以人权、民主、自由等启蒙价值作为普世价值在全世界推广，甚至不惜动用经济制裁和现代战争，造成世界各种宗教文化的激烈冲突。

三

以儒家传统为背景的社会，是否适合建立西方自由主义为指导的民主政治制度呢？中国的现代化也往往被简单化为西方化。中国自推翻满族统治的帝制之后，就用西方民主政治的模式建立民国，可是水土不服，问题很多。有儒家传统的一些国家和地区，如日本、韩国、新加坡以及中国的台湾和香港地区，建立了以西方民主制度为模板的政治制度，政府都承担了积极的角色，比较接近政府干预的强调公平的自由主义。当前中国大陆虽然说是"有中国特色的社会主义"，也说"服务型政府"和"小政府大社会"，但是庞大的政府无所不管，民间社会没有任何喘息空间，社会管理成本和资源流失过大的状况，使得国人的生命质量、生活质量和价值实现的程度非常有限，教育质量和学术思想很难提升。在这样的情形下，一方面需要借鉴自由至上的自由主义精神，另一方面更加需要利用本土儒家传统资源，尤其是董仲舒以儒家思想为主干、综合百家之长建构的儒家政治哲学传统，消化儒家传统"德治和教化"、"小政府大社会"和"学在民间、民间自治"的优良传统。如何传承和消化儒家传统和西方自由主义政治资源，对治中国当前政治、经济、社会和文化诸多问题，将是儒家政治哲学研究的重要面向和意义所在。

上世纪九十年代恢复对儒学的同情性研究以后，五四以来一直没有间断的当代新儒家思潮渐渐浮出水面，大陆内外对传统文化价值的肯认也越益明晰，甚至一直把中国文化视为东方低级文明的西方，也逐渐明白"启蒙的傲慢"的错误，承认中国文化尤其是儒家传统对治西方启蒙带来的各种问题的独特价值。鸦片战争以来失去文化自信的中国，逐渐认识到儒家传统的伟大，领悟到过去"抛弃自家无尽藏，沿门托钵效贫儿"的偏颇。儒家传统是中国贫弱万恶之源的错误归因，在经过平情省思之后，发现其不仅不是不利因素，而且还是中国不可或缺的个人、社会、政治各个层面都需要加以传承的宝库。其中引起最大历史性误读的儒家传统政治文明，因其彻上彻下无所不包的无量价值，成为中国传统现代转换的重中之重。

即便西方文明一些有价值的东西，如果没有本土传统坚实的根本，也是不能够嫁接融合的。然而当代中国政治有其特殊的发展，这是我们必须面对的现实，五四以后出现的激进主义、自由主义和保守主义三个思潮非均衡发展，中国大陆一度将学术思想意识形态化，又经过十年"文革"浩劫，中国文化传统日益衰微，有学者称之为"传统的断裂"。即便如此，"礼失求诸野"，儒家传统依然隐约可见于人们的政治行为和生活理念之中。面对全球性现代性危机和中国文化困境之挑战，儒家传统将以何种方式接续到我们的政治语境和民间社会？

儒家传统作为五千年中国传统文化的主流，曾经在现实政治和民间社会起到了非常重要的作用。心性儒学的研究成为宋明理学、当代新儒家和目前大陆儒学研究的焦点，这当然是值得肯定的成绩。但是儒家外王学或政治哲学研究的薄弱，也应是当代中国学者应该勇于承担的责任。这种儒家外王学或政治哲学研究的薄弱，一方面是受明清士大夫精神失落和新中国政治禁忌的流风影响，另一方面也受当前学术体制数量论功、价值中立的不良学术风气规制。以中国传统文化传承和中华民族复兴为使命和责任的中国人，应当继承由孔孟开创、董仲舒发明的古代"士"的精神自律，以世界的和历史的视野观照现实和未来，全面了解西方文明、中国传统文化和中国现实问题，尤其要以当下问题意识研究和转换伟大的儒家政治哲学传统资源。

文化是一个民族的根本生命，而政治哲学研究和思考，是一个民族文化生命中必须不断检省和审慎抉择的核心部分。儒学一直是中国传统文化的主流，在当代遇到了现代转换的历史关节点，其关键是在政治哲学层面与当代世界性的民主政治潮流和以马克思主义为意识形态的当代中国如何对接的问题。故当代儒家政治哲学研究，也是对中国传统文化慧命能否在当代接续发展问题的历史追问和当下思考，是不愿失去民族文化之根的中国知识人责无旁贷的历史文化使命。董仲舒政治哲学作为中国传统政治哲学范式，是今日中国传承古代传统政治智慧不可忽视的道枢。两千年以儒学为主流的中国传统政治和思想文化传统，在董仲舒这里可以找到根源和始基；晚清以来的传统反思和中西古今之争，在中西政治哲学智慧融合和抉择中，必可在董仲舒这里汲取智慧和获得启示；在当下中西启蒙反思和中国政治改革潮流中，有必要通过对董仲舒奠基的中国道德政治哲学传统的研究和学习，开启中国传统重释、文化重建和道德政治智慧传承之路。

对待我们固有的优秀文化传统，我们应当提倡"回溯源头，守先待后"的态度，保存好我们民族精神的根本。"守住民族精神的根本，守住知识分子的气节、操守、良知，守住做人和为学的本份，守住老一辈学问家和哲学家严谨、正直的为人为学之道，守住先圣先贤的绝学，在守之中争取有所创获，以待来贤，以俟解人，或许正是社会、历史、民族、文化赋予我等的使命。"①中外历史一再证明，在文化衰微至极的时代，只有回到文化源头，固本清源，立足现实重释传统，才有可能恢复本民族文化生命力。作为承担民族振兴和文化复兴光荣使命的知识人，应当继承中国古代"士"的精神，理解和担当儒学政治哲学的当代建构，返回到中国文化的源头进行历史的考察，梳理和还原在不同历史语境中被歪曲或过度诠释的民族精神的根本，立足当下重新思考和阐释在先秦开启、由董仲舒奠定范式的中国政治哲学传统之内涵和意义，使得以儒学为主流的中国传统文化顺利在当代中国社会落地生根，茁壮生长，发挥其应有的作用，为中国文化生命的复兴和繁荣做好必要而尽责的准备。

---

① 郭齐勇：《守先待后：世纪之交的文化遐想》，《科学经济生活》，1997 年第 4 期。

参考文献

（一） 文献

1. 中国部分

（清）苏舆撰，吴则虞点校：《春秋繁露义证》，中华书局 1992 年版。

（清）凌曙：《春秋繁露注》（皇清经解续编），南菁书院。

（清）卢文弨校本：《春秋繁露》（清乾隆抱经堂刻本影印），直隶书局 1923 年版。

赖炎元注译：《春秋繁露今注今译》，台北：商务印书馆 1984 年版。

钟肇鹏主编：《春秋繁露校释》（校补本），河北人民出版社 2005 年版。

袁长江主编：《董仲舒集》，学苑出版社 2003 年版。

曾振宇、傅永聚注：《春秋繁露新注》，商务印书馆 2010 年版。

（清）阮元校刻影印本：《十三经注疏》，中华书局 1980 年版。

（清）李道平撰：《周易集解纂疏》，中华书局 1994 年版。

（清）孙希旦撰：《礼记集解》，中华书局 1989 年版。

（清）孙诒让撰：《周礼正义》，中华书局 1987 年版。

（清）焦循撰，沈文倬点校：《孟子正义》，中华书局 1987 年版。

（清）浙江书局辑刊影印本：《二十二子》，上海古籍出版社 1986 年版。

（清）唐晏著，吴东民点校：《两汉三国学案》，中华书局 1996 年版。

李学勤主编：《春秋公羊传注疏》（十三经注疏整理委员会繁体字版），北京大学出版社 2000 年版。

李学勤主编:《尚书正义》(十三经注疏标点本),北京大学出版社1999年版。

李民、王健撰:《尚书译注》,上海古籍出版社2004年版。

顾颉刚、刘起釪:《尚书校释译论》,中华书局2005年版。

徐元诰:《国语集解》(修订版),中华书局2002年版。

陈鼓应:《管子四篇诠释——稷下道家代表作解析》,商务印书馆2006年版。

陈鼓应:《黄帝四经今注今译——马王堆汉墓出土帛书》,商务印书馆2007年版。

(西汉)韩婴撰,许维遹校释:《韩诗外传校释》,中华书局1980年版。

(西汉)司马迁,(宋)裴骃集解、(唐)司马贞索隐、(唐)张守节正义:《史记》(全十册),中华书局1959年版。

(西汉)刘向集录,范祥雍笺证、范邦瑾协校:《战国策笺证》,上海古籍出版社2006年版。

(西汉)刘向撰,向宗鲁校证:《说苑校证》,中华书局1987年版。

(西汉)刘向编著,石光瑛校释:《新序校释》,中华书局2001年版。

(西汉)刘向编著,皇甫谧、刘晓东译注:《列女传》,辽宁教育出版社1998年版。

(东汉)应劭撰,王利器校注:《风俗通义校注》,中华书局1981年版。

(东汉)班固撰,(唐)颜师古注:《汉书》(全十二册),中华书局1962年版。

(汉)许慎撰,(清)段玉裁注:《说文解字注》,上海古籍出版社1988年第二版。

(南朝宋)范晔撰,唐李贤等注:《后汉书》,中华书局1965年版。

(东晋)常璩著,任乃强校注:《华阳国志校补图注》,上海古籍出版社1987年版。

(宋)朱熹撰:《四书章句集注》,中华书局1983年版。

(清)陈立撰,吴则虞点校:《白虎通疏证》,中华书局1994年版。

(清)王先谦:《诗三家义集疏》,中华书局1987年版。

(清)王聘珍:《大戴礼记解诂》,中华书局1983年版。

(唐)房玄龄等撰:《晋书》,中华书局1974年版。

(唐)魏征等撰:《隋书》,中华书局1973年版。

(明)宋濂撰:《元史》,中华书局1976年版。

陈奇猷:《吕氏春秋校释》,学林出版社1984年版。

王利器:《新语校注》,中华书局1986年版。

王利器:《盐铁论校注》(定本),中华书局1992年版。

黄晖:《论衡校释》(附刘盼遂集解),中华书局 1990 年版。

于省吾主编:《甲骨文字诂林》,中华书局 1999 年版。

朱芳普:《殷周文字释丛》,中华书局 1962 年版。

刘翔、陈抗、陈初生、董琨编著,李学勤审订:《商周古文字读本》,语文出版社 1989 年版。

中国社会科学院考古研究所:《殷周金文集成》,中华书局 1984—1994 年版,第 9 册。

四川美术出版社:《殷周金文字帖》,四川美术出版社 1997 年版。

张家山汉墓竹简整理小组:《张家山汉墓竹简》,文物出版社 2001 年版。

文物出版社:《秦泰山刻石》,文物出版社 2000 年版。

(梁) 萧统编,(唐) 李善注:《文选》,中华书局 1977 年版。

(唐) 柳宗元:《柳宗元集》,中华书局 1979 年版。

(唐) 杜佑撰,王文锦等点校:《通典》,中华书局 1998 年版。

(宋) 郑樵撰:《通志》,浙江古籍出版社 2000 年版。

(元) 马端临撰:《文献通考》,中华书局 2006 年版。

(清) 赵翼撰,王树民校证:《廿二史札记校证》,中华书局 1984 年版。

(清) 皮锡瑞:《经学通论》,中华书局 1995 年版。

(清) 皮锡瑞著,周予同注释:《经学历史》,中华书局 2004 年版。

(清) 唐晏著,吴东民点校:《两汉三国学案》,中华书局 1996 年版。

廖平撰,李耀灿主编:《廖平选集》(上下册),巴蜀书社 1998 年版。

康有为撰,姜义华、张荣华编校:《康有为全集》,中国人民大学出版社 2007 年版。

孙中山:《孙中山全集》,中华书局 1981 年版。

谢维扬、房鑫亮等主编:《王国维全集》,浙江教育出版社,广东人民出版社 2010 年版。

萧萐父主编,郭齐勇副主编:《熊十力全集》,湖北教育出版社 2001 年版。

梁漱溟:《梁漱溟全集》,山东出版集团、山东人民出版社 2005 年版。

刘师培:《刘申叔遗书》,凤凰出版集团凤凰出版社 1997 年版。

汤用彤:《汤用彤选集》,天津人民出版社 1995 年版。

蒙文通:《经学抉疑》,上海世纪出版集团 2006 年版。

陈梦家：《殷墟卜辞综述》，中华书局 1992 年版。

沈家本：《历代刑法考》，中华书局 2006 年版。

吕思勉：《中国制度史》，上海世纪出版集团、上海人民出版社 2002 年版。

吕思勉：《秦汉史》，上海古籍出版社 2005 年版。

朱维铮编校：《周予同经学史论》，上海人民出版社 2010 年版。

沈文倬：《菿闇文存——宗周礼乐文明与中国文化考伦》，商务印书馆 2006 年版。

李零：《郭店楚简校读记》（增订本），中国人民大学出版社 2007 年版。

李国钧、王炳照总主编：《中国教育制度通史》，山东教育出版社 2000 年版。

汤一介、李中华主编：《中国儒学史》，北京大学出版社 2011 年版。

田昌五、安作璋主编：《秦汉史》，人民出版社 2008 年版，

2. 外国部分

[古希腊] 柏拉图：《理想国》，郭斌和、张竹明译，商务印书馆 1986 年版。

[古希腊] 亚里士多德：《尼各马可伦理学》，廖申白译注，商务印书馆 2003 年版。

[古希腊] 亚里士多德：《政治学》，吴寿彭译，商务印书馆 1965 年版。

[古希腊] 亚里士多德：《雅典政制》，日知、力野译，世纪出版集团、上海人民出版社 2011 年版。

[古罗马] 西塞罗：《西塞罗文集》（政治学卷），王焕生译，中央编译出版社 2010 年版。

[古罗马] 奥古斯丁：《上帝之城》，王晓朝译，人民出版社 2006 年版。

[古罗马] 奥古斯丁：《论自由意志》，成官泯译，上海人民出版社 2010 年版。

苗力田主编：《古希腊罗马哲学》，中国人民大学出版社 1989 年版。

[意] 马基雅维利：《君主论》，潘汉典译，商务印书馆 1985 年版。

[英] 霍布斯：《利维坦》，黎思复、黎廷弼译，杨昌裕校，商务印书馆 1985 年版。

[英] 洛克：《政府论》（上、下篇），瞿菊农、叶启芳译，商务印书馆 1964 年版。

[英] 哈耶克：《走向奴役之路》，王明毅等译，中国社会科学出版社 1997 年版。

[英] 哈耶克：《致命的自负》，冯克利等译，中国社会科学出版社 2000 年版。

[英] 波普尔：《开放社会及其敌人》，郑一明译，中国社会科学出版社 1999 年版。

［英］柏林：《自由论》，胡传胜译，译林出版社 2003 年版。

［英］哈特：《法律的概念》，张文显、郑成良、杜景义、宋金娜译，中国大百科全书出版社 1993 年版。

［英］罗素：《西方哲学史》，何兆武等译，商务印书馆 1963 年版。

［英］莱斯诺夫：《二十世纪的政治哲学家》，冯克利译，商务印书馆 2001 年版。

［英］尼古拉斯·布宁，余纪元编著：《西方哲学英汉对照辞典》，人民出版社 2000 年版。

［英］马克斯·布索瓦：《信息空间：认识组织、制度和文化的一种框架》，王寅通译，上海译文出版社 2000 年版。

［法］卢梭：《社会契约论》，何兆武译，商务印书馆 1980 年版。

［法］贡斯当：《古代人的自由与现代人的自由》，阎克文译，上海人民出版社 2005 年版。

［法］福柯：《知识考古学》，谢强、马月译，生活·读书·新知三联书店 1998 年版。

［法］福柯：《古典时代疯狂史》，林志明译，生活·读书·新知三联书店 2005 年版。

［法］福柯：《临床医学的诞生》，刘北成译，凤凰出版传媒集团、译林出版社 2011 年版。

［法］福柯：《规训与惩罚》，刘北成、杨远婴译，生活·读书·新知三联书店，1999 年版。

［法］福柯：《词与物——人文科学考古学》，莫为民译，上海三联书店 2001 年版。

［法］德里达：《论文字学》，汪堂家译，上海译文出版社 2005 年版。

［法］列维·布留尔著：《原始思维》，丁由译，商务印书馆 1981 年版。

陈越编：《哲学与政治：阿尔都塞读本》，吉林人民出版社 2003 年版。

［德］康德：《道德形而上学原理》，苗力田译，上海世纪集团 2005 年版。

［德］康德：《实践理性批判》，韩水法译，商务印书馆 1999 年版。

李秋零主编：《康德著作全集》（1—9 卷），中国人民大学出版社 2007 年版。

［德］康德：《历史理性批评文集》，何兆武译，商务印书馆 1990 年版。

［德］黑格尔：《哲学科学全书纲要》，薛华译，上海世纪出版集团、上海人民出

版社 2002 年版。

[德] 黑格尔:《法哲学原理》,范扬、张企泰译,商务印书馆 2007 年版。

[德] 卡西尔:《人论》,甘阳译,上海译文出版社 1995 年版。

[德] 韦伯:《伦理之业》,王容芬译,广西师范大学出版社 2008 年版。

[德] 韦伯:《韦伯政治著作选》,[英] 彼得拉斯曼·罗纳德斯·佩尔斯编,阎克文译,东方出版社 2009 年版。

刘小枫选编:《舍勒选集》,上海三联书店 1999 年版。

[德] 海德格尔:《存在与时间》,陈嘉映、王节庆合译,熊伟校,陈嘉映修订,生活·读书·新知三联书店 2006 年版。

[德] 伽达默尔:《真理与方法》(上、下卷),洪汉鼎译,上海译文出版社 2004 年版。

[德] 哈贝马斯:《在事实与规范之间:关于法律和民主法治国的商谈理论》,童世骏译,生活·读书·新知三联书店 2003 年版。

[德] 哈贝马斯:《合法化危机》,刘北成、曹卫东译,上海世纪出版集团 2009 年版。

[荷兰] 格老秀斯:《战争与和平法》,[美] A.C. 坎布尔英译,何勤华等中译,上海人民出版社 2005 年版。

[美] 摩尔根:《古代社会》,杨东纯、马雍、马巨译,中央编译出版社 2007 年版。

[美] 列奥·斯特劳斯:《自然权利与历史》,彭刚译,生活·读书·新知三联书店 2006 年版。

[美] 列奥·斯特劳斯、克罗波西编:《政治哲学史》(第三版),李洪润等译,法律出版社 2009 年版。

[美] 列奥·斯特劳斯:《关于马基雅维利的思考》,申彤译,译林出版社 2003 年版。

[美] 列奥·斯特劳斯:《霍布斯的政治哲学》,申彤译,凤凰传媒出版集团、译林出版社 2001 年版。

[美] 罗尔斯:《正义论》(修订版),何怀宏、何包钢、廖申白译,中国社会科学出版社 2009 年版。

[美] 罗尔斯:《政治自由主义》,万俊人译,译林出版社 2000 年版。

［美］罗尔斯：《万民法——公共理性观念新论》，张晓辉、李仁良、邵红丽、李鑫译，吉林人民出版社 2001 年版。

［美］诺奇克：《无政府、国家和乌托邦》，姚大志译，中国社会科学出版社 2008 年版。

［美］库恩：《科学革命的结构》，金吾伦、胡新和译，北京大学出版社 2003 年版。

［美］汉娜·阿伦特：《人的境况》，王寅丽译，上海史记出版集团、上海人民出版社 2009 年版。

［美］汉娜·阿伦特：《论革命》，陈周旺译，凤凰出版集团、译林出版社 2007 年版。

［美］汉娜·阿伦特：《极权主义的起源》，林骧华译，生活·读书·新知三联书店 2008 年版。

［美］本尼迪克特：《菊花与刀：日本文化的诸模式》，孙志民、马小鹤、朱理胜译，浙江文艺出版社 1987 年版。

［美］福山：《历史的终结及最后之人》，黄胜强、许铭原译，中国社会科学出版社 2003 年版。

［美］列文森：《儒教中国及其现代命运》，郑大华、任菁译，广西师范大学出版社 2007 年版。

Leo Strauss, *What is Political Philosophy? AND OTHER STUDIES*, Chicago: The University of Chicago Press, 1988.

Leo Strauss, *Jewish Philosophy and the Crisis of Modernity*, Chicago: The University of Chicago Press, 1959.

T'ung Chung-shu, *Ch'un Ch'iu Fan-lu of T'ung Chung-shu*, Translation by Roger Ames（安乐哲）typing manuscript copy.

Michael Loewe, *Dong Zhongshu, a 'Confucian' Heritage and the Chunqiu fanlu*, Koninklijke Brill NV, Leiden, The Netherlands, 2011.

（二）著作（姓氏拼音排序）

1. 相关研究

陈柱：《公羊家哲学》，台北：中华书局 1971 年版。

陈其泰：《清代公羊学》（增订版），上海人民出版社 2011 年版。

陈苏镇：《〈春秋〉与"汉道"：两汉政治与政治文化研究》，中华书局 2011 年版。

邓红：《董仲舒的春秋公羊学》，中国工人出版社 2001 年版。

邓红：《董仲舒思想研究》，台北：文津出版社 2008 年版。

段熙仲：《春秋公羊传讲疏》，南京师范大学 2002 年版。

冯达文：《中国古代哲学略述》，广东省出版集团、广东人民出版社 2009 年版。

干春松：《制度化儒家及其解体》，中国人民大学出版社 2003 年版。

干春松：《制度儒家》，世纪出版集团、上海人民出版社 2006 年版。

干春松：《重回王道——儒家与世界秩序》，华东师范大学出版社 2012 年版。

龚鹏程：《汉代思潮》，商务印书馆 2008 年版。

［美］桂思卓：《从编年史到经典：董仲舒的春秋阐释学》，朱腾译，中国政法大学出版社 2010 年版。

河北省社会科学院、河北省哲学社会科学联合会编：《董仲舒哲学思想研究》，河北人民出版社 1987 年版。

华友根：《董仲舒思想研究》，上海社会科学出版社 1992 年版。

黄朴民：《天人合一：董仲舒与汉代儒学思潮》，岳麓书社 1999 年版。

蒋庆：《公羊学引论》，辽宁教育出版社 1995 年版。

蒋庆：《政治儒学：当代儒学的转向、特质与发展》，生活·读书·新知三联书店 2003 年版。

蒋庆：《再论政治儒学》，华东师范大学出版社 2011 年版。

金春峰：《汉代思想史》（增订第三版），国社会科学出版社 2006 年版。

赖庆鸿：《董仲舒政治思想之研究》，台北：文史哲出版社 1981 年版。

赖美琴：《韩非与董仲舒政治哲学研究》，广东人民出版社 2000 年版。

刘国民：《董仲舒的经学阐释及天的哲学》，中国社会科学出版社 2007 年版。

李威熊：《董仲舒与西汉哲学》，台北：文史哲出版社 1978 年版。

牟宗三：《政道与治道》，台北：学生书局 1970 年版。

牟宗三：《历史哲学》，广西师范大学出版社 2007 年版。

牟宗三：《道德的理想主义》（修订版），台北：台湾学生书局 2000 年版。

宋艳萍：《公羊学与汉代社会》，学苑出版社 2010 年版

韦政通：《董仲舒》，台北：东大图书股份有限公司 1996 年版。

魏文华编著：《儒学大师董仲舒》，新华出版社 2000 年版。

许雪涛：《公羊学解经方法——从〈公羊学〉到董仲舒春秋学》，广东人民出版社 2006 年版。

徐复观：《两汉思想史》（第一卷），台北：学生书局 1985 年版。

徐复观：《两汉思想史》（第二卷），台北：学生书局 1976 年版。

徐复观：《两汉思想史》（第三卷），台北：学生书局 1979 年版。

王永祥：《董仲舒评传》，南京大学出版社 1995 年版。

王葆玹：《两汉经学源流》，台北：东大图书公司 1994 年版。

王葆玹：《今古文经学新论》（增订本），中国社会科学出版社 1997 年版。

余治平：《唯天为大：建基于信念本体的董仲舒哲学研究》，商务印书馆 2003 年版。

周辅成：《论董仲舒思想》，上海人民出版社 1961 年版。

周桂钿：《董学探微》，北京师范大学出版社 2008 年版。

曾振宇、范学辉：《天人衡中——〈春秋繁露〉与中国文化》，河南大学出版社 1998 年版。

张涛：《经学与汉代社会》，河北人民出版社 2001 年版。

张瑞穗：《西汉公羊学研究》，台北：文津出版社 2005 年版。

汤志钧、钱杭：《两汉经学与政治》，上海古籍出版社 1994 年版。

2. 关联研究

[美] 艾兰著：《龟之谜：商代神话、祭祀、艺术和宇宙观研究》，汪涛译，商务印

书馆 2010 年版。

[美] 艾兰著：《世袭与禅让——古代中国的王朝更替传说》，余佳译，商务印书馆 2010 年版。

白奚：《稷下学研究——中国古代的思想自由与百家争鸣》，三联书店 1998 年版。

白彤东：《旧邦新命——古今中西参照下的古典儒家政治哲学》，北京大学出版社 2009 年版。

陈来：《古代宗教与伦理——儒家思想的根源》，生活·读书·新知三联书店 2009 年版。

陈来：《古代思想文化的世界——春秋时代的宗教、伦理与社会思想》，生活·读书·新知三联书店 2009 年版。

陈来：《孔夫子与现代世界》，北京大学出版社 2011 年版。

陈槃：《古谶纬研讨及其书录解题》（上、下），上海古籍出版社 2010 年版。

陈启云：《治学体悟——陈启云文集（一）》，广西师范大学出版社 2007 年版。

陈启云：《儒学与汉代历史文化——陈启云文集（二）》，广西师范大学出版社 2007 年版。

储昭华：《明分之道：从荀子看儒家文化与民主政道融通的可能性》，商务印书馆 2007 年版。

丁四新：《郭店楚墓竹简思想研究》，东方出版社 2000 年版。

丁四新：《玄圃蓄艾——丁四新学术论文选集》，中华书局 2009 年版。

丁四新：《郭店楚墓竹书〈老子〉校注》，武汉大学出版社 2010 年版。

丁四新：《楚竹书与汉帛书周易校注》，上海古籍出版社 2011 年版。

杜维明著，郭齐勇、郑文龙编：《杜维明文集》（共五卷），武汉出版社 2002 年版。

段德智：《主体生成论：对"主体死亡论"的超越》，人民出版社 2009 年版。

段德智：《宗教学》，人民出版社 2010 年版。

费孝通：《乡土中国》，人民出版社 2008 年版。

费孝通：《中国士绅》，赵旭东、秦志杰译，生活·读书·新知三联书店 2009 年版。

冯天瑜：《〈封建〉考论》，武汉大学出版社 2007 年版。

冯天瑜、杨华：《中国文化发展轨迹》，上海人民出版社 2000 年版。

冯天瑜、刘建辉、聂长顺主编：《语义的文化变迁》，武汉大学出版社 2007 年版。

冯友兰：《中国哲学史新编》（上、中、下），人民出版社 1999 年版。

冯达文、郭齐勇主编：《新编中国哲学史》（上、下），人民出版社 2004 年版。

傅佩荣：《儒道天论发微》，中华书局 2010 年版。

顾颉刚：《顾颉刚全集》，中华书局 2010 年版。

郭齐勇编著：《中国哲学史》，高等教育出版社 2006 年版。

郭齐勇：《郭齐勇自选集》，广西师范大学出版社 1999 年版。

郭齐勇：《中国哲学智慧的探索》，中华书局 2008 版。

郭齐勇：《中国儒学之精神》，复旦大学出版社 2009 版。

郭齐勇：《守先待后：文化与人生随笔》，北京师范大学出版集团、北京师范大学出版社 2011 年版。

郭齐勇：《中华人文精神的重建：以中国哲学为中心的思考》，北京师范大学出版集团、北京师范大学出版社 2011 年版。

郭齐勇、汪学群：《钱穆评传》，百花洲文艺出版社 2010 年第二版。

郭齐勇、龚建平：《梁漱溟哲学思想》，北京大学出版社 2011 年版。

郭齐勇主编：《儒家伦理争鸣集——以"亲亲互隐"为中心》，湖北教育出版社 2004 年版。

郭齐勇主编：《〈儒家伦理新批评〉之批判》，武汉大学出版社 2011 年版。

郭齐勇主编，问永宁副主编：《当代中国哲学研究（1949—2009）》，中国社会科学出版社 2011 年版。

甘阳：《古今中西之争》，生活·读书·新知三联书店 2006 年版。

甘阳：《通三统》，生活·读书·新知三联书店 2007 年版。

甘阳：《文明·国家·大学》，生活·读书·新知三联书店 2012 年版。

哈佛燕京学社、三联书店：《儒家与自由主义》，生活·读书·新知三联书店 2001 年版。

哈佛燕京学社：《启蒙的反思》，江苏教育出版社 2005 年版。

哈佛燕京学社：《儒家传统与启蒙心态》，江苏教育出版社 2005 年版。

韩水法：《韦伯》，台北：东大图书公司 1998 年版。

韩水法：《康德物自身学说研究》，商务印书馆 2007 年版。

韩水法：《正义的视野——政治哲学与中国社会》，商务印书馆 2009 年版。

韩水法：《批判的形而上学》，北京大学出版社 2009 年版。

韩水法编：《社会正义是如何可能的——政治哲学在中国》，广州出版社 2000 年版。

何信全：《儒学与现代民主：当代新儒家政治哲学研究》，中国社会科学出版社 2001 年版。

胡秋原：《古代中国文化与中国知识分子》（上下册），中华书局 2010 年版。

胡治洪：《全球语境中的儒家论说：杜维明新儒学思想研究》，生活·读书·新知三联书店 2004 年版。

胡治洪：《儒哲新思》，中华书局 2009 年版。

黄开国：《廖平评传》，百花洲文艺出版社 1993 年版。

黄开国：《清代今文经学的兴起》，四川出版集团、巴蜀书社 2008 年版。

李德永：《李德永诗文集》，武汉大学出版社 2009 年版。

李明辉：《儒家视野下的政治思想》，北京大学出版社 2005 年版。

李明辉：《儒家与康德》，台北：联经出版事业股份有限公司 1990 年版。

李维武：《徐复观学术思想评传》，北京图书馆出版社 2001 年版。

李维武：《中国哲学的现代转型》，中华书局 2009 年版。

李晨阳：《道与西方的相遇：中西比较哲学重要问题研究》（中文增订版），中国人民大学出版社 2005 年版。

梁启超：《先秦政治思想史》，天津古籍出版社 2004 年版。

廖申白：《伦理学概论》，北京师范大学出版社 2009 年版。

刘小枫：《儒教与民族国家》，华夏出版社 2007 年版。

刘小枫：《施特劳斯的路标》，华夏出版社 2011 年版。

刘笑敢：《诠释与定向——中国哲学研究方法之探究》，商务印书馆 2009 年版。

刘增贵：《汉代婚姻制度》，台北：华世出版社 1980 年版。

刘厚琴：《汉代伦理与制度关系研究》，中国社会科学出版社 2008 年版。

牟宗鉴、张践：《中国宗教通史》（修订版），中国社会科学出版社 2007 年版。

（清）皮锡瑞：《经学通论》，中华书局 1954 年版。

（清）皮锡瑞著、周予同注释：《经学历史》，中华书局 2004 年版。

钱穆:《文化与教育》,广西师范大学出版社 2004 年版。

钱穆:《秦汉史》,生活·读书·新知三联书店 2004 年版。

钱穆:《两汉经学今古文平议》,商务印书馆 2001 年版。

钱穆:《中国文化史导论》(修订本),商务印书馆 1994 年版。

马作武:《中国法律思想史纲(修订)》,中山大学出版社 2007 年版。

田文军:《珞珈思存录》,中华书局 2009 年版。

石元康:《当代自由主义理论》,上海三联书店 2000 年版。

石元康:《从中国文化到现代性:典范转移?》,生活·读书·新知三联书店 2000 年版。

舒大刚主编:《儒学文献通论》,福建人民出版社 2012 年版。

汪学群编:《清代学问的门径》,中华书局 2009 年版。

吴光:《黄老之学通论》,浙江人民出版社 1985 年版。

吴根友:《明清哲学与中国现代哲学诸问题》,中华书局 2008 年版。

吴根友:《在道义论与正义论之间——比较政治哲学诸问题初探》,武汉大学出版社 2009 年版。

吴雁南、秦学顼、李禹阶:《中国经学史》,福建人民出版社 2001 年版。

韦政通编:《中国思想史方法论文选集》,世纪出版集团、上海人民出版社 2009 年版。

王长坤:《先秦儒家孝道研究》,四川出版集团、巴蜀书社 2007 年版。

萧公权:《中国政治思想史》,新星出版社 2005 年版。

萧萐父:《吹沙集》、《吹沙二集》、《吹沙三集》,四川出版集团巴蜀书社 2007 年版。

萧汉明:《传统哲学的魅力》,中华书局 2008 年版。

徐复观:《中国人性论史·先秦篇》,商务印书馆 1969 年版。

徐复观:《中国思想史论集》,上海书店出版社 2004 年版。

徐复观:《中国思想史论集续编》,上海书店出版社 2004 年版。

徐复观:《学术与政治之间》,台北:学生书局 1985 年版。

徐水生:《中国古代哲学与近代文化》,武汉大学博士生毕业论文,1992 年。

许道勋、徐洪兴:《中国经学史》,上海人民出版社 2006 年版。

许倬云:《西周史》(增补二版),生活·读书·新知三联书店 2012 年版。

杨宽：《古礼新探》，中华书局 1965 年版。

杨宽：《西周史》，上海人民出版社 2003 年版。

杨华：《古礼新研》，商务印书馆 2012 年版。

姚大志：《何谓正义：当代西方政治哲学研究》，人民出版社 2007 年版。

阎步克：《士大夫政治演生史稿》，北京大学出版社 1996 年版。

于首奎：《两汉哲学新探》，四川人民出版社 1988 年版。

余英时：《士与中国文化》，上海人民出版社 2003 年版。

张传有：《伦理学引论》，人民出版社 2006 年版。

张灏：《幽暗意识与民主传统》，新星出版社 2006 年版。

张光直：《青铜时代》，三联书店 1999 年版。

张祥龙：《海德格尔思想与中国天道：终极视域的开启与交融》，生活·读书·新知三联书店 1996 年版。

张祥龙：《海德格尔思想与中国天道：终极视域的开启与交融》（修订第 3 版），中国人民大学 2011 年版。

张祥龙：《从现象学到孔夫子》，商务出版社 2001 年版。

张祥龙：《孔子的现象学阐释九讲——礼乐人生与哲理》，华东师范大学出版社 2009 年版。

张祥龙：《思想避难：全球化中的中国古代哲理》，北京大学出版社 2007 年版。

张祥龙：《先秦儒家哲学九讲——从〈春秋〉到荀子》，广西师范大学出版社 2010 年版。

张祥龙：《拒秦兴汉和应对佛教的儒家哲学：从董仲舒到陆象山》，广西师范大学出版社 2012 年版。

张锡勤、柴文华主编：《中国伦理道德变迁史稿》，人民出版社 2008 年版。

郑开：《德礼之间：前诸子时期的思想史》，生活·读书·新知三联书店 2009 年版。

钟肇鹏：《谶纬论略》，辽宁教育出版社 1991 年版。

周濂：《现代政治的正当性基础》，生活·读书·新知三联书店 2008 年版。

朱维铮：《中国经学史十讲》，复旦大学出版社 2005 年版。

（三）单篇论文

1. 相关研究

杜保瑞：《董仲舒政治哲学与宇宙论进路的儒学建构》，《哲学与文化月刊》2003年第352期。

高春菊：《近十年来董仲舒研究述论》，《河北师范大学学报》（哲学社会科学版）2010年第3期。

李宗桂：《相似理论、协同学与董仲舒的哲学方法》，《哲学研究》1986年第9期。

李宗桂：《论董仲舒政治哲学》，《社会科学研究》1992年第3期。

［美］桂思卓：《董仲舒研究欧洲北美新趋势》，《中国哲学史》1998年第1期。

解成、王真：《建国以来的董仲舒哲学思想研究》，《孔子研究》1986年第4期。

吴光：《论董仲舒的政治学说及其进步历史作用——兼论其王道理论与天道观的关系》，《浙江学刊》1982年第6期。

严北溟：《谈"天不变道亦不变"》，《复旦学报》1980年第6期。

颜炳罡：《超越诸子 回归道术——汉初文化复古主义兴起及其历史价值》，载《国际儒学研究》第18辑，九州出版社2011年版。

2. 关联研究

丁为祥：《恕德、孝道与礼教——儒家所谓的三个"腐败"案例再诠释》，载郭齐勇主编：《儒家伦理争鸣集：以"亲亲互隐"为中心》，湖北教育出版社2004年版。

范忠信：《中西法律传统中的"亲亲相为隐"》，《容隐制的本质与利弊：中外共同选择的意义》，载郭齐勇主编：《儒家伦理争鸣集：以"亲亲互隐"为中心》，湖北教育出版社2004年版。

樊浩：《耻感与道德体系》，《道德与文明》2007年第2期。

冯达文：《儒家以宇宙论为形上依据的治国理念》，载黎红雷主编：《治道新诠——中山大学中国管理哲学学科创立二十周年纪念文集》，中山大学出版社2011年版。

冯达文：《也谈汉唐宇宙论儒学的评价问题》，《中国哲学史》2011年第2期。

郭齐勇：《守先待后：世纪之交的文化遐想》，《科学经济生活》1997年第4期。

郭齐勇：《儒家的公平正义论》，《光明日报》2006年2月28日理论版。

郭齐勇：《孟子与儒家的正义论》，载《儒林》第三辑，山东大学出版社2006年版。

郭齐勇：《先秦儒家论公私与正义》，载郭齐勇主编：《儒家文化研究》第2辑（儒家政法思想与现代经学与现代经学研究专号），三联书店2008年版。

郭齐勇：《先秦儒学关于社会正义的诉求》，《解放日报》2009年1月11日理论版。

郭齐勇：《内在式批判与继承性创新》，《河北学刊》2009年第2期。

郭齐勇、陈乔见：《苏格拉底、柏拉图与孔子的"亲亲互隐"及家庭伦常观》，《社会科学》2009年第2期。

郭齐勇：《儒家文明的教养的意义》，《哲学分析》2010年6月第1卷第1期。

郭齐勇：《〈周礼·地官司徒〉、〈礼记·王制〉中有关社会公正的论述》，载郭齐勇主编：《儒家文化研究》第3辑（礼学研究专号），三联书店2010年版。

郭齐勇：《再论儒家的政治哲学及其正义论》，《孔子研究》2010年第6期。

韩水法：《政治哲学在中国》，《读书》2000年第9期。

韩水法：《政治哲学导论讲义》，北京大学哲学系2002—2003学年第2学期。

韩水法：《什么是政治哲学》，《中共中央党校学报》2009年第1期。

韩水法：《西方政治哲学方法》，《中国社会科学》2010年第6期。

黄玉顺：《中国正义论系列研究论文》，山东大学儒学高等研究院2011年编印。

廖申白：《论西方主流正义概念发展中的嬗变与综合》，《伦理学研究》2002年第2期。

马新师：《两汉乡村管理体系述论》，《山东大学学报》1997年第1期。

任剑涛：《从方法视角看中国传统政治哲学研究》，《中国人民大学学报》2004年第3期。

冉小平：《政治伦理的理论旨趣及其现代架构》，《衡水学院学报》2010年第5期。

石元康：《天命与正当性：从韦伯的分类看儒家的政道》，《开放时代》1999年11、12月号，总第132期。

孙筱：《孝的观念与汉代新的社会统治秩序》，《中国史研究》1990年第3期。

唐兰：《略论西周微史家族窖藏铜器群的重要意义——陕西扶风新出史墙盘铭文

解释》，裘锡圭：《史墙盘铭解释》，《文物》1978 年第 3 期。

王梦鸥：《邹衍遗说考》（上、下），载刘小枫、陈少明主编：《马基雅维利的喜剧》和《回信托克维尔》，华夏出版社 2006 年版。

万俊人：《政治伦理及其两个基本向度》，《伦理学研究》2005 年第 1 期。

万俊人、李义天：《政治哲学研究：历史、现在与未来》，《马克思主义与现实》2008 年第 1 期。

衣俊卿：《论微观政治哲学的研究范式》，载赵剑英、陈晏清主编：《马克思主义政治哲学：阐释与创新》，社会科学文献出版社 2007 年版。

余敦康：《夏商周三代宗教——中国哲学思想发生的源头》，载姜广辉主编：《经学今诠三编》，辽宁教育出版社 2002 年版。

张新民、蒋庆：《儒家思想与王道政治——关于外王学现代性发展问题的对话》，载张新民主编：《阳明学刊》（第 5 辑），巴蜀书社 2011 年版。

赵汀阳：《"天下体系"：帝国与世界制度》，《世界哲学》2003 年第 5 期。

（四）学位论文

1. 博士学位论文

崔涛：《董仲舒政治哲学发微》，浙江大学古籍研究所，2004 年答辩通过。

崔涛：《董仲舒宇宙论思想研究》，武汉大学哲学学院，2010 年博士后出站报告评审通过。

汪高鑫：《董仲舒与两汉史学思潮研究》，北京师范大学历史研究所，2002 年答辩通过。

陈乔见：《先秦公私观念与儒家公共哲学试探》，武汉大学博士学位论文，2008 年答辩通过。

夏世华：《先秦儒家禅让观念研究》，武汉大学博士学位论文，2009 年答辩通过。

肖航：《〈白虎通义〉政治思想研究》，武汉大学博士学问论文，2010 年答辩通过。

张文英：《董仲舒政治哲学研究》，吉林大学行政学院，2008 年答辩通过。

2. 硕士学位论文

廖小东：《董仲舒政治哲学试论》，湘潭大学哲学与历史文化学院，2003 年答辩通过。

杜亚辉：《董仲舒春秋公羊学的内涵及解经方法研究》，北京语言大学人文学院，2008 年答辩通过。

姜淑红：《近代董子学研究》，山东师范大学历史学院，2009 年答辩通过。

索　引

L

T

后 记

珞珈山麓，东湖之滨，潜心三年，闻道无憾。

遇明师而不惑，循儒家而弗渝。百年名校大师辈出，学术渊源接续五千年，优游涵泳，陶毓隽秀，华夏慧命有以系焉。惟奉太老师萧萐父先生二十字真言："德业双修，学思并重，史论结合，中西对比，古今贯通。"亲炙郭先生门下，为人则博文约礼、诚中形外，为学则回溯源头、守先待后，略窥传统概要，稍知为学门径，而步趋先生为人处世之道。居仁由义，廓然大公，身心脱落，目击道存，夫子身教若此。小子不敏，谨履斯旨。

诸师多有教导于晚学。中国哲学教研室有李维武、徐水生、吴根友、丁四新、文碧芳、秦平等老师；伦理学教研室有田文军、张传有、储昭华、方永等老师；西方哲学教研室有朱志方、赵林、何卫平、曾晓平、程炼等老师；中国传统文化研究中心的胡治洪老师，历史学院的杨华老师，简帛研究中心陈伟和何有祖老师等。衷心感谢您，敬爱的老师！

万古逢今日，斯人性情真。业师及师母，陈祖亮、陈立新、徐萍、冯娟、张辉等老师，犹如亲人，关怀备至。张传有老师融生命于其中的亚里士多德、康德原著讨论课，受益匪浅。难忘吴根友师真诚的提携接引和智慧的学问点拨，犹记激扬豪迈的《珞珈学志》发刊词《新建设主义》。丁四新和秦平老师亲临珞珈读书会，指导研读《尚书》、《春秋左传》，丁老师一学期风雨无阻，秦老师又多次指点论文开题和写作。崔涛、陈乔见、崔发展、肖航、宋道贵、任慧峰、刘乐恒、廖晓炜、铃木章伯、张宜斌、李志刚、李兰兰等同学，或为论文提出修改意见，或帮助收集文献资料。多少情境，感我至深，仿佛眼前，常驻心底。

感谢多位校外学者在论文写作与答辩期间的指导和帮助。刘述先、安乐哲、冯达文、张祥龙、汪学群、吴光、蒋国保、颜炳罡、傅有德、李翔海、张寿安等前辈学者慷慨赐教，尤其是张祥龙先生多次在电话中和当面详细指导论文修改。安乐哲教授从美国邮寄赠阅他翻译而未出版的《春秋繁露》英译打印稿。复旦大学曾亦、郭晓东和同济大学柯小刚等青年学者曾有过相关探讨帮助。

感谢几位德高望重的前辈教导。到武汉大学攻博之前，曾多年游学大江南北，受教于陈来、吴震、韩水法、廖申白、张庆熊、洪修平、孙周兴、陈立胜等老师，得允参与他们的课堂，与他们的硕博门生一起学习研讨。

感谢博士后合作导师舒大刚先生，他复兴传统的高尚情怀和培育后学的人师精神，深深感染和激励着包括笔者在内的师生同道，用心于道德修养和学术研究。不仅本书的顺利出版得益于他的勉励和指点，而且经舒先生在经学、历史文献学等领域悉心指导和提供大量学习实践机会，笔者得以完善学术训练和知识结构，适应文史哲整体化回归的学术发展趋势，开启了今后更为阔广的学术道路。

感谢所在工作单位宜宾学院的校长汪明义、副校长王藩侯、科研处长田蜀华、四川思想家研究中心主任杨永明、人事处副处长谢冰等领导及各位同事，感谢你们对本人工作、学习、生活及本书出版的大力支持和热心帮助。

最后，感谢人民出版社编辑孔欢博士以及有关工作人员。在本书出版编辑过程中，孔博士敬业专业，尊重学术和传统，认真协调编辑出版各部门各环节，并发挥哲学专业背景优势，提出许多恰切的修改意见。在该社工作人员的通力合作下，使得如此普通的一本书，不仅在形式上，而且在内容上，呈现出目前学术专著难得具有的典雅精美面貌。

武汉大学，以自由和独立为灵魂，大师之学。

哲学学院，独与天地，继绝开新，士君子之教。

翻此页，启程珞珈山，携无量芳华，分有而光大。

壬辰暮春记于武汉大学枫园

癸巳仲夏补记于四川大学北园